Excel - Das Zauberbuch

W0196620

Unser Online-Tipp
für noch mehr Wissen ...

... aktuelles Fachwissen rund
um die Uhr – zum Probelesen,
Downloaden oder auch auf Papier.

www.InformIT.de

Excel

Das Zauberbuch

FLECKENSTEIN FRICKE GEORGI

Markt+Technik

Die Deutsche Bibliothek verzeichnet diese Publikation in der Deutschen Nationalbibliografie; detaillierte bibliografische Daten sind im Internet über *http://dnb.ddb.de* abrufbar.

Die Informationen in diesem Produkt werden ohne Rücksicht auf einen eventuellen Patentschutz veröffentlicht.
Warennamen werden ohne Gewährleistung der freien Verwendbarkeit benutzt.
Bei der Zusammenstellung von Texten und Abbildungen wurde mit größter Sorgfalt vorgegangen.
Trotzdem können Fehler nicht vollständig ausgeschlossen werden.
Verlag, Herausgeber und Autoren können für fehlerhafte Angaben und deren Folgen weder eine juristische Verantwortung noch irgendeine Haftung übernehmen.
Für Verbesserungsvorschläge und Hinweise auf Fehler sind Verlag und Herausgeber dankbar.

Alle Rechte vorbehalten, auch die der fotomechanischen Wiedergabe und der Speicherung in elektronischen Medien.
Die gewerbliche Nutzung der in diesem Produkt gezeigten Modelle und Arbeiten ist nicht zulässig.

Fast alle Hardware- und Softwarebezeichnungen und weitere Stichworte und sonstige Angaben, die in diesem Buch verwendet werden, sind als eingetragene Marken geschützt.
Da es nicht möglich ist, in allen Fällen zeitnah zu ermitteln, ob ein Markenschutz besteht, wird das ® Symbol in diesem Buch nicht verwendet.

Umwelthinweis:
Dieses Buch wurde auf chlorfrei gebleichtem Papier gedruckt.

10 9 8 7 6 5 4 3 2

09 08 07

ISBN 978-3-8272-4087-3

© 2006 by Markt+Technik Verlag,
ein Imprint der Pearson Education Deutschland GmbH,
Martin-Kollar-Straße 10–12, D-81829 München/Germany
Alle Rechte vorbehalten
Umschlaggestaltung: Marco Lindenbeck, webwo GmbH, (mlindenbeck@webwo.de)
Lektorat: Jürgen Bergmoser, jbergmoser@pearson.de
Herstellung: Claudia Bäurle, cbaeurle@pearson.de
Korrektorat: Marita Böhm, München
Satz und Layout: mediaService, Siegen (www.media-service.tv)
Druck und Verarbeitung: Bercker, Kevelaer
Printed in Germany

INHALTS- VERZEICHNIS

Teil2
Abenteuerreisen in die Excelwelt 179

VORWORT

Lieber Excel-Fan,

als Käufer dieses Buches ist Excel für Sie nicht nur irgendein Arbeitsmittel, mit dem Sie sich notgedrungen den Weg durch den Büroalltag bahnen müssen. Excel (oder eine andere Tabellenkalkulation) ist immer präsent und gehört zu einem Schreibtisch wie PC, Stuhl und Kugelschreiber. Bei vielen Millionen Usern weltweit hat Excel Kultstatus erlangt.

Excel überhaupt bedienen zu können, ist heutzutage eine Selbstverständlichkeit geworden, mit der Sie keinen Arbeitgeber mehr beeindrucken können. Wenn Sie hingegen Excel richtig beherrschen, verschaffen Sie sich damit Vorteile, da Sie effizienter arbeiten als andere.

Darüber hinaus ist Excel eine Spielwiese für alle, die Spaß an logischen Zusammenhängen haben oder die Schönheit der Mathematik erleben wollen. Wer dies für sich bejahen kann, den muss Excel früher oder später faszinieren. Und wer fasziniert ist, der will nicht nur anwenden, sondern tiefgründig verstehen und kreativ sein. Blicken Sie hinter die Kulissen und reizen Sie Excel bis an die Grenzen aus, egal ob beruflich oder nur zum puren Vergnügen.

Im ersten Teil dieses Buches lernen Sie das Handwerkszeug kennen, das Sie als ambitionierter Excel-Kenner benötigen. Diesen Teil sollten Sie unbedingt lesen. Dinge, die dort beschrieben werden, werden im zweiten Teil des Buches teilweise vorausgesetzt. Im zweiten Teil entführen wir Sie auf verschiedene Reisen durch die Excel-Welten. Dabei sollen Sie lernen wie Sie komplexe Anwendungen selbst entwickeln und verschiedene Excel-Funktionalitäten geschickt miteinander kombinieren können.

Außerdem werden Sie sehen, dass man mit Excel auch viel Spaß haben kann. Dagegen ist Sudoku ein echter Langweiler. In diesem Buch wird den Dingen auf den Grund gegangen und sich nicht mit Halbwahrheiten zufrieden gegeben. Da bleibt es nicht aus, dass auch die eine oder andere Excel-Schwäche (Nobody's perfect) ironisch auf die Schippe genommen wird.

Damit das Lesen dieses Buches für Sie so effektiv wie möglich ist, möchten wir Ihnen vorab noch einige Hinweise geben. Bitte lesen Sie diese aufmerksam durch, um unnötige Irritationen zu vermeiden.

Wir haben uns gefragt, wie man komplexe Themen in einem Buch ohne Begleit-CD anschaulich vermitteln kann. Dabei haben wir uns auf bestimmte Verfahrensweisen festgelegt.

Es ist zum Beispiel kaum sinnvoll, eine komplexe und lange Formel in einem Rutsch abzudrucken. Ganz abgesehen davon, dass diese zum Testen von Ihnen abgetippt werden müsste, geht die Übersichtlichkeit schnell verloren, und das Ziel dieses Buches – die Logiken zu vermitteln – wäre verfehlt. Daher haben wir die meisten Formeln nach dem Baustein-Prinzip erstellt, das auch in der Mathematik sehr geläufig ist:

Das Verhältnis der Längen von Gegenkathete und Hypothenuse eines rechtwinkligen Dreiecks wird als *Sinus* bezeichnet. Haben Sie diesen Zusammenhang einmal definiert, reden Sie fortan nur noch vom *Sinus* und nie mehr von der durch die Hypothenuse geteilten Gegenkathete. Dieser einmal erklärte Baustein wird also in nachfolgenden Berechnungen vorausgesetzt. Genau so verfahren wir in unseren Formeln. Für sich wiederholende Formelteile werden Platzhalter (Bausteine) verwendet. Dazu ein kurzes Beispiel: Sie möchten mehrere ganzzahlige Zufallszahlen aneinander ketten. Zur besseren Lesbarkeit der Formel ersetzen wir den Ausdruck

`KÜRZEN(ZUFALLSZAHL()*10)`

durch den Begriff *Zufall*. Die Verkettung ergibt dann:

`=Zufall&Zufall&Zufall`

Ohne den Baustein *Zufall* wäre die Darstellung unnötig lang und unübersichtlich:

`=KÜRZEN(ZUFALLSZAHL()*10)&KÜRZEN(ZUFALLSZAHL()*10)&KÜRZEN(ZUFALLSZAHL()*10)`

Der Baustein *Zufall* ist zunächst nur ein didaktisches Hilfsmittel, um Ihnen den Durchblick beim Lesen des Buches zu erleichtern. Darüber hinaus bietet Excel aber ein geniales Feature an, das sich genau dieses Baustein-Prinzip zu Nutze macht: die Excel-Namen. In Kapitel 5 werden Sie alles Notwendige darüber erfahren.

Beim ein oder anderen Kapitel könnte man vielleicht einwenden: „Das geht doch mit VBA viel einfacher!"

Das mag hin und wieder zutreffen, doch wir betrachten es gerade als Herausforderung, die Excel-Bordmittel auszureizen und zu demonstrieren, was mit Excel möglich ist. Viel zu oft hören wir die Aussage: „Das geht nicht mit Excel – das musst Du programmieren!"

Und nicht immer, aber meistens, können wir antworten: „Geht doch!"

Wenn Sie sich wundern, dass es keine Begleit-CD gibt: Dieses Buch soll Ihnen Einblicke hinter die Kulissen von komplexen Anwendungen verschaffen und Sie in die Lage versetzen, diese oder eigene Lösungen selbst zu entwickeln. Der Weg dorthin ist stets gepflastert mit den unterschiedlichsten Funktionalitäten und Logiken, die Sie kennen lernen werden.

Wenn Sie einfach fertige Dateien von einer CD laden, bekommen Sie von diesem Weg nichts mit. Das einzige, was Ihnen bleibt, ist das fertige Endergebnis. Wenn Sie aber interessiert, warum und wie diese Ergebnisse zustande kommen, sind Sie **der** richtige Leser für dieses Buch.

Falls Sie Schwierigkeiten mit dem Nachbau einzelner Anwendungen oder auch einmal überhaupt keine Lust dazu haben, finden Sie jede Menge fertige Lösungen auf unserer Homepage *www.excelformeln.de.*

Fragen Sie nicht voreilig, wozu dies oder jenes gut sein soll. Wenn wir beispielsweise erläutern, wie Sie Quersummen von Zahlen ermitteln, dann ist **der Weg das Ziel** und nicht das Endprodukt. Am Ende dieses Kapitels geht es also nicht nur um Quersummen, sondern vielmehr darum, folgende Dinge gelernt und angewendet zu haben:

- Sie kennen Matrixkonstanten, die in einzelnen Funktionsparametern als Platzhalter eingesetzt werden können.

- Sie können einzelne Zellinhalte in eine Matrix zerlegen.

- Sie können die Funktionen SPALTE und ZEILE in Matrizen als endliche Platzhalter für die Zahlenintervalle von 1 bis 256 bzw. 1 bis 65.536 einsetzen.

- Sie erfahren, wie man im Textformat vorliegende Zahlen in echte Zahlen umwandelt und Fehlerwerte bei der Berechnung von Textfunktionen vermeidet.

- Sie haben die beiden Matrixdimensionen (horizontal und vertikal) besser kennen gelernt und können sie auch gemeinsam in einer Formel sinnvoll nutzen.

- Sie können Funktionen kombinieren und verschachteln.

Diese Fähigkeiten können Ihnen bei vielen anderen Gelegenheiten womöglich noch einmal nützlich sein.

Auf den Reisen durch die Excel-Welten werden Sie auf spielerische und unterhaltsame Weise beispielsweise folgende Dinge kennen lernen:

- die vielfältigen Einsatzgebiete von Zufallszahlen

- die Erstellung höchst anspruchsvoller Matrixformeln

- verschiedene Formen iterativer Berechnungen
- geschickter Einsatz von Steuerelementen und Bildobjekten
- spezielle Tricks mit verschiedenen Diagrammtypen
- Einsatz von bedingten Formaten und Gültigkeitslisten
- Durchführung von Mehrfachoperationen
- Analysieren von Daten mit AutoFilter, Pivot-Tabellen oder Datenbankfunktionen
- und vor allem natürlich auch Excels unerschöpfliche Formelvielfalt
- und, und, und ...

Alles ist verpackt in, mit mathematischen Anekdoten aufgelockerte, Geschichten, die jede für sich einen Streifzug quer durch die Excelfunktionalitäten darstellen. Dadurch unterscheidet sich dieses Buch von den herkömmlichen Gebrauchsanleitungen von A wie „Ansichten" bis Z wie „Zielwertsuche".

Sie werden staunen, was sich aus Excel – ohne eine Zeile VBA-Programmcode – rauskitzeln lässt. Lassen Sie sich verzaubern!

Viel Spaß!

{Jens + WF + Boris}

p.s.

Wir bedanken uns bei unseren kompetenten Probelesern Matthias Senkbeil, Klaus Kühnlein und Andy Dusin sowie allen, die zur Entstehung dieses Buches beigetragen haben.

Schreiben Sie uns!

Autor und Verlag sind immer bemüht Ihnen, unseren Kunden und Lesern die optimale Information zum Thema zu bieten. Scheuen Sie sich deshalb nicht, uns über Fehler und andere Ärgernisse zu informieren. Nur so können wir laufend an der Verbesserung unserer Bücher arbeiten. Aber auch Lob, Erfolgserlebnisse und Ihre Ergebnisse interessieren uns. Schreiben Sie uns unter *info@mut.de*

Ihr Markt+Technik-Buchlektorat

TEIL 1

Basics und Formelklassiker

Hier lernen Sie das Handwerkszeug kennen, das Sie als ambitionierter Excel-Kenner benötigen. Diesen Teil sollten Sie unbedingt lesen. Dinge, die dort beschrieben werden, werden im zweiten Teil des Buches teilweise vorausgesetzt.

KAPITEL 1

Vom Koch zum 3-Sterne-Koch

Mit Excel ist es wie mit dem Kochen: Hausmannskost kann man nach kürzester Zeit selbst zubereiten. Aber ein 3-Sterne-Gericht zaubert man nicht mal eben flott aus dem Ärmel. Das bleibt den Spitzenköchen vorbehalten.

Aber warum eigentlich? Was macht ein Spitzenkoch denn nun anders? Er kocht doch auch nur mit Wasser, verwendet normale Gewürze wie Pfeffer und Salz, verarbeitet verschiedene Fleisch- und Fischsorten, kurzum: Die Zutaten sind jedem anderen auch zugänglich. Der Spitzenkoch kennt allerdings ihre Geschmackswirkung und kann sie dann in einem geschickten Zusammenspiel in der richtigen Dosierung zu einem „Zaubergericht" verarbeiten. Dabei wird er auch manchmal mehrere Anläufe benötigen, bis er das gewünschte Resultat erzielt.

Jedem Excel-Anwender steht die voll eingerichtete „Excel-Küche" mit all ihren Zutaten zur Verfügung: 220 Funktionen, dazu verschiedene Tools wie Pivottabellen, Zielwertsuche, Gültigkeiten, bedingte Formate, Szenarien, Auto- und Spezialfilter und vieles mehr. Der erfolgreiche Excel-Anwender unterscheidet sich von dem weniger erfolgreichen eigentlich nur dadurch, dass er sein Handwerkszeug kennt und auch weiß, wie man die verschiedenen Funktionalitäten geschickt miteinander kombiniert. Aber im Grunde genommen kocht auch er nur mit Wasser.

Da wären zum Beispiel die Funktionen. Excel stellt von Haus aus 220 Stück zur Verfügung. Und weil das offenbar noch nicht reicht, gibt es darüber hinaus noch eine Vielzahl an Analysefunktionen (Add-ins – siehe auch Kapitel 3), damit auch ja jede erdenkliche Aufgabe gelöst werden kann. Ganz nach dem Motto „Man muss nicht alles wissen – aber man muss wissen, wo es steht" ist es nicht erforderlich, alle Funktionen von A bis Z zu kennen. Man sollte aber, und das ist Regel Nummer 1, regelmäßig die eingebaute *Excel-Hilfe* konsultieren, die unserer Meinung nach viel besser als ihr allgemeiner Ruf ist. Wenn der Koch irgendetwas Pfiffiges für sein Fischgericht sucht, dann wird er eine Übersicht über alle Gewürze haben, in der er auch das passende für den Fisch finden wird.

Eine Funktion namentlich zu kennen ist das Eine. Um sie auch gezielt und geschickt einzusetzen, muss man öfter etwas genauer hinschauen. Das beginnt damit, dass man sich zunächst alle *Parameter* der Funktion anschaut. Dabei gibt es sowohl *erforderliche* als auch *optionale Parameter*. Aber gehen Sie mit optionalen Parametern nicht leichtfertig um, denn optionale Parameter nehmen, lässt man sie weg, meist einen Standardwert (so genannter *Defaultwert*) an, der wiederum völlig unerwünscht sein kann.

Der Klassiker unter den Funktionen mit optionalen Parametern ist sicherlich der SVERWEIS, dessen vierter Parameter nur allzu gerne - meist aus Unwissenheit - „geschlabbert" wird. Dabei hat er eine elementare Bedeutung. Die Funktionssyntax lautet:

`=SVERWEIS(Suchkriterium;Matrix;Spaltenindex;[Bereich_Verweis])`

Optionale Parameter werden in [eckigen Klammern] dargestellt. Der [Bereich_Verweis] nimmt hierbei - lässt man ihn weg - den Wert *WAHR* bzw. *1* an. Das kann schnell zu gänzlich unerwünschten Ergebnissen führen, wie folgender kleiner Ausschnitt *(Abbildung 1.1)* zeigt:

B8	▼	*fx*	=SVERWEIS(A8;A$2:B$5;2)	
	A	B	C	D	E
1	Artikelnummer	Artikel			
2	100	Hemd			
3	400	Hose			
4	300	Jacke			
5	200	Schuhe			
6					
7	Artikelnummer	Artikel	Verwendete Formeln:		
8	200	Hemd	=SVERWEIS(A8;A$2:B$5;2)		
9	200	Schuhe	=SVERWEIS(A9;A$2:B$5;2;0)		
10					

Abbildung 1.1: *Beispiel der Fehlbedienung der Funktion SVERWEIS (1)*

In der Variante mit dem fehlenden Parameter [Bereich_Verweis] wird ein falscher Artikel ausgegeben.

Neben der Frage nach *optional* und *erforderlich* ist es wichtig, sich über den *Datentyp* eines Parameters im Klaren zu sein. Wird ein Bezug verlangt? Oder ein String? Oder eine Zahl? Oder ein Wahrheitswert? Oder...? Das ist besonders wichtig, wenn Funktionen ineinander verschachtelt werden, also einzelne Parameter einer Funktion mittels einer anderen Funktion erzeugt werden. Die „erzeugende" Funktion muss als Rückgabewert exakt den Datentyp liefern, der für den Parameter vorgesehen ist. Beispielsweise liefert die Funktion LINKS als Rückgabewert einen *String*. =LINKS("2c";1) ergibt "2" - die "2" liegt also im Textformat vor (zu erkennen an der linksbündigen Zellausrichtung). Die Funktion SUMME kann mit dieser „Textzahl" nichts anfangen *(Abbildung 1.2)*:

B2	▼	f_x =SUMME(A2)	

	A	B	C
1	Wert	Summe	
2	2	0	
3			

Abbildung 1.2: Beispiel der Funktion SUMME

Doch warum wird =SUMME(LINKS("2c";1)) bzw. =SUMME("2") plötzlich richtig berechnet? Das Ergebnis ist 2. Hierbei lohnt wieder ein Blick in die Excel-Hilfe zur SUMME-Funktion, denn da steht es so drin:

Zahlen, Wahrheitswerte und Zahlen in Textform, die Sie direkt in die Liste der Argumente eingeben, werden berücksichtigt.

Aha! Und warum ergibt =SUMME({"2"}) dann wiederum null? Die Excel-Hilfe kennt auch hier die Antwort:

Ist als Argument eine Matrix oder ein Bezug angegeben, werden nur die Elemente dieser Matrix oder dieses Bezugs berücksichtigt, die Zahlen sind. Alle anderen Elemente, wie leere Zellen, Wahrheitswerte, Texte oder Fehlerwerte, werden ignoriert.

Hier gilt es allgemein festzuhalten, dass es oft einen Unterschied macht, ob Argumente direkt in einer Funktion eingebunden sind oder ob Bezug auf eine Matrix oder einen Zellbereich genommen wird.

Es gibt natürlich auch Situationen, in denen die Hilfe nicht die gewünschte Antwort liefert, aber um zumindest diese Gewissheit zu haben, sollte man dennoch zunächst hineinschauen.

Ihnen fehlt die Zeit dazu? Sehen Sie es als Investition in die Zukunft. Die Zeit, die Sie damit verbringen, holen Sie durch intelligente Excel-Lösungen, die Ihnen später wiederum sehr viel Zeit einsparen, zigfach wieder rein.

Neben den Datentypen für die einzelnen Funktionsparameter ist es auch wichtig, den Datentyp des *Rückgabewertes* einer Funktion zu kennen. Bereits erwähnt haben wir die Funktion LINKS, die einen Text (Datentyp *String*) zurückgibt. Andere Funktionen geben Zahlen (ZÄHLENWENN, ANZAHL, SUMME etc.), Wahrheitswerte (UND, ODER, ISTZAHL etc.), Bereiche (z.B. BEREICH.VERSCHIEBEN) etc. zurück. Manche Funktionen können auch entweder einen einzelnen Wert oder aber einen Bereich bzw. eine Ergebnismatrix zurückgeben (z.B. INDEX, WENN etc.). Achten Sie sorgfältig auf das richtige Zusammenspiel von Parametern und Rückgabewerten!

Eine häufig zu beobachtende Verwirrung löst z.b. wieder mal der SVERWEIS aus. Wir haben das vorgenannte Beispiel nur leicht modifiziert, und schon liefert der SVERWEIS in beiden Varianten nur den Fehlerwert #NV *(Abbildung 1.3)*:

	B9	▼	*fx*	=SVERWEIS(A9;A$2:B$5;2;0)	
	A	B	C	D	E
1	Artikelnummer	Artikel			
2	100	Hemd			
3	400	Hose			
4	300	Jacke			
5	200	Schuhe			
6					
7	Artikelnummer	Artikel	Verwendete Formeln:		
8	200	#NV	=SVERWEIS(A8;A$2:B$5;2)		
9	200	#NV	=SVERWEIS(A9;A$2:B$5;2;0)		
10					

Abbildung 1.3: Beispiel der Fehlbedienung der Funktion SVERWEIS (2)

Die in A8 und A9 gesuchten Werte liegen im Zahlenformat (Standard) vor. In der Matrix A2:A5 stehen aber Texte, wieder zu erkennen an der linksbündigen Ausrichtung. Also passen hier die Datentypen nicht zusammen und im Ergebnis verweigert der SVERWEIS den Dienst. Zur schnellen Behebung des Problems wandeln Sie entweder die Suchwerte in A8:A9 in Texte um (z.B. durch Verkettung mit einem Leerstring: A9&"") oder Sie wandeln die Textzahlen in der Matrix in echte Zahlen um. Beachten Sie dabei, dass es mit der reinen Umstellung des Zellformates von Text auf Standard nicht getan ist. Das neue Format wird erst erkannt, wenn Sie die Zellen einzeln editieren oder – und das ist natürlich die wesentlich einfachere Methode – eine leere Zelle kopieren und sie über die Textzahlen mit *Bearbeiten>Inhalte einfügen...>Addieren* einfügen. Intern addiert Excel dabei zu jeder Zahl eine Null. Diese Addition ist ergebnisneutral, ist aber eine mathematische Operation, mit der man diesen Effekt (eine Textzahl in eine echte Zahl umzuwandeln) erzielt. Im Umgang mit Arrayformeln werden Sie im Verlauf dieses Buches erneut darauf stoßen.

Mit Hilfe der Kenntnis über Parameter und Rückgabewerte lassen sich auch mehrere Funktionen ineinander verschachteln. Durch die Verschachtelung kann es oft zu den so genannten Monsterformeln kommen, deren Schrecken man aber schnell nehmen kann, wenn man das Problem in Einzelschritten löst und dabei Hilfszeilen/-spalten verwendet. In folgendem kleinen Beispiel *(Abbildung 1.4)* wird ermittelt, wie oft der Buchstabe „e" in „Excelformeln.de" vorkommt. Dabei wird zwischen Groß- und Kleinschreibung unterschieden.

	B5	▼	f_x =B3-B4		
	A	B	C	D
1	Ausgangstext	Excelformeln.de		
2	Text ohne "e"	Exclformln.d	=WECHSELN(B1;"e";)	
3	Länge Ausgangstext	15	=LÄNGE(B1)	
4	Länge Text ohne "e"	12	=LÄNGE(B2)	
5	Anzahl "e"	3	=B3-B4	
6				

Abbildung 1.4: Aufbau einer verschachtelten Funktion

Wenn Sie die Funktionen WECHSELN und LÄNGE kennen, ist der Rest ein Kinderspiel. Die klitzekleine Logik besteht eigentlich nur darin, die Textlänge des um die „e" gekürzten Textes von der Textlänge des Ausgangstextes abzuziehen. Das Ergebnis ist *3*. Diese Einzelschritte lassen sich jetzt auch problemlos in einer Formel vereinen, indem Sie mit Copy und Paste (alternativ mit *Bearbeiten>Ersetzen...* oder natürlich auch „zu Fuß") nacheinander die Zellbezüge B2, B3 und B4 durch die Formeln ersetzen. Aus

=B3-B4 wird =LÄNGE(B1)-LÄNGE(B2) und aus

LÄNGE(B2) wird LÄNGE(WECHSELN(B1; "e";)).

Das Endprodukt entsteht damit ganz von selbst:

=LÄNGE(B1)-LÄNGE(WECHSELN(B1;"e";)) = 3

Dieses sehr einfache Beispiel soll nur verdeutlichen, dass es immer sinnvoll ist, ein Problem in Einzelteile zu zerlegen. Dabei spielt die Anzahl der benötigten Hilfszellen keine Rolle. Je kleiner die Einzelschritte, desto leichter lässt es sich auch nachvollziehen. Das Zusammenführen ist nachher nur noch die Kür. Und mit ein wenig Übung werden Sie schnell feststellen, dass Sie mit der Zeit immer mehr Schritte zusammenfassen, bis Sie später kaum noch Hilfszellen benötigen. Und lassen Sie sich nicht entmutigen, wenn es nicht auf Anhieb funktioniert. Beim „Formulieren" ist auch immer eine ganze Menge „Trial and Error" dabei. Das ist ganz normal. Auch hierbei gilt: Nehmen Sie sich die Zeit dazu, denn es wird sich später einmal auszahlen.

Wenn Sie jetzt Ihre Formeln verschachtelt haben, kann es durchaus vorkommen, dass Ihre Formeln nicht das gewünschte Ergebnis liefern, wobei Sie doch sicher sind, alles richtig gemacht zu haben. Im folgenden Beispiel *(Abbildung 1.5)* sollte die Summe eigentlich 9 ergeben:

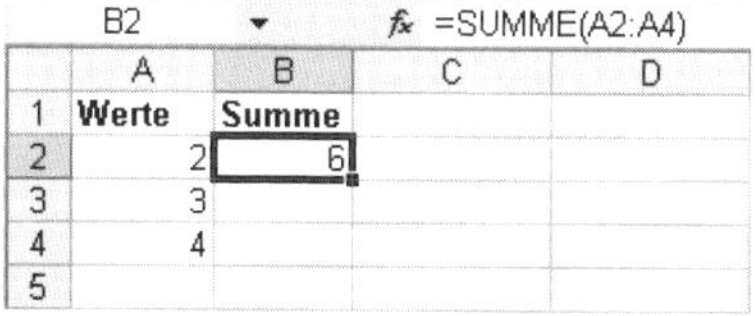

B2	▼	*fx*	=SUMME(A2:A4)	
	A	B	C	D
1	Werte	Summe		
2	2	6		
3	3			
4	4			
5				

Abbildung 1.5: Falsche Summierung wegen „falscher" Zahl

Wo liegt denn hier der Hase im Pfeffer? Das lässt sich am leichtesten eruieren, indem Sie zur [F9]-Taste greifen. Vorher markieren Sie in der Bearbeitungsleiste den Formelteil A2:A4 und berechnen diesen mit [F9]. Das Ergebnis wird Ihnen sofort angezeigt und der Fehler wird ersichtlich *(Abbildung 1.6)*.

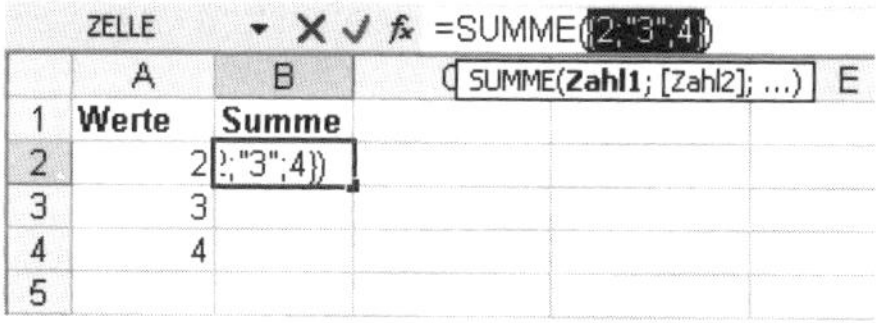

ZELLE	▼ X ✓ *fx*	=SUMME(2;"3";4)		
	A	B	SUMME(**Zahl1**; [Zahl2]; ...)	E
1	Werte	Summe		
2	2	2;"3";4))		
3	3			
4	4			
5				

Abbildung 1.6: Entlarvung des Übeltäters

Die Zahl 3 liegt im Textformat vor (zu erkennen an den Anführungszeichen).

Die Berechnung mittels [F9]-Taste lässt sich auf jeden logisch zusammenhängenden Teil einer Formel anwenden. In dem Beispiel zur Ermittlung der Anzahl der „e" in „Excelformeln.de" lässt sich die Formel

`=LÄNGE(B1)-LÄNGE(WECHSELN(B1;"e";))`

ebenfalls teilauswerten. Zunächst der Bezug B1, anschließend WECHSELN(B1;"e";) und im letzten Schritt jeweils die beiden LÄNGE-Funktionen. Das Ergebnis sieht nacheinander so aus:

`=LÄNGE("Excelformeln.de")-LÄNGE("Exclformln.d") =15-12 = 3`

Wenn Sie eine teilausgewertete Formel mit [↵] bestätigen, werden die Berechnungsergebnisse in die Formel übernommen. Die einzelnen Bezüge gehen also verloren. Da das meist unerwünscht ist, hilft nach der Teilauswertung ein Ausstieg mit der [Esc]-Taste. Alle Berechnungen werden dann wieder rückgängig gemacht. Zudem können Sie die jeweils letzte Berechnung mit *Bearbeiten>Rückgängig...* wieder revidieren.

Diese Art der Formelüberwachung ist speziell im Umgang mit den Arrayformeln von besonderer Bedeutung. Wenn in B1 „Excelformeln.de" steht, dann ergibt die Formel

=TEIL(B1;ZEILE(1:16);1)
={"E";"x";"c";"e";"l";"f";"o";"r";"m";"e";"l";"n";".";"d";"e";""}

Die ⌈F9⌉-Auswertung der kompletten Formel fördert also alle Zeichen vom 1. bis zum 16. zu Tage. Da es nur 15 Zeichen sind, wird das 16. Zeichen als Leerstring dargestellt.

Seit Excel 2002 (XP) steht unter *Extras>Formelüberwachung>Formelauswertung* ein Tool zur Verfügung, das exakt die Teilberechnungen mit ⌈F9⌉ simuliert. Dabei wird die Formel in der logischen Reihenfolge, also in der Regel von innen nach außen, ausgewertet. Der aktuell auszuwertende Formelteil wird dabei unterstrichen *(Abbildung 1.7)*.

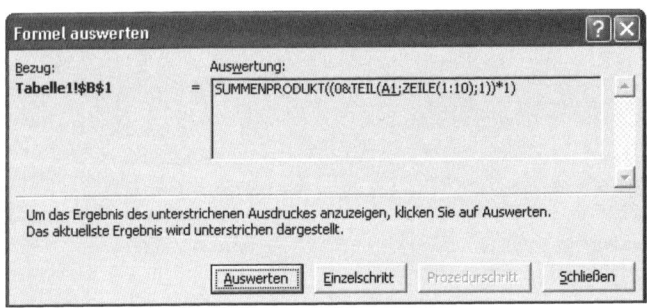

Abbildung 1.7: Dialog Formel auswerten (1)

Diese Beispielformel bildet die Quersumme einer maximal 10-stelligen Zahl, die in A1 steht. Die Formellogik lernen Sie in Kapitel 10 *Alles ist Zahl – Anwendungen aus dem Bereich der Zahlentheorie* kennen. An dieser Stelle soll nur die Funktionalität der Formelüberwachung demonstriert werden. Ein Klick auf *Auswerten* wertet A1 aus. Steht dort die Zahl 24687, wird sie zunächst statt A1 in die Formel übernommen. Im nächsten Auswertungsschritt wird dann die Funktion ZEILE(1:10) ausgewertet *(Abbildung 1.8)*.

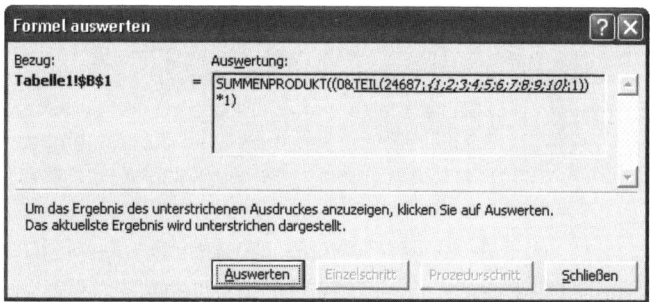

Abbildung 1.8: Dialog Formel auswerten (2)

Und nach 7 Auswertungen erhalten Sie schließlich das Ergebnis *27*.

Gegenüber der [F9]-*Auswertung* innerhalb der Bearbeitungsleiste wertet das Auswertungstool *Formelauswertung* Ausdrücke beliebiger Länge aus. Die [F9]-Methode ist dabei beschränkt auf ca. 1.000 Zeichen. Ein Auswertungsversuch mit unerlaubter Länge – z.B. ZEILE(1:500) – führt zur Fehlermeldung *(Abbildung 1.9)*:

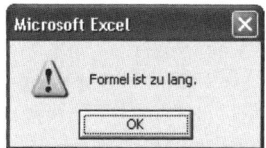

Abbildung 1.9: Fehlermeldung wegen zu langer Formel

In diesem Fall ist es also angezeigt, den Ausdruck ZEILE(1:500) auf das erlaubte Maximum zu reduzieren, was wir grundsätzlich für Teilberechnungen empfehlen. Denn selbst die komplette Anzeige innerhalb des Tools *Formelüberwachung* wird Sie in den seltensten Fällen weiterbringen, da die Übersichtlichkeit nicht mehr gegeben ist. Testen Sie also immer mit kleinen Bereichen, die so groß wie gerade eben nötig sind!

Als nachteilig empfinden wir bei der *Formelüberwachung* auch die statische Auswertungsreihenfolge. Auch wenn sie stets logisch ist, wäre es doch wünschenswert, eine beliebige Reihenfolge auswählen zu können, da es oft nicht erforderlich ist, die gesamte Formel auszuwerten. Mit der [F9]-Methode ist das wiederum kein Problem.

Nach diesen grundsätzlichen Tipps zum Umgang mit Formeln begeben wir uns noch mal zurück in die Küche zu unserem 3-Sterne-Koch. Um die Gerichte zauberhaft, aber auch gleichzeitig schnell zubereiten zu können, hat er seine Küche ordentlich eingerichtet. Alles steht an Ort und Stelle, um es immer direkt zur Hand zu haben. Die Gewürze stehen in Reih und Glied im Regal und nicht wild durch die ganze Küche verstreut. Die Tiefkühltruhe steht hingegen im Nachbarraum, da sie einfach zu viel Platz einnimmt und sowieso nicht ständig benötigt wird.

Wenn wir die Excel-Arbeitsmappe als Küche betrachten, in der Sie Ihre Anwendungen zubereiten, dann sollten Sie auch auf Ordnung achten. Ein gut strukturierter Tabellenaufbau ist dabei stets die halbe Miete. Viel zu oft stößt man aufgrund eines mehr oder weniger chaotischen Aufbaus auf Probleme, die man nicht hätte, wenn man sich an gewisse Grundregeln halten würde. Dazu gehört beispielsweise das Vermeiden von Leerzeilen oder Leerspalten in Listen. Für die Auswertung können Sie dann meist auf Standardfunktionen zurückgreifen, die nicht nur einfacher, sondern auch viel flotter sind als Arrayformeln oder sonstige komplizierte Eigenbauten. Neben den Leerzeilen/-spalten führen in vielen Fällen *verbundene Zellen* zu Problemen. Oft wird auf diese Möglichkeit eher aus Unkenntnis über das Zellformat *Über Auswahl zentrieren* zurückgegriffen. Und sind die Zellen einmal verbunden, dann gibt es Probleme beim Sortieren, im Umgang mit Matrixformeln usw. Nutzen Sie verbundene Zellen wirklich nur dann, wenn es nicht anders geht bzw. wenn diese außerhalb des Bearbeitungs-/Berechnungsbereichs Ihrer Anwendung liegen. Kümmern Sie sich beim Erstellen einer Anwendung zunächst nicht um die Zellformate. Machen Sie das erst, wenn Sie Ihre Datei für funktionsfähig befunden haben. Dinge, die nicht ständig benötigt bzw. verändert werden, lagert man am besten auf ein separates Tabellenblatt aus. Und damit man darauf auch blattübergreifend mit Features wie der *Bedingten Formatierung* oder *Daten>Gültigkeit* zugreifen kann, besteht die einfache Möglichkeit, Namen zu vergeben. Machen Sie Berechnungen nicht von irgendwelchen Zellformaten (Schrift- und Hintergrundfarben) abhängig! Dafür stellt Excel keine Bordmittel zur Verfügung. Alle diesbezüglichen Lösungen (ob mit Excel 4-Makrofunktionen oder auch selbst gestrickten Funktionen in VBA) sind nur Lösungen für Probleme, die man nicht hat, wenn man sich an diese Regel hält.

Wer sich in der Excel-Küche gut auskennt, kann es auch vermeiden, Räder immer wieder neu zu erfinden. Manche Dinge lassen sich ohne VBA nicht verwirklichen – das wird keiner bestreiten. Trotzdem werden unserer Meinung nach viel zu schnell aufwändige Makros zur Lösung von Aufgaben selbst gestrickt, die auch mit Excel-Bordmitteln wunderbar gelöst werden könnten. Diese sind zum Teil überflüssig oder können sogar zu diversen Problemen führen (die Sie dann manchmal auch an Microsoft senden dürfen), wenn sie nicht sauber programmiert, sondern irgendwie zusammengeschustert sind.

Abschließend wird der Koch immer versuchen, seinen Gästen das passende Getränk zu einem bestimmten Gericht zu servieren. Zu einem Fischgericht gehört in der Regel ein trockener Weißwein, während zu einer Käseplatte für gewöhnlich ein kräftiger Rotwein am besten mundet. Ob es dabei ein Spanier, Franzose oder Italiener ist, spielt dabei meist keine Rolle.

Auch in Excel sind gleiche Aufgabenstellungen auf vielfältige Weise lösbar. Bekanntlich führen viele Wege nach Rom. Aber manche Aufgaben eignen sich einfach nicht für eine Weißwein-Lösung, auch wenn am Ende dasselbe Resultat wie bei der Rotwein-Lösung herauskommt. Der Gast ist satt und hat auch keinen Durst mehr, aber richtig geschmeckt hat es ihm nicht. Das liegt vielleicht daran, dass Sie eine Tabelle mit 25.000 Zeilen mit Arrayformeln ausgewertet haben, wo es doch wesentlich besser und performanter wäre, auf eine Pivottabelle zurückzugreifen. Vielleicht haben Sie auch eine INDEX-basierte Auswertung vorgenommen, für die ein Szenario wesentlich besser geeignet wäre. Oft ist es natürlich nur Geschmacksache. Ob Sie ein Pils oder ein Altbier servieren, bestimmt der Gast in der Regel selbst. Aber vergessen Sie nicht, dass es auch Lösungen geben könnte, die der Aufgabenstellung wesentlich mehr gerecht werden als die, die Sie vielleicht gerade am besten beherrschen. Lernen Sie, die Excel-Klaviatur komplett zu spielen, und Sie werden schnell in den Excel-Olymp aufsteigen.

Dies alles erhebt keinen Anspruch auf Vollständigkeit. Ebenfalls ist es von einem Dogma weit entfernt. Aber es sind ein paar grundlegende Tipps, die sich für uns als nützlich erwiesen haben.

KAPITEL 2

Warm Up – damit können Sie rechnen

Als Leser dieses Buches sind Sie möglicherweise ein versierter Excel-Anwender. Wenn Sie jemand fragt „Was lässt sich denn mit Excel so alles berechnen?", werden Sie wahrscheinlich trotzdem ins Stocken geraten. „Alles Mögliche. Es gibt so viele verschiedene Excel-Funktionen, dass das fast keiner so genau sagen kann. Es gibt zum Beispiel unzählige statistische Funktionen, finanzmathematische Funktionen etc., da muss man schon Mathematiker sein, um da durchzublicken." So oder ähnlich könnte die Antwort sein.

2.1 Befreiung vom Dogma der Funktionskategorien

Obwohl die integrierte Excel-Hilfe zu den einzelnen Funktionen teilweise sehr ausführlich und viel besser als ihr Ruf ist, scheuen sich die meisten User, sich wirklich mal durch den dichten Dschungel des Funktionskatalogs zu kämpfen. Stattdessen werden Berechnungen in VBA programmiert, obwohl für die aktuelle Problemstellung eventuell die passende Excel-Funktion standardmäßig verfügbar ist. Doch woran liegt das?

Ein Grund dafür könnte sein, dass die Kategorisierung der Funktionen nicht besonders hilfreich ist. *Statistische Funktionen*, was heißt das schon? Muss man Statistiker sein, um damit etwas anfangen zu können? Bei manchen Funktionen mag das der Fall sein, aber Funktionen wie MAX oder MIN kann eigentlich jeder Excel-Anwender gebrauchen. Trotz Kategorisierung sind die Funktionen trotzdem so bunt durcheinander gewürfelt, dass es einfach nicht möglich ist, einen globalen Überblick zu behalten, geschweige denn jemand anderem zu vermitteln. Ein Beispiel:

In der Kategorie *Statistische Funktionen* stehen die Funktionen VARIANZEN, VARIATION und VARIATIONEN unmittelbar untereinander und klingen sehr ähnlich. Funktional haben sie aber überhaupt nichts miteinander zu tun. Die erste ermittelt ein Streuungsmaß, die zweite Werte eines exponentiellen Trends und die dritte gehört in den Bereich der Kombinatorik. Sie passt damit viel besser zur Funktion KOMBINATIONEN, die sich aber als völliger Außenseiter in der Kategorie *Math. & Trigonom.* tummelt.

Um diese Verwirrung zu beseitigen, wollen wir uns von dem Dogma der vorgegebenen Funktionskategorien befreien und Funktionen so gruppieren, wie sie wirklich zusammengehören. Dadurch wird unseres Erachtens ein übergreifendes Verständnis des vollen Funktionsumfangs der Standardfunktionen erheblich erleichtert. Für eine detaillierte Darstellung der kompletten Funktionspalette reicht ein Kapitel natürlich nicht aus. Dies soll nur ein grober Überblick sein und Ihr Interesse für die eine oder andere Gruppe von Funktionen wecken. Wenn Sie dann tiefer in die Materie einsteigen wollen, geben Sie der integrierten Excel-Hilfe eine Chance und beherzigen Sie den abgedroschenen, aber dennoch wahren Satz: Probieren geht über Studieren.

Anstatt in den vorgegebenen 9 Funktionskategorien, gliedern wir die Standardfunktionen in folgende 19 Gruppen (bei einzelnen Funktionen ist die Zuordnung nicht unumstritten und deshalb letztlich Geschmackssache – sie hätte auch anders erfolgen können).

1.	Datumsfunktionen
2.	Zeitfunktionen
3.	Textfunktionen
4.	Datentypbeschreibung und -umwandlung
5.	Rechnen mit Bedingungen
6.	Rundungs- und Formatierungsfunktionen
7.	Verweisfunktionen
8.	Bereichsrückgabefunktionen
9.	Mathematik allgemein
10.	Lageparameter
11.	Streuungsmaße
12.	Regressionsrechnung
13.	Kombinatorik
14.	Statistische Verteilungen
15.	Trigonometrie
16.	Matrizenrechnung
17.	Zinseszins- und Rentenrechnung
18.	Abschreibungsmethoden
19.	Exoten

Tabelle 2.1: Funktionsgruppen

2.2 Datumsfunktionen

Die Funktion DATUM ermittelt aus den Bestandteilen *Jahr, Monat* und *Tag* ein Datum. In Excel steht hinter jedem Datum eine fortlaufende Ganzzahl, die der Anzahl der Tage entspricht, die zwischen dem 01.01.1900 und diesem Datum vergangen sind. Mit den Funktionen JAHR, MONAT und TAG kann dieses Datum wieder in die Einzelteile Jahr, Monat und Tag zerlegt werden.

Die Funktion DATWERT wandelt ein als String angegebenes Datum in die entsprechende fortlaufende Ganzzahl um.

Die Funktion HEUTE ermittelt bei jeder Neuberechnung die fortlaufende Ganzzahl des aktuellen Datums.

Die Funktion WOCHENTAG ermittelt eine Zahl von 1–7, die den Tagen einer Woche entspricht.

Syntax	Beispiel	Wert	Datum
=DATUM(Jahr;Monat;Tag)	=DATUM(2006;6;9)	38877	09.06.2006
=JAHR(Datum)	=JAHR(38877)	2006	
=MONAT(Datum)	=MONAT(38877)	6	
=TAG(Datum)	=TAG(38877)	9	
=DATWERT(Datumstext)	=DATWERT("09.06.2006")	38877	09.06.2006
=WOCHENTAG(Datum;Typ)	=WOCHENTAG("09.06.2006";2)	5	

Tabelle 2.2: Beispiele zu Datumsfunktionen

2.3 Zeitfunktionen

Die Funktion ZEIT ermittelt aus den Bestandteilen *Stunde, Minute* und *Sekunde* eine Uhrzeit. In Excel steht hinter jeder Zeit eine Bruchzahl zwischen 0 und 1. 0,25 steht für 06:00 Uhr morgens, 0,5 steht für 12:00 mittags und 0,75 für 18:00 Uhr abends.

Die Funktionen STUNDE, MINUTE und SEKUNDE zerlegen diese als Bruchzahl ausgedrückte Uhrzeit wieder in ihre Bestandteile Stunde, Minute und Sekunde.

Die Funktion ZEITWERT wandelt eine als String angegebene Uhrzeit in die entsprechende Bruchzahl um.

Die Funktion JETZT ermittelt bei jeder Neuberechnung die fortlaufende Ganzzahl des aktuellen Datums, analog zu HEUTE zuzüglich der Bruchzahl der aktuellen Uhrzeit. Nur die aktuelle Uhrzeit erhalten Sie durch Subtraktion beider Funktionen: =JETZT()-HEUTE().

Syntax	Beispiel	Wert	Uhrzeit
=ZEIT(Stunde;Minute;Sekunde)	=ZEIT(15;20;15)	0,6390625	15:20:15
=STUNDE(Zahl)	=STUNDE(0,6390625)	15	
=MINUTE(Zahl)	=MINUTE(0,6390625)	20	
=SEKUNDE(Zahl)	=SEKUNDE(0,6390625)	15	
=ZEITWERT(Zeit)	=ZEITWERT("15:20:15")	0,6390625	15:20:15

Tabelle 2.3: Beispiele zu Zeitfunktionen

2.4 Textfunktionen

Die Funktion CODE rechnet jedes Zeichen in die fortlaufende Zahl des ANSI-Zeichensatzcodes um. ZEICHEN wandelt diesen Code in das entsprechende Zeichen um und ist somit die Umkehrfunktion von CODE. Mit Umkehrfunktion ist gemeint, dass bei Verschachtelung beider Funktionen der Eingabewert der inneren Funktion dem Ergebnis der äußeren Funktion entspricht:

=CODE(ZEICHEN(66))=66

Die Funktionen SUCHEN und FINDEN suchen innerhalb eines Textes eine Zeichenfolge und geben die Positionsnummer des Suchtextes innerhalb des durchsuchten Textes zurück. Sie unterscheiden sich voneinander dadurch, dass erstere nicht nach Groß- und Kleinschreibung unterscheidet, letztere schon.

Die Funktion TEIL gibt den Teil eines Textes zurück, der sich aus der Vorgabe von Positionsnummer und Länge des Teilstrings ergibt. Sie ist in etwa die Umkehrfunktion von FINDEN/SUCHEN.

Wenn die Position des zurückzugebenden Teilstrings links oder rechts beginnt, nehmen Sie statt der Funktion TEIL die Funktionen LINKS oder RECHTS.

Die Funktion VERKETTEN hängt verschiedene Texte aneinander, was allerdings durch das kaufmännische & genauso gut erledigt werden kann. WIEDERHOLEN verkettet ebenfalls Text. Hierbei ist es aber immer der gleiche Text und Sie können nur vorgeben, wie oft er wiederholt werden soll.

Die Funktionen KLEIN und GROSS wandeln alle Zeichen eines Textes in Klein- oder Großbuchstaben um. Auf numerische Ziffern oder Sonderzeichen haben diese Funktionen keine Auswirkung. GROSS2 schreibt nur das erste Zeichen jedes Wortes in einem Text groß und den Rest klein.

GLÄTTEN entfernt überflüssige Leerzeichen eines Textes und entspricht in etwa den Trim-Funktionen, die in diversen Programmiersprachen bekannt sind. SÄUBERN entfernt alle nicht druckbaren Zeichen.

IDENTISCH prüft, ob zwei Texte identisch sind und unterscheidet sich von der einfachen Prüfung =Text1=Text2 dadurch, dass sie zwischen Groß- und Kleinschreibung unterscheidet. Für Excel ist standardmäßig ="a"="A"=WAHR.

Die Funktion WECHSELN ersetzt eine Zeichenfolge innerhalb eines Textes durch eine andere. Die Funktion ERSETZEN macht fast das gleiche. Der Unterschied besteht darin, dass Sie bei WECHSELN eine Zeichenfolge vorgeben, die innerhalb des Textes gesucht werden muss. Bei ERSETZEN geben Sie stattdessen die Position und die Länge der Zeichenfolge vor, die ausgetauscht werden soll.

Text	Beispiel	Ergebnis
x	=CODE(Text)	88
88	=ZEICHEN(Text)	x
Excel	=SUCHEN("e";Text)	1
Excel	=FINDEN("e";Text)	4
Excel	=TEIL(Text;4;1)	e
Excel	=LINKS(Text;2)	Ex
Excel	=RECHTS(Text;2)	el
	=VERKETTEN("E";"x";"c";"e";"l")	Excel
	="E"&"x"&"c"&"e"&"l"	Excel
Ha	=WIEDERHOLEN(Text;3)	HaHaHa

Text	Beispiel	Ergebnis
Formeln	=GROSS(Text)	FORMELN
Formeln	=KLEIN(Text)	formeln
KLAUS KÜHNLEIN	=GROSS2(Text)	Klaus Kühnlein
Klaus Kühnlein	=GLÄTTEN(Text)	Klaus Kühnlein
a_b	="a"="A"	WAHR
Alphorn	=WECHSELN(Text;"hor";"i")	Alpin
Alphorn	=ERSETZEN(Text;4;3;"i")	Alpin

Tabelle 2.4: Beispiele zu Textfunktionen

2.5 Datentypbeschreibung und -umwandlung

Unter Programmierern gehört es zum elementaren Basiswissen, dass Daten unterschiedliche Datentypen besitzen. Die in Excel relevanten Datentypen sind *Zahl*, *Text* (String), *boolescher Wert* (WAHR/FALSCH) und *Fehlerwert*.

Die Funktion T wandelt ein Argument in einen Text um. Zahlen werden in eine leere Zeichenfolge umgewandelt. Die Funktionen N und WERT wandeln ein Argument in eine Zahl um. Da sich ein alphanumerisches Zeichen nicht wirklich in eine Zahl umwandeln lässt (vom Zeichencode einmal abgesehen), liefert WERT in diesem Fall einen Fehlerwert. N macht stattdessen eine 0 daraus.

Die Funktionen TYP und FEHLER.TYP geben eine Ganzzahl zurück, die angibt, um welchen Datentyp bzw. Fehlertyp es sich bei einem Argument handelt.

Eine ähnliche Aufgabe erfüllen die Funktionen ISTFEHL, ISTBEZUG, ISTFEHLER, ISTKTEXT, ISTLEER, ISTLOG, ISTNV, ISTTEXT und ISTZAHL. Das Ergebnis dieser Funktionen ist aber keine Ganzzahl, sondern ein boolescher Wert: WAHR oder FALSCH.

VORZEICHEN gibt an, ob eine Zahl positiv, negativ oder null ist.

Wert/Text	Beispiel	Ergebnis
123	=T(Zellwert)	
A	=WERT(Zellwert)	#WERT!
A	=N(Zellwert)	0
#NV	=TYP(Zellwert)	16
#NV	=FEHLER.TYP(Zellwert)	7
#DIV/0!	=ISTFEHL(Zellwert)	WAHR
123	=ISTBEZUG(Zellwert)	FALSCH
#NV	=ISTFEHLER(Zellwert)	WAHR
123	=ISTKTEXT(Zellwert)	WAHR
A	=ISTLEER(Zellwert)	FALSCH
WAHR	=ISTLOG(Zellwert)	WAHR
#NV	=ISTNV(Zellwert)	WAHR
123	=ISTTEXT(Zellwert)	FALSCH
123	=ISTZAHL(Zellwert)	WAHR
123	=VORZEICHEN(Zellwert)	1

Tabelle 2.5: Beispiele zu Datentypsfunktionen

Die Funktion ANZAHLLEEREZELLEN zählt leere Zellen und Zellen mit der Länge 0. Eine Zelle mit der Länge 0 muss nicht unbedingt leer sein, sie könnte auch einen so genannten Nullstring ="" enthalten. Die Funktion ISTLEER liefert FALSCH, wenn eine Zelle einen solchen Leerstring enthält. Für die Funktion ANZAHLLEEREZELLEN ist sogar eine Zelle mit der Formel

=WENN(1;"")

leer und sie zählt deshalb eine 1 für diese Zelle.

2.6 Rechnen mit Bedingungen

Ein Gebiet, das auch allen Programmierern und Datenbankentwicklern sofort ein Begriff ist, ist das Rechnen mit Bedingungen. Mit zentraler Bedeutung fallen einem dazu die Begriffe WENN – UND-ODER – DANN – SONST ein.

Die Funktionen UND, ODER und NICHT liefern Wahrheitswerte, die zum Ausdruck bringen, ob eine Bedingung erfüllt ist oder nicht.

Die Funktion WENN kann abhängig von einer solchen Bedingungsprüfung eine *Dann*-Berechnung beziehungsweise eine *Sonst*-Berechnung durchführen.

Die Funktion WAHL kann – im Gegensatz zu den zwei Alternativen (*Dann_Wert/ Sonst_Wert*) der WENN-Funktion – 29 alternative Berechnungen durchführen. Die Prüfung erfolgt deshalb nicht über die Wahrheitswerte WAHR und FALSCH, sondern über einen fortlaufenden Index von 1–29.

Die Funktionen WENN und WAHL überprüfen (standardmäßig) eine Zelle auf **eine oder mehrere** Bedingungen. Die Funktionen ZÄHLENWENN und SUMMEWENN fragen einen ganzen Bereich ab, können dabei aber **nur eine** Bedingung prüfen. ZÄHLENWENN zählt alle Zellen, auf die die Bedingung zutrifft; SUMMEWENN summiert für jede Zelle mit erfüllter Bedingung den Zellwert dieser oder benachbarter bzw. gleich indizierter Zellen.

Die Datenbankfunktionen DBSUMME, DBANZAHL, DBMAX, DBMIN usw. können beliebig viele Zellen (Datensätze) hinsichtlich beliebig vieler Bedingungen überprüfen. Damit vereinen sie die Möglichkeiten von WENN, SUMMEWENN und ZÄHLEN-WENN und sind damit sehr mächtig. Außerdem können sie nicht nur zählen und summieren, sondern auch weitere statistische Größen, beispielsweise Standardabweichung und Varianz, berechnen. Leider ist ihre Handhabung etwas umständlich und sie arbeiten nicht autark, da jede unterschiedliche Berechnung einen Bereich in der Tabelle verlangt, in dem die Suchkriterien definiert werden.

Formel	Ergebnis
=WENN(WAHR;3;5)	3
=ODER(WAHR;FALSCH)	WAHR
=UND(WAHR;FALSCH)	FALSCH
=UND(WAHR;WAHR)	WAHR

Formel	Ergebnis
=WENN(UND(ODER(1;0);1);UND(0;1);5)	FALSCH
=UND(ODER(1;1);NICHT(FALSCH))	WAHR
=WAHL(2;"eins";"zwei";"drei")	zwei

Tabelle 2.6: Beispiele zum Rechnen mit Bedingungen (1)

	A	B	C	D	E	F	G
1	Kriterium1	Kriterium2	Wert		Formel		Ergebnis
2	b	x	3		=ZÄHLENWENN(A:A;"a")		6
3	a	x	6		=SUMMEWENN(A:A;">a";C:C)		45
4	a	x	4				
5	b	y	4				
6	c	z	2		Kriterium1	Kriterium2	
7	a	z	7		a	y	
8	a	y	6		b	x	
9	b	y	4				
10	c	y	6		=DBSUMME(A:C;"Wert";E6:F7)		13
11	b	x	7		=DBMAX(A:C;"Wert";E6:F8)		7
12	c	x	10		=DBANZAHL2(A:A;"Kriterium1";E6:E8)		10
13	a	y	7				
14	c	y	9				
15	a	x	1				

Abbildung 2.1: Beispiele zum Rechnen mit Bedingungen (2)

2.7 Rundungs- und Formatierungsfunktionen

Die Funktion TEXT formatiert eine Zahl und wandelt das Ergebnis in einen Text um. So gut wie alle Zahlenformate, die sich über den Menüpunkt *Format>Zellen...* einstellen lassen, können Sie ebenso mit dieser Funktion erzeugen. Somit können Sie mit dieser Funktion unter anderem auch runden. Excel bietet eine ganze Reihe weiterer Rundungsfunktionen, die auf den ersten Blick oft gleiche Ergebnisse liefern, aber trotzdem feine Unterschiede haben, die man nicht außer Acht lassen darf.

Die Funktionen RUNDEN, FEST und DM runden nach einer beliebigen Anzahl Stellen auf oder ab. Ab 0,5 wird stets aufgerundet. Sie liefern das identische Ergebnis, außer dass FEST und DM Texte liefern, die mit 1 multipliziert in eine Zahl umgewandelt werden können. DM liefert zusätzlich das gemäß Ländereinstellung aktuell gültige Währungssymbol. Bei DM setzt die Multiplikation mit 1 voraus, dass das Währungssymbol mit einer Textfunktion abgeschnitten wurde. Die nicht dokumentierte Funktion USDOLLAR macht exakt dasselbe.

Die Funktionen ABRUNDEN, KÜRZEN, UNTERGRENZE und GANZZAHL runden stets nach unten ab. Bei ABRUNDEN und KÜRZEN kann eine beliebige Anzahl Stellen vorgegeben werden. UNTERGRENZE kann man noch feiner justieren, da auf das nächstliegende Vielfache einer beliebig definierbaren Schrittweite abgerundet werden kann. GANZZAHL schneidet einfach alle Nachkommastellen ab.

AUFRUNDEN und OBERGRENZE runden stets nach oben auf und funktionieren ansonsten wie ihre Pendants beim Abrunden.

GERADE und UNGERADE runden positive Zahlen auf die nächste gerade bzw. ungerade Zahl auf und im negativen Bereich ab.

ABS liefert den Absolutwert einer Zahl.

Wert	Formel	Ergebnis
2,336	=TEXT(Wert;"#.##0,00")	2,34
2,336	=DM(Wert;2)	2,34 €
2,336	=FEST(Wert;2)	2,34
2,336	=ABRUNDEN(Wert;2)	2,33
2,336	=ABS(Wert)	2,336
2,336	=AUFRUNDEN(Wert;2)	2,34
2,336	=GANZZAHL(Wert)	2
2,336	=GERADE(Wert)	4
2,336	=KÜRZEN(Wert;2)	2,33
2,336	=OBERGRENZE(Wert;0,05)	2,35
2,336	=RUNDEN(Wert;2)	2,34
2,336	=UNGERADE(Wert)	3
2,336	=UNTERGRENZE(Wert;0,05)	2,3

Tabelle 2.7: Beispiele zu Rundungsfunktionen

2.8 Verweisfunktionen

Verweisfunktionen durchsuchen Bereiche nach Suchkriterien. Wer mit großen Datenmengen hantiert und verschiedene Datentabellen miteinander in Beziehung setzen muss, benötigt Verweise. In einer Datenbank geschieht dies über die Verknüpfung von Datenbanktabellen über (in der Regel) so genannte 1:n-Beziehungen. In Excel wird diese Methodik mit Verweisfunktionen durchgeführt.

SVERWEIS(Suchkriterium;Matrix;Spaltenindex;Bereich_Verweis) durchsucht die linke Spalte eines Bereichs oder einer Matrix nach einem Suchkriterium und gibt vom ersten Treffer eine rechts benachbarte Zelle zurück. WVERWEIS macht das Gleiche, nur 90 Grad versetzt, durchsucht also die oberste Zeile eines Bereichs oder einer Matrix und gibt einen Wert zurück, der sich in derselben Spalte wie der Treffer befindet. Bei beiden Funktionen kann vorgegeben werden, ob nur dann ein Ergebnis geliefert werden soll, wenn eine genaue Übereinstimmung mit dem Suchkriterium besteht. Soll auch ein Ergebnis geliefert werden, wenn es keine genaue Übereinstimmung gibt, muss die Suchspalte oder -zeile aufsteigend sortiert sein. Dann wählt die Funktion den größten Treffer aus, der kleiner oder gleich dem Suchkriterium ist. Diese Variante ist dann sinnvoll, wenn innerhalb von Intervallen gesucht werden soll. Klassischer Anwendungsfall ist hierbei die umsatzabhängige Provisionsvergütung oder die Schulnote, die von der erreichten Punktzahl abhängig ist.

VERWEIS(Suchkriterium;Suchvektor;Ergebnisvektor) ohne S und W erfüllt fast den gleichen Zweck und ist dabei hinsichtlich der Suchrichtung etwas flexibler. Sie kann zeilen- oder spaltenweise suchen, je nach Vorgabe. Sie könnte sogar in einer Zeile suchen, das Ergebnis aber aus einer Spalte liefern. Andererseits muss bei VERWEIS der Suchvektor stets aufsteigend sortiert sein. Geliefert wird immer der bestmögliche Treffer, der kleiner oder gleich dem Suchkriterium ist. Da in der Mehrzahl der Fälle allerdings nach einer genauen Übereinstimmung gesucht wird, sind die Einsatzgebiete von VERWEIS begrenzt.

VERGLEICH(Suchkriterium;Suchmatrix;Vergleichstyp) durchsucht ebenfalls wahlweise eine Spalte (vertikale Matrix) oder eine Zeile (horizontale Matrix) und sucht entweder nach einer genauen Übereinstimmung oder dem nächstgelegenen Treffer. Zusätzlich zu (W/S)VERWEIS kann der Suchvektor hier auch absteigend sortiert sein, dann wird der kleinste Eintrag gewählt, der größer oder gleich dem Suchkriterium ist. Bei dieser Funktion muss keine Ergebniszeile oder -spalte angegeben werden, da sie als Ergebnis eine Ganzzahl liefert, die die Position des Suchkriteriums innerhalb der zu durchsuchenden Zeile (horizontale Matrix) oder Spalte (vertikale Matrix) darstellt.

Die Datenbankfunktion DBAUSZUG(Datenbank;Datenbankfeld;Suchkriterien) sucht immer vertikal und kann nach links oder rechts blicken. Sie ist die einzige Verweisfunktion, die standardmäßig mehrere Bedingungen verarbeiten kann. Sie sucht stets nach einer genauen Übereinstimmung. Wenn diese Suchkriterien aber auf mehrere Datensätze zutreffen, nimmt sie nicht den ersten Treffer (wie die anderen Verweisfunktionen), sondern liefert eine Fehlermeldung.

	A	B	C	D	E	F	G
1	Kriterium1	Kriterium2	Wert		Formel		Ergebnis
2	m	10	96,23		=SVERWEIS("c";A:C;3;0)		64,99
3	g	12	88,6		=SVERWEIS(15;B:C;2;1)		24,1
4	d	14	24,1		=SVERWEIS(15;B:C;2;0)		#NV
5	l	16	29,37		=WVERWEIS("Kriterium2";A1:C15;5;0)		16
6	a	18	55,8		=VERGLEICH("a";A:A;0)		6
7	c	20	64,99		=VERGLEICH("a";A2:A10;0)		5
8	i	22	13,66		=VERGLEICH(35;B:B;1)		14
9	h	24	8,67				
10	b	26	21,63		Kriterium1	Kriterium2	
11	k	28	74,06		h	24	
12	e	30	41,2				
13	f	32	78,66		=DBAUSZUG(A:C;"Wert";E10:F11)		8,67
14	j	34	57,2				
15	n	36	69,38				

Abbildung 2.2: Beispiele zu den Verweisfunktionen

2.9 Bereichsrückgabefunktionen

Die Funktionen dieser Gruppe sind 100 % Excel-spezifisch. Zeilen, Spalten und Zellen beschreiben Excel-Bereiche bzw. -Tabellen, die sozusagen das lebensnotwendige Skelett einer jeden Excel-Anwendung darstellen.

Mit den Funktionen BEREICH.VERSCHIEBEN(Bezug;Zeilen;Spalten;Höhe;Breite), INDEX (Bezug;Zeile;Spalte) und INDIREKT(Bezug) werden Excel-Bereiche definiert und verändert. Die ersten beiden können aus einem vorgegebenen Ausgangsbereich eine ganze Spalte, Zeile oder einzelne Zelle zur weiteren Verarbeitung herauspicken. Nur bei INDEX kann statt des Bereichs auch eine Matrix(konstante) vorgegeben werden. Mit BEREICH.VERSCHIEBEN können Bereiche sogar völlig neu dimensioniert und verschoben werden. INDIREKT wandelt eine Bereichsangabe im Textformat in einen Bereich um. Dabei kann der Bereich (Bezug) direkt als Text oder aber auch als Bezug auf eine Zelle, die den Bereich in Textform enthält, angegeben werden.

MTRANS transponiert einen Bereich oder eine Matrix, macht also aus Spalten Zeilen und aus Zeilen Spalten.

Die Funktionen ZEILE und SPALTE liefern die fortlaufende Ganzzahl der Zeile bzw. Spalte des angegebenen Bezugs. ZEILEN und SPALTEN geben die Anzahl der Zeilen und Spalten des angegebenen Bereichs zurück.

ADRESSE gibt aus der Angabe von Zeilen- und Spaltennummer eine Zelladresse in Stringform aus. Da INDIREKT eine solche Zelladresse in Stringform erwartet, können diese beiden Funktionen gut miteinander kombiniert werden.

Die Funktion BEREICHE zählt die innerhalb eines Bezugs aufgeführten Bereiche.

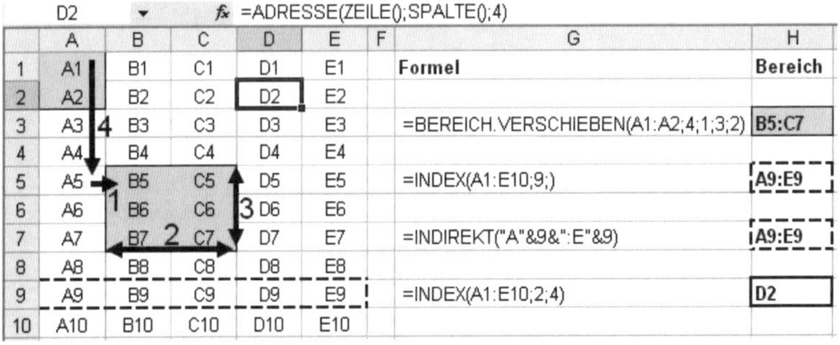

Abbildung 2.3: Beispiel zu den Bereichsrückgabefunktionen (1)

Formel	Ergebnis
=ZEILE(A3)	3
=SPALTE(B3)	2
=ZEILEN(A1:E10)	10
=SPALTEN(A1:E10)	5
=BEREICHE((A1:B2;C5:D6))	2
=ADRESSE(20;30)	$AD$20
=MTRANS({"Z1S1"."Z1S2";"Z2S1"."Z2S2"})	{"Z1S1"."Z2S1";"Z1S2"."Z2S2"}

Tabelle 2.8: Beispiel zu den Bereichsrückgabefunktionen (2)

2.10 Mathematik allgemein

Diese Funktionen finden sich auch auf jedem handelsüblichen Taschenrechner.

EXP liefert eine Potenz der eulerschen Zahl $e = 2,718$ und LN kehrt diese Berechnung um, indem sie den natürlichen Logarithmus zur Basis e liefert.

LOG10 liefert den Logarithmus einer Zahl zur Basis 10 und LOG zu einer beliebigen Basis.

Auch die Funktionen POTENZ, PRODUKT, SUMME und WURZEL können kaum verbergen, was sie im Schilde führen.

Formel	Ergebnis
=EXP(1)	2,71828183
=EXP(2)	7,3890561
=LN(EXP(2))	2
=LOG10(100)	2
=LOG(3^5;3)	5
=POTENZ(3;4)	81
=PRODUKT(2;3;4)	24
=SUMME(2;3;4)	9
=WURZEL(2)	1,41421356

Tabelle 2.9: Beispiele zu mathematischen Funktionen

Ein besonderes Augenmerk verdient die Funktion REST, die den Rest einer Division zurückgibt.

=REST(5;3)=2 denn 5/3 = 1 + 2/5

=REST(26;7)=5 denn 26/7 = 3 + 5/7

Das scheint auf den ersten Blick nichts Besonderes zu sein, doch diese Funktion ist enorm wichtig, und Sie werden sie an vielen Stellen dieses Buches wieder finden. Mit dem Divisor 7 ersetzt sie beispielsweise die Funktion WOCHENTAG vollständig, aber das ist nur eine von vielen Facetten dieses Allrounders.

2.11 Lageparameter

Damit kommen wir zu den ersten statistischen Funktionen, die aber kein Hexenwerk irgendwelcher Spezialisten sind, sondern auch vom Otto Normalverbraucher verwendet werden können. Unter Lageparametern versteht man einfach zu verstehende und in der Regel vertraute statistische Kennzahlen, von denen Excel folgende zur Berechnung anbietet:

MAX liefert den größten Wert einer Datenreihe, MIN den kleinsten. Wenn Sie auch der zweitgrößte oder zweitkleinste Wert interessiert, nehmen Sie die Funktionen KGRÖSSTE(Matrix;k) bzw. KKLEINSTE(Matrix;k). Die Funktion RANG(Zahl;Bezug;Reihenfolge) stellt die Umkehrfunktion dieser Funktionen dar. Bei ihr geben Sie einen Wert der Datenreihe vor. Sie berechnet dann, der wievieltgrößte oder -kleinste er in dieser Datenreihe ist.

Wenn statt des absoluten Rangs der relative RANG gewünscht ist, erledigt dies die Funktion QUANTILSRANG, die den Rang der gesuchten Zahl in das Verhältnis zur Anzahl aller Werte stellt. Wie genau sie rechnet, veranschaulicht folgende Gleichung:

`=QUANTILSRANG(Werte;x)=(RANG(x;Werte;1)-1)/(ANZAHL(Werte)-1)`

Auch QUANTILSRANG hat eine Umkehrfunktion namens QUANTIL, die quasi wie KKLEINSTE funktioniert, mit dem Unterschied, dass sie statt eines Absolutwertes *k* eine Prozentzahl *alpha* erwartet. Die Umkehrung beider Funktionen erhält man mit:

`=QUANTIL(Werte;QUANTILSRANG(Werte;X;15))=X`

Der MEDIAN berechnet die Zahl, die in der Mitte aller Werte der Datenreihe liegt. Das heißt, die eine Hälfte der Werte ist kleiner als der Median und die andere Hälfte der Werte ist größer. Bei einer geraden Anzahl der Werte innerhalb der Datenreihe errechnet er sich aus dem arithmetischen Mittel der beiden Werte, die am nächsten in der Mitte liegen. Die Funktion QUARTILE teilt die beiden durch den Median geteilten Hälften in zwei weitere Hälften, so dass es drei Quartile (unteres, mittleres und oberes) gibt. Die Funktion liefert zwar fünf Werte, doch der erste und fünfte Wert sind überflüssig, denn die entsprechen dem Minimum bzw. dem Maximum.

Zwischen Quartilen und Quantilen besteht der Zusammenhang:

`=QUARTILE(Werte;1)=QUANTIL(Werte;25%)`

`=QUARTILE(Werte;2)=QUANTIL(Werte;50%)`

`=QUARTILE(Werte;3)=QUANTIL(Werte;75%)`

Der MODALWERT liefert den häufigsten Wert einer Datenreihe. Wenn jeder Wert einmalig ist, liefert er eine Fehlermeldung.

Weiterhin gibt es eine Reihe von Durchschnittsfunktionen. MITTELWERT liefert das arithmetische Mittel, GEOMITTEL das geometrische Mittel und HARMITTEL das harmonische Mittel einer Datenreihe. GESTUTZMITTEL liefert das arithmetische Mittel einer Datenreihe, bei der Ausreißer an den Rändern unberücksichtigt bleiben.

Die Funktionen MITTELWERT, MIN und MAX gibt es in einer zweiten Ausführung, bei der dem Funktionsnamen A angehängt wird, also MITTELWERTA, MINA und MAXA. Diese Funktionen unterscheiden sich dadurch, dass Texte und Wahrheitswerte anders interpretiert werden. In der Standardform werden Texte und Wahrheitswerte ignoriert. Mit dem A-Anhang wird WAHR als 1 und FALSCH und Text als 0 interpretiert.

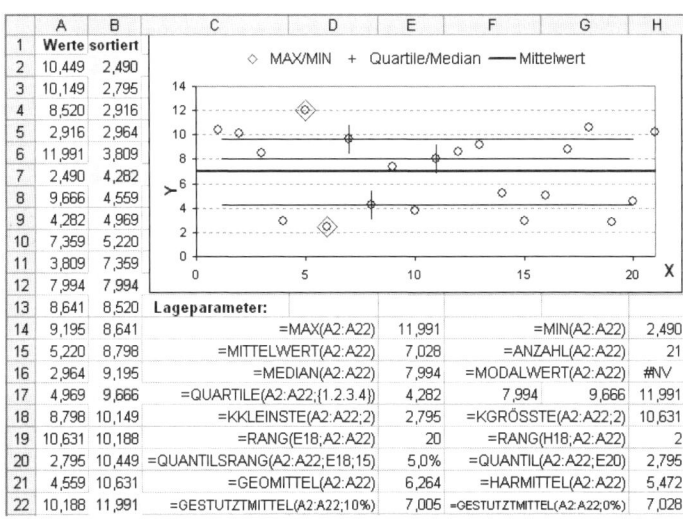

Abbildung 2.4: Lageparameter einer Reihe von Datenpunkten (Messwerten)

2.12 Streuungsmaße

Lageparameter reichen oft nicht aus, um Merkmale einer Datenreihe befriedigend zu beschreiben. Angenommen, Sie haben ein Steak gegrillt, das auf der einen Seite noch roh und blutig, aber auf der anderen Seite total verkohlt ist. Im Durchschnitt ist es gut durch, aber es schmeckt garantiert scheußlich. Zwei Datenreihen können gleiche

Extrempunkte oder Mittelwerte haben, aber trotzdem eine völlig unterschiedliche Streuung aufweisen, die mit Hilfe von Streuungsparametern bestimmt werden.

Die Funktion HÄUFIGKEIT(Daten;Klassen) teilt die Werte der Datenreihe in Intervalle bzw. Häufigkeitsklassen ein. Das Array {6.9} im Argument Klasse teilt die Datenreihe in drei Klassen auf. Die erste Klasse enthält alle Werte <=6, die zweite Klasse enthält alle Werte >6 und <=9 und die dritte Klasse enthält die übrigen Werte >9. Als Ergebnis liefert die Funktion die Häufigkeit der Werte in den drei Klassen.

Streuungsmaße messen durchschnittliche Abweichungen der Werte einer Datenreihe von ihrem Mittelwert. Um zu verhindern, dass sich positive und negative Abweichungen neutralisieren, hat man zwei Möglichkeiten. Entweder man betrachtet nur die Absolutwerte der Abweichungen (so macht es die Funktion MITTELABW zur Berechnung der mittleren, absoluten Abweichung) oder man quadriert die Abweichungen. Nach diesem Prinzip wird die Varianz berechnet und weiterhin die Standardabweichung, die die Wurzel der Varianz ist.

Die Berechnung der Varianz gibt es in den Alternativen VARIANZEN, VARIANZENA, VARIANZ und VARIANZA. Die ersten beiden gehen davon aus, dass die Datenreihe aus einer vollständigen Grundgesamtheit besteht. Die letzten beiden unterstellen, dass die beobachteten Werte lediglich eine Stichprobe der Grundgesamtheit darstellen. Die Alternativen mit der A-Erweiterung interpretieren WAHR als 1 und FALSCH und Text als 0.

Multipliziert man die Varianz mit der Anzahl der Werte der Datenreihe, so erhält man die Summe der quadrierten Abweichungen. Den gleichen Zweck erfüllt die Funktion SUMQUADABW.

Zieht man von allen vier Varianz-Funktionen die Quadratwurzel, erhält man ihre Pendants zur Berechnung der Standardabweichung STABWN, STABWNA, STABW und STABWA.

KOVAR berechnet die Varianz von zwei zueinander in Beziehung gesetzten Datenreihen und wird beispielsweise in der Kapitalmarkttheorie (Capital Asset Pricing Modell) benötigt. Rechnerisch entspricht KOVAR(DatA;DatB) dem Ergebnis aus

{=MITTELWERT((DatA-MITTELWERT(DatA))*(DatB-MITTELWERT(DatB)))}.

Die *Abbildung 2.5* vergleicht Datenreihen mit gleichem arithmetischem Mittel, aber unterschiedlichen Streuungen. Wie zu sehen ist, sind die Streuungsmaße der Wertereihe B kleiner, da ihre Werte näher am arithmetischen Mittelwert liegen.

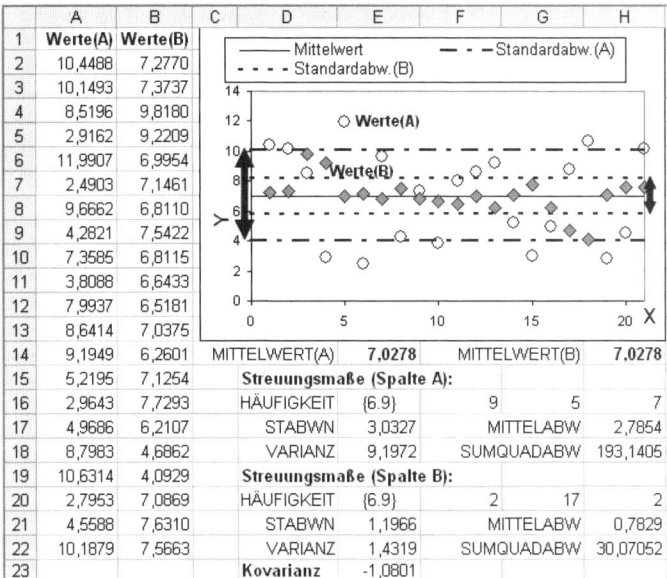

	A	B	C	D	E	F	G	H
1	Werte(A)	Werte(B)						
2	10,4488	7,2770						
3	10,1493	7,3737						
4	8,5196	9,8180						
5	2,9162	9,2209						
6	11,9907	6,9954						
7	2,4903	7,1461						
8	9,6662	6,8110						
9	4,2821	7,5422						
10	7,3585	6,8115						
11	3,8088	6,6433						
12	7,9937	6,5181						
13	8,6414	7,0375						
14	9,1949	6,2601		MITTELWERT(A)	7,0278		MITTELWERT(B)	7,0278
15	5,2195	7,1254		Streuungsmaße (Spalte A):				
16	2,9643	7,7293		HÄUFIGKEIT	{6.9}	9	5	7
17	4,9686	6,2107		STABWN	3,0327		MITTELABW	2,7854
18	8,7983	4,6862		VARIANZ	9,1972		SUMQUADABW	193,1405
19	10,6314	4,0929		Streuungsmaße (Spalte B):				
20	2,7953	7,0869		HÄUFIGKEIT	{6.9}	2	17	2
21	4,5588	7,6310		STABWN	1,1966		MITTELABW	0,7829
22	10,1879	7,5663		VARIANZ	1,4319		SUMQUADABW	30,07052
23				Kovarianz	-1,0801			

Abbildung 2.5: Vergleich der Sreuungsmaße zweier Datenreihen

2.13 Regressionsrechnung

Die Regressionsrechnung ist ein statistisches Verfahren, das die Abhängigkeit einer Datenreihe (Y-Werte) von einer zweiten Datenreihe (X-Werte) analysiert und einen funktionalen Zusammenhang zwischen beiden Größen herstellt. Aus den daraus erlangten Kenntnissen sollen zukünftige Prognosen bzw. Trends abgeleitet werden können. Excel stellt eine Gruppe von Funktionen zur Verfügung, die sich dieser Thematik annehmen und die sich sehr gut ergänzen und teilweise auch ersetzen können.

Die meisten Funktionen gehen standardmäßig von einem linearen Zusammenhang zwischen abhängiger und unabhängiger Größe aus. Es werden folglich lineare Trends unterstellt. Die *Abbildung 2.6* zeigt in Spalte A die unabhängige Größe und die abhängigen Messwerte in Spalte B, die in einem Punkt (XY)-Diagramm dargestellt werden. Die Gerade stellt den linearen Trend dieser Messwerte dar.

	A	B	C	D	E	F
1	X-Werte	Y-Werte				— — Linearer Trend
2	1	4,9				
3	2	6,0				
4	3	8,9				
5	4	9,9				
6	5	9,2				
7	6	11,8				
8	7	16,0				
9	8	17,3				
10						
11						
12	STEIGUNG		1,7238			=STEIGUNG(B2:B9;A2:A9)
13	ACHSENABSCHNITT		2,7429			=ACHSENABSCHNITT(B2:B9;A2:A9)
14	RGP		1,7238	2,7429		=RGP(B2:B9;A2:A9)
15	TREND		2,7429	16,5333		=TREND(B2:B9;A2:A9;{0.8})
16	SCHÄTZER		2,7429	16,5333		=SCHÄTZER({0.8};B2:B9;A2:A9)
17	BESTIMMTHEITSMASS		0,9286			=BESTIMMTHEITSMASS(B2:B9;A2:A9)
18	KORREL		0,9636			=KORREL(A2:A9;B2:B9)
19	PEARSON		0,9636			=PEARSON(B2:B9;A2:A9)
20	KORREL^2		0,9286			KORREL^2=BESTIMMTHEITSMASS
21	STFEHLERYX		1,2647			=STFEHLERYX(B2:B9;A2:A9)

Abbildung 2.6: Darstellung eines linearen Trends und Berechnung von Trend-Parametern

Die Funktion STEIGUNG(Y_Werte;X_Werte) gibt die Steigung der Trendgeraden zurück. ACHSENABSCHNITT(Y_Werte;X_Werte) liefert den Y-Wert, an dem die Gerade die Y-Achse schneidet. Die Funktion RGP(Y_Werte; X_Werte) liefert ein Array aus zwei Werten in obiger Form, die ebenfalls die Steigung und den Y-Achsenschnittpunkt bestimmen. Darüber hinaus besitzt sie noch zwei weitere optionale Parameter, über die weitere statistische Kennzahlen der Trendfunktion abfragbar sind.

Die Funktion TREND berechnet aus vorgegebenen X-Werten einzelne Y-Werte der Trendfunktion, was natürlich auch über Steigung und Y-Achsenschnittpunkt ableitbar wäre:

=TREND(x)=STEIGUNG*x+ACHSENABSCHNITT

Die Funktion SCHÄTZER(x; Y_Werte; X_Werte) macht genau das Gleiche wie TREND. TREND hat aber noch ein paar spezielle Tricks auf Lager, die Sie mit SCHÄTZER nicht machen können, bleiben Sie deshalb lieber gleich bei TREND.

Die Funktionen BESTIMMTHEITSMASS(Y_Werte; X_Werte), KORREL(Matrix1; Matrix2) und PEARSON(Matrix1; Matrix2) drücken aus, wie stark die Y-Werte überhaupt von den X-Werten abhängig sind. Die beiden Letztgenannten liefern stets ein identisches Ergebnis. Werden beide quadriert, ergibt sich das BESTIMMTHEITSMASS. Bei rein zufälligen Y-Werten, die absolut nichts mit den X-Werten zu tun haben, liefern alle drei Funktionen einen Wert nahe 0. Bei vollständiger Abhängigkeit liefern sie den Wert +1. KORREL und PEARSON können auch eine negative Korrelation von bis zu -1 darstellen. Da die Funktion BESTIMMTHEITSMASS deren Quadrat ist, liegt ihr Ergebnis im Bereich von 0 und 1.

Es besteht übrigens auch ein Zusammenhang zwischen diesen Funktionen und der im vorherigen Abschnitt erwähnten Kovarianz und der Standardabweichung:

=KORREL(WerteA;WerteB)*STABWN(WerteA)*STABWN(WerteB)

=KOVAR(WerteA;WerteB)

STFEHLERYX(Y_Werte;X_Werte) ist ein weiteres Maß zur Bestimmung der Abhängigkeit zwischen Y-Werten und X-Werten. Je stärker die Abhängigkeit der Y-Werte ist, desto kleiner ist das Ergebnis dieser Funktion. Im Extremfall einer vollkommenen Abhängigkeit liefert sie #DIV/0!.

=STFEHLERYX({1.10.15};{1.2.3})=#DIV/0!

Der Zusammenhang zwischen Y-Werten und X-Werten muss nicht immer linear sein. Handelt es sich stattdessen um einen exponentiellen Zusammenhang, werden die Funktionen RGP und TREND durch die Funktionen RKP und VARIATION ersetzt, die ansonsten gleichermaßen zu handhaben sind. RGP und RKP liefern jeweils Koeffizienten der Trendfunktion, TREND und VARIATION einzelne Y-Werte oder eine ganze Reihe von Y-Werten.

In Kapitel 15 *Voll im Trend* werden Sie noch wesentlich tiefer in die Materie der Regressionsrechnung einsteigen.

2.14 Kombinatorik

Dieses Gebiet der Statistik beschäftigt sich mit der Anordnung oder Auswahl von k Elementen aus einer Grundgesamtheit von n Elementen.

Es gibt 6 Kombinationsmöglichkeiten, 2 Elemente k aus einer Grundgesamtheit n von 4 anzuordnen: AB, AC, AD, BC, BD und CD. Berechnet wird dies mit der Formel:

=KOMBINATIONEN(4;2)=6

Spielt die Reihenfolge der Elemente eine Rolle, so dass AB und BA als zwei verschiedene Möglichkeiten gewertet werden, spricht man von Variationen ohne Wiederholung.

=VARIATIONEN(4;2) ergibt 12, und das steht für die Variationsmöglichkeiten AB, AC, AD, BC, BD, CD, BA, CA, DA, CB, DB und DC.

Können auch noch doppelte Elemente vorkommen, handelt es sich um Variationen mit Wiederholung, deren Anzahl mit n^k, hier $4^2 = 16$, ermittelt werden kann:

AA, AB, AC, AD, BA, BB, BC, BD, CA, CB, CC, CD, DA, DB, DC, DD.

Schließlich können mit der Funktion FAKULTÄT weitere Aufgaben der Kombinatorik gelöst werden. Beispielsweise versteht man unter der Veränderung der Reihenfolge der Elemente Permutationen, wobei gilt: $k = n$. Bei 4 Elementen gibt es

=FAKULTÄT(4)=24 Permutationen, diese lauten:

ABCD, ABDC, ACBD, ACDB, ADBC, ADCB, BACD, BADC, BCAD, BCDA, BDAC, BDCA, CBAD, CBDA, CABD, CADB, CDBA, CDAB, DBCA, DBAC, DCBA, DCAB, DABC, DACB.

2.15   Statistische Verteilungen

In dieser Kategorie geht es um statistische Spezialfunktionen, mit denen der durchschnittliche Excel-User seltener Berührungspunkte hat. Es geht um unterschiedliche Wahrscheinlichkeitsverteilungen von denen die Gauß'sche Normalverteilung und die Binomialverteilung die bekanntesten sind.

Die Funktion NORMVERT(x;Mittelwert;Standabwn;Kumuliert) berechnet die Wahrscheinlichkeit eines Messwertes (x) innerhalb eines normal verteilten Vorgangs, von dem der arithmetische Mittelwert aller Messwerte sowie deren Standardabweichung bekannt sind. Diese Wahrscheinlichkeit kann entweder als kumulierte oder Einzelwahrscheinlichkeit dargestellt werden. NORMINV(Wahrsch;Mittelwert;Standabwn) schließt nach Vorgabe der kumulierten Wahrscheinlichkeit wieder auf den Messwert (x) zurück, ist also quasi die Umkehrfunktion von NORMVERT.

Bei den Funktionen STANDNORMVERT(x) und STANDNORMINV(Wahrsch) verhält es sich genauso, nur dass man hier nicht arithmetisches Mittel und Standardabweichung frei definieren kann, sondern Werte von 0 bzw. 1 unterstellt werden.

Da unsere Welt nicht nur aus normal verteilten Zufallsgrößen besteht, existieren noch weitere Funktionen zur Beschreibung von Wahrscheinlichkeitsverteilungen. Windgeschwindigkeiten sind beispielsweise WEIBULL-verteilt und Interessierten steht eine gleichnamige Funktion zur Verfügung. Weitere Verteilungsfunktionen enden in der Regel mit VERT, als da wären: BETAVERT, BINOMVERT, CHIVERT, EXPON-

VERT, FVERT, GAMMAVERT und HYPGEOMVERT, mit der die Wahrscheinlichkeit für x Richtige im Lotto ermittelt werden kann. Ferner LOGNORMVERT, NEGBINOMVERT, TVERT und POISSON, die auch dazu gehört, obwohl ihr der Zusatz VERT fehlt. Die meisten dieser Funktionen besitzen analog zur Normalverteilung eine Umkehrfunktion, die mit INV endet.

Mit den INV-Funktionen können übrigens Zufallszahlen generiert werden, die sich gemäß der verfügbaren Wahrscheinlichkeitsverteilungen verhalten. Beispielsweise erzeugt

=NORMINV(ZUFALLSZAHL();7;2)

normal verteilte Zufallszahlen mit dem arithmetischen Mittelwert 7 und der Standardabweichung 2. Zum Beweis können Sie die Formel in einige hundert Zellen kopieren und dann den Mittelwert und die Standardabweichung dieser Werte überprüfen. Die *Abbildung 2.7.* stellt eine Auswahl verschiedener Verteilungsfunktionen dar. In *Abbildung 2.8* werden die diesbezüglich relevanten Berechnungen gezeigt.

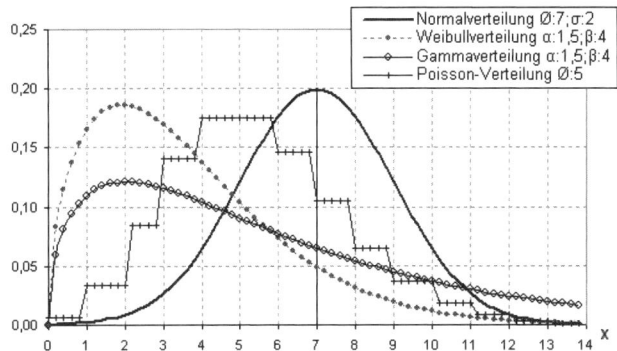

Abbildung 2.7: Darstellung verschiedener Verteilungsfunktionen

	F	G	H	I	J	K
1		Berechnung	x	Warscheinl.	kumuliert	Formel
2		NORMVERT	7	0,1995	0,5000	{=NORMVERT(H2;7;2;{0.1})}
3		NORMINV			7	=NORMINV(J2;7;2)
4		GAMMAVERT	7	0,0648	0,6792	{=GAMMAVERT(H4;1,5;4;{0.1})}
5		GAMMAINV			7	=GAMMAINV(J4;1,5;4)
6		WEIBULL	7	0,0490	0,9012	{=WEIBULL(H6;1,5;4;{0.1})}
7		POISSON	7	0,1044	0,8666	{=POISSON(H7;5;{0.1})}
8		STANDNORMVERT	0		0,5	=STANDNORMVERT(0)
9		STANDNORMINV			0	=STANDNORMINV(J8)

Abbildung 2.8: Berechnung verschiedener Verteilungsfunktionen

Um die vier Funktionsgraphen zu erhalten, führen Sie die Berechnungen mit den Funktionen NORMVERT, GAMMAVERT, WEIBULL und POISSON nicht für einen einzelnen X-Wert, sondern für das ganze X-Achsenintervall von 0 bis 14 durch (wie in *Abbildung 2.7*).

Die Funktion SCHIEFE gibt Aufschluss über die Symmetrie einer Verteilung. Bei normal verteilten Zufallswerten liefert sie einen Wert nahe null, da die Normalverteilung (Gauß'sche Glockenkurve) spiegelsymmetrisch ist, wie leicht zu erkennen ist. Gamma- oder Weibullverteilung liefern eine positive Schiefe, da ihr Gipfel linksseitig ausgeprägt ist. Aus Verteilungen mit rechtslastigem Gipfel würde eine negative Schiefe resultieren.

SCHIEFE({1;2;3;3;4;4;4;5}) = -0,8

KURT (Kurtosis) ermittelt, ob der Berg der Verteilung einer Datenreihe sehr steil und spitz oder eher flach ist. Dies aber nicht absolut, sondern immer relativ zur Normalverteilung mit gleichem Mittelwert und gleicher Standardabweichung wie die vorhandene Datenreihe. Denn zwei Normalverteilungen haben trotz unterschiedlicher Standardabweichungen und ergo unterschiedlicher Wölbung nahezu dieselbe Kurtosis:

{=KURT(NORMINV(ZEILE(1:10000)/10001;7;10))}= -0,0195764334382798

{=KURT(NORMINV(ZEILE(1:10000)/10001;7;1))}= -0,01957643343825

Die Funktion STANDARDISIERUNG(x;Mittelwert;Standabwn) transformiert einen mit NORMINV erzeugten Messwert (x) in den entsprechenden X-Wert der Standardnormalverteilung, indem sie von ihm den Erwartungswert, der dem arithmetischen Mittel entspricht, subtrahiert und das Ergebnis durch die Standardabweichung dividiert:

=NORMINV(0,4;7;2)= 6,4933

=STANDNORMINV(0,4)=(6,4933-7)/2=STANDARDISIERUNG(6,4933;7;2)= -0,2533

Bei der Standardisierung wird lediglich die „Glocke" nach links verschoben, bis der Mittelwert auf der Y-Achse liegt, dann die Standardabweichung auf 1 angepasst (weil die Standardnormalverteilung eben eine Standardabweichung von 1 hat) und abschließend der neue Messwert (x) der Wahrscheinlichkeit von 0,4 (kumuliert) abgelesen.

Die Binomialverteilung untersucht eine festgelegte Anzahl Zufallstests, die entweder einen Erfolg oder einen Misserfolg mit sich bringen und bei denen die Erfolgswahrscheinlichkeit bei jedem Test konstant bleibt. Die integrierte Excel-Hilfe nennt als Beispiel für einen Erfolgsfall ein männliches Neugeborenes. Aber um keine Geschlechterdebatte auszulösen, betrachten wir ein neutraleres Beispiel, und zwar den guten alten Münzwurf: Eine Münze wird viermal geworfen. Wie hoch ist die Wahrscheinlichkeit, genau zweimal Zahl zu erhalten?

=BINOMVERT(2;4;0,5;0)=37,5%

Die Wahrscheinlichkeit, mindestens zweimal Zahl zu erhalten beträgt

=BINOMVERT(2;4;0,5;1)=0,6875.

Das Ergebnis lässt sich übrigens prima empirisch überprüfen. Schreiben Sie in A1:D1

=KÜRZEN(ZUFALLSZAHL()*2).

Das Ergebnis dieser Formel ist 0 oder 1, bezogen auf eine Münze steht die 1 für Zahl und die 0 für Wappen. In E1 summieren Sie A1:D1. Dann kopieren Sie A1:E1 500 Zellen nach unten. Anschließend zählen Sie, wie oft in Spalte E eine 2 vorkommt und setzen das Ergebnis ins Verhältnis zu den 500 Zeilen. Das Ergebnis wird in etwa 37,5 % betragen.

Auch BINOMVERT besitzt eine Umkehrfunktion, die ausnahmsweise mal nicht mit INV endet:

=KRITBINOM(4;0,5;0,6875) = 2

In Ergänzung zu den Verteilungsfunktionen existieren Testfunktionen, die gegebene Stichproben auf eine bestimmte Verteilung hin überprüfen. Zu nennen sind hierbei der GTEST für die Normalverteilung sowie CHITEST, FTEST und TTEST.

=WAHRSCHBEREICH(Werte;Wahrscheinlichkeiten;von-Wert;bis-Wert) ist eine sehr banale statistische Funktion und wahrscheinlich nicht besonders gängig. Jedem Wert der Wertematrix ist ein Wert der Matrix aus Wahrscheinlichkeiten zugeordnet. Die Summe der Wahrscheinlichkeiten muss immer 1 ergeben, was allein schon die Funktion ziemlich einschränkt. *Von*-Wert und *Bis*-Wert grenzen ein Intervall von Werten ein, deren Wahrscheinlichkeiten dann addiert werden.

Nur noch der Vollständigkeit halber nennen wir die Funktionen GAMMALN, KONFIDENZ, FISHER und FISHERINV, die auch noch in den Bereich der Statistik gehören und die Gott weiß was machen (wir können ja nicht alles wissen).

2.16 Zinseszins- und Rentenrechnung

Die kaufmännische, deutsche Zinsmethode rechnet einen Monat mit 30 Tagen und ein Jahr mit 360 Tagen. Um tagesgenaue Zinsen nach dieser Methode rechnen zu können, hilft Ihnen die Funktion TAGE360. Allerdings steht diese Funktion mit dem

Februar auf Kriegsfuß. Die Tageszahl zwischen dem 31.12.2002 und dem 28.02.2003 sollte 60 sein - ergibt aber 58. Damit Sie sich auf die Funktion TAGE360 verlassen können, müssen Sie sie leicht modifizieren, statt

=TAGE360(Ausgangsdatum;Enddatum;1)

nehmen Sie besser

=TAGE360(Ausgangsdatum;Enddatum+(TAG(Enddatum+1)=1))-(TAG(Enddatum+1)=1).

Neun der sechzehn Funktionen aus der herkömmlichen Kategorie *Finanzmathematik* gehören quasi wie ein Team zusammen und behandeln im Grunde denselben Anwendungsfall, nur aus einer anderen Sicht mit anderen In- und Output-Parametern. Folgender Tilgungsplan *(Abbildung 2.9)* soll dies verdeutlichen:

	A	B	C	D	E	F	G	H
1	Zinssatz	5%						
2	Barwert	20.000,00 €						
3	Laufzeit	6,00 Jahre						
4	Endwert	-5.000,00 €						
5	Annuität	-3.205,26						
6								
7	**Zeitstrahl**	t_0	t_1	t_2	t_3	t_4	t_5	t_6
8	Annuität		-3.205,26	-3.205,26	-3.205,26	-3.205,26	-3.205,26	-3.205,26
9	Zinsen (ZINSZ)		-1.000,00	-889,74	-773,96	-652,40	-524,75	-390,73
10	Tilgung (KAPZ)		-2.205,26	-2.315,53	-2.431,30	-2.552,87	-2.680,51	-2.814,54
11	Restwert	**20.000,00**	**17.794,74**	**15.479,21**	**13.047,91**	**10.495,05**	**7.814,54**	**5.000,00**
12	Resttilgung							-5.000,00
13	**Zahlungsstrom**	**20.000,00**	**-3.205,26**	**-3.205,26**	**-3.205,26**	**-3.205,26**	**-3.205,26**	**-8.205,26**
14								
15	BW	20.000,00	=BW(B1;B3;B5;B4;0)					
16	IKV	5,00%	=IKV(B13:H13)					
17	KAPZ (2. Jahr)	-2.315,53	=KAPZ(B1;2;B3;B2;B4;0)					
18	NBW	-20.000,00	=NBW(B1;C13:H13)					
19	RMZ	-3.205,26	=RMZ(B1;B3;B2;B4;0)					
20	ZINS	5,00%	=ZINS(B3;B5;B2;B4;0)					
21	ZINSZ (2. Jahr)	-889,74	=ZINSZ(B1;2;B3;B2;B4;0)					
22	ZW	-5.000,00	=ZW(B1;B3;B5;B2;0)					
23	ZZR	6	=ZZR(B1;B5;B2;B4;0)					

Abbildung 2.9: Beispielrechnung eines Tilgungsplans

Eine Anfangsschuld wird zu einem konstanten Zinssatz über eine bestimmte Anzahl Perioden verzinst und annuitätisch, d.h. mit konstanten Zahlungsraten, getilgt. Am Ende der Laufzeit verbleibt eine zu definierende Restschuld. Die konstante jährliche Annuität setzt sich aus einem immer größer werdenden Tilgungsanteil und einem immer kleiner werdenden Zinsanteil zusammen.

Dieser Tilgungsplan könnte übrigens genauso gut ein Sparplan sein, mit dem einzigen Unterschied, dass in diesem Fall der Endwert größer wäre als der Barwert zu Beginn. Die Funktionen sind auf beide Fälle anzuwenden.

BW und NBW ermitteln den Barwert des Zahlungsplans nach Vorgabe von Laufzeit, Zinssatz, Annuität und Restwert. IKV und ZINS ermitteln den Zinssatz bzw. die Rendite des Zahlungsplans, wenn alle Zahlungen von Barwert, Annuität und Endwert feststehen. RMZ errechnet die jährliche Annuität aus Barwert, Zinssatz, Anzahl Perioden und Endwert. ZW gibt den Endwert für den Fall zurück, dass Barwert, Zinssatz, Annuität und Laufzeit vorgegeben wurden.

Die Funktionen KAPZ und ZINSZ splitten die jährliche Annuität in einen Tilgungs- und Zinsanteil auf.

Falls Zinssatz, Barwert, Endwert und die Annuität feststehen und die Laufzeit des Zahlungsplans die resultierende Größe ist, nehmen Sie die Funktion ZZR zur Hand.

Die Funktionen IKV und NBW unterscheiden sich dahingehend von ihren Kollegen, als dass der Zahlungsplan nicht unbedingt in der einfachen Form *Barwert-Annuität-Endwert* vorliegen muss. Ihnen ist die Anordnung und Höhe der Zahlungen je Periode egal und kann beliebig schwanken. Es wird keine konstante Annuität vorausgesetzt.

Die Funktion QIKV ist eine Erweiterung der Funktion IKV. Die Methodik der internen Kapitalverzinsung, die hinter der Funktion IKV steckt, wird oft kritisiert, da in ihr keine realistischen Annahmen zur Refinanzierung und Reinvestition zu marktkonformen Soll- und Habenzinssätzen berücksichtigt werden können. QIKV modifiziert den internen Zinsfuß, indem positive und negative Cash-Flows zu unterschiedlichen Zinssätzen finanziert bzw. investiert werden. Wie genau rechnet der QIKV?

Die Zahlungsreihe {-1000;-106;1000;400} ergibt einen IKV von 11,40 %. QIKV{-1000; -106; 1000;400};6%;5%) ergibt 9,65 %. QIKV zinst zunächst alle negativen Cash-Flows mit dem Sollzins auf t_0 (6 %) ab und alle positiven Cash-Flows mit dem Habenzins (5 %) auf t_n auf. Übrig bleibt dann eine Zahlungsreihe mit einer Auszahlung in t_0(-1000 - 100 = -1100) und einer Einzahlung in t_n (+1050 + 400 = 1450). Die effektive Rendite p.a. ergibt sich schließlich aus (1450/1100)^(1/3)-1 = 9,65 %.

Die Funktion ISPMT berechnet die in einer bestimmten Periode anfallenden Zinsen eines durch konstante Tilgungsraten zu bedienenden Darlehens *(Abbildung 2.10)*:

	A	B	C	D	E
1	10%	Jährliche Verzinsung			
2	3	Laufzeit in Jahren			
3	8.000.000,00	Darlehen			
4	1	Periode der zu ermittelnden Zinsen			
5	-533.333,33	Zinsen =ISPMT(A1;A4;A2;A3)			
6					
7	Tilgungsplan	Kreditbetrag	Tilgung (vorschüssig)	Zinsen	Annuität
8	1. Jahr	8.000.000,00	-2.666.666,67	-533.333,33	-3.200.000,00
9	2. Jahr	5.333.333,33	-2.666.666,67	-266.666,67	-2.933.333,33
10	3. Jahr	2.666.666,67	-2.666.666,67	0,00	-2.666.666,67

Abbildung 2.10: Beispielrechnung mit der Funktion ISPMT

2.17 Abschreibungsmethoden

Die Funktion LIA berechnet die lineare Abschreibung eines Wirtschaftsgutes und ersetzt damit lediglich die einfache Formel

AfA = (Anschaffungskosten-Restwert)/Nutzungsdauer.

Die Funktion DIA berechnet die arithmetisch-degressive Abschreibung. Die Abschreibungsraten haben bei dieser Methode die Eigenschaft, dass die absolute Differenz einer Rate zur Rate der Vorperiode immer gleich groß ist.

Die Funktion VDB ermittelt laut Excel-Hilfe die degressive Doppelraten-Abschreibung. Im Zusammenhang mit deutschem Handels- und Steuerrecht ist die Bezeichnung *geometrisch-degressive Abschreibung mit optionalem Methodenwechsel zur linearen Abschreibung* geläufiger. Geometrisch-degressiv bedeutet, dass jede Abschreibungsrate relativ zur Vorperiode abnimmt. Über einen Faktor kann die Höhe der relativen Veränderung bestimmt werden. Der Methodenwechsel zur linearen Abschreibung wird in der Periode vollzogen, in der der lineare Abschreibungsbetrag höher ist als der degressive.

Der optionale Methodenwechsel unterscheidet die Funktion VDB von der Funktion GDA, die ebenfalls eine geometrisch-degressive Abschreibung rechnet, diese aber immer bis zum Ende der Laufzeit rechnet. Ist der Methodenwechsel bei VDB ausgeschaltet, liefern VDB und GDA stets das gleiche Ergebnis. Bei geometrisch-degressiver Abschreibung ohne Methodenwechsel verbleibt immer ein Restwert, da ein gleich bleibender Prozentsatz vom Restbuchwert der Vorperiode abgeschrieben wird. Die Angabe eines Restwertes im entsprechenden Funktionsparameter hat deshalb nur dann Auswirkung auf die Berechnung, wenn er größer ist als der ohnehin verbleibende Restbetrag.

	A	B	C	D	E	F	G	H	I
1		Anschaffungswert		10.000		Afasatz degr.:	20%		
2		Restwert		0					
3		Nutzungsdauer		10					
4									
5		Jahr	LIA	DIA	Δ €	VDB	Δ %	GDA	Δ %
6		1	1.000,00	1.818,18		2.000,00		2.000,00	
7		2	1.000,00	1.636,36	-181,82	1.600,00	-20%	1.600,00	-20%
8		3	1.000,00	1.454,55	-181,82	1.280,00	-20%	1.280,00	-20%
9		4	1.000,00	1.272,73	-181,82	1.024,00	-20%	1.024,00	-20%
10		5	1.000,00	1.090,91	-181,82	819,20	-20%	819,20	-20%
11		6	1.000,00	909,09	-181,82	655,36	-20%	655,36	-20%
12		7	1.000,00	727,27	-181,82	655,36	0%	524,29	-20%
13		8	1.000,00	545,45	-181,82	655,36	0%	419,43	-20%
14		9	1.000,00	363,64	-181,82	655,36	0%	335,54	-20%
15		10	1.000,00	181,82	-181,82	655,36	0%	268,44	-20%
16		Summe	10.000,00	10.000,00		10.000,00		8.926,26	
17		Restwert	0,00	0,00		0,00		1.073,74	
18									
19		Formeln:							
20		C6:	=LIA($D$1;$D$2;$D$3)						
21		D6:	=DIA($D$1;$D$2;$D$3;$B6)						
22		F6:	=VDB($D$1;$D$2;$D$3;$B6-1;$B6;$D$3*$G$1;0)						
23		H6:	=GDA($D$1;$D$2;$D$3;B6;$D$3*$G$1)						
24		(kopiert bis Zeile 15)							

Abbildung 2.11: Gegenüberstellung verschiedener Abschreibungsmethoden

2.18   Matrizenrechnung

Die Funktionen MMULT, MINV und MDET führen spezielle Rechenoperationen aus dem Bereich der linearen Algebra durch. MMULT multipliziert zwei Matrizen, MINV berechnet die Inverse einer Matrix und MDET deren Determinante. Diese Funktionen können Sie nicht auf jede x-beliebige Matrix oder jeden Bereiche im Excel-Sinne anwenden. Diese Funktionen verlangen spezielle Matrizen, die für diese Berechnungen sinnvoll dimensioniert sind.

MMULT verlangt, dass die Anzahl der Spalten von Matrix 1 mit der Anzahl der Zeilen von Matrix 2 übereinstimmen. Als Ergebnis liefert die Funktion eine Matrix, die dieselbe Anzahl von Zeilen wie Matrix 1 und dieselbe Anzahl von Spalten wie Matrix 2 besitzt.

MDET und MINV können nur auf quadratische Matrizen angewendet werden.

	A	B	C	D	E	F	G	H	I	J	K	L	M	N
1	Matrix 1				Matrix2				MMULT			Formel		
2	100	10	1		3	4			321	432		{=MMULT(A2:C4;E2:F4)}		
3	200	20	2		2	3			642	864				
4	1	10	100		1	2			123	234				
5														
6	Matrix				MDET				MINV					
7	1	2	1		1				1	-1	0	{=MINV(A7:C9)}		
8	0	2	-1		=MDET(A7:C9)				2	-1	-1			
9	2	1	1						-4	3	2			

Abbildung 2.12: Beispiele zur Matrizenrechnung (1)

Mit MMULT in Kombination mit MINV können lineare Gleichungssysteme gelöst werden. Gegeben sind beispielsweise die zwei Gleichungen:

$15=4*a+8*b$

$10=6*a+4*b$

Für a und b sind diejenigen Werte zu wählen, für die beide Gleichungen aufgehen. Die Formel dazu lautet:

{=MMULT(MINV({4.8;6.4});{15;10})} = {0,625;1,5625}

Die Lösung für a lautet demnach 0,625 und für b 1,5625, denn:

$4*0,625+8*1,5625 = 15$

$6*0,625+4*1,5625 = 10$

Die weiteren Funktionen dieser Gruppe können auf beliebige Bereiche bzw. Matrizen angewendet werden. QUADRATESUMME bildet das Quadrat jedes Wertes eines Bereichs oder einer Matrix und addiert danach alle Quadrate.

SUMMENPRODUKT müsste eigentlich Produktsumme heißen, denn die Funktion multipliziert jedes n-te Element zweier oder mehrerer Matrizen und bildet anschließend die Summe aller Produkte. Die Funktion ist bei Matrixformeln sehr nützlich (ein wirklich genialer Allrounder), worauf an späterer Stelle noch detailliert eingegangen wird.

Die Funktionen SUMMEX2MY2 und SUMMEX2PY2 subtrahieren bzw. addieren die quadrierten Elemente zweier Matrizen und bilden anschließend eine Gesamtsumme. Bei der Funktion SUMMEXMY2 ist nur die Reihenfolge anders, es wird erst subtrahiert und dann quadriert. Die Variante erst addieren und dann quadrieren gibt es nicht – wurde die vielleicht einfach vergessen?

Diese Funktionen sind sehr leicht durch die Funktion SUMME und eine mit $\boxed{\text{Strg}}$ + $\boxed{\diamond}$ + $\boxed{\hookleftarrow}$ abgeschlossene Arrayformel zu ersetzen. Die *Abbildungen 2.13* und *2.14* zeigen Beispiele dieser Funktionen. Zur Veranschaulichung der Rechenlogik wird die Arrayformel-Alternative jeweils direkt darunter gezeigt:

	A	B	C	D	E	F	G	H	I	J	K	L	M	N	O		P
1	Matrix1			Matrix2			Formel/Alternative mit Arrayformel										Ergebnis
2	2			30			=SUMMENPRODUKT(A2:A6;D2:D6)										300
3	3			20			{=SUMME(A2:A6*D2:D6)}										300
4	4			15													
5	5			12			=QUADRATESUMME(A2:A6)										90
6	6			10			{=SUMME(A2:A6^2)}										90

Abbildung 2.13: Beispiele zur Matrizenrechnung (2)

	A	B	C	D	E	F	G	H	I	J	K	L	M	N	O		P
1	Matrix1			Matrix2			Formel/Alternative mit Arrayformel										Ergebnis
2	6			5			=SUMMEX2MY2(A2:A6;D2:D6)										35
3	5			4			{=SUMME(A2:A6^2-D2:D6^2)}										35
4	4			3													
5	3			2			=SUMMEX2PY2(A2:A6;D2:D6)										145
6	2			1			{=SUMME(A2:A6^2+D2:D6^2)}										145
7																	
8							=SUMMEXMY2(A2:A6;D2:D6)										5
9							{=SUMME((A2:A6-D2:D6)^2)}										5
10																	
11							???										
12							{=SUMME((A2:A6+D2:D6)^2)}										285

Abbildung 2.14: Beispiele zur Matrizenrechnung (3)

2.19 Trigonometrie

Die geläufigsten Funktionen dieser Kategorie SIN, COS und TAN fehlen auch auf keinem guten Taschenrechner und berechnen den Sinus, den Cosinus und den Tangens einer Zahl. Mit *Zahl* ist hier eine in das Bogenmaß umgerechnete Gradzahl gemeint. Diese Umrechnung geschieht mit der gleichnamigen Funktion BOGENMASS. Das Bogenmaß von 180° entspricht der Kreiszahl PI, für die selbstverständlich ebenso eine gleichnamige Funktion zur Verfügung steht.

`=BOGENMASS(180)=PI()=3,14159265358979`

Die Umkehrfunktion – Sie können es erraten – lautet:

`=GRAD(PI())=180`

Zur Erinnerung an Ihren Mathematikunterricht in der Mittelstufe: In einem rechtwinkligen Dreieck ist der Sinus eines Winkels das Verhältnis der Gegenkathete zur Hypotenuse. Der Kosinus beschreibt das Verhältnis der Ankathete zur Hypotenuse und der Tangens ergibt sich schließlich aus dem Verhältnis von Gegenkathete zu Ankathete oder auch von Sinus zu Kosinus.

Auch SIN, COS und TAN haben Umkehrfunktionen, die so genannten Arcusfunktionen: ARCSIN, ARCCOS und ARCTAN. ARCTAN2 errechnet den Arcustangens oder umgekehrten Tangens, geht dabei aber (im Gegensatz zu ARCTAN) nicht vom Tangens, sondern von einem x/y-Koordinatenpunkt aus.

Beispielrechnungen mit einem rechtwinkligen Dreieck *(Abbildung 2.15)*:

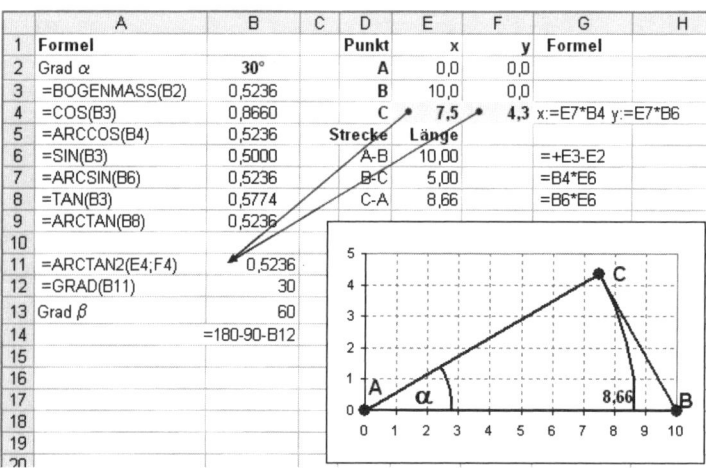

Abbildung 2.15: Beispiel zu den trigonometrischen Funktionen

Wem das nicht genügt, der kann sich außerdem noch an sechs hyperbolischen Funktionen austoben: SINHYP, COSHYP, TANHYP, ARCSINHYP, ARCCOSHYP und ARCTANHYP.

2.20   Exoten

Diese Funktionen passen in keine der anderen Kategorien und besitzen sehr ungewöhnliche Eigenschaften und Fähigkeiten.

Die Funktion TEILERGEBNIS kann eine Reihe anderer Funktionen wahlweise ersetzen. Je nach Parametereingabe berechnet sie das arithmetische Mittel, die Anzahl von Zahlen oder Texten, Maximum oder Minimum, Produkt, Standardabweichung, Summen oder die Varianz von Werten eines Bereichs. Sie kann entweder manuell eingegeben oder über den Menüpunkt *Daten>Teilergebnisse...* erzeugt werden. Das Besondere an ihr ist, dass sie bei der Berechnung Zellen ignoriert, die selbst die Funktion TEILERGEBNIS enthalten. Außerdem ignoriert sie durch den AutoFilter und (ab XL2003 optional) auch manuell ausgeblendete Zeilen.

Die Funktionen INFO und ZELLE geben Informationen über das aktuelle Betriebssystem oder Eigenschaften (wenn auch in spärlichem Umfang) mancher Excel-Objekte zurück.

Beide Funktionen erwarten als Argument einen Text, der vorgibt, was berechnet werden soll. Wenn Sie Informationen über Ihren Arbeitsspeicher wünschen, erhalten Sie mit =INFO("BenutztSpeich") den belegten Speicher in Bytes, mit =INFO("VerfSpeich") den noch freien Speicher in Bytes und mit =INFO("GesamtSpeich") die Summe aus beiden.

Die Argumente "Sysversion", "System" und "Version" offenbaren Name und Version Ihres Betriebssystems bzw. letztere die Nummer der Excel-Version.

Informationen, die sich auf die aktuelle Excel-Anwendung beziehen, liefert die Funktion INFO über folgende Parameter:

- "Dateienzahl": Anzahl aktiver Arbeitsblätter in den geöffneten Arbeitsmappen. Hierbei werden auch Add-ins und im Hintergrund geöffnete Mappen mitgezählt.

- "Rechenmodus": der aktuelle Berechnungsmodus "Automatisch" oder "Manuell"

- "Verzeichnis": der Pfad des aktuellen Verzeichnisses oder Ordners

  Die Angabe bezieht sich nicht auf den Pfad, auf dem die aktuelle Arbeitsmappe gespeichert ist, sondern auf den Ordner, der im *Datei>Öffnen*-Dialog aktiv ist (entspricht VBA.CurDir).

Die Formel =TEIL(INFO("Ursprung");4;9) gibt die Adresse der ersten, links oben sichtbaren Zelle der aktiven Tabelle zurück.

Die Funktion ZELLE liefert Informationen zur aktuellen Arbeitsmappe einer Tabelle oder Zelle. Im Gegensatz zur Funktion INFO kann bei ZELLE noch ein Bezug angegeben werden, auf den sich die Berechnung bezieht. Wird der Bezug nicht angegeben, bezieht sich die Berechnung auf die momentan aktive Zelle.

Informationen über die Position der vorgegebenen oder der aktiven Zelle erhalten Sie mit den Parametern "Adresse", "Zeile" oder "Spalte". Die Parameter "Inhalt", "Typ", "Format", "Schutz", "Präfix", "Klammern" und "Farbe" liefern Angaben über den Inhalt und die Formate der Zelle.

Der Parameter "Breite" liefert die Breite der Spalte der angegebenen Zelle bzw. der aktuellen Spalte, falls kein Bezug angegeben wurde.

"Dateiname" liefert Laufwerk, Pfad, Dateiname und Tabellenname, in denen sich der angegebene Bezug befindet.

Der Parameter beider Funktionen in Stringform hat den Nachteil, dass die Funktionen beim Öffnen mit einer englischen Excel-Anwendung nicht automatisch übersetzt werden können, wie das normalerweise der Fall ist.

Die Funktion HYPERLINK berechnet nichts, sondern erzeugt in der aufrufenden Zelle einen Hyperlink, den Sie anklicken können. In den herkömmlichen Funktionskategorien hat sich diese Funktion mysteriöserweise unter die Matrixfunktionen verirrt.

Einen ebensolchen Irrläufer stellt die Funktion RTD dar, die Echtzeitdaten eines Programms empfängt, das die COM-Automatisierung unterstützt. Ohne die entsprechenden Add-ins und die Installation eines Servers für Echtzeitdaten können Sie mit dieser Funktion nichts anfangen.

Die Funktion ZUFALLSZAHL() liefert eine zufällige Zahl zwischen 0 und 1 mit (in der Regel) 15 zufälligen Nachkommastellen. Trotz ihrer schlichten Funktionalität ist sie ein Juwel unter den Excel-Funktionen, die vor allem in der Statistik sehr wichtig ist und mit der man jede Menge Spaß haben kann, wie Sie an vielen Stellen dieses Buches noch feststellen werden.

Die Funktion RÖMISCH wandelt eine arabische Zahl bis maximal 3.999 in eine römische Zahl als Text um.

Die Funktion BAHTTEXT wandelt eine Zahl in Thai-Text um und fügt diesem das Suffix "Baht" hinzu. Wir rätseln bislang erfolglos, wie und warum sich diese Funktion in den Standardkatalog der deutschen Excel-Version verirrt hat.

KAPITEL 3

Anti-Add-in-Analyse-funktionen

Excel bietet standardmäßig 226 Funktionen an. Seit vielen Excel-Versionen blieb diese Zahl leider konstant. Der Funktionskatalog wird um so genannte Analysefunktionen ergänzt , die man optional installieren kann. Diese sind nützlich und rechnen richtig – falls sie denn rechnen. Aktiviert werden sie über den Menüpunkt *Extras> Add-Ins (Abbildung 3.1).*

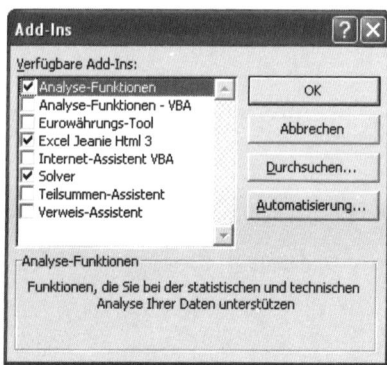

Abbildung 3.1: Dialog Extras>Add-ins…

3.1 Warum wir Add-in-Funktionen nicht mögen

Immer wieder sehen wir in Excel-Foren Postings von Add-in-geplagten Excel-Usern:

„Hallo an das Forum,

folgende Frage:

In einer Excel-Datei tauchen an (sehr vielen) bestimmten Stellen Fehlermeldungen auf (#Name?). Die Ursache des Fehlers kann ich nicht feststellen, die verwendete Funktion ist in der Version bekannt und unter „Einfügen>Funktion" wird der korrekte Endwert angezeigt, obwohl die Zelle die Fehlermeldung auswirft.

Ich habe jetzt herausgefunden, dass die Fehlermeldung verschwindet, wenn ich in die jeweilige Zelle gehe, über „Einfügen>Funktion" in die Bearbeitung der Formel gehe und diese dann über OK wieder schließe – obwohl ich nichts verändert habe. Da es sich aber um hunderte von Zellen handelt, ist es unmöglich, das auf diese Weise für alle Fehlermeldungen zu machen.

Hat jemand eine Idee?"

Wenn Sie alleine mit Ihrem Rechner ohne Internetzugang auf einer einsamen Insel hocken, sind diese Analysefunktionen ungefährlich. Kommunizieren Sie aber auch mit anderen Rechnern (Mail, Firmennetzwerk etc.), kommt es häufig vor, dass dort das Ergebnis Ihrer umfangreichen Kalkulation auf ein niederschmetterndes #NAME? reduziert wird. Excel will jetzt nicht Ihren Namen wissen, sondern teilt auf seine ureigene Art mit, dass es mit den verwendeten Analysefunktionen nichts anfangen kann. Das kann zwei Ursachen haben:

1. Die Analysefunktionen sind nicht aktiviert.

2. Das Add-in ist in einer anderen Sprache. Selbst wenn auf beiden Rechnern die gleichsprachige Excel-Version installiert ist, können Sie sich nicht sicher sein, dass die Add-in-Sprache auch identisch ist.

Was kann man dagegen tun?

Im ersten Fall müssen Sie im Normalfall nur die Add-in-Funktionen aktivieren und eine Neuberechnung durchführen.

Im zweiten Fall eigentlich nichts, außer Sie besorgen sich das anderssprachige Add-in.

Aber auch der erste Fall birgt eine böse Falle. Es ist nämlich wichtig, dass die Add-in-Funktionen aktiv sind, bevor Sie diese in eine Zelle eingeben. Wenn Sie dies nicht tun, Add-in-Funktionen in der Tabelle platzieren und #NAME? zunächst ignorieren, wird bei nachträglichem Aktivieren dieser unschöne Fehlerwert wacker die Stellung halten. Eine Neuberechnung mit F9 bleibt erfolglos, selbst die erweiterte Berechnung mit Strg + Alt + F9 geht ins Leere (die zweite Tastenkombination erzeugt eine erweiterte Berechnung der vollständigen Arbeitsmappe inklusive aller VBA-Funktionen – analog der CalculateFull-Methode in VBA). Selbst Beenden und Neuaufruf der Datei oder Beenden und Neustart von Excel bleiben wirkungslos. Die einzige Abhilfe ist das Editieren der entsprechenden Zelle und die Bestätigung mit ↵.

Stellen Sie sich vor, Sie benutzen deutsche Add-ins und schreiben für einen Kunden eine Excel-Datei, von dem Sie wissen, dass er englische Add-ins besitzt. Jetzt sind Sie besonders pfiffig und übersetzen Ihre Add-in-Funktionen, die Sie in Ihren Formeln verwenden, direkt ins Englische. Dann erhalten Sie zwar #NAME?, aber das stört Sie ja nicht. Ziel ist, dass der Engländer nach Erhalt der Datei korrekte Berechnungen vorfindet. Sehr schöner Ansatz, aber mit dem Abschluss wird es leider nicht klappen. Er wird vergeblich F9 drücken und kann die Formeln nur zum Leben erwecken, wenn er jede einzelne Zelle reanimiert (sprich: editiert).

Übrigens haben die Excel-Standardfunktionen mit unterschiedlichen Sprachen überhaupt kein Problem. Sie werden – außer bei Textargumenten wie z.b. =ZELLE("Dateiname") oder =INDIREKT("Z1S1";0) – automatisch übersetzt.

Die beste Lösung für alle Probleme: keine Analysefunktionen verwenden!

3.2 Wie Sie Add-in-Funktionen vermeiden können

Für viele Add-ins gibt es, zum Teil sehr einfache, Pendants in den Standardfunktionen. Diese sind nachfolgend aufgelistet. Komplexere Lösungen zur Umgehung von Add-in-Funktionen finden Sie auch noch in anderen Kapiteln dieses Buches.

Add-in-Funktion	Standardformel-Ersatz
Jahre mit Nachkommastellen zwischen zwei Datumsangaben	
=BRTEILJAHRE(A1;B1;2)	=(B1-A1)/360
Wenn Zahlen in zwei Zellen identisch sind, wird 1 ausgegeben – ansonsten 0	
=DELTA(A1;B1)	=(A1=B1)*1
Gibt 1 aus, wenn die erste Zahl größer als die zweite ist	
=GGANZZAHL(A1;B1)	=(A1>=B1)*1
Prüft, ob eine Zahl gerade ist	
=ISTGERADE(A1)	=REST(KÜRZEN(A1);2)=0
Prüft, ob eine Zahl ungerade ist	
=ISTUNGERADE(A1)	=REST(KÜRZEN(A1);2)=1
Gibt das Monatsende eines Datums (A1) nach x Monaten (B1) aus	
=MONATSENDE(A1;B1)	=DATUM(JAHR(A1);MONAT(A1)+1+B1;)
Gibt den ganzzahligen Teil einer Division aus	
=QUOTIENT(A1;B1)	=KÜRZEN(A1/B1)
Gibt eine auf das gewünschte Vielfache gerundete Zahl aus	
=VRUNDEN(A1;B1)	=RUNDEN(A1/B1;0)*B1

Add-in-Funktion	Standardformel-Ersatz
Liefert die Fakultät einer Zahl mit Schrittlänge 2	
=ZWEIFAKULTÄT(A1)	{=PRODUKT(A1-ZEILE(INDIREKT ("1:"&AUFRUNDEN(A1/2;0)))*2+2)}
Liefert eine ganze Zufallszahl im festgelegten Bereich	
=ZUFALLSBEREICH(vonZahl;bisZahl)	=KÜRZEN(ZUFALLSZAHL()*bisZAHL)+vonZahl
Gibt die Wurzel aus einer mit Pi multiplizierten Zahl zurück	
=WURZELPI(A1)	=(A1*Pi())^0,5

Tabelle 3.1: Beispiele zu Add-In-Funktionen

Wie Sie sehen, verbergen sich hinter den genannten Add-ins großteils Banalitäten. Manch eine Analysefunktion kann auch aufgrund ihrer Bezeichnung zu missverständlichen Ergebnissen führen. Beispielsweise liefert die Funktion ISTGERADE für die Zahl 4,63 im Ergebnis WAHR, was erst nach einem gründlichen Lesen der Excel-Hilfe verständlich wird, da die Funktion keine Nachkommastellen berücksichtigt. Andere Analysefunktionen haben nur dann eine Berechtigung, solange Sie einerseits die bereits genannten Fehlerquellen ausschließen können oder aber einfach nur auf die Schnelle eine Berechnung durchführen möchten. Als Beispiel sei die Funktion NETTOARBEITSTAGE genannt, deren Nachbau mit den Standardfunktionen zwar möglich, aber sehr kompliziert ist.

=NETTOARBEITSTAGE(A1;A2;C1:C20)

kann ersetzt werden durch die Arrayformel (mit ⌨Strg + ⇧ + ↵ abschließen):

{=SUMME((WOCHENTAG(ZEILE(INDIREKT(A1&":"&A2));2)<6)*1)-
SUMME(WENN((C1:C20>=A1)*(C1:C20<=A2)*(WOCHENTAG(C1:C20;2)<6);1;0))}

A1 enthält das Startdatum, A2 das Enddatum und C1:C20 auszuschließende Feiertage.

Zu guter Letzt gibt es aber auch Analysefunktionen, die dermaßen leistungsstark sind, dass sie mit Bordmitteln kaum oder gar nicht nachzustellen sind. Beispielhaft sei hier die Funktion GGT genannt, die den größten gemeinsamen Teiler aus bis zu 30 Zahlen ermittelt. Das mit Standardfunktionen nachzubauen ist möglich – aber beschränkt auf 10.922 für die kleinste Zahl und ziemlich kompliziert:

{=WENN(UND(REST(B1:E1;A1)=0);A1;MAX(WENN(MMULT(REST(A1:E1;ZEILE(INDIREKT("1:"&
GANZZAHL($A$1/2))));{1;1;1;1;1})=0;ZEILE(INDIREKT("1:"&GANZZAHL($A$1/2))))))}

Da macht =GGT(A1:E1) doch 'nen richtig schlanken Fuß und ist außerdem leistungsstärker.

Aber: Diese Analysefunktionen haben trotzdem ein Rad ab!

Gibt man eine „normale" Funktion ohne jeglichen Bezug in eine Zelle ein, erhält man beispielsweise bei =SUMME: :#NAME?

Bei =NETTOARBEITSTAGE oder =QUOTIENT oder =WURZELPI erhält man z.B. tatsächlich „Ergebnisse": -1.335.885.768 und -643.039.222 und -1.707.081.719.

Das eben gelobte GGT ergibt bei Eingabe von =GGT -839.712.728 (sehr logisch!).

DIE SPINNEN, DIE RÖMER!

Unschön ist außerdem, dass die Add-ins überhaupt keine Kontrolle über eine valide Eingabesyntax haben. Wenn man bei Standardfunktionen zu viele oder zu wenige Argumente eingibt, erscheint eine Fehlermeldung *(Abbildung 3.2)*.

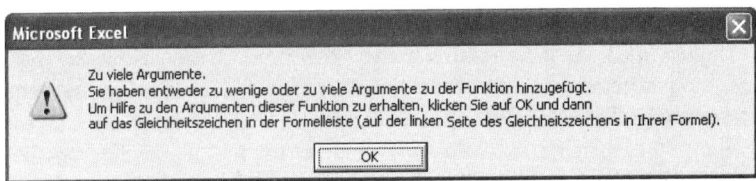

Abbildung 3.2: Fehlermeldung aufgrund der Argumentenanzahl in Funktionen

Enthalten die Argumente verkehrte Datentypen, ist der resultierende Fehlerwert eigentlich immer sinnvoll.

Nicht so bei den Add-ins:

=QUOTIENT() =#NV

=QUOTIENT(1;2;3) = #WERT!

Aber man soll ja versuchen, in allem etwas Positives zu sehen. Falls Sie einmal nicht sicher sind, ob eine Funktion ein Add-in oder Standard ist, schreiben Sie den Namen (mit Gleichheitszeichen) in eine Zelle. Wenn Sie eine abstruse Zahl sehen, ist es eine Add-in-Funktion.

=WENN(ISTZAHL(DEZINBIN);"Hallo, ich bin ein Add-in";"")

3.3 Funktionsdolmetscher

Wenn Sie übrigens häufig sowohl deutsche als auch englische Funktionsnamen benötigen, gibt es zwei Tricks, wie Sie sich einen ständig verfügbaren Funktionsdolmetscher einrichten können.

Wenn Sie den englischen Namen einer Funktion nicht kennen, können Sie ja die deutsche Funktion eingeben und dabei den Makrorekorder laufen lassen. In dem aufgezeichneten Makro finden Sie dann die englische Bezeichnung. Dies gilt nur für die Standardfunktionen, bei den Add-in-Funktionen klappt das nicht, dort wird die deutschsprachige Bezeichnung aufgezeichnet.

In der Datei *vbaliste.xls* werden auch englische und deutsche Funktionsnamen gegenübergestellt. Vielleicht wollen Sie diese Datei aber nicht jedes Mal suchen bzw. öffnen. Es gibt aber einen recht originellen Speicherplatz, an dem Sie sich die Funktionen der *vbaliste.xls* im Hintergrund bereitstellen können, und zwar als benutzerdefinierte Liste. Ihnen ist sicherlich bekannt, dass eine Zelle mit dem Inhalt „Montag" nach unten gezogen in der nächsten Zelle „Dienstag" ergibt? Das liegt daran, dass die Wochentage (und Monate) in *Benutzerdefinierten Listen* gespeichert sind. Diese finden Sie unter *Extras>Optionen>Benutzerdefinierte Listen* – in früheren Excel-Versionen hieß die Funktion *AutoAusfüllen (Abbildung 3.3)*:

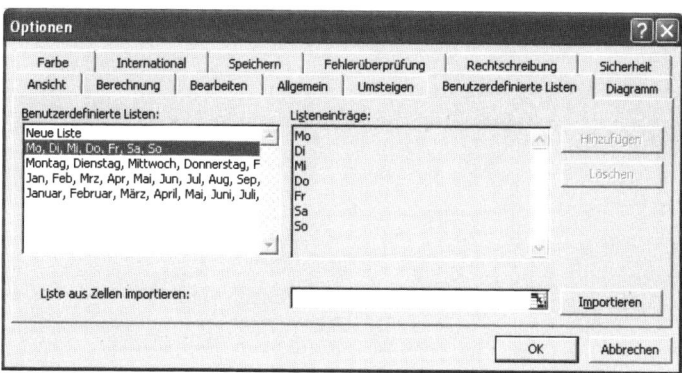

Abbildung 3.3: Dialog Optionen – Benutzerdefinierte Listen

Die Funktionen der Datei *vbaliste.xls* können Sie nun auch als Listen hinterlegen. Für jede Funktion wird eine Liste importiert, die jeweils aus zwei Einträgen besteht – der deutschen Bezeichnung und der englischen Bezeichnung. Und so geht's:

Geben Sie in das Feld *Liste aus Zellen importieren* den Bereich ein, in dem die deutschen und englischen Funktionsnamen stehen. In der Originaldatei *vbaliste.xls* müsste das A4:B229 sein. Dann drücken Sie auf den *Importieren*-Button. Jetzt kommt das wichtigste, Sie müssen die Listen aus Zeilen importieren *(Abbildung 3.4)*:

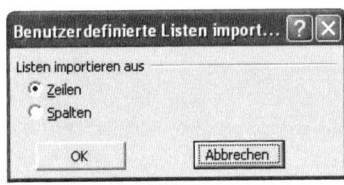

Abbildung 3.4: Dialog Benutzerdefinierte Listen

Falls Sie Spalten anklicken, wird eine Liste für die deutschen Funktionen und eine für die englischen Funktionen erstellt. Das ist vielleicht auch ganz nützlich, aber nicht für das, was wir vorhaben. Jedenfalls dann, wenn Sie *Zeilen* ausgewählt haben, müsste das Ergebnis wie in *Abbildung 3.5* aussehen:

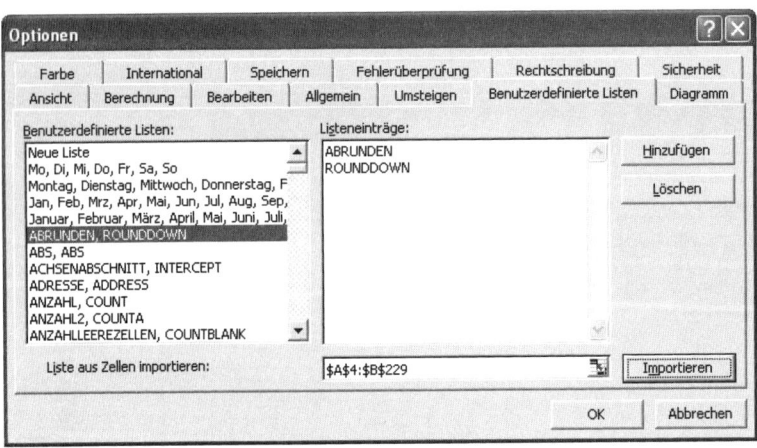

Abbildung 3.5: Dialog Optionen – Benutzerdefinierte Listen mit Excel-Funktionen

Wenn Sie jetzt in eine Zelle „Abrunden" schreiben (ohne Gleichheitszeichen) und die Zelle eine Zelle nach unten ziehen, erhalten Sie die englische Bezeichnung *(Abbildung 3.6)*:

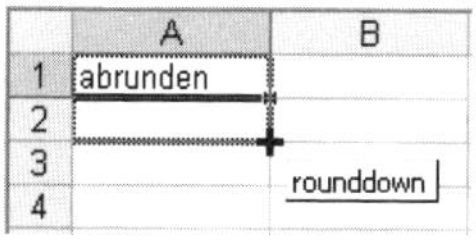

Abbildung 3.6: Beispiel für Funktionsdolmetscher per Benutzerliste

Das funktioniert auch in die andere Richtung sowie nach links und rechts. Die benutzerdefinierten Listen stehen immer der Anwendung auf dem aktuellen Rechner zur Verfügung, sind also nicht an eine Arbeitsmappe gebunden. Logischerweise können Sie so auch andere Begriffe verwalten, die Sie immer schnell griffbereit haben wollen.

KAPITEL 4

Matrix – die unend-
lichen Tiefen

Im Verlauf dieses Buches werden Sie immer wieder diesen Begriffen begegnen:

▪ **Matrix** oder

▪ **Array**

Googeln Sie einmal nach dem Suchbegriff „Definition Array", dann werden Sie von ca. 17 Millionen Treffern förmlich erschlagen. Daher kürzen wir das Ganze folgendermaßen ab:

4.1 Was ist ein Array?

Eine Matrix oder ein Array ist die Anordnung, Aufstellung oder Reihe von gleichen Elementen in festgelegter Art und Weise. (aus *wikipedia.org*)

Was zunächst sehr einfach klingt, ist es eigentlich auch. Und dennoch verbirgt sich dahinter eine ungeahnte Vielfalt an Anwendungsmöglichkeiten, die wiederum das uneingeschränkte Verständnis für Matrizen bzw. Arrays verlangen.

In diesem Kapitel werden wir Ihnen das „Leben" der Matrizen sehr detailliert näher bringen. Da dies elementar für das Verständnis vieler Formeln ist, empfiehlt es sich, besonders genau hinzuschauen. Auf geht´s!

Ein Array wird grundsätzlich durch {geschweifte Klammern} dargestellt. Dabei gibt es:

a. horizontale Arrays, deren Elemente durch Punkte getrennt werden: {1.2.3}

b. vertikale Arrays, deren Elemente durch Semikola getrennt werden: {2;4;7}

c. zweidimensionale Arrays: {1.2.3;4.5.6;7.8.9}

In anderen Ländereinstellungen können die Trennzeichen für Matrixelemente differieren. So ist z.B. in der Schweiz der Backslash (\) statt des Punktes (.) das Trennzeichen für vertikale Matrixelemente. Im Zweifel hilft ein Blick in die *Systemsteuerung> Regions- und Sprachoptionen*.

Die Reihenfolge der Elemente wird zunächst horizontal und dann vertikal „durchnummeriert". Dies ist auch die Berechnungsreihenfolge der Matrixelemente.

In Excel sieht die Beweisführung der Berechungsreihenfolge so aus:

Aktivieren Sie zunächst unter *Extras>Optionen>Berechnen* die Iteration mit der maximalen Iterationszahl 1 und der maximalen Änderung 0,001, um Zirkelbezüge zu legitimieren.

Markieren Sie dann den Bereich A1:C3, geben folgende Formel ein und schließen die Eingabe mit [Strg] + [↵] ab, so dass in jeder dieser 9 Zellen diese Formel steht:

=MAX($A$1:$C$3)+1

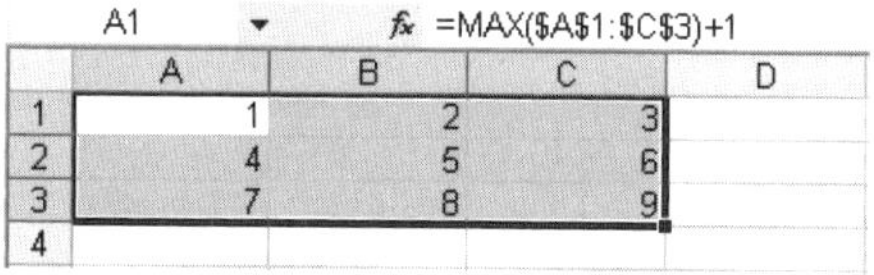

Abbildung 4.1: Berechnungsreihenfolge von Zellen

Der Excel-Beweis ist angetreten: Die Zellen werden in der bereits beschriebenen Reihenfolge berechnet.

Um das klarzustellen: Die Tastenkombination [Strg] + [↵] macht nicht das Gleiche wie [Strg] + [⇧] + [↵]. Letztere erzeugt eine Matrixformel über alle selektierten Zellen. [Strg] + [↵] hingegen kopiert die Formel der aktiven Zelle auf alle Zellen der Selektion.

4.1.1 Zugriff auf Elemente eines Arrays

Wie greifen wir denn nun auf einzelne Elemente eines Arrays zu?

Zum Beispiel mit der Funktion INDEX, die als Parameter die Zeile und die Spalte des indizierten Arrays benötigt: =INDEX(Matrix;Zeile;Spalte). Ist das Array nur eindimensional (also entweder horizontal oder vertikal), dann kann der dritte Parameter entfallen. Es reicht dann =INDEX(Matrix; Zeile oder Spalte).

- =INDEX({4.5.6};2) ergibt 5 (Array horizontal eindimensional, daher steht die 2 für die Spalte)

- =INDEX({4;6;9};3) ergibt 9 (Array vertikal eindimensional, daher steht die 3 für die Zeile)

- =INDEX({7.8.9;4.5.6};2;1) ergibt 4 (Array zweidimensional, daher beide Parameter)

Auch andere Matrixfunktionen können Informationen über einzelne Elemente eines Arrays liefern, beispielsweise die Funktion VERGLEICH. Diese kann allerdings nur Elemente eines eindimensionalen Arrays ermitteln:

▨ =VERGLEICH(6;{4.6.5};0) ergibt 2, denn die 6 wird an 2. Position des Arrays gefunden.

▨ =VERGLEICH(6;{2.3.4;5.6.7};0) ergibt #NV, da die Matrix zweidimensional ist.

Auch die Funktion SVERWEIS greift auf einzelne Elemente eines Arrays zurück:

▨ =SVERWEIS(7;{1.11;7.12;5.13};2;0) ergibt 12, denn 12 ist das Element in Spalte 2 der Matrix, dessen zugehöriges Element in der 1. Spalte dem Suchbegriff 7 entspricht.

4.1.2 Operationen mit Arrays

Inhalte eines Arrays lassen sich auch verändern, beispielsweise durch mathematische Operationen.

={2.4.6}*5 ergibt {10.20.30}, da jedes Element mit der Zahl 5 multipliziert wird. Das Ergebnis ist wieder ein Array mit der gleichen Anzahl von Elementen wie das Ausgangsarray.

Natürlich sind auch alle anderen mathematischen Operationen möglich.

Bei zwei Arrays, die gleich dimensioniert sind, korreliert jedes x-te Element von Array A mit dem zugehörigen x-ten Element von Array B. Am Beispiel einer Multiplikation zweier Arrays:

={2.4.6}*{3.4.5} ergibt ={6.16.30}

Die durchgeführten Einzelberechnungen 2*3, 4*4 und 6*5 ergeben das Ergebnisarray {6.16.30}.

Sind beide Arrays unterschiedlich dimensioniert, wird jedes Element von Array A mit jedem Element von Array B multipliziert:

={2.4.6}*{3;4} ergibt ={6.12.18;8.16.24}

Die hier durchgeführten Einzelberechnungen 2*3, 4*3, 6*3, 2*4, 4*4, 6*4 ergeben das Ergebnisarray {6.12.18;8.16.24}.

Die Arraydimensionen müssen sinnvoll zusammenpassen. Eine Konstruktion wie ={1.2;3.4}*{2;3;4} ergibt ={2.4;9.12;#NV.#NV}, da das zweite Array aus 3 Zeilen besteht, das erste hingegen nur aus zwei. Die ersten Berechnungen werden mit 1*2, 2*2, 3*3 und 4*3 korrekt ausgeführt. Für die letzte 4 im zweiten Array gibt es hingegen kein Pendant mehr in ersten Array, und somit führt dies zu den Fehlerwerten #NV.

4.1.3 Arraytypen

Grundsätzlich unterscheidet man zwischen zwei Arraytypen:

a. Konstantenarray (oder Matrixkonstante)

b. Tabellenmatrix

Das Konstantenarray haben Sie im Verlaufe des Kapitels bereits kennen gelernt. Dabei werden die einzelnen Matrixelemente in {geschweifte Klammern} eingeschlossen und mit Punkt und/oder Semikolon voneinander getrennt: {2.4.6;3.5.7}.

Zulässige Elemente einer Matrixkonstante sind Zahlen, Texte, logische Werte (WAHR und FALSCH) sowie Fehlerwerte. Nicht zulässig sind hingegen Zellbezüge, Namen und die Sonderzeichen $, % und Klammern (). Zudem dürfen keine Zeilen oder Spalten unterschiedlicher Größe vorhanden sein, wie z.B. ={1.2.3;3.4.5.6}.

Die Elemente einer Matrixkonstante können auch unterschiedlichen Typs sein:

={1.2.3."A".WAHR.#NV."XY".22,55.1E+307}

Zu beachten ist hierbei, dass Texte in „Anführungszeichen" gesetzt werden. Zahlen können auch dezimal oder im wissenschaftlichen Format (1E+307) angegeben werden.

Für alle Matrixkonstanten gilt, dass die {geschweiften Klammern} manuell erzeugt werden.

Neben den Konstantenarrays gibt es mit der Tabellenmatrix einen weiteren Arraytyp. Der bekannteste Vertreter der Tabellenmatrix ist das einzelne Arbeitsblatt einer Excel-Mappe. Es ist zweidimensional, wobei die horizontale Dimension mit 256 (= Spalten A bis IV) Elementen und die vertikale Dimension mit 65.536 (= Zeilen 1 bis 65.536) Elementen begrenzt ist. Daraus ergeben sich 256*65536=16.777.216 einzelne Matrixelemente, genannt Zellen (ab Excel 12 werden das 2^14 Spalten und 2^20 Zeilen = 16.384*1.048.576=17.179.869.184 Zellen – in Wörtern: siebzehnmilliardeneinhundertneunundsiebzigmillionenachthundertneunundsechzigtausendeinhundertvierundachtzig (!!!) – und das je Arbeitsblatt – also ein gigantisches Ungetüm).

Da das Arbeitsblatt im Normalfall nicht in seiner gesamten Größe gebraucht wird, greift man üblicherweise auf Teilbereiche des Arbeitsblatts zurück. So kann z.B. der Bereich B5:E10 eine eigenständige zweidimensionale Matrix über 4 Spalten und 6 Zeilen bilden. Das erste Element dieser Matrix wird auch mit INDEX(Matrix;1;1) angesprochen, also gibt =INDEX(B5:E10;1;1) den Wert aus Zelle B5 wieder.

Es ist also unerheblich, in welchem Bereich des Tabellenblattes sich die Matrix befindet. Entscheidend ist immer nur die Position innerhalb der Matrix selbst.

Jetzt wird es langsam spannender, denn wir nähern uns der Königsdisziplin im Bereich der Formeln: den Arrayformeln oder auch Matrixformeln.

4.2 Arrayformeln

An dieser Stelle sei noch einmal eine der wichtigsten Tastenkombinationen überhaupt genannt:

[Strg] + [⇧] + [↵]

Das bedeutet: Halten Sie [Strg] und [⇧] gleichzeitig gedrückt und betätigen Sie dann die [↵]-Taste. Wenn Sie eine Formel eingeben und sie mit dieser Tastenkombination abschließen und anschließend einen Blick in die Bearbeitungsleiste riskieren, stellen Sie fest, dass die eingegebene Formel mit {geschweiften Klammern} umrandet wurde. Dies ist das sichere Zeichen dafür, dass es sich um eine Array-/ Matrixformel handelt!

Das Prinzip der Arrays wollen wir erst einmal an einem Tabellenausschnitt verdeutlichen. Im Bereich A1:A3 stehen Einträge, in diesem Fall unsere Namen: Jens, Walter, Boris.

Dieser Bereich soll nun in einem anderen Bereich des Tabellenblatts dupliziert werden, beispielsweise in B5:B7. Jetzt könnte man natürlich in B5 die Formel =A1 hineinschreiben und dann bis B7 kopieren. Es geht aber auch mit nur einer Formel, und zudem bewegen wir uns ja gerade im Bereich der Matrizen. Markieren Sie also den Zielbereich B5:B7, geben Sie die Formel =A1:A3 ein und schließen Sie die Formel als Arrayformel mit [Strg] + [⇧] + [↵] ab. Das Ergebnis sieht so aus (Abbildung 4.2):

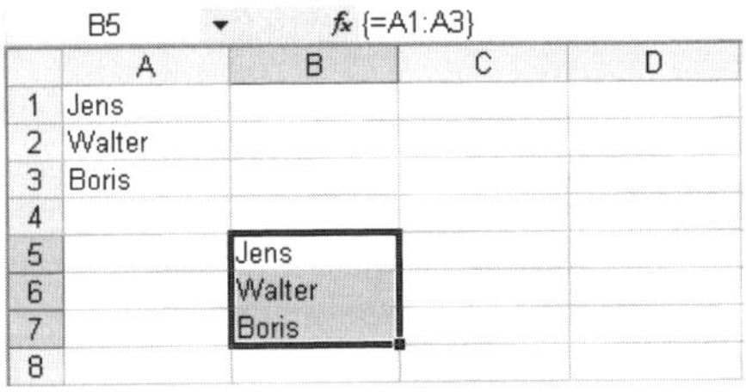

Abbildung 4.2: Zusammenhängende Zellen als Matrixformel eingeben (1)

In jeder der drei Zellen B5:B7 steht nun die Formel {=A1:A3}, und da wir sie als Matrixformel erfasst haben, wird auch der gesamte Inhalt der Ausgangsmatrix A1:A3 dupliziert. Diese Matrix B5:B7 ist nun eine feststehende Einheit und kann nur entweder ganz oder gar nicht bearbeitet werden. Würden Sie beispielsweise versuchen, den Wert in B6 (Walter) zu löschen, weist Excel Sie mit folgender Meldung freundlich darauf hin, dass das nicht zulässig ist *(Abbildung 4.3)*:

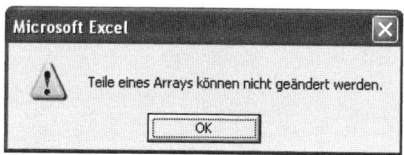

Abbildung 4.3: Fehlermeldung

Sie können die Werte in A1:A3 beliebig ändern. Die Werte im duplizierten Bereich B5:B7 ändern sich selbstverständlich mit. Aber B5:B7 selbst können Sie nicht bearbeiten, allenfalls komplett löschen.

Was passiert hierbei genau? Dies wird deutlicher, wenn wir uns ein zweites Beispiel ansehen.

Wir erweitern die Matrix um unsere Nachnamen in B1:B3. Die Zielmatrix ist somit B5:C7. Diese markieren wir und geben =A1:B3 als Arrayformel ein *(Abbildung 4.4)*.

	B5	▼	*fx* {=A1:B3}	
	A	B	C	D
1	Jens	Fleckenstein		
2	Walter	Fricke		
3	Boris	Georgi		
4				
5		Jens	Fleckenstein	
6		Walter	Fricke	
7		Boris	Georgi	
8				

Abbildung 4.4: Zusammenhängende Zellen als Matrixformel eingeben (2)

Jedes Element der Ausgangsmatrix wird auf dieselbe Position in der Zielmatrix übernommen:

Zelle A1 ist dabei das Element (1,1) der 1. Matrix. Zelle B5 ist das Element (1,1) der 2. Matrix, Zelle B1 ist das Element (1,2) der 1. Matrix, Zelle C5 ist das Pendant in der 2. Matrix usw., usw. Da hier die Ausgangsmatrix A1:B3 dupliziert wird, macht es natürlich Sinn, die Ergebnismatrix in exakt gleicher Größe zu dimensionieren. Sollten Sie die Ergebnismatrix zu klein dimensionieren, werden eben nur Teile der Ausgangsmatrix übernommen. Ist die Ergebnismatrix hingegen zu groß, dann werden die restlichen Felder mit #NV belegt.

Zu kleine Ergebnismatrix:

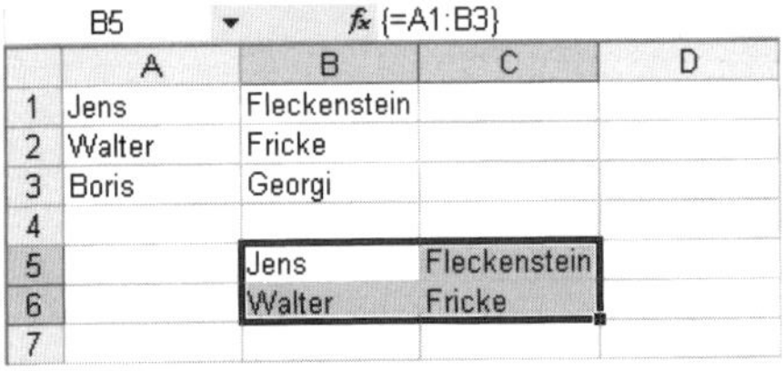

Abbildung 4.5: Zusammenhängende Zellen als Matrixformel eingeben (3)

Zu große Ergebnismatrix :

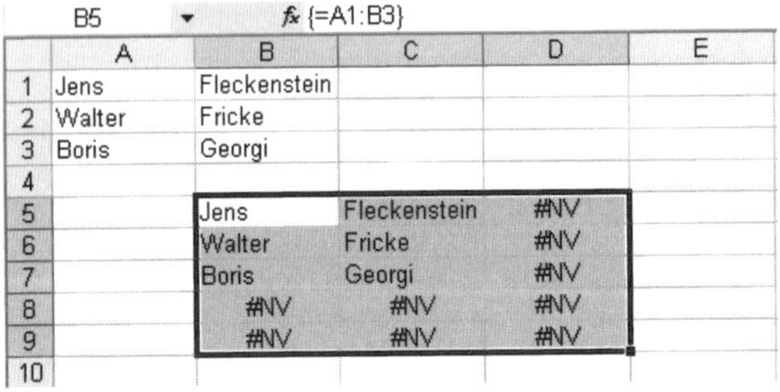

Abbildung 4.6: Zusammenhängende Zellen als Matrixformel eingeben (4)

Gehen wir jetzt einen Schritt weiter. Mit der Formel {=A1:B3} haben wir den Bereich in einem anderen Bereich – im Beispiel B5:C7 – abgebildet und somit das Ergebnis der Formel visualisiert. Das Ganze geht aber auch „unsichtbar". Schreiben Sie in obigem Beispiel in die Zelle D1 die Formel =A1:B3. Das Ergebnis in der einzelnen Zelle ist #WERT!, da die Zelle normalerweise nur einen Wert anzeigen kann, wenn sich der Bezug auf eine einzelne Zelle beschränkt (*Abbildung 4.7*).

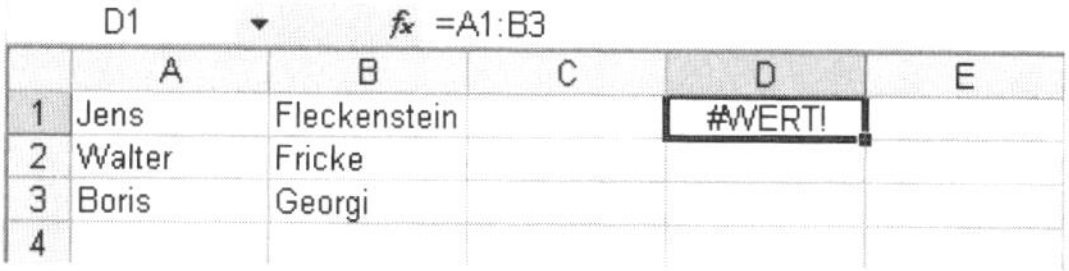

Abbildung 4.7: Fehlerwert bei Eingabe eines Zellbereichs in eine Zelle

Aber die Daten sind trotzdem alle enthalten. Markieren wir also in der Bearbeitungsleiste die Formel und werten sie mit `F9` aus. Das Ergebnis sieht so aus *(Abbildung 4.8)*:

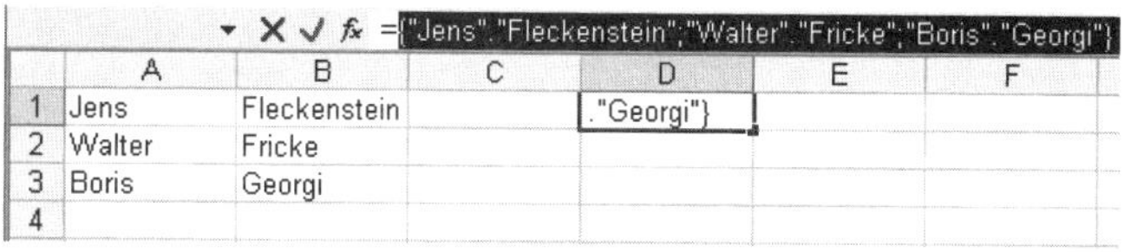

Abbildung 4.8: Teilauswertung einer Bereichsangabe in der Bearbeitungsleiste

Und somit ist es auch möglich, wieder ein einzelnes Element aus dieser zweidimensionalen Matrix auszuwählen und zurück in die Ergebniszelle (D1) zu schreiben. Sobald Sie die Formel in D1 mit `Strg` + `⇧` + `⏎` abschließen, erhalten Sie das erste Element der Matrix.

D1: {=A1:B3} ergibt den Wert aus A1.

Nach exakt diesem Prinzip arbeiten alle Ihnen bekannten Matrixfunktionen, beispielsweise die Funktion SVERWEIS. Wollten wir in diesem Beispiel den Nachnamen von Walter ermitteln, sähe der SVERWEIS so aus:

=SVERWEIS("Walter";A1:B3;2;0)

Also steht auch in dieser Formel in einer einzelnen Zelle eine Bereichsangabe (A1:B3), die aber nur funktionsintern zur Ermittlung des Ergebnisses zur Verfügung stehen muss. Die Formel führt also mehrere Berechnungen durch: Sie prüft nacheinander die Werte in A1:A3 auf „Walter" und gibt bei einem Treffer den rechten Nachbarwert zurück. Das Ergebnis ist somit ein einzelnes Element der Matrix A1:B3 und dieses kann so natürlich auch an eine Zelle zurückgegeben werden.

Exakt nach diesem Prinzip arbeiten auch die {Arrayformeln}: Sie führen formelintern mehrere Einzelberechnungen durch und geben entweder einen einzelnen Wert oder aber wiederum ein Array – bestehend aus mehreren Werten – zurück. Dieses ist dann das Ergebnis der internen Einzelberechnungen.

Wir wollen das einmal an einem sehr einfachen Beispiel demonstrieren. Im Bereich A1:A5 stehen fünf Zahlen *(Abbildung 4.9).*

	A	B	C
1	2		
2	-3		
3	1		
4	5		
5	-1		
6			

Abbildung 4.9: Liste von Ganzzahlen

Die Summe dieser fünf Zahlen ist mit =SUMME(A1:A5) schnell ermittelt. Doch wie sieht es aus, wenn Sie die Summe der Absolutbeträge dieser Zahlen ermitteln möchten?

Auch kein Problem. Sie schreiben in die Hilfsspalte B in B1: =ABS(A1) und kopieren diese Formel bis B5 herunter. Anschließend summieren Sie B1:B5 mit =SUMME(B1:B5).

B1	▼	*f_x* =ABS(A1)		
	A	B	C	D
1	2	2		
2	-3	3		
3	1	1		
4	5	5		
5	-1	1		
6		12	=SUMME(B1:B5)	
7				

Abbildung 4.10: Absolutwerte von Zahlen ermitteln und summieren

Aber jetzt kommt die Arrayformel ins Spiel. Die Hilfsspalte können Sie sich sparen, wenn Sie folgende Formel verwenden:

{=SUMME(ABS(A1:A5))}

Innerhalb der Formel wird jetzt der Bereich ABS(A1:A5) einzeln ausgewertet – und zwar Zelle für Zelle. Es finden somit fünf Einzelberechnungen statt, die sich so visualisieren lassen:

{=SUMME({2;3;1;5;1})}

Und anschließend sorgt die Funktion SUMME dafür, dass diese fünf einzelnen Matrixelemente summiert werden und ein einzelnes Ergebnis an die Zelle zurückgegeben wird.

Würden Sie die Formel nicht als Arrayformel eingeben, wüsste die Formel nicht, was zu tun ist und würde sich mit einem #WERT! als Formelergebnis hilferufend an Sie wenden. Mit den durch die Tastenkombination $\boxed{\text{Strg}}$ + $\boxed{\text{⇧}}$ + $\boxed{\text{↵}}$ erzeugten {geschweiften Klammern} helfen Sie ihr aber auf die Sprünge und erhalten dadurch das gewünschte Ergebnis *(Abbildung 4.11)*.

A6	▼	*fx* {=SUMME(ABS(A1:A5))}		
	A	B	C	D
1	2			
2	-3			
3	1			
4	5			
5	-1			
6	12			
7				

Abbildung 4.11: Per Arrayformel Absolutwerte summieren

Die Hilfsspalten sind für Sie somit ab sofort Schnee von gestern (wenngleich es auch Beispiele gibt, bei denen eine Hilfsspaltenlösung sinnvoller ist – aber das finden Sie in anderen Kapiteln).

4.2.1 Matrix versus Bereich

Warum kann die Funktion ABS die Berechnung erst durchführen, wenn die Formel als Arrayformel abgeschlossen wurde? Diese Funktion (und viele andere Excel-Funktionen) erwartet als Parametereingabe einen Wert oder einen einzelnen Zellbezug, um die Berechnung durchführen zu können. Einen Bereich akzeptiert sie nicht, wohl aber wieder eine Matrix. Also muss es ja einen Unterschied zwischen einem Bereich und einer Matrix geben. Und so ist es auch.

In Programmiersprachen und auch in Excel sind für einen Bereich und eine Matrix unterschiedliche Datentypen definiert. Testen kann man das mit der Funktion TYP:

=TYP(A1:B3)=16

=TYP({1.2.3})=64

Bei einem Bereich liefert die Funktion TYP eine 16. Die 64 steht für eine Matrix (ein Array). Schließen Sie die erste Formel mit $\boxed{\text{Strg}}$ + $\boxed{\text{⇧}}$ + $\boxed{\text{↵}}$ ab, sehen Sie, dass Excel den Datentyp des Eingabeparameters von Bereich auf Array geändert hat:

{=TYP(A1:B3)}=64

4.2.2 Arrayformeln in Excel-Features

Arrayformeln können nicht nur in Excel-Zellen verwendet werden, sondern auch in anderen Excel-Features, wie *Namen, Bedingter Formatierung* und *Gültigkeit*. Eigenartigerweise müssen Sie Excel dort nicht aktiv dazu bringen, aus Bereichen Arrays zu machen, die geschweiften Klammern sind also nicht notwendig. Excel weiß automatisch was zu tun ist. Der Name *MeinName* bezogen auf die Formel

=TYP(A1:A5)

liefert 64. Wenn Sie =MeinName in eine Zelle schreiben, bezogen auf die Formel

=SUMME(ABS(A1:A5)),

summiert *MeinName* brav alle Absolutbeträge des Bereichs.

Wenn Sie jetzt denken, dass Sie ab sofort Arrayvirtuose sind, müssen wir Sie enttäuschen, denn das war erst der Anfang einer langen Reise. Der beste Romanautor hat schließlich auch irgendwann erst einmal das Schreiben erlernt.

Gehen wir einen Schritt weiter. Das Prinzip eines Arrays haben wir erläutert. Eine weitere Voraussetzung, um mit Arrayformeln erfolgreich arbeiten zu können, ist der sichere Umgang mit Wahrheitswerten.

4.3 Nichts als die Wahrheit

Die Zutaten zu diesem Bereich sind weder wahr noch falsch, sondern ausschließlich WAHR und FALSCH. Möglicherweise kennen Sie aus dem Funktionskatalog die gleichnamigen Funktionen:

- WAHR()
- FALSCH()

Die Erläuterungen dazu sind von ergreifender Schlichtheit:

- *Die Funktion WAHR() gibt den Wahrheitswert WAHR zurück.*

- *Die Funktion FALSCH() gibt den Wahrheitswert FALSCH zurück.*

Das wäre irgendwie dasselbe, als wenn es eine Funktion EINS() gäbe, die den Wert 1 zurückgibt – also hochgradig sinnlos.

Zur Ehrenrettung der Funktionen sei hier gesagt, dass beide Funktionen nur aus Kompatibilitätsgründen mit anderen Programmen zur Verfügung stehen.

Wir benötigen also nur die Wahrheitswerte. Sie sind – so simpel sie auch anmuten mögen – das A und O, das Nonplusultra, das Herzstück der gesamten Formelwelt, und somit auch unverzichtbar bei der Arbeit mit Arrayformeln.

WAHR ist eine Bedingung immer dann, wenn sie nicht FALSCH ist.

=1=1 ergibt logischerweise WAHR.

=1=2 ergibt wiederum FALSCH.

Dank der Funktion NICHT lassen sich die Zustände auch umdrehen:

=NICHT(1=2) ergibt WAHR, denn =NICHT(FALSCH) ist eben nicht falsch und somit wahr.

=NICHT(1=1) ergibt FALSCH, denn =NICHT(WAHR) ist eben nicht wahr und somit falsch.

Auch wenn im reinen Excel die Funktion NICHT eher selten gebraucht wird, so ist die doppelte Negierung in VBA gang und gäbe, da dort sehr oft mit den so genannten booleschen Variablen gearbeitet wird (Variablen, die nur die Wahrheitswerte WAHR und FALSCH bzw. TRUE und FALSE zurückgeben können). Wenn die boolesche Variable den Namen *Bol* trägt, dann ist folgende Abfrage nicht selten:

`If Not Bol Then …`

Ebenso wird im Zusammenhang mit Bereichsvariablen häufig ein `If Not Bereich Is Nothing Then …` gebraucht. Also „Wenn nicht wahr/falsch, dann..." bzw. „Wenn nicht Bereich ist nichts, dann ...".

Aber zurück zu Excel. Es wimmelt überall von Wahrheitswerten. Der bekannteste Vertreter wird in der schlichten Funktion WENN gebraucht:

`=WENN(A1=5; "Ja";"Leider keine 5")`

A1=5 liefert entweder WAHR oder FALSCH – nicht mehr und nicht weniger.

Wenn man WAHR oder FALSCH mit irgendeiner mathematischen Operation (+, -, *, /) verbindet, dann wird aus WAHR eine 1 und aus FALSCH eine 0 (in VBA hat der Wert TRUE übrigens den Wert -1).

Einige Beispiele sehen Sie in *Abbildung 4.12*.

	A	B	C
1	Ergebnis	Formel	
2	1	=WAHR*1	
3	0	=FALSCH*1	
4	1	=WAHR-FALSCH	
5	0	=FALSCH+FALSCH	
6	#DIV/0!	=WAHR/FALSCH	
7	0	=FALSCH/WAHR	
8	2	=WAHR+WAHR	
9	0	=WAHR*FALSCH	
10	1	=WAHR*WAHR+FALSCH	
11			

Abbildung 4.12: Rechnen mit Wahrheitswerten

Der Fehlerwert #DIV/0! resultiert daher, dass mathematisch eine Division durch null (bzw. FALSCH) einfach nicht zulässig ist. In den anderen Beispielen werden die Wahrheitswerte in die Zahlen 1 und 0 umgewandelt. Exakt dieses Prinzip wird beispielsweise in der Funktion SUMMEWENN gebraucht.

=SUMMEWENN(A1:A5;"x";B1:B5)

summiert alle Werte aus B1:B5, wenn die zugehörige Zelle in A1:A5 ein „x" enthält. Dabei wird jede Zelle aus dem Bereich A1:A5 nacheinander auf die Übereinstimmung mit „x" geprüft. Ist das Ergebnis WAHR, wird der Wert aus Spalte B summiert, ist das Ergebnis FALSCH, wird eben nicht summiert. Mathematisch stellen Sie sich vor, dass der Wert aus Spalte B mit dem Wahrheitswert WAHR oder FALSCH multipliziert wird. Bei FALSCH wird also mit null multipliziert (Zahl*FALSCH = 0), bei WAHR mit 1 (Zahl*WAHR = Zahl). Und die Summe aller Einzelergebnisse führt dann zum Gesamtergebnis.

Eines der am häufigsten vorkommenden Probleme ist nun aber, dass eine Spalte nur dann summiert werden soll, wenn davor zwei Spalten bestimmte Werte enthalten. Dafür haben uns die MS-Entwickler leider keine eigene Funktion zur Verfügung gestellt. In folgendem Beispiel soll Spalte C nur summiert werden, wenn der Wert in Spalte A „x" und der Wert in Spalte B „y" ist *(Abbildung 4.13)*.

C6	▼	*fx* {=SUMME((A2:A5="x")*(B2:B5="y")*C2:C5)}		
	A	B	C	D	E
1	Bedingung1	Bedingung2	Wert		
2	x	y	3		
3	x	x	4		
4	y	x	5		
5	x	y	6		
6	Sume aller "x" und "y":		9		
7					

Abbildung 4.13: Rechnen mit mehreren Bedingungen (1)

Das Ergebnis ist 9, denn nur in Zeile 2 und 5 sind die Werte „x" und „y". Um zu verdeutlichen, was die Formel in Einzelschritten macht, bilden wir die Berechnungen einmal in Hilfsspalten (HS) ab.

	G6	▼	*fx* =SUMME(G2:G5)				
	A	B	C	D	E	F	G
1	Bedingung1	Bedingung2	Wert	HS1	HS2	HS1*HS2	Summe
2	x	y	3	WAHR	WAHR	1	3
3	x	x	4	WAHR	FALSCH	0	0
4	y	x	5	FALSCH	FALSCH	0	0
5	x	y	6	WAHR	WAHR	1	6
6	Sume aller "x" und "y":		9	Summe mit Hilfsspalten:			9
7							

Abbildung 4.14: Rechnen mit mehreren Bedingungen (2)

In HS1 prüfen wir Spalte A auf „x", in HS2 prüfen wir Spalte B auf „y". In Spalte F multiplizieren wir die Wahrheitswerte und in Spalte G multiplizieren wir nochmals mit dem Wert aus Spalte C.

	A	B	C	D	E	F	G
1	Bedingung1	Bedingung2	Wert	HS1	HS2	HS1*HS2	Summe
2	x	y	3	=A2="x"	=B2="y"	=D2*E2	=C2*F2
3	x	x	4	=A3="x"	=B3="y"	=D3*E3	=C3*F3
4	y	x	5	=A4="x"	=B4="y"	=D4*E4	=C4*F4
5	x	y	6	=A5="x"	=B5="y"	=D5*E5	=C5*F5
6	Sume aller "x" und "y":		9	Summe mit Hilfsspalten:			9

Abbildung 4.15: Rechnen mit mehreren Bedingungen (3)

Die gesamten Hilfsspaltenberechnungen werden vereint in der einzigen Formel

{=SUMME((A2:A5="x")*(B2:B5="y")*C2:C5)}.

Es werden also nur einzelne Wahrheitswerte miteinander – in diesem Fall zeilenweise – multipliziert. Dabei gilt, dass nur WAHR*WAHR eins ergibt, alles andere ergibt null!

WAHR*WAHR=1

WAHR*FALSCH=0

FALSCH*WAHR=0

FALSCH*FALSCH=0

Und das Ergebnis dieser multiplizierten Wahrheitswerte wird dann mit der zu summierenden Spalte (hier C) multipliziert. In obigem Beispiel:

1*1*3=3 (WAHR*WAHR*3=3)

1*0*4=0 (WAHR*FALSCH*4=0)

0*0*5=0 (FALSCH*FALSCH*5=0)

1*1*6=6 (WAHR*WAHR*6=6)

Summe: 9

Also kommt die Multiplikation der Wahrheitswerte der Excel-Funktion UND gleich – mit dem Unterschied, dass die Funktion UND selbst wieder nur einen einzelnen Wahrheitswert zurückgibt, während die Matrixmultiplikation mehrere einzelne Wahrheitswerte ermittelt.

4.4 Die Allzweckfunktionen ZEILE und SPALTE

Sie kennen vielleicht schon die Funktionen ZEILE(Bezug) und SPALTE(Bezug). Sie geben die Zeilen- bzw. Spaltennummer des angegebenen Bezugs wieder.

ZEILE(A7) ergibt 7, Spalte(C1) ergibt 3, ZEILE(E22000) ergibt 22.000, SPALTE(H17356) ergibt 8. Als *Bezug* können Sie auch ganze Zeilen (4:4) oder Spalten (B:B) angeben.

Sie können den Parameter *Bezug* in beiden Funktionen auch weglassen. In diesem Fall ist für das Ergebnis der Funktion entscheidend, in welcher Zelle sie steht. Es wird die Zeilen- bzw. Spaltennummer der aufrufenden Zelle zurückgegeben. Steht in C20 =ZEILE() – dann erhalten Sie 20. Steht in D20 =SPALTE() – dann erhalten Sie 4, denn D ist nun mal die vierte Spalte.

Hier nochmals ein kurzer Gesamtüberblick *(Abbildung 4.16)*:

	A	B	C	D
1	Ergebnis	Formel		
2	30	=ZEILE(H30)		
3	6	=SPALTE(F20)		
4	4	=ZEILE(4:4)		
5	1	=SPALTE(A:A)		
6	6	=ZEILE()		
7	1	=SPALTE()		
8				

Abbildung 4.16: Rechnen mit den Funktionen ZEILE und SPALTE

Das sieht bisher sehr unspektakulär aus. Doch die beiden Funktionen sind beim Umgang mit Matrix-/Arrayformeln von unschätzbarem Wert.

Denn ZEILE() und SPALTE() dienen in diesem Zusammenhang als Platzhalter, und zwar in der Form:

=ZEILE(von:bis)

=SPALTE(von:bis)

Und die Spanne *von:bis* ergibt sich aus der Zeilen-/Spaltenzahl eines Arbeitsblatts. Bis Excel 2003 sind das 2^16 Zeilen (65.536) und 2^8 Spalten (256 = Spalte IV).

Insofern sind die Platzhalter also – in dieser Form – begrenzt:

=ZEILE(1:65536)

=SPALTE(A:IV) oder auch SPALTE(1:1)

Da das Verständnis hierfür elementar wichtig für das Verständnis von Arrayformeln ist, zunächst ein paar einfache Beispiele. Nehmen wir an, Sie möchten die Zahlen von 1 bis 5 summieren.

Dazu bietet sich an: =SUMME(1;2;3;4;5) – Ergebnis: 15.

Im nächsten Schritt möchten Sie die Zahlen von 1 bis 100 summieren. Bereits hier geraten Sie in Schwierigkeiten, denn die Funktion SUMME kann nur 30 Einzelparameter verarbeiten.

=SUMME(1;2;3;4;...;100) geht also nicht, denn das wären 100 Parameter und somit für die Funktion SUMME zu viel.

Aber auch hier ist die Lösung immer noch einfach. Sie schreiben untereinander in A1:A100 die Zahlen 1 bis 100 und summieren Sie dann mit =SUMME(A1:A100) – ergibt korrekt 5.050.

Um möglichst schnell die Zellen A1:A100 mit den Zahlen 1 bis 100 zu füllen, können Sie die Funktion =ZEILE() benutzen: In A1 eintragen und bis A100 herunterkopieren *(Abbildung 4.17)*:

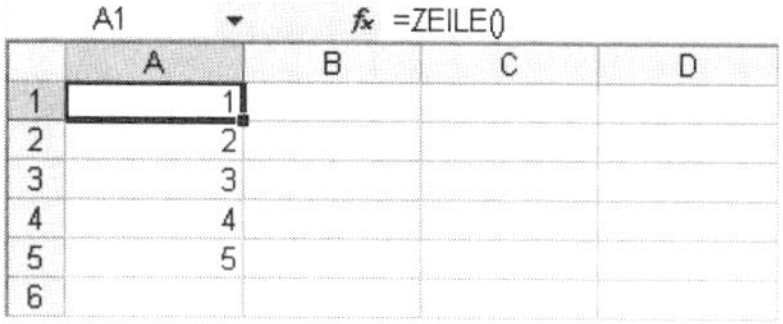

Abbildung 4.17: Zeilen durchnummerieren

Und hier stehen wir auch bereits kurz vor dem Ziel. Anstatt in 100 Zellen die Funktion ZEILE() zu schreiben, können Sie die Funktion mit dem Parameter *von:bis* angeben – also ZEILE(von:bis). Für die Zahlen 1 bis 100 demnach ZEILE(1:100). Wenn Sie diesen Ausdruck jetzt noch mit der Funktion SUMME umranden, dann erhalten Sie: =SUMME(ZEILE(1:100)).

Da es sich hierbei um ein Array handelt, schließen Sie die Formeleingabe mit der Tastenkombination ⌷Strg⌷ + ⌷⌂⌷ + ⌷↵⌷ ab. Nach einem Blick in die Bearbeitungsleiste stellen Sie fest, dass die Formel mit den zwei geschweiften Klammern umrandet ist *(Abbildung 4.18)*:

{=SUMME(ZEILE(1:100))}

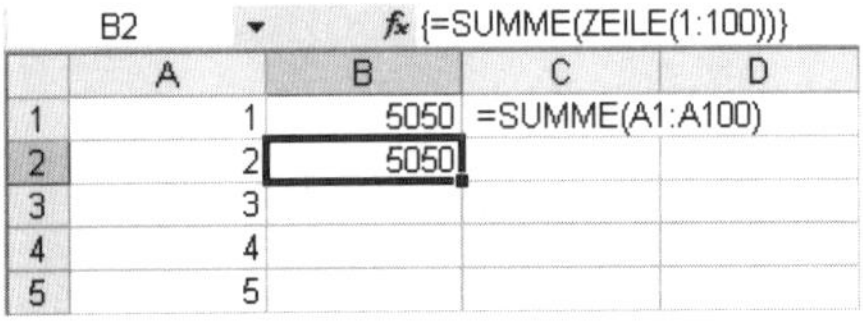

B2	▼	f_x {=SUMME(ZEILE(1:100))}		
	A	B	C	D
1	1	5050	=SUMME(A1:A100)	
2	2	5050		
3	3			
4	4			
5	5			

Abbildung 4.18: Summe aller Zahlen von 1 bis n

Hier wird ersichtlich, warum wir ZEILE(1:100) als *Platzhalter* bezeichnen, denn es wird „Platz gehalten" für die Zahlen 1 bis 100. Eigentlich erzeugen Sie mit ZEILE(von:bis) ein eindimensionales **vertikales** Array, mit SPALTE(von:bis) ein eindimensionales **horizontales** Array. Beide Arrays enthalten die Elemente *von:bis*, wobei das Besondere daran ist, dass dies innerhalb einer einzigen Formel erzeugt wird.

Die Mathematiker unter Ihnen werden sagen: Ist doch alles gar nicht nötig. Gauß hat uns doch bereits gelehrt, dass man die Zahlen von 1 bis n mit folgender Formel aufsummieren kann:

=n*((n+1)/2)

=100*(101/2) = 5.050

Und natürlich haben Sie Recht. Aber hier ging es zunächst einmal nur darum, das Verständnis für die Funktion ZEILE(von:bis) innerhalb eines Arrays zu erlangen. Mit diesem Wissen lassen sich natürlich auch alle anderen Funktionen vereinfachen:

=MITTELWERT(1;2;3;4;5;...;20)

wird künftig mit

{=MITTELWERT(ZEILE(1:20))}

berechnet. Denken Sie dabei immer daran, die Arrayformel auch als solche einzugeben – mit der Tastenkombination ⎡Strg⎤ + ⎡⇧⎤ + ⎡↵⎤.

Sie können den Ausdruck ZEILE(1:20) innerhalb einer Formel mit weiteren Rechenoperationen verknüpfen. Wenn Sie beispielsweise die Summe aller Zahlen von 1,5 bis 100,5 (in Einerschritten) berechnen möchten, addieren Sie 0,5 zu ZEILE(1:100). Das ergibt:

{=SUMME(ZEILE(1:100)+0,5)}=5100

Es wird zunächst auf jede Zahl von 1 bis 100 0,5 addiert und anschließend erst summiert. Den Mittelwert der Zahlen 50.000 bis 200.000 in Zehntausenderschritten können Sie z.B. mit {=MITTELWERT(ZEILE(5:20)*10000)} = 125000 berechnen.

All das funktioniert auch mit SPALTE:

{=MITTELWERT(SPALTE(A:E))} ermittelt den Mittelwert der Zahlen 1 bis 5. {=SUMME (SPALTE(A:Z))} ergibt die Summe der Zahlen 1 bis 26.

{=SUMME(SPALTE(1:1))} ergibt 32.896, denn SPALTE(1:1) enthält alle Spalten aus Zeile 1, und das sind 256 Stück.

Also liefert SPALTE(1:1) eine Zahlenfolge von 1 bis 256.

Testen Sie dies mit {=MIN(SPALTE(1:1))} und {=MAX(SPALTE(1:1))}. Die Ergebnisse lauten 1 und 256.

B2	▼	ƒ× {=MAX(SPALTE(1:1))}	
	A	B	C
1	{=MIN(SPALTE(1:1))}	{=MAX(SPALTE(1:1))}	
2	1	256	
3			

Abbildung 4.19: Arrayformeln mit der Funktion SPALTE

Das Gegenstück zum Array SPALTE(1:1) erhalten Sie mit ZEILE(A:A). Dies liefert die endliche Ziffernfolge aller vorhandenen Zeilen des angegebenen Bezugs A:A, also 1 bis 65.536.

Die gleichen Tests wie bei SPALTE(1:1) – jetzt mit ZEILE(A:A):

{=MIN(ZEILE(A:A))} = 1

{=MAX(ZEILE(A:A))} = 65536

B2	▼	*fx* {=MAX(ZEILE(1:1))}		
	A	B		C
1	{=MIN(ZEILE(1:1))}	{=MAX(ZEILE(1:1))}		
2		1	1	
3				

Abbildung 4.20: Arrayformeln mit der Funktion ZEILE

Wenn wir später zu verschiedenen Formellösungen kommen, werden Ihnen beide Funktionen im Rudel begegnen.

4.4.1   ZEILE(von:bis) und SPALTE(von:bis) dynamisieren

Jetzt kann es aber auch vorkommen, dass wir den Bereich *von:bis* nicht immer von vornherein statisch angeben können.

Folgendes einfaches Beispiel: Sie möchten wieder die Summe der Zahlen von x bis y ermitteln. Dabei möchten Sie x und y aber in zwei Zellen variabel vorgeben können – hier in A2 und B2:

C2	▼	*fx* ?		
	A	B	C	D
1	Von	Bis	Summe	
2	5	200	?	
3				

Abbildung 4.21: Arrayformeln mit Intervall ZEILE(von:bis)

Hier kommt jetzt die Funktion INDIREKT(Bezug;A1) ins Spiel. Der Parameter *Bezug* muss als String vorliegen, und einen String kann man beliebig zusammensetzen. Also basteln wir den Bezug "5:200" doch einfach zusammen:

=A2&":"&B2 ="5:200"

Und diesen Bezug übergeben wir mit der Funktion INDIREKT an die Funktion ZEILE:

=ZEILE(INDIREKT(A2&":"&B2)) ={5;6;7;8;9;10;11;12;………..;200}

Die gesuchte Formel in C2 lautet also:

{=SUMME(ZEILE(INDIREKT(A2&":"&B2)))} = 20090

Dasselbe Spiel geht natürlich auch mit der Funktion SPALTE, allerdings müssen dafür die Spaltenbuchstaben vorhanden sein. Stünde in A2 C und in B2 Z, dann ergibt

=SPALTE(INDIREKT(A2&":"&B2)) ={3.4.5.6.7.8.9.10.11.12…………26}.

Da das indirekte Arbeiten mit Spaltenbuchstaben in der Regel aber nicht empfehlenswert ist, transponiert man in der Praxis das indirekt erzeugte Zeilenarray, um es in die Spaltendimension zu bringen. Das bedeutet bezogen auf die *Abbildung 4.21*:

```
=MTRANS(ZEILE(INDIREKT(A2&":"&B2))) = {5.6.7.8.9.10.11.12............200}
```

Der Vorteil: Man kann durchweg mit Zahlen arbeiten.

Einer der häufigsten Anwendungsfälle stammt aus dem Bereich der Stringzerlegung, bei der ein dynamisches Array meist von 1 bis zur Länge des Textes erzeugt wird:

```
=ZEILE(INDIREKT("1:"&LÄNGE(Text)))
```

Diese Dynamisierung der Arraygrößen mit ZEILE und SPALTE ist absolut elementar für den Umgang mit Arrayformeln!

4.4.2 ZEILEN statt ZEILE

Von Fall zu Fall kann es sinnvoll sein, beim Durchnummerieren von Zeilen *(Abbildung 4.17)* statt der Formel

```
A1:=ZEILE() oder ZEILE(A1)
```

die Alternative

```
A1:=ZEILEN($1:1)
```

zu verwenden. Wenn Sie beide Formeln nach unten kopieren, erscheint zunächst das gleiche Ergebnis. Fügen Sie aber in Zeile 1 eine Zeile ein, beginnt die Liste mit der Formel ZEILE plötzlich mit 2 und diejenige mit der Formel ZEILEN weiterhin mit 1. In A2 steht dann nämlich:

```
A2:=ZEILEN($2:2)
```

Und das ist weiterhin 1. =ZEILE() in der gleichen Zelle ergibt nun einmal 2. Vorsicht also beim Einfügen von Zeilen .

4.5 Diskontinuum

Nicht zu verwechseln mit der Kontinuumshypothese, die besagt, dass zwischen der Mächtigkeit der Menge der rationalen Zahlen und der Mächtigkeit der Menge der reellen Zahlen – dem Kontinuum – keine weitere Mächtigkeit existiert. Der Beweis steht noch aus, vielmehr wurde bewiesen, dass es nicht bewiesen werden kann.

In Excel geht es weniger um unterschiedlich große Unendlichkeiten, sondern um kontinuierliche oder diskontinuierliche Bereiche. Ein „normaler" Bereich wie A1:B10 ist kontinuierlich – doch was ist überhaupt ein diskontinuierlicher Bereich?

Markieren Sie einmal bei gedrückter ⸢Strg⸥-Taste den Bereich B5:B10 und dann D6:E7 (⸢Strg⸥ bleibt ununterbrochen gedrückt). Dann drücken Sie ⸢Strg⸥ + ⸢C⸥ und Sie sehen eine, wahrscheinlich allseits bekannte Fehlermeldung *(Abbildung 4.22)*:

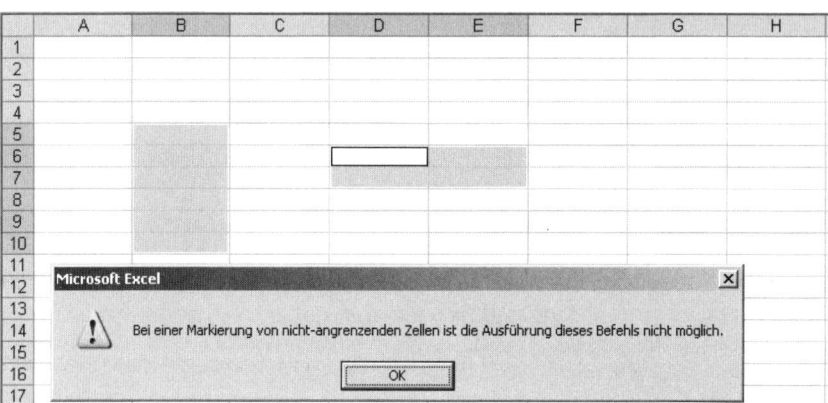

Abbildung 4.22: Fehlermeldung beim Kopieren nicht-angrenzender Zellen

Damit haben Sie einen diskontinuierlichen Bereich erzeugt und versucht, diesen zu kopieren. Dies ist nur in Sonderfällen möglich, und zwar dann, wenn die Einzelbereiche so durch das Löschen ganzer Zeilen oder Spalten komprimiert werden könnten, dass ein kontinuierlicher Bereich übrig bleiben würde, beispielsweise wie in dem Fall, den die *Abbildung 4.23* zeigt:

Abbildung 4.23: Gültige Markierung nicht-angrenzender Zellen

Um mit einem diskontinuierlichen Bereich zu rechnen, haben Sie zwei Möglichkeiten. Die erste Möglichkeit führt über Namen *(Abbildung 4.24)*:

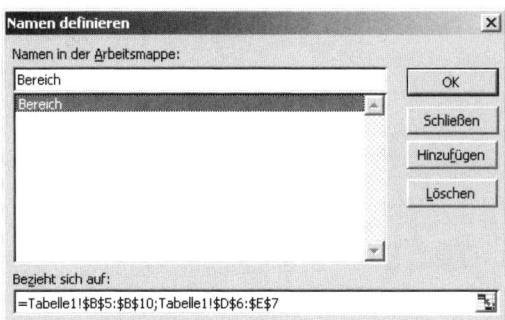

Abbildung 4.24: Namen für diskontinuierliche Bereiche definieren

Das *Bezieht sich auf*-Feld des Dialogs zum Definieren von Namen erlaubt die Eingabe mehrerer Bereiche, die durch Semikola getrennt werden.

Manche Funktionen können den Namen *Bereich* (der sich auf *=Bereich1;Bereich2* bezieht) auswerten:

`=SUMME(Bereich), =MIN(Bereich)`

Andere haben damit Probleme:

`=SUMMEWENN(Bereich;">0")=#WERT!`

`=TREND(Bereich;Bereich)=#BEZUG!`

Die Funktion BEREICHE wertet aus, wie viele Teilbereiche sich hinter dem Namen verbergen:

`=BEREICHE(Bereich)=2`

Die zweite Möglichkeit besteht darin, durch Semikola getrennte Bereiche einfach in ein weiteres Klammerpaar zu setzen:

`=BEREICHE((B5:B10;D6:E7))=2`

Funktionen wie SUMME, ANZAHL oder MIN akzeptieren bis zu 30 Bereiche, bei Angabe des 31. Bereichs erscheint die Fehlermeldung *(Abbildung 4.25)*:

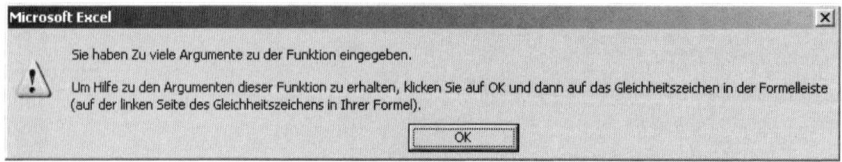

Abbildung 4.25: Fehlermeldung wegen zu vieler Argumente zu einer Funktion

Wenn Sie ein weiteres Klammerpaar darum setzen, ist diese Grenze (scheinbar) aufgehoben:

```
=SUMME((A1;A2;A3;A4;A5;A6;A7;A8;A9;A10;A11;A12;A13;A14;A15;A16;A17;A18;A19;
A20;A21;A22;A23;A24;A25;A26;A27;A28;A29;A30;A31;A32;A33;A34;A35;A36;A37;A38;
A39;A40;A41;A42;A43;A44;A45;A46;A47;A48;A49;A50;A51;A52;A53;A54;A55;A56;A57;
A58;A59;A60;A61;A62;A63;A64;A65;A66;A67;A68;A69;A70;A71;A72;A73;A74;A75;A76;
A77;A78;A79;A80;A81;A82;A83;A84;A85;A86;A87;A88;A89;A90;A91;A92;A93;A94;A95;
A96;A97; A98;A99))
```

Dies wird verblüffenderweise akzeptiert und rechnet richtig, wer hätte das gedacht?! Allerdings wird hier nicht die Anzahl zulässiger Argumente der Funktion SUMME erhöht, sondern es handelt sich um einen aus 99 Einzelbereichen bestehenden, diskontinuierlichen Bereich, der im ersten Argument der Funktion SUMME steht.

Es gibt eine Funktion, die aus einem – aus mehreren Teilbereichen bestehenden – diskontinuierlichen Bereich einen einzelnen Bereich herauspicken kann: die Funktion INDEX. Sobald Sie die Excel-Hilfe zur Funktion INDEX starten, wird sie uns seltsamerweise in 2 Varianten angeboten *(Abbildung 4.26)*:

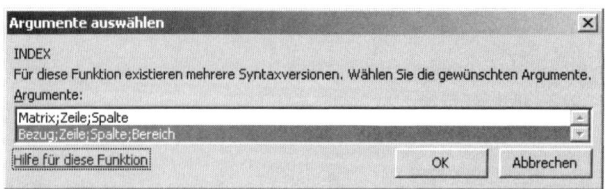

Abbildung 4.26: (Überflüssiger) Dialog zur Wahl der Syntaxversion von INDEX

Diese INDEX-Auswahlmöglichkeit ist einfach nur verwirrend und vollkommen überflüssig, da es sich um ein und dieselbe Funktion handelt. Denn wenn Sie den vierten Parameter [*Bereich*] nicht benötigen (dieser ist nur optional), lassen Sie ihn einfach weg. Es ist dann von vornherein egal, welche Auswahl Sie treffen.

Vergleichbare Funktionen, wie z.b. der SVERWEIS, werden uns ja auch nicht in mehreren Varianten in einem Auswahlfeld angeboten, nur weil sie irgendwelche optionalen Parameter besitzen.

Jedenfalls kann mit dem vierten Argument der INDEX-Funktion ein Teilbereich eines diskontinuierlichen Bereichs herausgepickt werden – nicht mehr und nicht weniger. =INDEX((B5:B10;D6:E7);;;2) oder =INDEX(Bereich;;;2) liefert den zweiten Teilbereich D6:E7.

=SUMME(INDEX((B5:B10;D6:E7);;;2)) liefert dessen Summe.

Damit sind die Verwendungsmöglichkeiten solcher Bereiche im Grunde schon erschöpft. In dieser Form sind diskontinuierliche Bereiche nicht arrayformelfähig.

Versuchen wir es am Beispiel einer Diagonalen. Der diskontinuierliche Bereich, für den Sie einen Namen *Diagonale* definieren, lautet:

(A1;B2;C3;D4)

Abbildung 4.27: Zahlen einer Diagonale addieren

Alle positiven Werte der Diagonalen sollen summiert werden, der Versuch

{=SUMME(WENN(Diagonale>0;Diagonale))}

liefert aber die Fehlermeldung #WERT!.

Natürlich gibt es „Work-arounds", um das gewünschte Ergebnis zu erhalten, beispielsweise:

{=SUMME(WENN((ZEILE(A1:D4)=SPALTE(A1:D4))*(A1:D4>0);A1:D4))} = 7

Das Ergebnis stimmt zwar, Sie rechnen aber nicht wirklich mit der Diagonalen, sondern mit dem kontinuierlichen Bereich A1:D4. Das ist also irgendwie eine Mogelpackung. Sauber wäre eine Lösung, die wirklich nur die vier Zellen der Diagonale berücksichtigt. Ein Stück weiter bringt uns hierbei die Funktion INDIREKT:

`=INDIREKT({"A1";"B2";"C3";"D4"})`

Wenn Sie den Ausdruck markieren und mit F9 auswerten, erhalten Sie erfreulicherweise:

`{1;2;-3;4}`

Voller Zuversicht versuchen Sie

`{=SUMME(WENN(INDIREKT({"A1";"B2";"C3";"D4"})>0;INDIREKT({"A1";"B2";"C3";"D4"})))}`.

Doch mysteriöserweise funktioniert das nicht und liefert #WERT!. INDIREKT liefert hier offenbar kein voll funktionstüchtiges Array, obwohl das die F9-Auswertung zuvor suggerierte. Ergo: In seltenen Fällen liefert die F9-Auswertung ein anderes Ergebnis als das, was tatsächlich in der Formel berechnet wird.

Einige ausgewählte Funktionen können diesen INDIREKT-Ausdruck weiterverarbeiten, beispielsweise die Funktion TEILERGEBNIS:

`=TEILERGEBNIS(9;INDIREKT({"A1";"B2";"C3";"D4"}))`

liefert `{1;2;-3;4}`

genau wie der INDIREKT-Ausdruck alleine, aber mit dem Unterschied, dass es jetzt korrekt weiterverarbeitet werden kann:

`{=SUMME(WENN(TEILERGEBNIS(9;INDIREKT({"A1";"B2";"C3";"D4"}))>0;TEILERGEBNIS(9;INDIREKT({"A1";"B2";"C3";"D4"}))))}` = 7

Mit der Funktion SUMMEWENN funktioniert dies ebenso:

`{=SUMME(SUMMEWENN(INDIREKT({"A1";"B2";"C3";"D4"});">0"))}` = 7

Und auch die Funktionen ZÄHLENWENN und RANG können den Ausdruck

`INDIREKT({"A1";"B2";"C3";"D4"})`

verarbeiten. Allgemein funktioniert das mit allen Funktionen mit einem Argument, das zwingend einen Bezug verlangt, der nicht durch eine Matrix ersetzt werden kann. Im Gegensatz zu VERGLEICH, INDEX etc. kann im zweiten Argument von TEILERGEBNIS keine Matrix stehen:

`=TEILERGEBNIS(9;{1;2;3})`

... wird mit einer Fehlermeldung quittiert. Dasselbe passiert bei SUMMEWENN, ZÄH-LENWENN und RANG.

Etwas aus der Reihe tanzen auch die Funktionen N und T, die zwar kein Argument *Bezug* verlangen, aber trotzdem den INDIREKT-Ausdruck in ein funktionierendes Array umwandeln können. Einen zusätzlichen Charme versprüht ihre winzige Länge. Beispiel:

```
{=SUMME(WENN(N(INDIREKT({"A1";"B2";"C3";"D4"}))>0;N(INDIREKT({"A1";"B2";"C3";"
D4"}))))}
```

Die Funktion N wird eingesetzt, wenn in den relevanten Zellen Zahlen stehen, die Funktion T bei Texten.

Das besondere Verhalten der genannten Funktionen ermöglicht besondere Berechnungen: die Berechnung mehrerer diskontinuierlicher Teilbereiche, wie beispielsweise die bedingte Berechnung der Diagonalen. Nun werden Sie noch weitere Anwendungsmöglichkeiten dieser diskontinuierlichen Teilbereiche kennen lernen.

4.5.1 Zeilensumme

Ein mit INDIREKT erzeugtes Bereichsarray können Sie alternativ auch mit BEREICH.VERSCHIEBEN erzeugen und dann mit N, TEILERGEBNIS & Co. weiterverarbeiten.

```
=BEREICH.VERSCHIEBEN(A1:E1;{0.1.2.3.4};)
```

liefert die Bereiche {"A1:E1";"A2:E2";"A3:E3";"A4:E4";"A5:E5"}.

Aus dem Bereich A1:E6 soll die größte Zeilensumme berechnet werden *(Abbildung 4.28)*.

	A	B	C	D	E
1	10	2	4	9	12
2	19	2	5	3	15
3	11	17	8	14	4
4	15	12	13	10	12
5	7	10	13	4	15

Abbildung 4.28: Maximale Zeilensumme ermitteln

Das Ergebnis lautet:

```
{=MAX(TEILERGEBNIS(9;BEREICH.VERSCHIEBEN(A1:E1;{0.1.2.3.4};)))}=62
```

TEILERGEBNIS summiert zunächst die Zeilen. Deshalb wird der Parameter 9 und nicht der Parameter 4 für das Maximum benötigt:

`{37.44.54.62.49}`

Im nächsten Schritt wird dann mittels der umrahmenden MAX-Funktion das Maximum ermittelt: 62.

4.5.2 3D-Berechnungen

Diskontinuierliche Bereiche, die man durch Einklammern oder Namen definiert und mit den Funktionen BEREICHE oder INDEX auswertet, müssen sich auf einem Tabellenblatt befinden. Eigentlich schade, denn vorstellbar sind ja auch Berechnungen über mehrere Tabellen. Beispielsweise:

`{"Tabelle1!$A$1";"Tabelle2!$A$1";"Tabelle3!$A$1"}`

In beschränktem Maße können zwar 3D-Bezüge berechnet werden, ...

`=SUMME(Tabelle1:Tabelle3!A1)`

... aber das ist sehr unflexibel. Beispielsweise lässt sich ein 3D-Verweis so nicht herstellen. Angenommen, Sie möchten alle A1-Zellen einer Arbeitsmappe mit den Tabellen 1–10 nach einem Suchbegriff „x" durchsuchen und beim ersten Treffer soll die benachbarte Zelle B1 zurückgegeben werden. Die Tabellennummer des Treffers erhalten Sie mit:

`{=MIN(WENN(T(INDIREKT("Tabelle"&ZEILE(1:10)&"!A1"))="x";ZEILE(1:10))))}`

T in Kombination mit INDIREKT erzeugt hier ein Array mit allen A1-Zellen der Tabellen 1–10. Die WENN-Funktion gibt die Tabellennummern zurück, die das Suchkriterium in A1 enthalten. MIN greift daraus die Tabellennummer des ersten Treffers. Diesen bezeichnen wir als *TabNr*.

`=INDIREKT("Tabelle"&TabNr&"!B1")`

ermittelt dann den benachbarten B1-Wert. Beides zusammen sieht so aus:

`{=INDIREKT("Tabelle"&MIN(WENN(T(INDIREKT("Tabelle"&ZEILE(1:10)&"!A1"))="x";ZEI`
`LE(1:10)))&"!B1")}`

Ist der Suchbegriff eine Zahl, wird statt T die Funktion N eingesetzt. Der Ausdruck "Tabelle"&ZEILE(1:10) setzt voraus, dass die Tabellennamen in der Form {"Tabelle1";"Tabelle2";...} indizierbar sind. Ist dies nicht der Fall, müssen die Tabellennamen einzeln aufgeführt werden.

4.5.3 Datenreihen

Diskontinuierliche Bereiche können mit der gezeigten Technik sogar als Datenreihen in einem Diagramm angezeigt werden *(Abbildung 4.29–4.32)*.

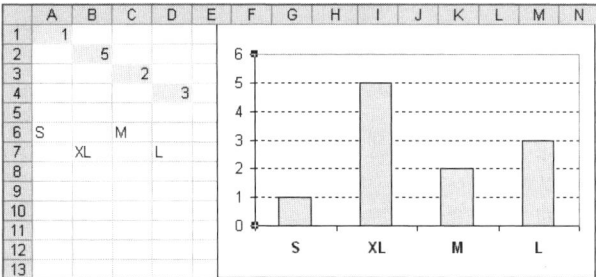

Abbildung 4.29: Nicht-angrenzende Zellen in Diagramm-Datenreihe anzeigen

Vergeben Sie einen Namen *Diagonale* bezogen auf die Formel

=N(INDIREKT("Tabelle1!"&{"A1";"B2";"C3";"D4"}))

Und einen Namen *xAchse* bezogen auf die Formel

=T(INDIREKT("Tabelle1!"&{"A6";"B7";"C6";"D7"}))

Die beiden Namen dienen als Datenquelle des Säulendiagramms:

=DATENREIHE(;Mappe1.xls!xAchse;Mappe1.xls!Diagonale;1)

Wie man sieht, kann auf diese Weise eine Datenreihe aus völlig unzusammenhängenden Zellen bestehen. Dies gilt sowohl für Werte, die Sie mit der Funktion N in ein Array transformieren, als auch für die Diagrammbeschriftungen, die mit der Funktion T erzeugt werden. Weitere Beispiele:

- Jede zweite Zeile in eine Datenreihe bringen (B2,B4,B6):

  Werte: =N(BEREICH.VERSCHIEBEN(Tab1!$B$1;(ZEILE(Tab1!$1:$3)-1)*2+1;))

  Beschriftung: =T(BEREICH.VERSCHIEBEN(Tab1!$A$1;(ZEILE(Tab1!$1:$3)-1)*2+1;))

- Kumulierte Werte (Zellen B1:B6)

  =TEILERGEBNIS(9;BEREICH.VERSCHIEBEN(Tab2!$B$1;;;ZEILE(Tab2!$1:$6)))

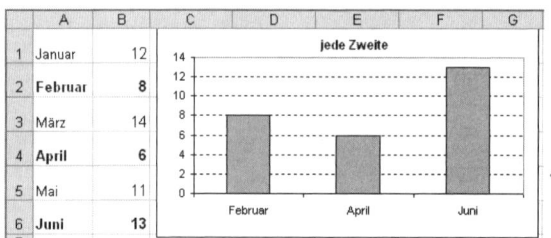

Abbildung 4.30: Jede zweite Zeile in Diagramm anzeigen

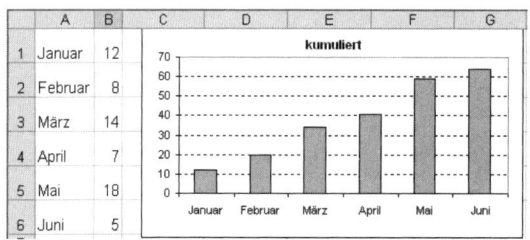

Abbildung 4.31: Kumulierte Werte (ohne Hilfsspalte) in Diagramm anzeigen

Mehrspaltige Daten in einer Datenreihe darstellen

Werte: =N(BEREICH.VERSCHIEBEN(Tab3!$B$2;REST(ZEILE(Tab3!$1:$12)-1;6);
3*KÜRZEN((ZEILE(Tab3!$1:$12)-1)/6)))

Beschriftung: =T(BEREICH.VERSCHIEBEN(Tab3!$A$2;REST(ZEILE(Tab3!$1:$12)-1;6);
3*KÜRZEN((ZEILE(Tab3!$1:$12)-1)/6)))

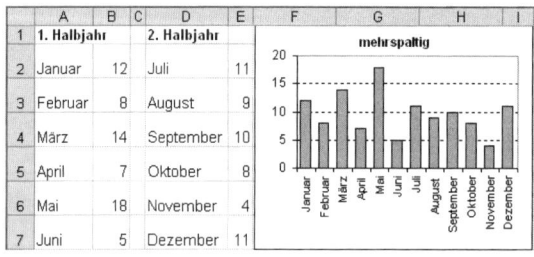

Abbildung 4.32: Mehrspaltige Daten in einer Datenreihe anzeigen

Kapitel 5

Namen und dynamische Bereiche

Unter dem Menüpunkt *Einfügen* befindet sich ein außerordentlich hilfreiches Werkzeug, mit dem Sie sich in fast allen Ecken der Excelwelt das Leben erheblich erleichtern können: Die Namen.

5.1 Die Dinge beim Namen nennen

Namen eignen sich besonders gut dafür, die Übersichtlichkeit in Formeln und ganzen Dateien zu erhöhen. Weiterhin gibt es in verschiedenen Anwendungsfällen auch die zwingende Notwendigkeit, mit Namen zu arbeiten (z.b. bei blattübergreifender *bedingter Formatierung* oder bei der Dynamisierung einer Datenreihe eines Diagramms). Wir werden im Laufe dieses Kapitels speziell auf diese Anwendungsfälle detailliert eingehen.

5.1.1 Warum verwendet man überhaupt Namen?

Das kann mehrere Gründe haben. Wie bereits erwähnt, erhöhen Namen die Übersichtlichkeit in Mappen und speziell in Formeln. Wenn Sie eine fremde Datei erhalten, die irgendwo die Formel =E32*G122 enthält, dann ist das zunächst wenig aussagekräftig. Steht dort aber zum Beispiel =Umsatz*MwSt, dann wissen Sie sofort (zumindest grundsätzlich), was sich dahinter verbirgt. Ein weiterer Grund für die Verwendung von Namen ist die Tatsache, dass sich manche Excel-Features einfach nicht damit anfreunden können, mit Zellbezügen auf andere Tabellenblätter umzugehen. Dazu gehören zum Beispiel die *Bedingte Formatierung* und *Daten>Gültigkeit*. Ein schlichter Versuch, mit der Gültigkeit auf ein anderes Blatt zu referenzieren, wird mit folgender Fehlermeldung quittiert:

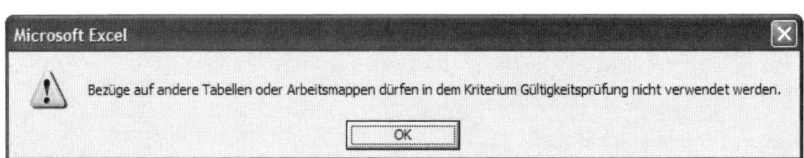

Abbildung 5.1: Fehlermeldung Gültigkeitsprüfung

Gleiches gilt für die *Bedingte Formatierung*.

Dieses „Unvermögen" lässt sich neben einer Namenslösung auch mit der Funktion INDIREKT beheben. Referenzieren Sie nicht direkt auf den Bereich im anderen Tabellenblatt – z.B. =Tabelle3!A1:A10 – sondern indirekt: =INDIREKT("Tabelle3!A1:A10").

Allerdings ist diese Variante recht statisch, da „Tabelle1!A1:A10" ein String ist, der zum Beispiel beim Umbenennen eines Tabellenblatts erhalten bleibt und somit einen #BEZUG!-Fehler verursachen würde. Außerdem lässt sich der Bereich nicht dynamisieren. Aber dazu kommen wir später.

Weiterhin können so genannte „Monsterformeln" mittels Namen deutlich verkürzt und dadurch übersichtlicher gemacht werden. Möchten Sie beispielsweise den Dateinamen der aktuellen Arbeitsmappe auslesen und in eine Zelle schreiben, lautet die Formel dazu:

```
=TEIL(ZELLE("Dateiname";A1);FINDEN("[";ZELLE("Dateiname";A1))+1;FIN-
DEN("]";ZELLE("Dateiname";A1))-FINDEN("[";ZELLE("Dateiname";A1))-1)
```

Vergeben Sie jetzt für den Ausdruck ZELLE("Dateiname";A1) den Namen *DN* (wie man das macht, wird im nächsten Abschnitt erklärt) und fügen diesen in die Formel ein, dann verkürzt sich diese bereits auf:

```
=TEIL(DN;FINDEN("[";DN)+1;FINDEN("]";DN)-FINDEN("[";DN)-1)
```

Im Extremfall haben Sie sogar eine Formel „gebastelt", die über die maximal erlaubte Zeichenlänge einer Formel (1.024) hinausgeht. In diesem Fall ist es dann angezeigt, wiederkehrenden Formelausdrücken kurze Namen zu geben, um dadurch die Formellänge in das erlaubte Maß zurückzuführen. Gleiches gilt für die maximale Verschachtelungstiefe einer Formel von acht Verschachtelungen. Speziell das in Arrayformeln häufig verwendete Konstrukt zur Ermittlung einer dynamischen Arraygröße – ZEILE(INDIREKT("1:"&LÄNGE(A1))) – „verschlingt" bereits 3 Verschachtelungsmöglichkeiten. Vergibt man aber hierfür einen Namen und baut diesen anschließend in die Formel ein, hält man sich die 8 Verschachtelungsmöglichkeiten offen.

Übrigens kann die Schachteltiefe einer Formel bestimmt werden, indem von rechts beginnend die schließenden Klammern gezählt werden und für jede öffnende Klammer -1 subtrahiert wird. Das höchste Zwischenergebnis, das man durch diese Zählung erhält, ist die Schachteltiefe der Formel.

Die absolute Macht der Namen zeigt sich aber erst im Umgang mit dynamischen Bereichen – im Zusammenhang mit Diagrammen die einzige Möglichkeit der Dynamisierung, also der ständigen Anpassung der Datenreihen an die Größe der Datenquellen. Ebenso entfalten die so genannten Excel 4-Makrofunktionen ihre oftmals geniale Funktionalität nur dann, wenn sie „beim Namen genannt werden". Und schließlich lassen sich Diagramm-Datenreihen nur auf Formelberechnungen ein, wenn sich diese hinter einem Namen „verstecken". Ohne Namen sind maximal Matrixkonstanten erlaubt. Es folgt ein Beispiel mit Namen (Name: *jedezweite*) und mit einer Matrixkonstanten ({1.23.30.22.26}):

```
=DATENREIHE("JedeZweite";;Mappe1.xls!jedezweite;2)
```

```
=DATENREIHE("JedeZweite";;{1.23.30.22.26};2)
```

5.1.2 Wie vergibt man Namen?

Zunächst einmal muss man darauf achten, dass die Bezeichnung des Namens nicht gegen die Regeln verstößt. Ein Name darf nicht mit einer Zahl beginnen, Leerzeichen enthalten oder gleichlautend mit einem Zellbezug/Zellbereich sein. Außerdem sind Sonderzeichen wie $, +, -, *, {, }, §, &, (,), !, =, /, ; nicht erlaubt. In der Regel sollten die Namen auch selbsterklärend sein. Der Name *xxx* sagt Ihnen schließlich weniger als der Name *Rendite*.

Es gibt 3 Möglichkeiten, Namen zu vergeben:

1. Über das Namensfeld links neben der Bearbeitungszeile

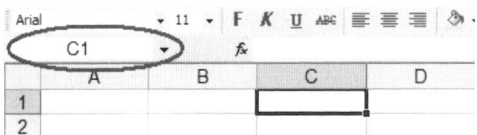

Abbildung 5.2: Namensfeld

Das Namensfeld zeigt für gewöhnlich die Adresse der gerade aktiven Zelle an (hier: C1). Es kann auch zur schnellen Navigation genutzt werden. Wollen Sie beispielsweise die Zelle H17300 ansteuern, dann schreiben Sie das einfach in das Namensfeld und bestätigen mit ↵. Wollen Sie hingegen der Zelle C4 einen Namen (z.B. *MwSt*) geben, dann selektieren Sie C4, schreiben den Namen in das Namensfeld und bestätigen mit ↵. Die Zelle C4 kann dann ab sofort mit ihrer Zelladresse C4 oder mit dem Namen *MwSt* angesprochen werden. Der Pfeil neben dem Namensfeld signalisiert, dass es sich um eine Auswahlliste handelt. Ein Klick öffnet die Liste und zeigt alle **statisch** vergebenen Namen (also alle Namen mit einem **direkten** Zellbezug) an.

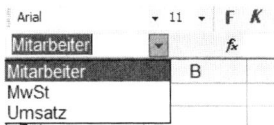

Abbildung 5.3: Namensfeld

2. Über das Menü *Einfügen>Namen>Erstellen...*

Diese Variante ist besonders hilfreich, wenn Sie mehrere Namen gleichzeitig vergeben möchten.

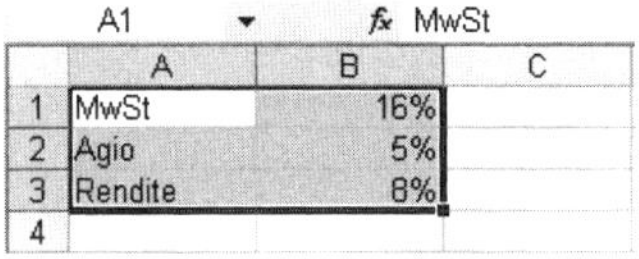

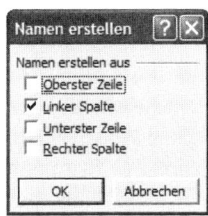

Abbildung 5.4: Namen erstellen

Die Zellen B1:B3 sollen jetzt mit den Bezeichnungen aus A1:A3 benannt werden. Wir markieren also den gesamten Bereich A1:B3 und wählen *Einfügen> Namen>Erstellen...* Es erscheint folgendes Fenster:

Namen erstellen

Namen erstellen aus

☐ Oberster Zeile
☑ Linker Spalte
☐ Unterster Zeile
☐ Rechter Spalte

OK   Abbrechen

Abbildung 5.5: Namen aus linker Spalte erstellen

Aufgrund der bestehenden Markierung wird der Haken bereits korrekt bei *Linker Spalte* gesetzt. Mit Klick auf *OK* ist die dreifache Namensvergabe abgeschlossen.

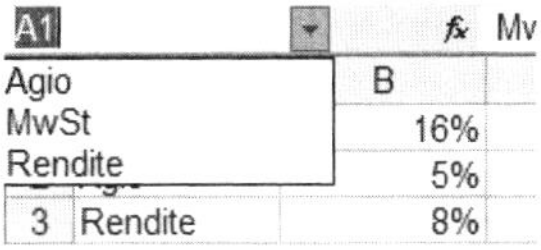

Abbildung 5.6: Dreifache Namensvergabe

113

3. Über das Menü *Einfügen>Namen>Definieren* (Shortcut: `Strg` + `F3`)

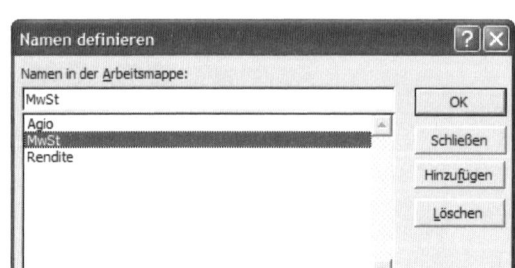

Abbildung 5.7: Dialog Namen definieren

In diesem Dialog können Namen hinzugefügt und wieder gelöscht werden. Der Name wird in der oberen Eingabezeile vergeben, unter *Bezieht sich auf* wird der Zell-/Bereichsbezug eingegeben. In diesem Fall bezieht sich der Name *MwSt* **absolut** auf die Zelle *Tabelle1!$B$1*. Hier kann auch eine komplexe Formel eingetragen werden. Mehr dazu bei den dynamischen Bereichen.

Das Eingabefeld *Bezieht sich auf* verhält sich exakt wie eine Zelle im Tabellenblatt. Befindet sich der Cursor innerhalb dieses Eingabefelds, bewirkt ein Druck auf die Pfeiltasten (links/rechts) die Selektion einer anderen Zelle. Um hingegen innerhalb des Eintrags (hier: *=Tabelle1!$B$1*) nach links und rechts zu navigieren, müssen Sie das Eingabefeld zunächst mit `F2` editieren. Dadurch gelangen Sie in den *Editiermodus*, der Ihnen auch links unten in der Statusleiste angezeigt wird. Jetzt können Sie sich auch mit den Pfeiltasten frei bewegen. Drücken Sie erneut `F2`, um den Editiermodus wieder zu verlassen.

Falls Sie irgendwann einmal den Überblick über all Ihre vergebenen Namen verlieren sollten, dann können Sie sich diese auch bequem wieder auflisten lassen – sowohl alle Namen als auch die dazugehörigen Bezüge.

Wählen Sie dafür *Einfügen>Namen>Einfügen...* und aus dem sich öffnenden Dialog die Schaltfläche *Liste einfügen*.

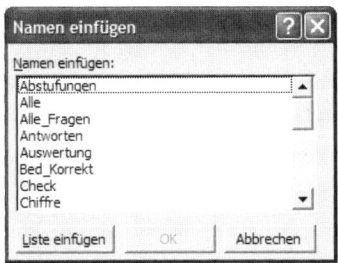

Abbildung 5.8: Dialog Namen einfügen

Die Auflistung erfolgt ab der gerade aktiven Zelle im Tabellenblatt und sieht in diesem Fall wie in *Abbildung 5.9* aus:

	A	B	C	D	E	F
1	Abstufungen	=INDIREKT("F_u_A!Q2:Q"&ANZAHL2(F_u_A!$Q:$Q))				
2	Alle	=(SPALTEN(Fragenbereich)<100)				
3	Alle_Fragen	=F_u_A!$A:$A				
4	Antworten	=Fragebogen!$35:$35;Fragebogen!$Y$16				
5	Auswertung	=SVERWEIS(Fragebogen!$H$26;F_u_A!$M$2:$N$14;2)				
6	Bed_Korrekt	=TEIL(Chiffre;Fragebogen!$F$18;1)-REST(Fragebogen!$F$18;6)				
7	Check	='Das Quiz'!$B$28				
8	Chiffre	="537761337871457692436681566562447764335683436671264573 4				
9	Ergebnis	=F_u_A!$U$11				
10	Ergebnis_An	='Das Quiz'!$B$23				

Abbildung 5.9: Namen auflisten

5.2 Statische und dynamische Namen

Zunächst einmal können sich Namen sowohl auf Konstanten als auch auf Bereiche beziehen. Dabei ist jeder Datentyp denkbar. Im Bereich der Konstanten kann der Name *MwSt* z.B. den konstanten Bezug zu =16% enthalten (wobei das aber ab 2007 wohl aller Voraussicht nach 19 % heißen muss) – also auf den Datentyp Zahl (Single). Weiterhin kann der Name *Firma* auch auf

```
="Mit freundlichen Grüßen"&ZEICHEN(10)&ZEICHEN(10)&"Hans Müller OHG"
```

Bezug nehmen – also auf den Datentyp String (in diesem Fall eine Grußfloskel mit Firmenname und 2 Zeilenumbrüchen). Im nächsten Fall bezieht sich der Name *Array* auf ={1.3.5} – also auf eine Matrixkonstante. Die Formel {=SUMME(10*Array)} multipliziert dann 10 mit 1, 3 und 5 und gibt die Summe (=90) der Multiplikationen zurück.

Bezieht sich der Name *B* auf den Wahrheitswert =WAHR, dann ergibt 50*B = 50. Hingegen ergibt =50*NICHT(B) = 0. All das (und noch viele mehr) sind **konstante** Bezüge. Diese verwendet man, wenn sie eben nicht veränderlich sein sollen. In VBA lautet eine derartige Deklaration am Beispiel einer Stringkonstanten:

```
Const MEINE_KONSTANTE As String = "Tabelle1"
```

Gegenüber den Konstantenbezügen unterteilen sich die Bereichsbezüge grundsätzlich in zwei Kategorien:

1. Statische Bezüge

2. Dynamische Bezüge

Die statischen Bezüge unterteilen sich noch einmal in **relative, gemischte** und **absolute** Bezüge. Dabei gilt dasselbe Verhalten wie bei gewöhnlichen relativen und absoluten Bezügen innerhalb eines Tabellenblatts. Ist der Bezug **absolut** (z.B. =Tabelle1!$C$4), dann wird immer exakt diese Zelle referenziert, egal von wo aus der Name aufgerufen wird. Ist der Name hingegen relativ (=Tabelle1!C4), dann verhält sich der Name relativ zur **aufrufenden** Zelle. Ist beispielsweise die Zelle B10 die aktive Zelle und Sie vergeben den Namen *Relativ* mit Bezug auf =Tabelle1!A1, dann bezieht sich der Name nur in der Zelle B10 auf Tabelle1!A1. In B11 wird er sich auf Tabelle1!A2 beziehen, in C11 dann auf Tabelle1!B2. Wäre der Namensbezug im selben Beispiel gemischt, dann verhielten sich nur Zeile oder Spalte relativ. Der Bezug auf =Tabelle1!$C4 sorgt dafür, dass der Bezug zu Spalte C immer erhalten bleibt und sich lediglich der Zeilenbezug relativ verhält. Bei =Tabelle1!C$4 ist es dann genau umgekehrt: Der Bezug zur Zeile 4 bleibt erhalten, während der Spaltenbezug relativiert wird. Und das alles geschieht immer in Relation zur **aufrufenden** – also gerade aktiven – Zelle! Exakt auf diesem Verhalten bauen auch die *Bedingte Formatierung* und *Daten>Gültigkeit* auf.

In diesem Punkt ist die Z1S1-Schreibweise etwas leichter nachzuvollziehen. Wenn Sie unter *Extras>Optionen>Allgemein* die *Z1S1-Bezugsart* aktivieren und dann noch einmal nachschauen, auf welche Zelle sich nun der Name *Relativ* bezieht, sehen Sie

```
=Tabelle1!Z(-9)S(-1),
```

egal welche Zelle gerade aktiv ist. Denn A2 ist gegenüber B11 um -9 Zeilen und -1 Spalte versetzt. Der relative Bezug wird hier besser deutlich. Wenn Sie im Arbeitsblatt lieber bei der *A1-Schreibweise* bleiben möchten, können Sie bei der Namensvergabe trotzdem die Z1S1-Schreibweise verwenden, und zwar über INDIREKT:

```
=INDIREKT("Tabelle1!Z(-9)S(-1)";0)
```

Viel spannender wird es jetzt bei den dynamischen Bezügen. In vielen Fällen (z.B. bei einer Gültigkeitsliste oder auch einem Datenbereich für ein Diagramm) werden ständig Daten hinzugefügt oder entfernt. Sie möchten aber jederzeit Zugriff auf den tatsächlichen Datenbereich nehmen. Am Beispiel einer einfachen Kundenliste, die sich im Laufe der Zeit dank Ihrer außerordentlichen Akquisitionskünste immer erweitern wird, sieht das so aus *(Abbildung 5.10)*:

	A	B	C	D	E
1	Kunde		Auswahl	▾	
2	Müller OHG				
3	Meier GmbH				
4	Karl Schulze GmbH & Co. KG				
5	Excelformeln GbR				
6					
7					

Abbildung 5.10: Gültigkeitsliste

Das Auswahlfeld in Tabelle1!D1 soll mittels *Daten>Gültigkeit>Liste* jetzt alle vorhandenen Kunden anzeigen. Allerdings soll sich diese Auswahlliste auch erweitern, sobald in Spalte A neue Kunden hinzukommen.

Definieren Sie den Namen *Kunden* mit Bezug auf:

=INDIREKT("Tabelle1!A1:A"&ANZAHL2(Tabelle1!$A:$A))

Im Dialogfeld der Gültigkeit hinterlegen Sie dann nur den Bezug auf den Namen *Kunden*:

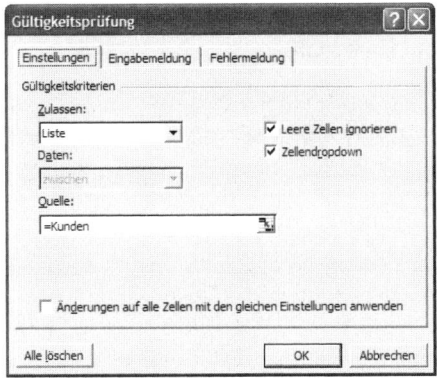

Abbildung 5.11: Dialog Gültigkeitsprüfung mit Namen

Anstatt die Funktion INDIREKT zu verwenden, ist es übrigens wesentlich flexibler, die Funktion BEREICH.VERSCHIEBEN zu nutzen. In diesem Beispiel müsste sich der Name **Kunden** hierauf beziehen:

`=BEREICH.VERSCHIEBEN(Tabelle1!$A$1;;;ANZAHL2(Tabelle1!$A:$A))`

Beide Varianten führen zum selben Ergebnis. Allerdings liegt bereits hier der Vorteil der Funktion BEREICH.VERSCHIEBEN in der Dynamik der Bezüge. Würden Sie das Blatt *Tabelle1* umbenennen in *Kundenliste*, dann ändert sich der Bezug automatisch in:

`=BEREICH.VERSCHIEBEN(Kundenliste!$A$1;;;ANZAHL2(Kundenliste!$A:$A))`

Da die INDIREKT-Variante den Tabellennamen innerhalb eines Strings beinhaltet, würde sie zu folgendem Ergebnis führen:

`=INDIREKT("Tabelle1!A1:A"&ANZAHL2(Kundenliste!$A:$A))`

Der Bezug wäre nicht ermittelbar, intern käme es zu einem #BEZUG!-Fehler und die Auswahlliste würde ihren Dienst verweigern.

Ein Anwendungsbeispiel: Sie stellen sich eine WM-Mannschaft zusammen und haben dafür eine Liste aller Spieler, unterteilt nach ihrer Position *(Abbildung 5.12)*. Das Blatt heißt *Tabelle1*:

	A	B	C	D	E
1	**Tor**	**Abwehr**	**Mittelfeld**	**Angriff**	
2	Kahn	Nesta	Lampard	Klose	
3	Buffon	Mertesacker	Ballack	Ronaldo	
4	Barthez	Cafu	Beckham	Rooney	
5	Dida	Maldini	Zidane	Inzaghi	
6		Lucio	Ronaldinho	Raul	
7				Adriano	
8					

Abbildung 5.12: Kategorisierte Fußballspieler

In einem weiteren Blatt *Auswahl* wollen Sie sich aus jeder Position einen Spieler auswählen und nutzen dafür die Menüfunktion *Daten>Gültigkeit>Liste*:

	A	B	C	D	E
1	**Tor**	**Abwehr**	**Mittelfeld**	**Angriff**	
2	▼				
3	Kahn				
4	Buffon Barthez				
5	Dida				
6					
7					

Abbildung 5.13: Gültigkeitslisten Fußballspieler

Jetzt könnten Sie beispielsweise 4 Namen mit folgenden Bezügen definieren:

- *Tor* =INDIREKT("Tabelle1!A2:A"&ANZAHL2(Tabelle1!$A:$A)-1)
- *Abwehr* =INDIREKT("Tabelle1!B2:B"&ANZAHL2(Tabelle1!$B:$B)-1)
- *Mittelfeld* =INDIREKT("Tabelle1!C2:C"&ANZAHL2(Tabelle1!$C:$C)-1)
- *Angriff* =INDIREKT("Tabelle1!D2:D"&ANZAHL2(Tabelle1!$D:$D)-1)

Für jede der vier Auswahlzellen hinterlegen Sie nacheinander als Quelle für die Gültigkeit:

- =Tor
- =Abwehr
- =Mittelfeld
- =Sturm

Mit Hilfe einer relativen Adressierung geht es auch mit nur **einem** Namen. Selektieren Sie Zelle Tabelle1!A1. Von dort aus (= aufrufende Zelle) vergeben Sie den Namen *Auswahl* und beziehen ihn auf:

=BEREICH.VERSCHIEBEN(Tabelle1!A$2;;;ANZAHL2(Tabelle1!A:A)-1)

Achten Sie hierbei unbedingt auf die richtige relative/absolute Referenzierung und in diesem Zusammenhang natürlich auch auf die gerade aktive – aufrufende – Zelle!

Jetzt können Sie im Blatt *Auswahl* die 4 Gültigkeitszellen (A2:D2) mit ein und derselben Quelle für die Gültigkeit belegen:

Quelle:=Auswahl

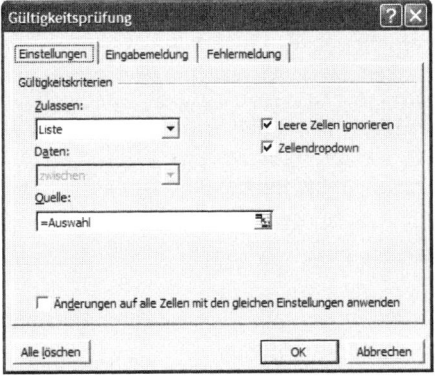

Abbildung 5.14: Gültigkeitsliste Spielerauswahl

Und in jedem Auswahlfeld erscheinen unterschiedliche Einträge – und zwar immer die Einträge aus der korrespondierenden Spalte in *Tabelle1*. Das Prinzip der relativen Adressierung wird hier also effektiv eingesetzt.

Die relative Adressierung können Sie auch mit der Funktion INDIREKT nutzen. Vergeben Sie alternativ den Namen *Auswahl* (bei aktivierter Zelle A1):

```
=INDIREKT("Tabelle1!Z2S:Z"&ANZAHL2(Tabelle1!A:A)-1&"S";0)
```

5.3 Diagramme und dynamische Datenreihen

Die dynamische Berechnung einer Bereichsgröße lässt sich auch in Diagrammen sinnvoll einsetzen. Stellen Sie beispielsweise die Tagesumsätze in einem Diagramm dar *(Abbildung 5.15)*:

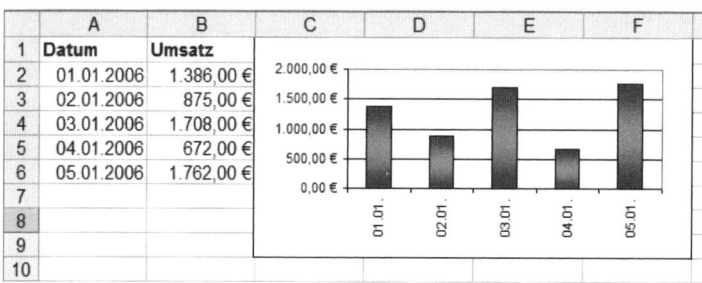

Abbildung 5.15: Säulendiagramm Umsätze

Da die Spalten A und B täglich erweitert werden und die Diagrammdaten sich automatisch anpassen sollen, definieren Sie zunächst zwei Namen, um sowohl die Beschriftung der Rubrikenachse (x) immer um das aktuelle Datum zu erweitern als auch die Datenreihe (Umsatz) entsprechend darzustellen.

Wir befinden uns im Blatt *Tabelle1* und die Mappe wurde bereits unter *Mappe1.xls* abgespeichert. Definieren Sie den Namen *Datum* mit Bezug auf:

```
=BEREICH.VERSCHIEBEN(Tabelle1!$A$2;;;ANZAHL2(Tabelle1!$A:$A)-1)
```

Und den Namen *Umsatz* mit Bezug auf:

```
=BEREICH.VERSCHIEBEN(Tabelle1!$B$2;;;ANZAHL2(Tabelle1!$A:$A)-1)
```

Markieren Sie den Bereich A1:B6, erstellen Sie ein einfaches Säulendiagramm und binden die vergebenen Namen gemäß *Abbildung 5.16* ein:

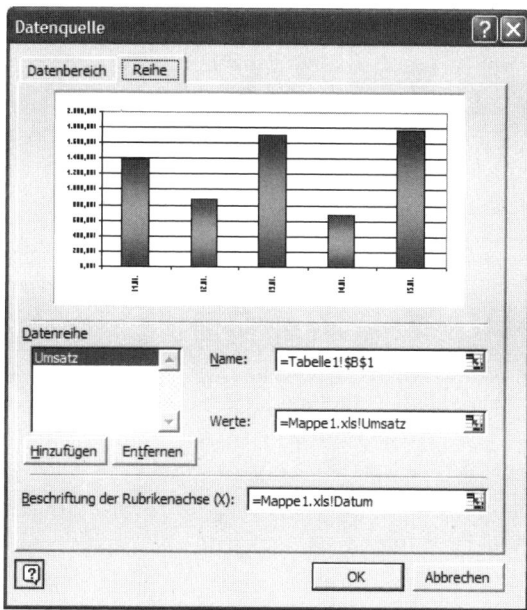

Abbildung 5.16: Dialog Datenquelle – Säulendiagramm

Das war es schon. Das Diagramm erweitert sich mit jedem Tag und zunehmenden Umsätzen. Testen Sie es, indem Sie die Spalten A und B weiter ausfüllen.

Wenn Sie im fertigen Diagramm die Datenreihe anklicken, sehen Sie in der Bearbeitungsleiste:

=DATENREIHE(Tabelle1!$B$1;Mappe1.xls!Datum;Mappe1.xls!Umsatz;1)

Sie können auch direkt in der Bearbeitungsleiste Änderungen vornehmen. Sie brauchen also nicht unbedingt den Diagrammassistenten zu bemühen. Aber egal wie Sie vorgehen: Solange Sie Formeln in Diagrammen verwenden möchten, geht dies eben ausschließlich via Namen.

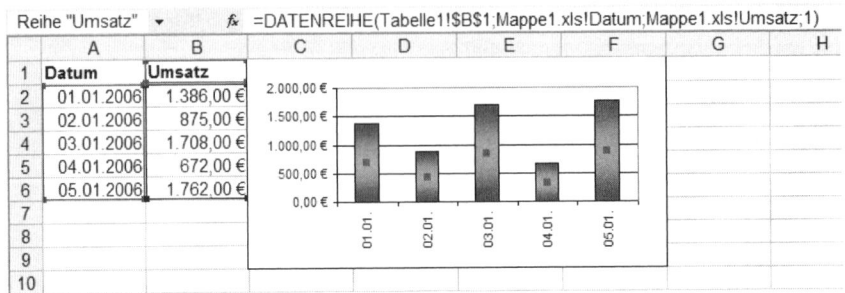

Abbildung 5.17: Säulendiagramm mit Namensbezug in Datenreihe

5.4 Namen und Excel 4-Makrofunktionen

Eine sehr nützliche Verwendung von Namen darf natürlich nicht fehlen: Namen im Zusammenhang mit den so genannten Excel 4-Makrofunktionen. Diese Funktionen sind Relikte aus der Zeit von Excel 4 und Excel 5, als die Makrosprache noch deutsch war und die Makros in eine Makrovorlage (ähnlich einem Tabellenblatt) eingebunden wurden. Ein Rechtsklick auf einen Tabellenreiter und die Auswahl *Einfügen...* fördert diese Vorlagen noch zu Tage *(Abbildung 5.18)*:

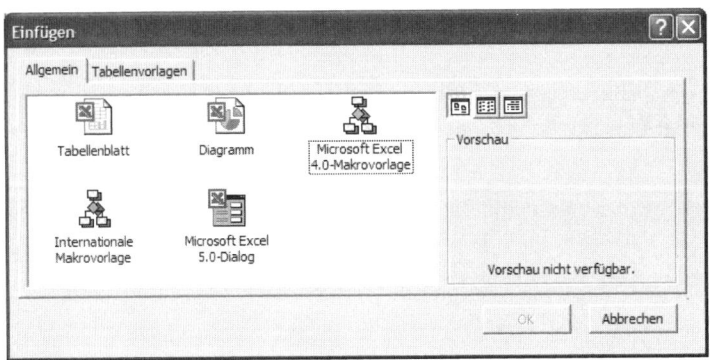

Abbildung 5.18: Dialog Einfügen – Makrovorlage

Einige dieser Funktionen können Sie in normalen Excel-Tabellen nutzen. Exemplarisch sei die Funktion ZELLE.ZUORDNEN(Typ;Bezug) genannt. Der Parameter [*Typ*] liegt zwischen 1 und 66 und liefert Informationen zu der Formatierung, der Position oder dem Inhalt einer Zelle. Viele dieser Informationen sind mit den Standard-Excel-Funktionen nicht zugänglich. Beispielsweise gibt

`=ZELLE.ZUORDNEN(24;Tabelle1!$A$1)`

Auskunft über die Schriftfarbe der Zelle A1 (als Zahl zwischen 0 und 56, beispielsweise 3 für Rot oder 6 für Gelb). Allerdings lassen sich alle Makrofunktionen ausschließlich über Namen ansprechen. Ein direktes Einbinden in ein Tabellenblatt ist nicht möglich. In diesem Fall definieren wir also z.B. den Namen *Schrift* und beziehen ihn auf:

`=ZELLE.ZUORDNEN(24;Tabelle1!$A$1).`

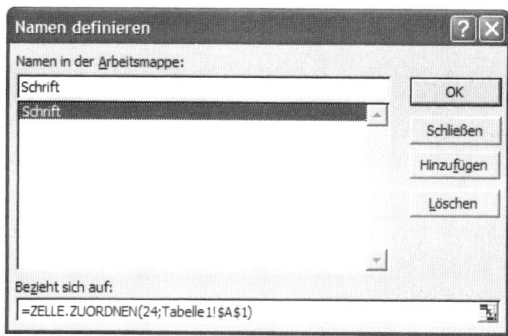

Abbildung 5.19: Excel 4-Makrofunktion in Namensdialog verwenden

Anschließend schreiben Sie in eine Zelle =Schrift und Sie erhalten die Schriftfarbe aus Zelle A1. Im Beispiel ist Zelle A1 mit roter Schrift formatiert.

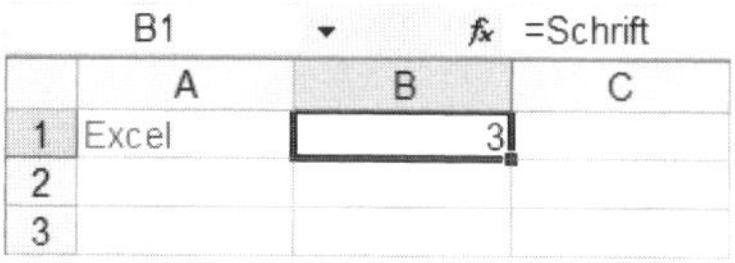

Abbildung 5.20: Excel 4-Makro über Namen in Tabelle einsetzen

Auch hierbei gilt selbstverständlich dasselbe relative und absolute Verhalten von Namensbezügen! Sobald Sie den Bezug relativieren, geschieht dies immer aus Sicht der aufrufenden (aktiven) Zelle!

Zu den nützlichen Excel 4-Makrofunktionen zählen insbesondere:

DATEIEN(), ARBEITSMAPPE.ZUORDNEN(), ZELLE.ZUORDNEN(), FORMEL.ZUORDNEN(), ARBEITSBEREICH.ZUORDNEN(), DATEI.ZUORDNEN(), AUSWAHL()

In der englischen Excel-Version stehen diese natürlich auch mit ihren englischen Bezeichnungen zur Verfügung. So ist beispielsweise GET.CELL() das Pendant zu ZELLE.ZUORDNEN(), GET.WORKBOOK() entspricht ARBEITSMAPPE.ZUORDNEN() usw.

Einige davon haben wir auch in diversen Kapiteln dieses Buches eingearbeitet. Es gibt aber noch viele andere. Eine vollständige deutschsprachige Hilfedatei ist im Internet nicht so leicht zu finden. Wenn Sie aber in den einschlägigen Excel-Foren danach fragen, wird Ihnen sicher jemand weiterhelfen. Für die Hilfe zu den englischen Bezeichnungen googeln Sie nach *Macrofun.exe.*

Greifen Sie immer dann auf die Excel 4-Makrofunktionen zurück, wenn Sie mit den Standardfunktionen nicht mehr weiterkommen. Allerdings sollte man beim Tabellenaufbau direkt darauf achten, dass man beispielsweise Berechnungen nicht von der Schrift- oder Hintergrundfarbe einer Zelle abhängig macht (eine immer wieder zu beobachtende „Unart"), da Excel dafür keine Bordmittel zur Verfügung stellt. Außerdem löst das bloße Umformatieren einer Zelle keine Neuberechnung eines Tabellenblatts aus. Diese muss mit F9 manuell angestoßen werden. Auch wenn Sie mit der Makrofunktion ZELLE.ZUORDNEN() unter anderem Zugriff auf die Formate haben: Es ist im Prinzip eine Lösung für ein Problem, das man nicht hätte, wenn man sich an die Regeln eines ordentlichen Tabellenaufbaus halten würde. Es gibt aber auch genügend Beispiele, bei denen der Einsatz dieser Funktionen sehr sinnvoll und effektiv ist – aber das erfahren Sie in anderen Kapiteln.

5.5 Was uns sonst noch zu Namen einfällt

Alle Namen, die wir bis hierhin vergeben haben, beziehen sich auf die gesamte Arbeitsmappe. Sie sind also aus jedem Tabellenblatt aufrufbar. Es besteht aber auch die Möglichkeit, Namen nur lokal, mit Bezug auf ein bestimmtes Tabellenblatt, zu vergeben. Diese lokalen Namen können dann auch nur in dem zugehörigen Tabellenblatt aufgerufen werden. Um einen lokalen Namen zu vergeben, müssen Sie dem Namen das Tabellenblatt voranstellen. Soll z.B. der Name *Liste* nur lokal im Blatt *Tabelle2* gelten, dann vergeben Sie den Namen *Tabelle2!Liste* mit dem gewünschten Bezug.

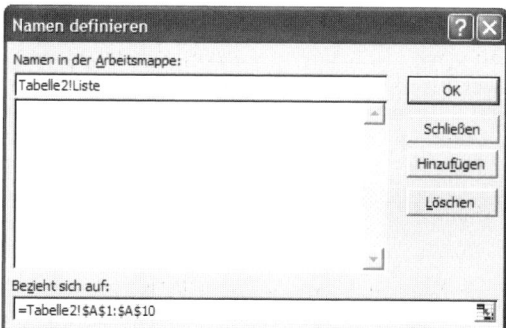

Abbildung 5.21: Lokale Namen definieren (1)

Anschließend taucht der Name im Dialogfeld nur dann auf, wenn Sie den Dialog aus der *Tabelle2* heraus aufrufen. Neben dem Namen wird das Tabellenblatt angezeigt.

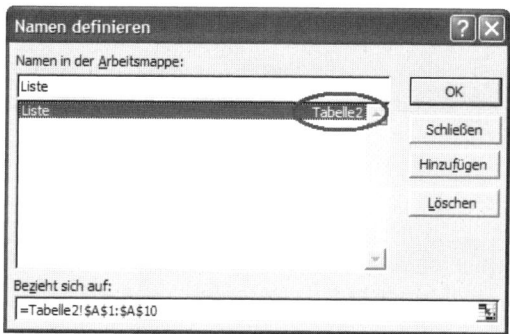

Abbildung 5.22: Lokale Namen definieren (2)

Bei einem Aufruf aus einer anderen Tabelle wäre der Name nicht sichtbar. Ein Versuch, auf den Namen in einer anderen Tabelle als *Tabelle2* zuzugreifen, führt zum Fehlerwert #NAME?, da der Name im anderen Tabellenblatt eben nicht bekannt ist.

In der Praxis kommt der Fall der lokalen Namen häufiger vor, als Sie vielleicht denken. Sobald Sie eine Tabelle innerhalb einer Mappe, die Namen enthält, kopieren, werden auch Kopien der Namen erstellt, die sich auf die kopierte Tabelle beziehen. Die Namen der Tabellenkopie sind dann nur lokal gültig, da ansonsten ein Namenskonflikt entstehen würde.

Manche Namen werden auch von Excel selbst vergeben, ohne dass Sie es mitbekommen. Beispielsweise vergibt Excel den Namen *Druckbereich* just in dem Moment, in dem Sie einen Druckbereich festlegen (über *Datei>Druckbereich>Druckbereich festlegen...*). Und logischerweise bezieht sich der Name auf den von Ihnen gewählten Druckbereich (im Beispiel B3:E12 – *Abbildung 5.23*):

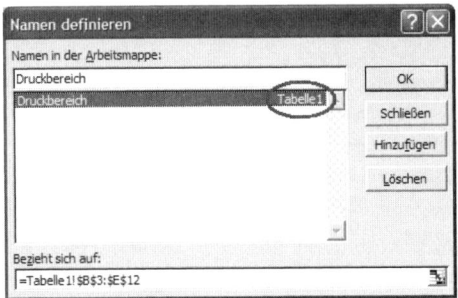

Abbildung 5.23: Name Druckbereich definieren

Zudem handelt es sich hierbei auch um einen lokalen Namen – zu erkennen an dem Zusatz *Tabelle1*. Im nächsten Tabellenblatt kann somit wieder derselbe Name für einen anderen Druckbereich verwendet werden, dann mit dem Zusatz *Tabelle2* usw. Sobald Sie den Druckbereich wieder aufheben, wird auch der Name wieder gelöscht. Sie können den Namen *Druckbereich* auch selbst festlegen. Damit lässt sich dieser dynamisch gestalten in der Art, dass er sich mit zunehmendem Datenbestand automatisch anpasst. Dazu definieren Sie den Namen *Druckbereich* (oder falls er bereits vorhanden ist, ändern Sie einfach nur den Bezug) und beziehen ihn beispielsweise auf:

`=INDIREKT("A1:C"&ANZAHL2(Tabelle1!$A:$A))`

Oder in der BEREICH.VERSCHIEBEN-Variante:

`=BEREICH.VERSCHIEBEN(Tabelle1!$A$1;;;ANZAHL2(Tabelle1!$A:$A);3)`

Der Druckbereich passt sich jetzt zeilenweise immer an die Anzahl der Einträge in Spalte A an. Sind zunächst zwei Zeilen beschrieben, sieht er so aus:

	A	B	C	D
1	Eintrag 1			
2	Eintrag 2			
3				
4				

Abbildung 5.24: Dynamischer Druckbereich (1)

Wenn Sie jetzt die Einträge in Spalte A erweitern, wandert der Druckbereich automatisch mit:

	A	B	C	D
1	Eintrag 1			
2	Eintrag 2			
3	Eintrag 3			
4	Eintrag 4			
5				

Abbildung 5.25: Dynamischer Druckbereich (2)

Können in diesem Beispiel zwischendurch auch Leerzellen innerhalb von Spalte A vorkommen und der Druckbereich soll sich bis zum tatsächlich letzten Eintrag in Spalte A erstrecken, dann muss der Bezug für den Namen *Druckbereich* wie folgt lauten:

```
=BEREICH.VERSCHIEBEN(Tabelle1!$A$1;;;VERWEIS(2;1/
(Tabelle1!$A$1:$A$1000<>"");ZEILE(Tabelle1!$1:$1000));3)
```

Der Funktionalität der integrierten VERWEIS-Formel (Frank-Kabel-Formel) haben wir aufgrund ihrer Genialität ein eigenes Kapitel (siehe Kapitel 6.4 *Dirty Trick*) gewidmet.

Aber Achtung: Sobald Sie den Druckbereich wieder manuell festlegen, wird der Name überschrieben und Ihre Dynamik ist dahin. Das passiert übrigens auch beim Öffnen einer freigegebenen Arbeitsmappe, dann ist die Formel futsch. Dies kann wiederum verhindert werden, wenn Sie unter *Extras>Arbeitsmappe freigeben>Weitere Einstellungen* den Haken bei *Druckeinstellungen in persönliche Ansicht einschließen* entfernen.

Wenn Sie benutzerdefinierte Ansichten einrichten (*Ansicht>Benutzerdefinierte Ansichten>Hinzufügen...*), dann werden neben den Zeilen-, Spalten- und Filtereinstellungen auch die Druckeinstellungen, also der *Druckbereich*, optional mitgespeichert.

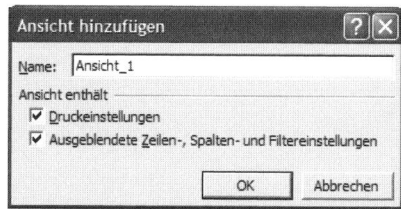

Abbildung 5.26: Dialog Ansicht hinzufügen

127

Bei einem Ansichtswechsel (vorausgesetzt, Sie haben mehrere Ansichten angelegt) wird unter anderem der Name *Druckbereich* automatisch angepasst.

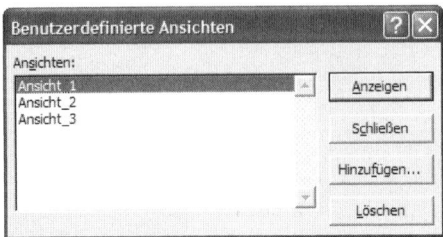

Abbildung 5.27: Dialog Benutzerdefinierte Ansichten

Namen haben zudem eine weitere nützliche Eigenschaft: Man kann sie „unsichtbar" machen, indem man sie ausblendet. Wenn Sie ihre Datei nach allen Regeln der Kunst für Dritte so undurchschaubar wie möglich machen wollen, dann gehört das Ausblenden der Namen einfach dazu. Der winzige Haken an der Sache: Das Ausblenden (und auch das Wiedereinblenden) funktioniert nur mit VBA. Allerdings ist der Code recht überschaubar:

```
Sub Namen_ausblenden()
Dim n As Name
For Each n In ThisWorkbook.Names
    n.Visible = False
Next n
End Sub

Sub Namen_einblenden()
Dim n As Name
For Each n In ThisWorkbook.Names
    n.Visible = True
Next n
End Sub
```

Starten Sie die Codes aus der VBA-Umgebung heraus mit F5 und alle Namen sind entweder verschwunden oder aber wieder sichtbar.

Wenn Ihnen das Ausblenden der Namen zu umständlich erscheint, Sie aber einfach nur sicherstellen möchten, dass kein Name in der Namensliste neben der Bearbeitungsleiste auswählbar ist, dann sorgen Sie dafür, dass die Namensbezüge mit irgendeiner Excel-Funktion verbunden werden. Bezieht sich der Name *Quartal_3* beispielsweise auf *Tabelle1!$D$10*, dann ist er zunächst in der Namensauswahlliste ersichtlich. Beziehen Sie ihn aber auf =WENN(1;Tabelle1!$D$10), dann ist er dort verschwunden. Die WENN-Funktion bietet sich hier einfach an. Durch die 1 sorgen wir dafür, dass die Bedingung immer WAHR ist und das Formelergebnis den gewünschten Zellbezug *Tabelle1!$D$10* zurückgibt. Den Parameter *Sonst-Wert* können wir uns schenken. Alternativ kann auch die Funktion WAHL verwendet werden: =WAHL(1;Tabelle1!$D$10). Die Auswahlliste bleibt leer, obwohl es sich eigentlich um einen statischen Bezug handelt *(Abbildung 5.28)*.

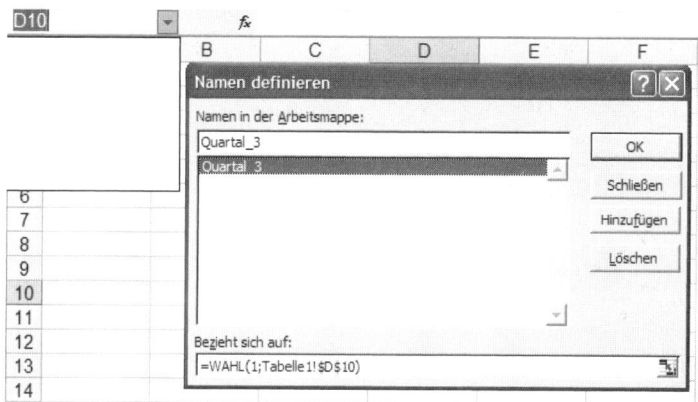

Abbildung 5.28: Im Namen-Dropdown ausgeblendete Namen definieren

Es ist mit Hilfe von Namen sogar möglich, aus dem Explorer heraus einen Zellwert aus einer geschlossenen Datei auszulesen. Dazu vergibt man in der Datei zunächst für irgendeine Zelle einen Namen, der mit *prop_* (steht für properties = Eigenschaften) beginnt – also z.B. *prop_Wert*. In diese so benannte Zelle schreiben wir nun den Text „I'm watching you!", speichern die Mappe und schließen sie. Jetzt suchen wir die Datei im Explorer, klicken mit der rechten Maustaste darauf und wählen *Eigenschaften*. Im Register *Benutzerdefiniert* (bis Excel 2000 *Anpassen*) findet sich jetzt unser Zelleintrag wieder *(Abbildung 5.29)*:

Abbildung 5.29: Dialog Datei-Eigenschaften (Benutzerdefiniert)

Hier wird jetzt jeder Name mit seinem zugehörigen Wert und Datentyp aufgelistet, den Sie in Ihrer Datei mit der Einleitung *prop_* vergeben haben.

5.6   Namens-Schmuggler

Zu guter Letzt noch ein Gimmick, mit dem Sie jeden Anwender, der sich an Ihrem Dateiaufbau zu schaffen machen möchte, oder den Sie einfach mal in den April schicken möchten, schier in den Wahnsinn treiben können. Wie zu Beginn des Kapitels bereits beschrieben, gibt es gewisse Regeln für die Vergabe von Namen. Dazu gehört auch, dass ein Name nicht gleichlautend mit einem Zellbezug sein darf. Der Versuch, eine Zelle zum Beispiel mit *A1* zu benennen, endet mit der ernüchternden Fehlermeldung:

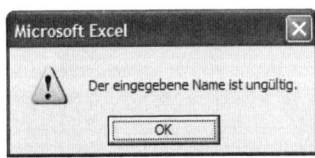

Abbildung 5.30: Fehlermeldung ungültiger Name

Dass es doch irgendwie geht, können Sie sich bereits denken. Es muss uns allerdings noch gelingen, den „Zollbeamten" auszutricksen, damit wir unsere Ware mit dem Namen *A1* unbemerkt einschmuggeln können. Wir starten also ein kleines Ablenkungsmanöver. Zunächst aktivieren wir unter *Extras>Optionen>Allgemein* die Funktion *Z1S1-Bezugsart*. Dadurch wiegen wir den Aufpasser in trügerischer Sicherheit und können ungeniert der Zelle B2 (bzw. in der *Z1S1-Bezugsart* Z2S2) den Namen *A1* verpassen.

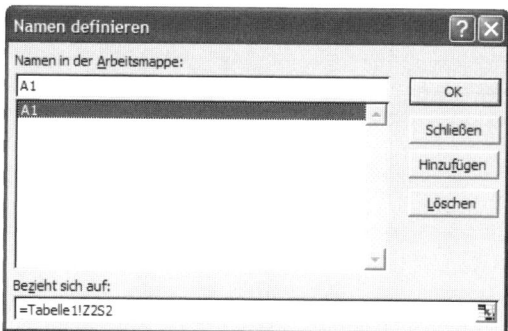

Abbildung 5.31: Namen in S1Z1-Bezugsart definieren

Wir haben es also geschafft, in den Innenraum zu gelangen. Doch das war erst die halbe Miete, denn irgendwann müssen wir ja auch wieder raus, spätestens dann, wenn wir den Zielflughafen wieder verlassen möchten, sprich: die Excel-Datei speichern und wieder schließen. Und da wir ja keine Spuren hinterlassen möchten, müssen wir die *Z1S1-Bezugsart* schleunigst wieder entfernen (genau so, wie wir sie aktiviert haben). Leider ist das nicht ohne weiteres möglich, da unser dösiger Zollbeamter gar nicht so dösig ist, wie es zunächst den Anschein hatte. Das wissen wir aus der Vergangenheit, als er unseren plumpen Versuch mit folgender Antwort quittierte:

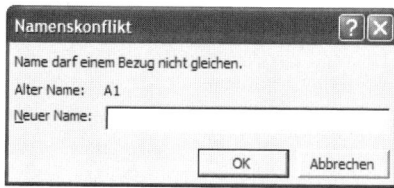

Abbildung 5.32: Dialog Namenskonflikt beim Umschalten von der Z1S1- zur A1-Bezugsart

Wir müssen also erneut in die Trickkiste greifen. Wir belassen es zunächst bei der *Z1S1-Bezugsart*, speichern die Mappe ab und schließen sie dann. Der Zollbeamte lässt uns gewähren, da er nichts Ungewöhnliches feststellen kann. Jetzt kommt aber das zweite Ablenkungsmanöver. Wir öffnen eine neue, leere Datei und stellen unter *Extras>Optionen>Allgemein* die Bezugsart wieder auf die *A1-Bezugsart* um, indem wir die *Z1S1-Bezugsart* deaktivieren. Und während wir die neue, leere Datei noch geöffnet haben, öffnen wir unsere alte Datei mit unserer Schmuggelware. Der Zollbeamte ist irritiert, bemerkt auf die Schnelle aber nichts Ungewöhnliches und lässt uns kommentarlos die Schmuggeldatei speichern und wieder schließen. Zuletzt schließen wir auch noch die leere Datei, und siehe da: Wir haben auch den Zielflughafen wieder verlassen und unsere Schmuggelware befindet sich in unserem Gepäck.

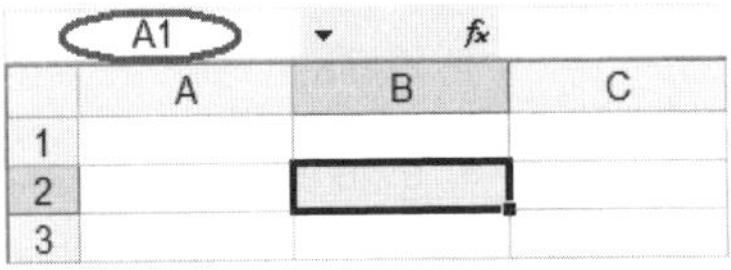

Abbildung 5.33: Zelle B2 mit Identitätskrise (1)

Zelle B2 ist aktiv, aber im Namensfeld wird A1 angezeigt.

Wenn Sie in der *Z1S1-Schreibweise* in einer Formel einen Bezug auf die gefakte Zelle namens *A1* verwendet haben und die Datei anschließend, wie beschrieben, in der *A1-Schreibweise* öffnen, wird der Name in zwei seltsame Hochkommata eingefasst. Dieser Zellbezug ist manuell nicht reproduzierbar. Um sich dennoch auf den Namen *A1* beziehen zu können, müssen Sie die Funktion INDIREKT verwenden, siehe rechte Seite der *Abbildung 5.34*. Wichtig ist dabei das abschließende Semikolon, weil sich *A1* sonst auf die wahre Zelle A1 beziehen würde.

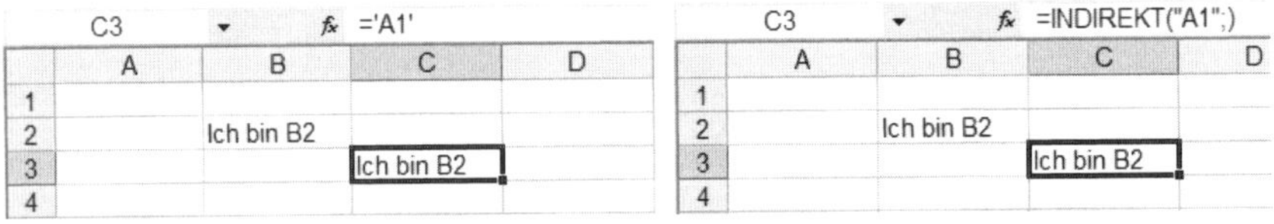

Abbildung 5.34: Zelle B2 mit Identitätskrise (2)

Und zuallerletzt kann man auch noch auf anderem Wege große Verwirrung stiften:

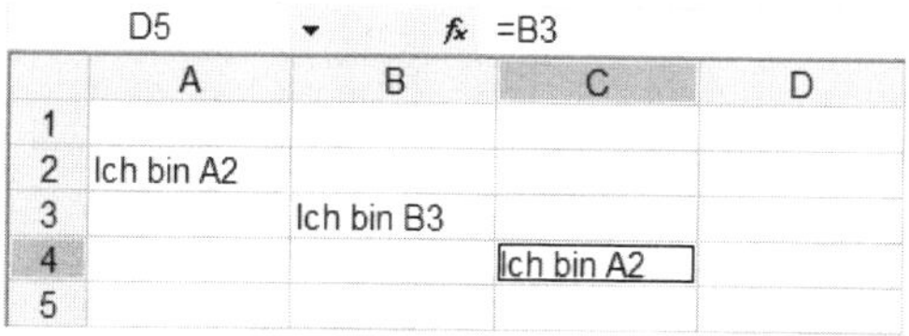

D5		▼		*fx*	=B3		
	A		B		C		D
1							
2	Ich bin A2						
3			Ich bin B3				
4					Ich bin A2		
5							

Abbildung 5.35: Falsche Zeilen- und Spaltenköpfe (1)

Es ist eine reine Formatierungssache. Das Einblenden der Zeilen- und Spaltenköpfe über *Extras>Optionen>Ansicht* fördert den kleinen Schwindel schnell zu Tage.

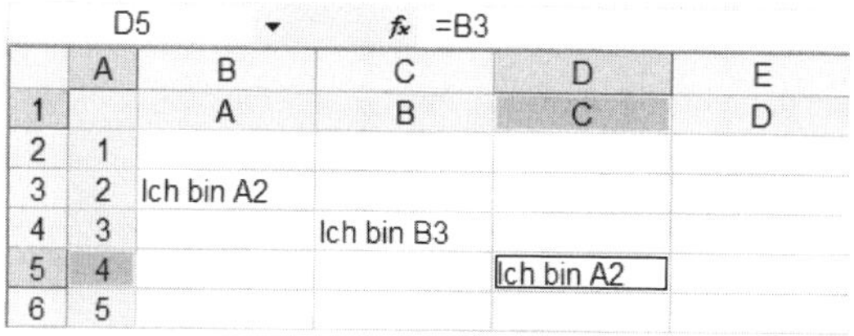

	D5		▼		*fx*	=B3			
	A		B		C		D		E
1		A		B		C		D	
2	1								
3	2	Ich bin A2							
4	3			Ich bin B3					
5	4					Ich bin A2			
6	5								

Abbildung 5.36: Falsche Zeilen- und Spaltenköpfe (2)

KAPITEL 6

Formelklassiker

In diesem Kapitel sehen Sie eine Auswahl der unzähligen Anwendungsmöglichkeiten von Arrayformeln, die besonders oft in der beruflichen Praxis vorkommen und in den einschlägigen Excelforen häufig nachgefragt werden. Zunächst wird eine der populärsten Excelfunktionen überhaupt – der SVERWEIS – in den wohlverdienten Ruhestand geschickt.

6.1 Adios SVERWEIS - Du unlinke Bazille

Sie waren in Urlaub in diversen Ländern und haben sich dort auf eine Cognac-/Brandy-Marke eingeschossen. Ihr Weinhändler zu Hause hat ein exzellentes Sortiment (Spalte B) und Sie interessieren sich für die Flaschenpreise (Spalte D) *(Abbildung 6.1)*.

	A	B	C	D	E	F
1	Provenience	Marke	Inhalt	Preis		Suchbegriff:
2	Spanien	103	0,7	9,99		alba
3	Deutschland	Asbach Uralt	0,7	13,79		
4	Spanien	Cardenal Mendoza Carta Real	0,7	59,99		
5	Spanien	Carlos I	1,0	19,95		
6	Spanien	Carlos II	1,2	21,99		
7	Frankreich	Davidoff Extra 0,7 L	1,0	144,00		
8	Spanien	grand Duc d'Alba	0,7	31,00		
9	Frankreich	Hennessy Richard 0,7 L	1,0	1.249,00		
10	Spanien	Lepanto	0,7	37,95		
11	Griechenland	Metaxa V	0,8	19,95		
12	Griechenland	Metaxa XII	1,5	57,99		
13	Spanien	Osborne negro	0,7	19,99		
14	Frankreich	Remy Martin	1,0	28,70		
15	Italien	Vecchia Romagna Etichetta	0,7	16,65		

Abbildung 6.1: Beispiel für SVERWEIS nach links

Logo, welche Funktion dafür in Frage kommt – der SVERWEIS:

`=SVERWEIS(F2;B:D;3;0) = 31,00`

Ist der Cognac-/Brandy-Name nur noch bruchteilhaft präsent („Der hieß irgendwas mit Alba"), dann sind die "*"-Platzhalter wieder einmal hilfreich:

`=SVERWEIS("*"&F2&"*";B:D;3;0)`

OK, den Brandy und den Preis hätten wir also eruiert. In welchem Land haben Sie den aber getrunken? Die Länder – die Provenienzen – stehen in Spalte A.

Und jetzt geht der SVERWEIS in die Knie: Er ist kein Sozi – nach links kann und will er nicht.

Wie kommen wir also jetzt an die Provenience (Spanien) des Grand Duc d'Alba?

Ganz einfach: `=INDEX(A:A;8)` – das ist der 8. Eintrag der Matrix A:A, und somit gleichzeitig der Inhalt der achten Zelle von Spalte A – und das ist Spanien. Und woher weiß ich, dass diese Marke in Zeile 8 steht? Da kommt uns die Funktion VER-GLEICH zu Hilfe:

`=VERGLEICH(F21;B:B;0)`

Beziehungsweise, wenn Sie aufgrund von Gedächtnislücken nur noch den ungefähren Namen wissen:

`=VERGLEICH("*"&F2&"*";B:B;0)`

Mit der Kombination von INDEX und VERGLEICH haben wir jetzt also den „SVERWEIS nach links" kreiert, den es sonst gar nicht gibt:

`=INDEX(A:A;VERGLEICH(F2;B:B;0))` bzw.

`=INDEX(A:A;VERGLEICH("*"&F2&"*";B:B;0))`

Diese Kombination aus INDEX und VERGLEICH können Sie nach links, rechts, oben oder unten verwenden, so wie es Ihnen gerade beliebt.

Darüber hinaus hat der SVERWEIS noch andere Sorgen als nur die Himmelsrichtung.

Wenn Sie beispielsweise zwischen Spalte C und D noch eine weitere Spalte einfügen, um dort vielleicht den Alkoholgehalt der Brandys und Cognacs anzugeben, liefert

`=SVERWEIS(F2;B:E;3;0)`

erst mal gar nichts mehr, außer einer farblosen Null (der Bezug B:D hat sich automatisch auf B:E angepasst). Ist ja auch klar warum, denn der Spaltenindex mit dem statischen Wert 3 bezieht sich jetzt auf die soeben eingefügte leere Spalte. Die Spalte der Preise hat sich aber an Position 4 platziert. Jetzt müssten Sie den Spaltenindex erst manuell anpassen, damit das Ergebnis wieder stimmt. Hätten Sie statt-dessen die Variante

`=INDEX(D:D;VERGLEICH(F2;B:B;0))`

genommen, wäre der Spalteneinschub kein Problem, da sich der Bezug D:D automa-tisch auf E:E angepasst hätte.

Die Nostalgiker unter Ihnen, die sich nicht vom SVERWEIS trennen wollen, sollten wenigstens den Spaltenindex flexibel gestalten.

`=SVERWEIS(F2;B:D;SPALTEN(B:D);0)`

passt sich bei Spalteneinschub an, so dass weiterhin der richtige Preis erhalten bleibt.

Ein weiterer Bonus für die Funktion VERGLEICH ist der Vergleichstyp. SVERWEIS kennt nur FALSCH bzw. 0 für genaue Übereinstimmungen bei unsortierten Listen und WAHR bzw. 1 für aufsteigend sortierte Listen. VERGLEICH kennt darüber hinaus noch den Vergleichstyp -1 für absteigend sortierte Listen und die Suche nach dem kleinsten Wert, der größer oder gleich dem Suchkriterium ist.

Daher heißt es für uns: Adios SVERWEIS. Möge er in Frieden ruhen und ebenso sein Bruder, der WVERWEIS.

Sobald es ein bisschen knifflig wird und Arrayformeln ins Spiel gebracht werden, kann der SVERWEIS erst recht nicht mehr mithalten. Machen wir es darum jetzt etwas spannender. Es geht um ein Suchkriterium, das sich aus zwei Spalten zusammensetzt. Sie möchten gerne den Namen des Griechen mit 1,5 l Inhalt wissen:

`=INDEX(B:B;Zahl)` ist klar – aber wie kommt man auf die Zahl?

`{=INDEX(B:B;VERGLEICH("Griechenland1,5";A1:A20&C1:C20;0)))}`

`="Metaxa XII"`

Wir verketten sowohl die beiden Suchkriterien als auch die Suchspalten A und C. Dadurch machen wir aus zwei Spalten wieder eine und haben so die Voraussetzung geschaffen, die Funktion VERGLEICH anwenden zu können. Mit dem SVERWEIS ist das nicht möglich. Da wird unumstößlich immer nur die eine linke Spalte durchsucht.

Um wirklich sicherzugehen, dass „Griechenland" in Spalte A und „1,5" in Spalte C steht (und nicht beides zusammen zufällig in einer Spalte), verkettet man sowohl Suchbegriff als auch Suchspalten zusätzlich mit einem beliebigen Trennzeichen, beispielsweise der #:

`{=INDEX(B:B;VERGLEICH("Griechenland#1,5";A1:A20&"#"&C1:C20;0)))}`

Voilá! Darauf trinken wir jetzt erstmal einen Lepanto!

6.2 Verweise bis zum Abwinken

Der SVERWEIS/WVERWEIS, den wir mit der Kombination aus INDEX und VERGLEICH ins Nirwana geschickt haben, ist immer mit der Suche eines Zellinhalts oder einer Matrixkonstanten in Abhängigkeit von einer Bedingung (Suchkriterium) verbunden. Dass die Kombination nicht nur auf eine einzige Bedingung beschränkt sein muss, wurde ja schon beschrieben.

6.2.1 Mehrfach vorkommendes Suchkriterium

Wer sagt aber, dass dieses Suchkriterium einmalig auf dieser Welt ist? Es kann in einer Tabellenspalte ja auch vielfach vorkommen, und man möchte die entsprechenden Inhalte dieser Zeilen aufgelistet sehen. Die einfachste Lösung: *Daten>Filter>AutoFilter* und die Spalte nach dem Kriterium filtern. Das funktioniert und ist einfach, praktisch, gut – aber dynamisch wie ein Sack Muscheln. Wird die Tabelle ergänzt oder vollkommen neu generiert, beispielsweise über die überaus beliebten SAP-Importe, muss dieser Filtervorgang manuell immer wieder neu in Gang gesetzt werden.

Begeben wir uns also an die Automatisierung. In Spalte A stehen Verlagsnamen wild durcheinander und in Spalte B Buchtitel oder Autoren *(Abbildung 6.2)*. Sie wollen jetzt alle Einträge des Verlages M+T auflisten, ohne dabei auf die manuelle Auto-Filter-Variante zurückzugreifen.

	A	B	C	D	E	F	G	H
1	Bertelsmann	Der Bergbauernbub					M+T	Excel
2	DTV	Böll						Word
3	DTV	Lenz						Access
4	Klett	höhere Mathematik						
5	M+T	Excel						
6	Diogenes	kleiner Nick						
7	Langenscheidt	Französisch						
8	Bertelsmann	Heimat						
9	M+T	Word						
10	Rowohlt	Steven Hawking						
11	DTV	Physiklexikon						
12	Springer	Zurmühl						
13	Langenscheidt	Englisch						
14	Hoffmann & Campe	Bob Dylan						
15	M+T	Access						
16	Omega	Tesla						
17	Klett	Schulphysik						

Abbildung 6.2: Beispiel mehrfach vorkommender Verlagsnamen

In G1 tragen Sie den Verlagsnamen – hier also M+T – ein und in H1 die Arrayformel:

H1: {=INDEX(B:B;KKLEINSTE(WENN($A$1:$A$20=$G$1;ZEILE($1:$20));ZEILE(A1)))}

Jetzt kopieren Sie die Formel noch ein paar Zeilen nach unten.

Was macht diese Formel in H1?

INDEX (B:B;…) ist klar: Das Ergebnis dieser Formeln soll der Inhalt von Spalte B sein. Wir erinnern uns: =INDEX(B:B;5) gibt den Inhalt von B5 wieder. Kennen wir die Zahl 5 nicht, dann dynamisieren wir die Suche mit der Funktion VERGLEICH. Der Suchbegriff steht in G1:

=INDEX(B:B;VERGLEICH(G$1;A:A;0))

Das ist der erste Titel von M+T (Excel). Wir wollen aber alle Titel von M+T auflisten, und da stoßen wir mit der Funktion VERGLEICH an ihre Grenzen, denn sie liefert nur die erste Fundstelle. Da M+T aber über mehr Titel verfügt, ist VERGLEICH ungeeignet. Also müssen wir die Zeilenzahl für den INDEX dynamisieren.

Der mit [F9] ausgewertete Formelteil WENN … ZEILE($1:$20)) ergibt:

=INDEX(B:B;KKLEINSTE({FALSCH;FALSCH;FALSCH;FALSCH;5;FALSCH;FALSCH;FALSCH;9;
FALSCH;FALSCH;FALSCH;FALSCH;FALSCH;15;FALSCH;FALSCH;FALSCH;FALSCH;FALSCH};
ZEILE(A1)))

Jeder Eintrag aus Spalte A, der nicht dem Suchbegriff „M+T" entspricht, liefert FALSCH. Für die drei Treffer hingegen werden aber die Fundzeilen zurückgegeben: 5, 9 und 15. Wir sind so gut wie am Ziel! Die Funktion KKLEINSTE(A:A;1) gibt den kleinsten Wert der Spalte A wieder, KKLEINSTE(A:A;2) den zweitkleinsten usw. Da KKLEINSTE den Wahrheitswert FALSCH ignoriert, ist die kleinste Zahl 5, die zweitkleinste 9 und die drittkleinste 15. Der Versuch, eine viertkleinste Zahl auszulesen, würde zum Fehlerwert #WERT! führen, da die Matrix nur drei Zahlen beinhaltet.

KKLEINSTE(WENN($A$1:$A$20=$G$1;ZEILE($1:$20));ZEILE(A1)) liefert uns mit obiger Formel also die 5. Das ist der kleinste Wert, den wir mit ZEILE(A1) auslesen. Durch das nach unten Kopieren der Formel erhalten wir somit automatisch den zweit- und drittkleinsten Wert, da sich ZEILE(A1) ja bekanntlich anpasst auf ZEILE(A2) und ZEILE(A3), also 2 und 3.

Um jetzt noch den Fehlerwert #WERT! zu vermeiden, der – wie bereits beschrieben – durch den vergeblichen Versuch des Auslesens des viertkleinsten Wertes entsteht, gleichen wir mit einer vorgeschalteten WENN-Abfrage noch ZEILE(A1) mit der

Anzahl aller in der Liste von M+T vorhandenen Bücher ab. Bei Überschreiten dieser Zahl wird die WENN-Bedingung WAHR und die Zelle bleibt leer ("").

`{=WENN(ZEILE(A1)>ZÄHLENWENN(A$1:A$20;G$1);"";INDEX(…))}`

6.2.2   Verweis von unten

Ein Abfallprodukt dieser Formel: Der SVERWEIS sowie die Kombination aus INDEX/ VERGLEICH liefern bei mehrfach vorkommendem Suchkriterium den ersten Treffer. Wollen Sie den letzten Treffer ausgegeben haben – quasi einen SVERWEIS von unten – ersetzen Sie in obiger Formel `KKLEINSTE(…;A1)` durch `MAX()`:

`{=INDEX(B:B;MAX(WENN(A1:A20=G1;ZEILE(1:20))))}`

Und da es sich um ein Maximum handelt, können wir durch Multiplikation auf WENN verzichten:

`{=INDEX(B:B;MAX((A1:A20=G1)*ZEILE(1:20)))}`

Beim Minimum funktioniert die Multiplikation nicht, da FALSCH – mit irgendetwas multipliziert – null ergibt. Das Ergebnis von MIN wäre deshalb immer 0.

6.2.3   Richtige Fehlerbehandlung bei Verweisen

Es ist häufig zu sehen, dass zur Unterdrückung einer Fehlermeldung die gesamte Formel in der Form

`=WENN(ISTFEHLER(Formel); "";Formel)`

wiederholt wird. Es verlängert die Formel unnötig und kann auch zu Fehlergebnissen führen, wie das Beispiel in *Abbildung 6.3* demonstriert.

	A	B	C	D
1	86	C	ı	
2	33	T		
3	26	S		
4	64	A		
5	#DIV/0!	R		
6	11	G		
7	57	r		
8	13	P		
9	17	Z		
10	68	B		
11				

Abbildung 6.3: „Case-sensitiver" Verweis

```
=INDEX(A:A;VERGLEICH(C1;B:B;0))
```

gibt den Inhalt der Zeile in Spalte A aus, wo in Spalte B das Suchkriterium aus C1 gefunden wurde – und dort steht #DIV/0! Steht in C1 ein Suchkriterium, das in Spalte B nicht vorkommt, erhält man die Fehlermeldung #NV. Beides sind Fehlermeldungen – nur ist #DIV/0! das Formelergebnis und #NV die Nachricht, dass die Formel nicht fündig wurde. Mit

```
=WENN(ISTFEHLER(INDEX(A:A;VERGLEICH(C1;B:B;0)));"";INDEX(A:A;VERGLE-
ICH(C1;B:B;0)))
```

wird die gesamte Formel auf eine Fehlermeldung überprüft. Sie liefert den Leerstring "" und suggeriert dem Anwender, der Suchbegriff aus C1 käme in Spalte B nicht vor. Geht man korrekt vor, darf also nur der Suchteil der Formel und nicht auch noch der Ergebnisteil geprüft werden. Dabei reicht es zu prüfen, ob C1 (unabhängig von der Position) überhaupt vorkommt:

```
=WENN(ZÄHLENWENN(B:B;C1)=0;"";INDEX(A:A;VERGLEICH(C1;B:B;0)))
```

```
=#DIV/0!
```

6.2.4 Unterscheidung Groß- und Kleinschreibung

In dem Beispiel in *Abbildung 6.3* ist das Suchkriterium „r" in Zelle C1 klein geschrieben. Gefunden wird es dennoch in Spalte B, obwohl dort nur Großbuchstaben vorkommen. Das ist auch nicht weiter verwunderlich, da es dem allgemeinen Prinzip entspricht: Eine Unterscheidung zwischen Groß- und Kleinschreibung – das so genannte Case-Sensitive-Prinzip – ist in den meisten Fällen nicht sinnvoll. Wollen Sie dennoch dazwischen unterscheiden, müssen Sie auf eine dieser vier Funktionen zurückgreifen: WECHSELN, FINDEN, CODE oder IDENTISCH. Letztere wenden wir nun hier an:

```
{=INDEX(A:A;VERGLEICH(WAHR;IDENTISCH(B1:B10;C1);0))}
```

IDENTISCH(B1:B10;C1) zeigt Ihnen:

```
{FALSCH;FALSCH;FALSCH;FALSCH;FALSCH;FALSCH;WAHR;FALSCH;FALSCH;FALSCH}
```

Der VERGLEICH mit dem Suchbegriff WAHR liefert die 7, und in Kombination mit dem INDEX haben Sie den Inhalt Ihrer Fundstelle. Mit dem Fehlerabfang

```
{=WENN(ODER(IDENTISCH(B1:B10;C1));…; "")}
```

können Sie auch hier prüfen, ob ein passender Eintrag überhaupt vorhanden ist.

6.2.5 Listenabgleich

Mit der dargestellten Logik der Verweise bei mehrfach vorkommenden Suchkriterien können unter anderem auch Listen aus verschiedenen Datenquellen miteinander verglichen werden. Angenommen Sie verwalten in Excel eine Liste mit Personen und möchten diese mit einer aus einem anderen System importierten Liste (beispielsweise SAP) vergleichen bzw. zusammenführen.

Der Einfachheit halber gehen wir davon aus, dass sich die zu vergleichenden Bereiche der Listen auf eine Spalte beschränken. Diese stehen in Spalte A und Spalte B.

Möchten Sie die Einträge aufgelistet bekommen, die nur in Spalte B vorkommen, schreiben Sie die Formel

```
X1:{=INDEX(B:B;KKLEINSTE(WENN(ZÄHLEN-
WENN(A$1:A$99;B$1:B$99)=0;ZEILE($1:$99));ZEILE(A1))))}
```

in die erste Zeile irgendeiner Spalte und kopieren Sie diese nach unten. Das besondere an dieser Formel ist die Bedingung

```
ZÄHLENWENN(A$1:A$99;B$1:B$99)=0,
```

die ein Array aus Wahrheitswerten liefert. Für jeden Eintrag aus Spalte B, der in Spalte A vorkommt, wird ein WAHR erzeugt, andernfalls ein FALSCH. In gewohnter Manier listet KKLEINSTE in Kombination mit INDEX die entsprechenden Einträge aus Spalte B auf.

Sollen alle Einträge aufgelistet werden, die nur in Spalte A vorkommen, müssen Sie logischerweise nur die Bezüge A und B austauschen. Um nur die Einträge zu erhalten, die in beiden Listen vorkommen, ersetzen Sie die ZÄHLENWENN-Bedingung durch:

```
ZÄHLENWENN(A$1:A$99;B$1:B$99)<>0
```

Größere Praxisrelevanz hat es möglicherweise, beide Listen zusammenzuführen, und das bei gleichzeitigem Aussieben von Duplikaten. Auch dies ist mit Arrayformeln möglich, aber da kopierte Arrayformeln, die auf lange Listen von tausenden Datensätzen angewendet werden, nicht sehr performant sind, wollen wir zur Abwechslung einmal eine Hilfsspaltenlösung vorstellen *(Abbildung 6.4)*.

Die beiden Listen stehen weiterhin in Spalte A und Spalte B.

	A	B	C	D	E	F
			Hilfsspalte	Hilfsspalte		**Liste A und B**
1	**Liste A**	**Liste B**	Liste A	Liste B		**ohne Doppler**
2	Förster	Zimmermann	2	2		Förster
3	Förster	Mayer		3		Metzger
4	Metzger	Bäcker	4			Koch
5	Koch	Schreiner	5			Bäcker
6	Bäcker	Koch	6			Müller
7	Müller	Müller	7			Jäger
8	Jäger	Metzger	8			Maurer
9	Maurer	Metzger	9			Schneider
10	Schneider	Zimmermann	10			Schmidt
11	Schmidt	Schneider	11			Schreiner
12	Schreiner	Schmidt	12			Zimmermann
13	Müller	Schlosser		13		Mayer
14	Koch	Schneider				Schlosser
15	Förster					#ZAHL!
16						#ZAHL!
17						#ZAHL!

Abbildung 6.4: Vergleich und Zusammenführung zweier Listen

Spalte C und D sind Hilfsspalten mit den nach unten kopierten Formeln:

C2: `=WENN(ODER(A2="";ZÄHLENWENN(A$2:A2;A2)>1);"";ZEILE())`

D2: `=WENN(ODER(B2="";ZÄHLENWENN(A:A;B2)+ZÄHLENWENN(B$2:B2;B2)>1);"";ZEILE())`

Spalte C listet die Zeilennummern der Einträge aus Spalte A ohne Duplikate auf. In Spalte D werden die Duplikate der Einträge aus Spalte B ebenso ignoriert, aber zusätzlich auch die Einträge, die schon in Spalte A vorgekommen sind. Deshalb werden die zwei ZÄHLENWENN-Bedingungen addiert.

In Spalte F werden beide Listen zusammengeführt:

F2: `=WENN(ZEILEN($2:2)>ANZAHL(C:C);INDEX(B:B;KKLEINSTE(D:D;ZEILEN($2:2)-ANZAHL(C:C)));INDEX(A:A;KKLEINSTE(C:C;ZEILEN($2:2))))`

ZEILEN($2:2) wird nach unten kopiert und liefert die Zahlenfolge 1;2;3;4...;k, die für den k-ten Eintrag der zusammengeführten Liste steht. Ist k kleiner oder gleich der Anzahl gültiger Einträge aus Spalte A, wird der k-kleinste Eintrag der Hilfsspalte C referenziert und das Pendant aus Spalte A herausgepickt. Ist k größer als diese Anzahl, wird der Rest von Spalte B abgeklappert.

Um noch die Fehlermeldungen am Ende der Spalte F zu unterdrücken, können Sie der Formel noch die weitere WENN-Bedingung

`=WENN(ZEILEN($2:2)>ANZAHL(C:D);"";...)`

„überstülpen".

6.3 Unter keinen Bedingungen – doch!

In Spalte A stehen Zahlen. Die wollen Sie bedingungslos summieren bzw. zählen. Klar:

`=SUMME(A:A)` bzw. `=ANZAHL(A:A)`

Jetzt sollen die Zahlen aus Spalte A nur berücksichtigt werden, wenn in Spalte B M+T steht. Das schaut dann so aus:

`=SUMMEWENN(B:B;"M+T";A:A)` bzw. `=ZÄHLENWENN(B:B;"M+T")`

Das heißt: Wenn in Spalte B „M+T" steht, werden die entsprechenden Inhalte von Spalte A addiert bzw. das Vorkommen von „M+T" in Spalte B wird gezählt (*Abbildung 6.5*).

	A	B	C	D	E	F
1	15		0		Formel	Ergebnis
2	5	M+T	1		=SUMMEWENN(B:B;"M+T";A:A)	19
3	18	T	0		{=SUMME(WENN(ISTZAHL(A1:A100);WENN(B1:B100="M+T";1;0)))}	3
4	15		0			
5	7	M+T	1			
6	nix	A	0			
7	5		0			
8	nada	M+T	0			
9	16		0			
10	16	B	0			
11	niente	C	0			
12	17		0			
13		M+T	0			
14	7	M+T	1			
15	16		0			

Abbildung 6.5: Rechnen mit mehreren Bedingungen

Die bedingte Summe ist bei vorkommenden Texten in Spalte A in Ordnung (die ist pflegeleicht und interpretiert Texte als null) – nicht aber das Zählen, denn es wird nur das Vorkommen von M+T in Spalte B gezählt, unabhängig davon, ob in Spalte A Zahlen oder Texte stehen.

Jetzt haben wir den Salat – zwei Bedingungen: Zähle die Übereinstimmungen, wenn in Spalte A eine Zahl und in Spalte B „M+T" steht. Eine Lösung hierfür ist mit den normalen Excel-Funktionen auf einen Rutsch nicht möglich.

Kein Problem: In der weiteren Spalte C klopfen wir die Bedingungen mit

`C1:=WENN(UND(ISTZAHL(A1);B1="M+T");1;0)`

ab, kopieren das nach unten und haben das gewünschte Ergebnis:

`=SUMME(C:C)`

SUMMEWENN und SUMME(WENN sehen ja fast identisch aus – das Wort „fast"
bedeutet aber, dass jetzt etwas Entscheidendes passiert. SUMMEWENN ist nur eine
sehr eingeschränkte Funktion – SUMME(WENN der Beginn einer großen Freundschaft.

Erobern wir als Erstes die Hilfsspalte C zurück.

```
F3:{=SUMME(WENN(ISTZAHL(A1:A1000);WENN(B1:B1000="M+T";1;0))))}
```

Die Formel sagt: Überprüfe, ob gleichzeitig in Spalte A eine Zahl und in Spalte B
„M+T" steht. Ist das der Fall, dann bewerte das mit 1, andernfalls mit 0, und sum-
miere anschließend die Ergebnisse. Dieses Summieren lauter Einsen ist nichts anderes als das gewünschte Zählen der Zeilen, in denen beide Bedingungen erfüllt sind.
Wollen Sie stattdessen summieren, tauschen Sie den *Dann_Wert* der WENN-Funktion (hier: 1) durch den zu summierenden Bereich aus. OK, bei der zu summierenden
Spalte A ist es wegen der Pflegeleichtigkeit der Funktion SUMMEWENN unnötig.
Wollen Sie aber z.B. die Werte aus Spalte D addieren, wenn in Spalte A eine Zahl und
in Spalte B „M+T" steht, dann formulieren Sie wie folgt:

```
{=SUMME(WENN(ISTZAHL(A1:A1000);WENN(B1:B1000="M+T";D1:D1000;0))))}
```

Die Bedingungen mit WENN sind nicht auf zwei beschränkt: Das funktioniert bis zu
einer Schachteltiefe von acht Verschachtelungen.

Mit Hilfe der direkten Multiplikation oder Addition der Wahrheitswerte WAHR und
FALSCH kann die Grenze von acht Verschachtelungen aufgehoben werden. Dann
können so viele Bedingungen kombiniert werden, bis die maximale Formellänge
(1.024 Zeichen) erreicht ist. Beim Rechnen mit Wahrheitswerten nimmt WAHR den
Wert 1 ein und FALSCH den Wert 0. Erinnern wir uns an die Hilfszelle C1:

```
=WENN(UND(ISTZAHL(A1);B1="M+T");1;0)
```

Dies ergibt 1, wenn beide Bedingungen erfüllt sind – ansonsten 0.

`=ISTZAHL(A1)` ergibt entweder WAHR oder FALSCH und B1="M+T" ebenso.

`=ISTZAHL(A1)*(B1="M+T")` ergibt entweder

- FALSCH * FALSCH oder
- WAHR*FALSCH oder
- FALSCH*WAHR oder
- WAHR*WAHR

und nur im letzteren Fall 1 statt 0.

Obige Arrayformeln lauten ohne WENN:

`{=SUMME(ISTZAHL(A1:A1000)*(B1:B1000="M+T"))}`

`{=SUMME(ISTZAHL(A1:A1000)*(B1:B1000="M+T")*D1:D1000)}`

Die erste Formel zählt und die zweite Formel summiert die Elemente.

Und nie vergessen: Abschluss der Formel mit gleichzeitig gedrückten Tasten
[Strg] + [⇧] + [↵] – erst dann ist's eine Arrayformel. Abhilfe für diese Vergess-
lichkeit bietet die Funktion SUMMENPRODUKT. Eigentlich summiert diese Funktion
das Produkt von Spalten ohne jegliche Bedingungen. Aber nur eigentlich! Setzt man
sie statt SUMME in obige Formeln ein, erhält man das identische Ergebnis – muss
aber die Formel nicht als Arrayformel abschließen, obwohl es ein Array ist und bleibt.

`=SUMMENPRODUKT(ISTZAHL(A1:A100)*(B1:B100="M+T"))`

`=SUMMENPRODUKT(ISTZAHL(A1:A100)*(B1:B100="M+T")*D1:D100)`

Das ist doch prima. Warum haben wir jetzt das ganze Zeug mit WENN geschrieben
– nur als Formelhistorie? Vorsicht – die Variante mit SUMMENPRODUKT ist nicht in
allen Fällen anwendbar. Bei der Multiplikation von Wahrheitswerten wird alles
gnadenlos miteinander multipliziert. Steht z.B. in einer Zelle der Spalte D ein Text,
obwohl die Inhalte von der entsprechenden Zelle in Spalte A und B nicht den Kriterien entsprechen, wird diese Zeile mit

`FALSCH*FALSCH*Text =0*0*Text`

abgearbeitet, was den Fehlerwert #WERT! erzeugt. Die WENN-Variante „überspringt"
die Elemente, die nicht summiert werden dürfen bzw. können. Und auch wenn die
Suchkriterien zutreffen, ist SUMME gutmütig und interpretiert einen Treffer, wenn
er denn Text ist, als 0 (null) *(Abbildung 6.6)*.

	A	B	C	D	E	F
1	x	y	1		Formel	Ergebnis
2		y	2		{=SUMME(WENN((A1:A10="x")*(B1:B10="y");C1:C10))}	8
3			3		=SUMMENPRODUKT((A1:A10="x")*(B1:B10="y")*C1:C10)	#WERT!
4	y		4			
5	x	y	murks			
6			6			
7	x	y	7			
8			8			
9						

Abbildung 6.6: Rechnen mit mehreren Bedingungen mit SUMMENPRODUKT

Das soll aber nicht darüber hinwegtäuschen, dass die Funktion SUMMENPRODUKT zu den genialsten Funktionen überhaupt zählt. In dem Beispiel leistet sie z.b. wunderbare Dienste, wenn man den zu summierenden Bereich nicht mit den Wahrheitswerten multipliziert, sondern ihn mittels Semikolon abtrennt:

`=SUMMENPRODUKT((A1:A10="x")*(B1:B10="y");C1:C10)`

Dann verhält sich die Formel genauso wie die `{=SUMME(WENN…)}`-Variante, und sie braucht dennoch nicht als Arrayformel eingegeben zu werden.

Übrigens können auch bei der SUMMENPRODUKT-Variante, genau wie bei jeder anderen Arrayformel, keine ganzen Spalten angegeben werden. In diesem Sinne hat das Fehlen der geschweiften Klammern also keine heilende Wirkung.

6.4   Dirty Trick

6.4.1   Dirty Trick 1

Bären, Hunde, Katzen, Schweine – das sind 4 verschiedene Tierarten. Aufgabenstellung ist es, die Anzahl unterschiedlicher Einträge in Spalte A zu ermitteln *(Abbildung 6.7)*.

	A	B	C	D	E	F
1	Hund	0	4			
2	Bär	0				
3	Bär	0				
4	Katze	0				
5	Bär	0				
6	Schwein	1				
7	Katze	0				
8	Hund	1				
9	Bär	1				
10	Katze	1				

Abbildung 6.7: Tiere ohne Duplikate zählen

Mit einer Hilfsspalte B ist das einfach zu lösen. Schreiben Sie in B1 `=WENN(ZÄHLEN-WENN(A2:A$10;A1)>0;0;1)` und kopieren Sie die Formel nach unten. Die Formel prüft, ob in den nachfolgenden Zellen der Begriff aus Zelle A1 noch einmal vorkommt und gibt dann 0 zurück, wenn nicht gibt sie 1 zurück.

Die Anzahl der unterschiedlichen Einträge ist dann `=SUMME(B:B)`.

Die Hilfsspalte ist hier aber unnötig! Wie geht's ohne? Das löst diese knackig kurze Arrayformel:

`{=SUMME(1/ZÄHLENWENN(A1:A10;A1:A10))}`

Wie funktioniert sie? Berechnen Sie mit [F9] den Formelteil ZÄHLENWENN(A1:A10; A1:A10), dann sehen Sie:

```
=SUMME(1/{2;4;4;3;4;1;3;2;4;3})
```

Jeder vorkommende Begriff wird gezählt, und zwar jedes Mal: die 4 Bären z.B. werden also an allen vier vorkommenden Positionen viermal gefunden. Das zu summieren wäre natürlich falsch, denn da käme 30 heraus. Jetzt kommt der Dirty Trick – der Kehrwert:

Der Formelteil 1/ZÄHLENWENN(A1:A10;A1:A10) ergibt teilausgewertet

```
=SUMME({0,5;0,25;0,25;0,3333333;0,25;1;0,3333333;0,5;0,25;0,3333333}) = 4
```

Die 4 vorkommenden Bären werden jeweils degradiert auf 0,25, die 3 Katzen werden gedrittelt, die 2 Hunde mutieren auf die Hälfte und das einsame Schwein gewinnt mit 1. Summiert sind die 4 Viertelbären, die 3 Drittelkatzen, die 2 halben Hunde und das Soloschwein jeweils 1 und alle zusammen ergo 4. Die Summe der Kehrwerte der jeweiligen Vorkommen hat es also gebracht!

Dieses kleine Beispiel ging von 10 **gefüllten** Zellen aus. Kommen auch Leerzellen vor, ist der Kehrwert der Leerzelle 1/0, was mathematisch nicht zulässig ist. Der Fehlerwert #DIV/0! wird erzeugt und dominiert anschließend auch die SUMME-Funktion, die selbst das Ergebnis #DIV/0! zurückgibt. Also müssen Leerzellen vorher eliminiert werden, was wiederum mit einer vorgeschalteten WENN-Abfrage funktioniert:

```
{=SUMME(WENN(A1:A100<>"";1/ZÄHLENWENN(A1:A100;A1:A100)))}
```

6.4.2 Dirty Trick 2

Sie möchten die Zeilenzahl bzw. den Inhalt der letzten gefüllten Zelle in einer Spalte mit Leerzellen darin ermitteln *(Abbildung 6.8)*.

	A	B	C	D	E
1	Jens				
2					
3					
4					
5	Boris				
6	Walter				
7					
8	Markt+Technik				
9					
10					

Abbildung 6.8: Den letzten Eintrag einer Spalte finden

Das passiert mit

`{=MAX(WENN(A1:A1000<>"";ZEILE(1:1000))))}`

oder auch mit

`{=MAX((A1:A1000<>"")*ZEILE(1:1000)))}`.

Null Problemo! Was macht diese Arrayformel? Sie durchforstet die Spalte A nach allen nicht leeren Zellen (`A1:A1000<>""`), gibt deren Zeilenzahl mit `ZEILE(1:1000)` zurück und liest aus diesem 1.000 Zeilen langen Array mit `MAX` das Maximum aus, das für die letzte nicht leere Zelle steht. Für den Zellinhalt wird davor noch der INDEX gesetzt:

`{=INDEX(A:A; MAX((A1:A1000<>"")*ZEILE(1:1000))))}`

Die Formeln sind „nicht zu optimieren" – dachten wir. Und dann kam von Frank Kabel, einem Excel-Kenner, der leider im Januar 2005 tödlich verunglückte, das:

- ▦ `=VERWEIS(2;1/(A1:A1000<>"");ZEILE(A:A))` für die Zeilenzahl und
- ▦ `=VERWEIS(2;1/(A1:A1000<>"");A:A)` für den Zellinhalt

Die Dinger funktionieren – das Warum haben wir erst nicht kapiert. Mittlerweile haben wir es verstanden – und das Formelprinzip ist in diverse Beiträge von uns eingeflossen.

Was geht da ab und was zur Hölle soll das Suchkriterium 2?

Reduzieren Sie zur Veranschaulichung den Bereich auf

`=VERWEIS(2;1/(A1:A10<>"");ZEILE(A:A))` bzw.

`=VERWEIS(2;1/(A1:A10<>"");A:A)`

damit sich Teilergebnisse anzeigen lassen.

Wir markieren `A1:A10<>""` – betätigen [F9] und sehen zehnmal WAHR bzw. FALSCH, je nachdem, ob die Zelle gefüllt oder leer ist.

Und nun der Dirty Trick:

Markieren Sie jetzt `1/(A1:A10<>"")` – drücken [F9] und Sie sehen zehnmal 1 bzw. #DIV/0!.

`=VERWEIS(2;{1;#DIV/0!;#DIV/0!;#DIV/0!;1;1;#DIV/0!;1;#DIV/0!;#DIV/0!};ZEILE(A:A))`

In der Excel-Hilfe zu der VERWEIS-Funktion heißt es:

Die zum Suchvektor gehörenden Werte müssen in aufsteigender Reihenfolge ange-ordnet sein: ..., -2, -1, 0, 1, 2, ..., A-Z, FALSCH, WAHR.

Und prima: Fehlerwerte, wie hier #DIV/0!, werden von der Funktion VERWEIS ignoriert.

Gesucht wird – von hinten nach vorne bzw. von rechts nach links – nach der 2, die nicht vorkommt. Statt der 2 können Sie auch jede andere Zahl, die größer als 1 ist, eingeben.

Und es heißt weiter:

Kann die Funktion VERWEIS keinen Wert finden, der mit dem jeweiligen Such-kriterium übereinstimmt, verwendet sie den zum Suchvektor gehörenden Wert, der bezogen auf das Suchkriterium der nächstkleinere ist.

Der nächstkleinere Wert (von hinten nach vorne) ist die zuletzt vorkommende 1. Im obigen Beispiel also die Position/Zeilenzahl 8 (Formel 1) mit dem Zellinhalt von A8 „Markt+Technik" (Formel 2).

Eine, wie wir finden, geniale „Vergewaltigung" der VERWEIS-Funktion!

6.5 Wo bin ich – Tabellennavigation ohne Kompass

Wo bin ich? Wer bin ich? Diese Fragen beantwortet die Excel-Zelle mit der Formel

`=ADRESSE(ZEILE();SPALTE())`.

Schwieriger zu beantworten ist die Frage: Wo sind denn alle anderen? Für eine Viel-zahl von Berechnungen ist es wichtig, zu wissen, auf welchen Bereich die gefüllten Excel-Zellen einer Tabelle verstreut sind und welche Ausmaße der benutzte Bereich damit hat. In diesem Zusammenhang ist das oberste Gebot, an das Sie sich so weit wie möglich immer halten sollten:

Vermeiden Sie – wann immer es geht – Leerzeilen!

6.5.1 Die letzte Zelle

Wenn Sie sicher sein können, dass ein Bereich keine Leerzeilen hat, gibt es nichts Einfacheres, seine Ausmaße festzustellen, als mit der Formel

`=ANZAHL2(A:A)`.

Dadurch bestimmen Sie, wie viele Zeilen belegt sind. Wenn sich Leerzeilen oder auch Leerspalten nicht vermeiden lassen, ist die Formulierung wesentlich kniffliger, aber letztlich auch keine unüberwindbare Hürde (*Abbildung 6.9*).

	A	B	C	D	E	F
1			Zielzelle	Zeile		Formel
2			erste Zelle	3		{=MIN(WENN(A1:A1999<>"";ZEILE(A1:A999)))}
3	Paris		letzte Zelle	11		{=MAX((A1:A999<>"")*(ZEILE(A1:A999)))}
4		123	erste Zahl	4		{=MIN(WENN(ISTZAHL(A1:A1999);ZEILE(A1:A999)))}
5	London		letzte Zahl	11		{=MAX(ISTZAHL(A1:A999)*(ZEILE(A1:A999)))}
6	Kapstadt		erster text	3		{=MIN(WENN(ISTTEXT(A1:A1999);ZEILE(A1:A999)))}
7		456	letzter Text	10		{=MAX(ISTTEXT(A1:A999)*(ZEILE(A1:A999)))}
8	Düsseldorf					
9						
10	München					
11		789				
12						

Abbildung 6.9: Erste und letzte gefüllte Zelle, Wert oder Text finden

Beginnen wir mit dem Tabellenanfang in einer einzelnen Spalte (A). Sie wollen den Inhalt der ersten, nicht leeren Zelle ermitteln. Sie müssen also beginnend mit A1 alle Zellen überprüfen, ob diese gefüllt sind oder nicht.

`=WENN(A1<>"";A1;WENN(A2<>"";A2;WENN(A3<>"";A3;WENN(A4<>"";A4))))`usw.

Dies ist vom Prinzip her ja richtig, aber viel zu umständlich – und bei A8 wäre sowieso Schluss, da Excel maximal acht Verschachtelungen zulässt.

Das geht natürlich auch kürzer:

`{=MIN(WENN(A1:A999<>"";ZEILE(A1:A999)))}`

Reduziert auf obigen Tabellenausschnitt von A1:A12, erhält man nach dem Markieren des Formelteils `WENN(A1:A12<>"";ZEILE(A1:A12))` und anschließender Berechnung mittels `F9` :

`=MIN({FALSCH;FALSCH;3;4;5;6;7;8;FALSCH;10;11;FALSCH})`

Da MIN den Wahrheitswert FALSCH nicht berücksichtigt, ist 3 das Minimum. Der davorgeschaltete INDEX

`{=INDEX(A:A;MIN(WENN(A1:A12<>"";ZEILE(A1:A12))))}`

ergibt den Zellinhalt „Paris".

Sie werden es kaum glauben: MAX statt MIN ergibt die Zeilennummer der letzten gefüllten Zelle. In diesem Fall kann die Formel wieder verkürzt werden, indem Sie auf das WENN verzichten und stattdessen beide Ausdrücke multiplizieren:

`{=MAX((A1:A12<>"")*ZEILE(A1:A12))}`

Wieder reduziert auf zwölf Zellen, nach Markieren des Multiplikationsteils `(A1:A12<>"")*ZEILE(A1:A12)` und Berechnung mit `F9`, sehen Sie das Array:

`=MAX({0;0;3;4;5;6;7;8;0;10;11;0})`

Daraus ist auch sofort zu erkennen, dass die Variante mit der Multiplikation bei Minimum nicht funktionieren kann, denn der Wahrheitswert FALSCH multipliziert mit einer Zahl ergibt null. Das heißt, das Ergebnis wäre immer 0. Deshalb müssen Sie bei der MIN-Variante für die erste Zeile immer mit der WENN-Funktion arbeiten.

Für die letzte gefüllte Zelle gibt es die alternative Formel

`=VERWEIS(2;1/(A1:A999<>"");A:A)`,

die Sie schon aus dem Abschnitt 6.4 *Dirty Trick* kennen.

Wir haben jetzt nach der ersten/letzten Zelle mit Inhalt gesucht (Kriterium: `<>""`). Anstelle dieses Kriteriums können Sie in einer Spalte, gemischt aus Texten und Zahlen, mit ISTTEXT den ersten oder letzten Text lokalisieren und ausgeben, mit ISTZAHL logischerweise die erste/letzte Zahl, mit ISTFEHLER Fehlermeldungen und mit ISTLEER Leerzellen (da ist ein vorgeschalteter INDEX natürlich Blödsinn, denn der Inhalt einer Leerzelle ist nun mal nichts).

Das Strickmuster ist immer identisch. Hier das für die letzte Zahl in Spalte A:

`{= MAX(WENN(ISTZAHL(A1:A999);ZEILE(A1:A999)))}` oder

`{=MAX(ISTZAHL(A1:A999)*ZEILE(A1:A999))}`

Anstelle des Kriteriums `A1:A999<>""` könnten Sie auch `NICHT(ISTLEER(A1:A999))` verwenden. Das sähe dann für die Zeile der letzten gefüllten Zelle in Spalte A so aus:

`{=MAX(WENN(NICHT(ISTLEER(A1:A999));ZEILE(A1:A999)))}` oder

`{=MAX(NICHT(ISTLEER(A1:A999))*ZEILE(A1:A999))}`

Die Prüfungen `NICHT(ISTLEER)` und `(<>"")` sind übrigens nicht immer äquivalent. Eine Zelle, die `=""` ist, ist für die Funktion ISTLEER nicht leer, aber die Prüfung `<>""` würde trotzdem FALSCH ergeben. Klassischerweise entstehen diese Leerstrings durch WENN-Abfragen nach dem Muster: `=WENN(B1="";"";B1)`

Wie Sie wahrscheinlich schon vermutet haben, funktioniert das Prinzip natürlich auch für einzelne Zeilen. Die letzte belegte Spalte in Zeile 1 wird mit

`{=MAX((1:1<>"")*SPALTE(1:1))}`

ermittelt. Diese Variante hat sogar den Charme, dass Sie sicher sein können, keine Spalte vergessen zu haben. Bei den Zeilen ist das nicht so. Das ist der Nachteil, den wir bislang verschwiegen haben. Wenn Sie sicher sind, dass von einer Tabelle nur ein relativ überschaubarer Bereich verwendet wird, sind die gezeigten Formeln in Ordnung. Wenn es aber auch sein kann, dass Zellen wie A30000 oder A50000 zum Einsatz kommen, beanspruchen die Formeln einiges an Rechenzeit. Und ganze Spalten können Sie in einer Arrayformel ohnehin nicht angeben.

6.5.2 Benutzter Bereich

Diese Tatsache fällt natürlich noch stärker ins Gewicht, wenn nicht nur eine einzige Zeile oder Spalte, sondern ein ganzer Bereich durchsucht werden muss. Gesucht wird dann beispielsweise nach der letzten belegten Zelle einer Tabelle *(Abbildung 6.10)*.

B2	▼	*fx* {=MAX(WENN(B5:J100<>"";ZEILE(B5:J100)))}				
	A	B	C	D	E	F	G
1	Benutzter Bereich						
2	bis Zeile	9					
3	bis Spalte	6					
4	Adresse	$F$9					
5							
6							
7							
8						X	
9				X			
10							

Abbildung 6.10: Benutzten Bereich ermitteln

Für einen relativ überschaubaren Bereich müssen die zuvor beschriebenen Formeln nur geringfügig angepasst werden. Der einzige Unterschied ist, dass der durchsuchte Bereich nun zweidimensional ist. Die letzte belegte Zeile findet man mit

B2: `{=MAX(WENN(B5:J100<>"";ZEILE(5:100))))}`

und die letzte belegte Spalte mit

B3: `{=MAX(WENN(B5:J100<>"";SPALTE(B:J))))}`.

Die Adresse der letzten Zelle des benutzten Bereichs ergibt sich dann durch

B4: =ADRESSE(B2;B3).

Da sich die Adresse der letzten Zelle des benutzen Bereichs aus dem Schnittpunkt der letzten Zeile und der letzten Spalte ergibt, muss die Zelle selbst (F9 in *Abbildung 6.10*), nicht unbedingt gefüllt sein.

Ersetzen Sie MAX durch MIN, erhalten Sie die erste Zelle des benutzten Bereichs. Natürlich nur innerhalb des durchsuchten Bereichs (also ohne A1:B4, in dem ja die Formeln stehen, denn es würde einen Zirkelbezug auslösen, würde man diese Zellen auch absuchen).

Die Formel funktioniert zwar, aber mit der Zellangabe J100, die den zu durchsuchen-den Bereich abgrenzt, haben Sie nicht gerade Weitblick bewiesen. Dahinter kann sich ja noch alles Mögliche abspielen. Jetzt versuchen Sie mal, mit dieser Formel einen wirklich großen Bereich abzusuchen, sagen wir mal bis HH30000. Sie werden merken, dass Ihr Rechner nicht gerade begeistert davon ist, denn das bindet mächtig viele CPU-Ressourcen.

Die Funktion ANZAHLLEEREZELLEN ermöglicht an dieser Stelle eine Turboformel, mit der Sie blitzschnell die komplette Tabelle bis IV65536 absuchen können. Die letzte Zeile finden Sie mit der Formel

B:{=MAX(WENN(ANZAHLLEEREZELLEN(BEREICH.VERSCHIE-
BEN(1:1;ZEILE(5:65535);))<256;ZEILE(1:65531)+5))}

und die letzte Spalte mit

B:{=MAX(WENN(ANZAHLLEEREZELLEN(BEREICH.VERSCHIE-
BEN(B:B;;SPALTE(A:IT);))<65536;SPALTE(A:IT)+2))}.

Warum sind diese Arrayformeln so blitzschnell? Die erste führt 65.536 Rechenopera-tionen durch (für jede Zeile eine) und die zweite sogar nur 256 (für jede Spalte eine). Genau genommen fünf Zeilen und zwei Spalten weniger, da die Formeln selbst ja auch irgendwo stehen müssen (A1:B4). Die Formel

=WENN(B5:IV65536<>"";ZEILE(B5:IV65536))

würde alle Zellen (rund 16 Mio.) einzeln abklappern, deshalb dauert dies ewig. ANZAHLLEEREZELLEN hingegen „scannt" die Tabelle sozusagen zeilen- bzw. spalten-weise ab. Im Fall der spaltenweisen Durchsuchung liefert BEREICH.VERSCHIEBEN ein Array aus den Spalten

{C:C . D:D . E:E . F:F . usw.}.

ANZAHLLEEREZELLEN liefert dann ebenso ein Array mit einem Ergebnis je Spalte, beispielsweise:

{65534.65400.65536.65536}

Ist die Spalte komplett leer, steht dort 65.536, wie in der dritten und vierten Spalte zu sehen ist. Enthält die Spalte Einträge, ist der Wert kleiner, wie in den ersten beiden Spalten. Die WENN-Funktion erzeugt dann für alle 65.536-Spalten FALSCH und für alle kleineren Werte die Spaltennummer, aus der die Funktion MAX dann die Größte auswählt.

Die zeilenweise Durchsuchung funktioniert nach dem gleichen Prinzip. Dort wird nach Zeilen mit weniger als 256 leeren Spalten gesucht.

Einziges Manko: ANZAHLLEEREZELLEN erkennt keine Leerstrings. Eine Zelle mit dem Inhalt ="" wird als leer interpretiert.

6.5.3 Suchkriterium in der Tabelle aufspüren

Ob Sie die Ausmaße des benutzten Bereichs bestimmen wollen, oder ob Sie in einer gesamten Tabelle nach einem Suchbegriff oder Wert suchen, funktioniert von der Logik her fast identisch. Beim benutzten Bereich suchen Sie die maximale Zeilen- und Spaltennummer, die einen Eintrag ungleich "" enthält.

Suchen Sie stattdessen nach einem bestimmten Wert oder Text, dann suchen Sie die kleinste Zeilen- und Spaltennummer, die dem Suchkriterium entspricht. Oder wahlweise auch die größte Zeilen- und Spaltennummer für den letzten Treffer (*Abbildung 6.11*).

	A	B	C	D	E	F	G	H	I	J
1			174					Suchkriterium	54	
2	128	52	148					Zeile (MIN)	3	
3	16	176	10	80		54		Spalte (MIN)	4	
4		81	53	125	41	119		Zeile	$D$3	(falsch)
5	55	65		138	88					
6	25		54		74	100		1. Zeile, 2. Spalte	$F$3	
7		154		139	81			1. Spalte, 2. Zeile	$D$6	
8					119					
9					11					
10										

Abbildung 6.11: Tabelle nach Suchkriterium absuchen (per Formel)

Das Suchkriterium steht in I1. Die kleinste Zeilennummer ist

I2: {=MIN(WENN(A1:G10=I1;ZEILE(A1:G10)))}=3

und die kleinste Spaltennummer

I3: `{=MIN(WENN(A1:G10=I1;SPALTE(A1:G10))))}`=4.

Obwohl beide Formeln richtig rechnen, ist die aus

I4: `=ADRESSE(I2;I3)`

resultierende Zelle natürlich die falsche. Denn anders als bei der Bestimmung des benutzten Bereichs, bei dem die letzte Zelle selbst leer sein kann, sollten die Zielkoordinaten in diesem Fall den richtigen Wert enthalten, also auf D6 oder F3 verweisen.

Welche davon nun die richtige ist, müssen Sie selbst entscheiden. Sie dürfen die Kriterien kleinste Zeilennummer und kleinste Spaltennummer nicht auf einmal bewerten, sondern Sie müssen hierbei eine Reihenfolge festlegen. Dann wird entweder zunächst die kleinste Zeile berechnet und dann innerhalb dieser Zeile nach der kleinsten Spalte gesucht oder umgekehrt. Im ersten Fall wäre $F$3 die Lösung im zweiten Fall $D$6.

- Fall 1 (die kleinste Zeilenzahl dominiert):

    I6: `{=ADRESSE(I2;MIN(WENN(INDEX(A1:G10;I2;)=I1;SPALTE(INDEX(A1:G10;I2;))))))}` =$F$3

    Die INDEX-Funktion macht zunächst aus dem zweidimensionalen Bereich A1:G10 einen eindimensionalen. `INDEX(A1:G10;3;)` liefert den Bezug A3:G3, in dem dann weiter gesucht wird. Für MIN bleibt dann folgender Ausdruck übrig, der die Spaltennummer innerhalb der einen Zeile ermittelt:

    `=MIN(WENN(A3:G3=I1;SPALTE(A3:G3))=6`

    ADRESSE übersetzt schließlich, wie üblich, die Zeile 3 und die Spalte 6 in den Bezug $F$3. Bei der INDEX-Funktion ist das zweite Semikolon wichtig, hinter dem aber nichts mehr folgt. Nur dann dimensioniert INDEX den Bereich neu und macht aus einem 2D-Bezug einen 1D-Bezug.

- Fall 2 (die kleinste Spaltenzahl dominiert):

    I7: `{=ADRESSE(MIN(WENN(INDEX(A1:G10;;I3)=I1;ZEILE(INDEX(A1:G10;;I3))));I3)}` =$D$6

    Auch hier pickt INDEX aus dem Bereich A1:G10 eine einzelne Spalte heraus:

    `=INDEX(A1:G10;;I3)=D4:G4`

    ..., die dann mit MIN weiter durchsucht wird. Die ganze Logik lässt sich ohne Probleme mit MAX auch auf die letzten vorkommenden Suchkriterien umstellen.

Natürlich sind auch diese Formeln nur mit einer vertretbaren Rechnerbelastung zu verwenden, wenn der Bereich eine überschaubare Größe hat. Wenn Sie Suchbegriffe in einer großen Tabelle aufspüren wollen, können Sie aber auch hier wieder den Turbo auspacken. Erinnern Sie sich an die Alternativen mit der Funktion ANZAHLLEEREZELLEN. Statt dieser Funktion können Sie diesmal ZÄHLENWENN verwenden, denn die ist genauso in der Lage, eine riesige Tabelle spalten- oder zeilenweise „abzuscannen", wie wir das bereits beschrieben haben. Die Nummer der größten Spalte, die 54 enthält, finden Sie dann mit

`{=MAX(WENN(ZÄHLENWENN(BEREICH.VERSCHIEBEN(A:A;;SPALTE(A:IU););54)>0;SPALTE(A:IU)+1))}`.

Und für die Zeile lautet die Formel (Formel steht in Zelle A1):

`{=MAX(WENN(ZÄHLENWENN(BEREICH.VERSCHIEBEN(1:1;ZEILE(1:65535););54);ZEILE(1:65535)+1))}`

Das geht erstaunlich schnell, selbst wenn der Wert in der Zelle IV65536 steht. Aber denken Sie an den Zirkelbezug – die erste Formel (Spaltennummer) muss in Spalte A stehen und die zweite Formel (Zeilennummer) in der ersten Zeile, da sie sich sonst selbst durchsuchen würden. Alternativ „scannen" Sie das Tabellenblatt aus einem anderen Blatt heraus. Damit umgehen Sie jede Gefahr eines Zirkelbezugs.

6.6 Anorganische Einzeller

Mit den Arrayformeln, die Sie bis jetzt kennen gelernt haben, wurden Arrays aus mehreren Zellen von ein- oder zweidimensionalen Bereichen einer Excel-Tabelle erzeugt. Jetzt wechseln wir sozusagen mal vom Makro- in den Mikrokosmos der Excel-Tabelle. Denn innerhalb einer einzigen Zelle können Arrays ebenso aus den einzelnen Zeichen einer Zahl oder eines Textes gebildet werden, also eine Aufsplittung des Zellinhalts in seine Einzelteile.

Die Funktion `TEIL(Text;Erstes_Zeichen;Anzahl_Zeichen)` gibt eine bestimmte Anzahl Zeichen einer Zeichenfolge ab der von Ihnen bestimmten Stelle zurück. Mit dieser Funktion können Sie also die Zeichen eines Textes in seine Einzelteile zerlegen *(Abbildung 6.12)*.

`=TEIL(Text;1;1)` liefert das erste Zeichen des Textes (von links).

`=TEIL(Text;2;1)` das zweite und so weiter. Um alle Zeichen eines Textes in einer Spalte aufzulisten, schreiben Sie in die erste Zeile

```
=TEIL(Text;Zeile();1)
```

und kopieren die Formel nach unten.

	A	B	C	D	E
1	Text:	Zauberbuch		Z	
2				a	
3				u	
4				b	
5				e	
6				r	
7				b	
8				u	
9				c	
10				h	

D1 ▾ *fx* =TEIL($B$1;ZEILE();1)

Abbildung 6.12: Die Buchstaben eines Textes auf einzelne Zellen aufteilen

Über ein Array kann die Auflistung der Spalte D in einer einzigen Zelle durchgeführt werden. Aus

```
=TEIL(B1;{1;2;3;4;5;6;7;8;9;10};1) oder =TEIL(B1;ZEILE(1:10);1)
```

resultiert dann das Array

```
={"Z";"a";"u";"b";"e";"r";"b";"u";"c";"h"}.
```

In den vorangegangen Kapiteln haben Sie gesehen, wie die Länge von Bereichen bzw. Arrays dynamisiert werden kann. Ebenso können Sie auch die Stringzerlegung des Textes dynamisch an seine Länge anpassen:

```
{=TEIL(B1;ZEILE(INDIREKT("1:"&LÄNGE(B1)));1)}
```

Mit diesem Array – nennen wir es einmal *ZeichenArray* – können Sie genauso weiterarbeiten und es in anderen Funktionen verwenden, wie mit Arrays, deren Elemente aus den Zellen einer Zeile, Spalte oder eines ganzen Bereichs stammen. Beispielsweise findet

```
=VERGLEICH("a";ZeichenArray;0)=2
```

das erste Auftreten eines Zeichens – hier "a" – im Text (genau wie die Funktion SUCHEN). Oder

```
=INDEX(ZeichenArray;2)= "a"
```

kann wieder ein Element aus *ZeichenArray* herauspicken. Wollen Sie beispielsweise zählen, wie viele Ziffern im Text enthalten sind, sieht die entsprechende Arrayformel genauso aus, als wenn Sie das innerhalb einer Spalte machen würden:

{=SUMME(WENN(ISTZAHL(ZeichenArray*1);1)))} oder auch

{=SUMME(ISTZAHL(ZeichenArray*1)*1)}

Zum Vergleich die Formel, wenn Sie in Spalte A suchen würden:

{=SUMME(WENN(ISTZAHL(A1:A10*1);1)))} bzw.

{=SUMME(ISTZAHL(A1:A10*1)*1)}

Wichtig ist noch die Tatsache, dass die Elemente von ZeichenArray zunächst alle im Datentyp Text (String) vorliegen, selbst wenn es sich um eine Ziffer handelt. Aus dem Beispieltext „123abc" resultiert das Array

=TEIL("123abc";{1;2;3;4;5;6};1)={"1";"2";"3";"a";"b";"c"}.

Dieses Array würde die Funktion ISTZAHL sechsmal mit FALSCH quittieren. Damit sie wirklich erkennt, dass die ersten drei Elemente Zahlen enthalten, muss das Array zuvor mit 1 multipliziert werden:

=ISTZAHL(TEIL("123abc";{1;2;3;4;5;6};1)*1)

=ISTZAHL({"1";"2";"3";"a";"b";"c"}*1)

=ISTZAHL({1;2;3;#WERT!;#WERT!;#WERT!})

={WAHR;WAHR;WAHR;FALSCH;FALSCH;FALSCH}

Die Einsatzmöglichkeit solcher einzelligen Arrays ist vielfältig. Dies können Berechnungen sein, wie zum Beispiel die Quersumme, die wir in Kapitel 10 *Alles ist Zahl – Anwendungen aus dem Bereich der Zahlentheorie* genau unter die Lupe nehmen, oder auch komplizierte Textoperationen, mit denen die Standardfunktionen FINDEN, SUCHEN und Co. überfordert sind. Eine beliebte Herausforderung ist in diesem Zusammenhang das Trennen von Text und Ziffern innerhalb einer Zeichenfolge.

6.6.1 Text und Ziffern trennen

Kombinationen von Text und Zahl kommen häufig vor: Bestellnummern, Ersatzteile, Nummernschilder etc.

Die Zahl kann mal links stehen und der Text rechts – oder auch andersherum. Befindet sich zwischen Zahl und Text ein eindeutiges Trennzeichen (Leerzeichen, Bindestrich, Schrägstrich etc.), ist es sehr einfach:

In A1 steht „71696 Trollinger" oder „Trollinger 71696". Das eindeutige Trennzeichen ist also das Leerzeichen. Der linke Teil wird extrahiert mit:

`=LINKS(A1;FINDEN(" ";A1)-1)` oder `=TEIL(A1;1;FINDEN(" ";A1))`

Und der rechte Teil mit:

`=TEIL(A1;FINDEN(" ";A1)+1;99)`

Steht dort aber „71696Trollinger", also ohne eindeutiges Trennzeichen, und die Anzahl Ziffern steht nicht fest, kann die Funktion FINDEN Urlaub machen. Es muss jetzt zwischen Text (ISTTEXT) und Zahl (ISTZAHL) unterschieden werden. Dazu packen wir die einzelnen Zeichen des Textes „71696Trollinger" über die oben beschriebene Formel

`{=TEIL(Text;ZEILE(INDIREKT("1:"&LÄNGE(Text)));1)}`

in das Array *ZeichenArray*. Die Formel

`=VERGLEICH(0;ISTZAHL(ZeichenArray*1)*1;0) = 6`

gibt dann die Position des ersten alphanumerischen Zeichens im Text zurück. Klar, dass die Funktion SUCHEN damit überfordert wäre.

`=ISTZAHL(ZeichenArray*1)*1 ={1;1;1;1;1;0;0;0;0;0;0;0;0;0}`

Die Einsen stehen für die fünf Ziffern der Zahl 71.696. Die Nullen beginnen dort, wo die Buchstaben beginnen, also bei "T", dessen *Position* (hier 6) die Funktion VERGLEICH zurückgibt. Die Ziffern links erhalten wir dann mit

`{=LINKS(Text;VERGLEICH(0;ISTZAHL(ZeichenArray*1)*1;0)-1)}` `=LINKS(Text; 6-1)`

und den Text rechts mit

`{=TEIL(Text;VERGLEICH(0;ISTZAHL(ZeichenArray*1)*1;0);99)}` `=TEIL(Text;6;99)`.

Wären Text und Ziffern vertauscht, also „Trollinger71696", würde die ISTZAHL-Abfrage das Array

`{0;0;0;0;0;0;0;0;0;1;1;1;1;1}`

liefern und wir würden mit VERGLEICH nach der ersten Eins Ausschau halten.

6.6.2   Text und Zeichen querbeet trennen

Besonders knifflig wird es, wenn Text und Zahlen bunt gemischt sind. Angenommen, Sie haben den Text „T7ro16lling9er6" und wollen den „Trollinger" von den Ziffern befreien. Fragen Sie nicht, wofür das gut sein soll. Der Weg ist das Ziel.

Da es nur zehn verschiedene Ziffern gibt, lassen sich die Ziffern mit einem vertretbaren Aufwand über eine zweistufige WECHSELN-Verschachtelung herausfriemeln. Im ersten Schritt die Ziffern 0–4:

```
=WECHSELN(WECHSELN(WECHSELN(WECHSELN(WECHSELN(Text;"4";"");"3";"");"2";"");
"1";"");"0";"")
```

Und in einem zweiten Schritt befreien Sie das Zwischenergebnis von den Ziffern 5 bis 9. Das war ja auch nicht so schwer, die harte Nuss, die es zu knacken gilt, ist das Abgreifen der kompletten Ziffernfolge 71696. Dies erledigt diese Formel:

```
{=SUMME((TEIL(0&Text;KGRÖSSTE(WENN(ISTZAHL(TEIL(0&Text;SPALTE(1:1);1)*1);SPALT
E(1:1);1);SPALTE(1:1));1))*10^(SPALTE(1:1)-1))}
```

SPALTE(1:1) liefert ein Array von 1 bis 256. Das Wort kann dann bis zu 256 Zeichen lang sein. Dies ist eine Alternative zu der Kombination aus ZEILE und INDIREKT, die die Länge des Arrays genau an die Textlänge anpasst. Die Fixierung auf 256 Zeichen ist in diesem Fall nicht störend.

ISTZAHL prüft, ob das aktuelle Zeichen eine Ziffer ist, und WENN ersetzt das Arrayelement im positiven Fall durch die Zeichenposition, ansonsten durch eine 1. Übrig bleibt:

```
{1;1;3;1;1;6;7;1;1;1;1;1;13;1;1;16;1;1;1;1;1;1;1;1;…}
```

KGRÖSSTE bringt die Positionsnummern in absteigende Reihenfolge:

```
{16;13;7;6;3;1;1;1;1;1;1;1;1;1;1;1;1;1;1;1;1;1;1;…}
```

TEIL zieht dann die entsprechenden Ziffern aus dem Ursprungstext:

```
{"6";"9";"6";"1";"7";"0";"0";"0";"0";"0";"0";"0";"0";"0";"0";"0";"0";
"0";…}
```

Damit haben wir schon die Ziffern aus dem Text extrahiert. Diese müssen nur noch (in umgekehrter Reihenfolge) verkettet werden. Jetzt wird auch klar, dass das vorangestellte 0& dafür sorgt, dass das Array für alle Elemente, die alphanumerische Zeichen enthalten oder leer sind, mit "0" aufgefüllt wird.

Abschließend werden die Ziffernzeichen mit aufsteigenden Zehnerpotenzen multipliziert und diese werden dann summiert:

=6*10^0+9*10^1+6*10^2+1*10^3 +7*10^4+0*10^5+0*10^6+…

=71696

6.7 Karl Maria von Weber: Vor- und Nachname trennen – aber richtig!

Wenn Sie des Öfteren mit Listen zu tun haben, die Sie aus anderen Anwendungen in Excel importieren, dann kommt es vor, dass Vor- und Nachname in einer Zelle vorliegen. Womöglich haben Sie dann die undankbare Aufgabe, diese Daten, z.B. für einen Serienbrief, aufzubereiten.

Abgesehen davon, dass sich beim Import von Daten mitunter auch überflüssige, meist unsichtbare Zeichen mit einschleichen (die Sie allerdings in der Regel problemlos mit den Funktionen SÄUBERN und GLÄTTEN, alternativ auch mit SUCHEN/ERSETZEN, entfernen können), ist es noch lange nicht möglich, die Aufteilung von Vor- und Nachname auf zwei Zellen mit der Funktion *Daten>Text in Spalten* vorzunehmen. Auch ist es nicht immer richtig, nach dem ersten Leerzeichen im Zelleintrag zu suchen und mit Hilfe dessen Position eine Teilung des Zellinhalts vorzunehmen.

Ergebnis mit *Daten>Text in Spalten* (mit Leerzeichen als Trennzeichen):

	A	B	C	D	E
	Importierter Name	Vorname	Nachname		
1	**Importierter Name**	**Vorname**	**Nachname**		
2	Hans Müller	Hans	Müller		
3	Thomas von Heesen	Thomas	von	Heesen	
4	Gerd Peter Meier	Gerd	Peter	Meier	
5	Dr. Franz Xaver Wack	Dr.	Franz	Xaver	Wack
6	Karl Maria von Weber	Karl	Maria	von	Weber
7					

Abbildung 6.13: Vor- und Nachname mit Excel-Feature „Text in Spalten" trennen

Mit Formel, die den Namen anhand des ersten vorkommenden Leerzeichens trennt *(Abbildung 6.14)*:

B2	▼	*fx*	=LINKS(A2;FINDEN(" ";A2)-1)	

	A	B	C	D
1	**Importierter Name**	**Vorname**	**Nachname**	
2	Hans Müller	Hans	Müller	
3	Thomas von Heesen	Thomas	von Heesen	
4	Gerd Peter Meier	Gerd	Peter Meier	
5	Dr. Franz Xaver Wack	Dr.	Franz Xaver Wack	
6	Karl Maria von Weber	Karl	Maria von Weber	
7				

Abbildung 6.14: Vor- und Nachname anhand des ersten Leerzeichens trennen

Die Formel für den Nachnamen lautet:

`C2:=TEIL(A2;LÄNGE(B2)+2;99)`

Sie sehen – beide Lösungswege führen zu keinem befriedigenden Ergebnis und verursachen, speziell bei langen Listen, einen immensen manuellen Nachbearbeitungsaufwand. Welche Überlegung liegt jetzt auf der Hand?

Man muss nach dem **letzten** vorkommenden Leerzeichen suchen! Das deckt schon mal alle Fälle ab, in denen keine adligen Nachnamen vorliegen, wie z.B. bei „Karl Maria von Weber" oder „Thomas von Heesen". In diesen „Adelsfällen" führt weder die Suche nach dem ersten noch nach dem letzten Leerzeichen zu einem einheitlich korrekten Ergebnis *(Abbildung 6.15)*:

	A	B	C	D	E
1			**Trennung beim**		
2		**1. Leerzeichen**		**Letzten Leerzeichen**	
3	**Importierter Name**	**Vorname**	**Nachname**	**Vorname**	**Nachname**
4	Karl Maria von Weber	Karl	Maria von Weber	Karl Maria von	Weber
5					

Abbildung 6.15: Trennen von Vor- und Nachname nach erstem oder letztem Trennzeichen

In jedem Fall tun wir dem Großmeister der Musik damit großes Unrecht. Also benötigen wir folgende Lösung:

Wenn irgendein Nachname mit einem der gängigen Adelszusätze existiert, dann trenne den Eintrag direkt vor dem Adelszusatz. In allen anderen Fällen trenne den Eintrag nach dem letzten Leerzeichen.

`=WENN(Adelszusatz_vorhanden;Trennung_vor_Adelszusatz;Trennung_beim_letzten Leerzeichen)`

... oder auch ganz einfach: =WENN(A;B;C)

Die gängigsten Adelszusätze fassen wir in einem Konstantenarray *Adel* zusammen:

Adel: ={" von "." zu "." ob "." van "." de "." auf "." vom "}

Wichtig: Jeder Adelszusatz muss von Leerzeichen umrandet sein, damit er später eindeutig identifizierbar ist. Ebenso müssen die Titel in einer logischen Reihenfolge in das Array *Adel* aufgenommen werden, da der erste in einem Namen gefundene Adelstitel relevant ist. Denn bei einem zusammengesetzten Titel wie bei „von und zu Sasel" wird „von" vor „zu" gefunden und vor dem „von" muss der Nachname vom Vornamen getrennt werden.

Und welche Funktion ist geeignet dafür, innerhalb eines Eintrages eine bestimmte Zeichenkette zu finden? Exakt – die Funktion FINDEN (alternativ SUCHEN, wenn Sie nicht zwischen Groß- und Kleinschreibung unterscheiden möchten).

Als Suchbegriff setzen wir das Konstantenarray *Adel* ein:

FINDEN(Adel;Name)

Jetzt nehmen wir A, B und C unter die Lupe.

A – Prüfung, ob Adelszusatz vorhanden

Mit

ANZAHL(FINDEN(Adel;A2))

wird nacheinander das Array der Adelszusätze durchlaufen und in A2 gesucht.

Wird ein Zusatz nicht gefunden, liefert FINDEN für diesen Zusatz den Fehlerwert #WERT!. Wird er hingegen gefunden, liefert FINDEN genau die Position des Adelszusatzes innerhalb des Namens in A2 als Zahl zwischen 1 und der Länge des Eintrags. Und die Funktion ANZAHL, die ja bekanntlich alle numerischen Einträge zählt, ist dermaßen tolerant, dass sie Fehlerwerte, wie hier #WERT!, einfach ignoriert.

Enthält der Name also keinen Adelszusatz, läuft FINDEN siebenmal vor die Wand und bedankt sich jedes mal mit #WERT!. Die Funktion ANZAHL lässt das aber kalt, denn ANZAHL({#WERT!.#WERT!.........#WERT!}) ergibt eine humorlose Null. Die WENN-Prüfung ist also FALSCH.

Steht in A2 hingegen ein Adliger wie „Karl Maria von Weber", dann liefert

=ANZAHL(FINDEN(Adel;A2))

=ANZAHL({11.#WERT!.#WERT!.#WERT!.#WERT!.#WERT!.#WERT!}) =1.

Der erste im Array *Adel* enthaltene Adelszusatz „ von " wird gefunden, und zwar genau an 11. Position des Namens „Karl Maria von Weber". Alle anderen Adelszusätze werden nicht gefunden und ergeben somit #WERT!, was wiederum von der Funktion ANZAHL einfach ignoriert wird. Das Ergebnis von ANZAHL ist somit 1 und die WENN-Prüfung ist WAHR.

Gehen wir einen Schritt weiter: Jetzt, wo wir wissen, ob ein Adelszusatz vorhanden ist oder eben nicht, müssen nur noch die Dann- und die Sonst-Werte definiert werden.

B – Dann_Wert – Trennung beim ersten Adelszusatz

Wir hatten mit

ANZAHL(FINDEN(Adel;A2))

herausgefunden, dass irgendein Adelszusatz vorhanden ist. Weiterhin steckte in dem FINDEN-Array auch bereits die exakte Position dieses Zusatzes: 11.

Was liegt jetzt also näher, als die Funktion TEIL hinzuzunehmen und damit den Eintrag ab der 11. Stelle (+1) auszulesen (+1 deshalb, weil wir ja das Leerzeichen nicht mit auslesen möchten):

=TEIL(A2;11+1;99)

Aber wie gelangen wir an die Zahl 11 in dem Array? Wir überprüfen mit ISTZAHL jeden einzelnen FINDEN-Rückgabewert, erhalten dadurch eine neue Matrix ohne Fehlerwerte und können daraus das Minimum auslesen:

{=MIN(WENN(ISTZAHL(FINDEN(Adel;A2));FINDEN(Adel;A2)))}

{=MIN({11.FALSCH.FALSCH.FALSCH.FALSCH.FALSCH.FALSCH})} =11

Die 11 ist ermittelt, wir addieren wegen des Leerzeichens noch die Zahl 1 und lesen den Rest des Eintrags mit 99 aus (der Einfachheit halber 99, weil man davon ausgehen kann, dass der Eintrag (Vor- und Nachname) nicht noch länger ist).

C – Sonst_Wert – Trennung beim letzten Leerzeichen

Für den Fall, dass der Name keinen Adelszusatz enthält, müssen wir jetzt noch das letzte Leerzeichen ausfindig machen. Also taufen wir Karl Maria von Weber jetzt um in „Dr. Franz Xaver Wack" (die Fußballfans unter Ihnen werden ihn kennen). Dann gelangen wir zum letzten Leerzeichen mit *Letztes_Leerzeichen*:

{=MAX((TEIL(A2;SPALTE($1:$1);1)=" ")*SPALTE($1:$1))}

Es wird ein TEIL-Array erzeugt, das nacheinander jedes einzelne Zeichen von „Dr. Franz Xaver Wack" durchläuft und dabei prüft, ob es sich bei dem jeweiligen Zeichen um ein Leerzeichen " " handelt. Die Ergebnisse (WAHR oder FALSCH) werden mit ihren zugehörigen Pendants aus SPALTE($1:$1) multipliziert. Die beiden aus jeweils 256 Elementen bestehenden Arrays ergeben – miteinander multipliziert – die Ergebnismatrix:

`{=MAX({0.0.0.4.0.0.0.0.0.10.0.0.0.0.0.16.0.0.0.0.........0})}` =16

Wobei alle Zahlen ungleich null den Positionen der Leerzeichen innerhalb des Namens entsprechen. Und die Maximalzahl gibt die Position des letzten Leerzeichens an.

Wenn wir jetzt ab diesem Leerzeichen alles auslesen möchten, dann addieren wir auf die Formel noch +1 (da das Leerzeichen selbst ja nicht mit ausgelesen werden soll), und nutzen dieses Ergebnis innerhalb einer weiteren, umrandenden TEIL-Funktion:

`{=TEIL(A1;Letztes_Leerzeichen+1;99)}`

Und so haben wir dann auch diese Hürde genommen! Die Sonst-Bedingung (C) ist definiert – und die Formel sieht in Gänze wie folgt aus:

```
{=WENN(ANZAHL(FINDEN(Adel;A2));TEIL(A2;MIN(WENN(ISTZAHL(FINDEN(Adel;A2));
FINDEN(Adel;A2)))+1;99);TEIL(A2;MAX((TEIL(A2;SPALTE($1:$1);1)=" ")*
SPALTE($1:$1)+1; 99))}
```

Also:

`=WENN(A;B;C)`

Der Vorname ist dann nur noch ein Kinderspiel:

`B2: =GLÄTTEN(LINKS(A2;LÄNGE(A2)-LÄNGE(C2)))`

	A	B	C	D
	Importierter Name	**Vorname**	**Nachname**	
1				
2	Hans Müller	Hans	Müller	
3	Thomas von Heesen	Thomas	von Heesen	
4	Gerd Peter Meier	Gerd Peter	Meier	
5	Dr. Franz Xaver Wack	Dr. Franz Xaver	Wack	
6	Karl Maria von Weber	Karl Maria	von Weber	
7				

Abbildung 6.16: Endergebnis – Vor- und Nachname korrekt getrennt

Ein Paradebeispiel dafür, wie man Schritt für Schritt zu einer Lösung gelangt.

KAPITEL 7

DB-Funktionen, MOP und Pivot-Tabellen

Excel ist ein außerordentlich flexibles Programm. Die Eier legende Wollmilchsau, mit der Sie so gut wie alles machen können (was nicht heißen soll, dass es immer das optimale Programm ist).

Zur Lösungsfindung stehen manchmal so viele Alternativen zur Verfügung, dass Sie buchstäblich die Qual der Wahl haben. Das gilt im besonderen Maße beim Rechnen mit verschiedenen Bedingungen. Wie das mit Arrayformeln zu bewerkstelligen ist, haben Sie im vorangegangenen Kapitel gesehen.

7.1 DB-Funktionen

Gut eignen sich dazu auch Pivot-Tabellen. Wenn Sie darauf aber mal keine Lust haben oder eben lieber mit Formeln hantieren, stehen Ihnen außerdem die Datenbankfunktionen zur Verfügung, die Sie in der gleichnamigen Funktionskategorie finden. Ihre Vorteile liegen in der schlichten Syntax, der einfachen Handhabung und der flexiblen Einstellung beliebig vieler Bedingungen. Ein Beispiel sehen Sie in

	J5	▼	*fx*	=DBSUMME(A1:F18;F1;H1:I2)						
	A	B	C	D	E	F	G	H	I	J
1	Name	m/w	Abt.	Geburtstag	Uhrzeit	Wert		Abt.	m/w	
2	Boris	m	CO	17.11.1971	06:25	81		CO	w	
3	Steffi	w	VT	20.09.1968	18:15	49				
4	Bettina	w	CO	14.02.1977	01:07	81		Anzahl:		2
5	Michael	m	EK	04.08.1960	23:58	69		Summe(Wert):		93
6	Andreas	m	EK	09.01.1949	01:29	27				
7	Eric	m	FI	23.08.1966	09:42	77				
8	Claudia	w	EK	22.11.1949	21:33	93				
9	Sylvia	w	FI	18.12.1952	23:43	13				
10	Eva	w	EK	07.02.1995	21:47	33				
11	Jens	m	VT	17.12.1983	22:54	79				
12	Rainer	m	VT	10.05.1978	04:33	64				
13	Tomas	m	FI	08.03.1976	12:41	38				
14	Verena	w	VT	21.02.1960	07:46	26				
15	Nicolas	m	CO	10.03.1963	10:31	31				
16	Sven	m	CO	11.06.1982	00:51	62				
17	Ulla	w	FI	16.06.1981	14:46	64				
18	Helga	w	CO	21.05.1982	14:05	12				

Abbildung 7.1: Datenbank mit DB-Funktionen analysieren

Die Spalten A:F enthalten eine Datenbanktabelle. Um Datenbankfunktionen verwenden zu können, müssen Sie irgendwo einen Bereich mit den Suchkriterien platzieren. In unserem Beispiel liegt er in H1:I2. Kriterien, die nebeneinander stehen, sind UND-Bedingungen. Untereinander stehende Bedingungen sind hingegen ODER-Bedingungen.

Die DB-Funktionen haben alle die gleiche Syntax: DBXXX(Datenbank;Feld;Suchkriterien)

Sie möchten jetzt zählen, wie viele weibliche Personen zur Abteilung CO gehören. Die Formel dazu lautet:

=DBANZAHL(A1:F18;F1;H1:I2)

Wenn Sie Spalte F nicht zählen, sondern summieren möchten, dann lautet die Formel (wie unschwer zu erahnen ist):

=DBSUMME(A1:F18;F1;H1:I2)

Die Feldangabe aus F1 kann auch direkt in die Formel geschrieben werden:

=DBSUMME(A1:F18;"Wert";H1:I2)

Mit den Suchkriterien geht das **nicht** und damit kommen wir auch schon zum wesentlichen Problem der Datenbankfunktionen:

=DBSUMME(A1:F18;"Wert";{"Abt.";"m/w";"CO";"w"})

... wird mit #WERT! quittiert. Aber warum denn? Der Suchbereich wurde doch lediglich in ein Array transformiert? Die DB-Funktionen sind da richtige Sensibelchen und akzeptieren das einfach nicht. Wegen dieser Bremse büßen sie enorm viel Flexibilität ein und verkümmern unter den Excel-Funktionen leider als wenig beachtete Ladenhüter.

Sorry, nobody's perfect, aber warum ist das denn so schlimm? Wenn Sie nur eine Kombination von Kriterien berechnen wollen, ist es nicht schlimm. Aber sobald Sie eine Reihe von Berechnungen durchführen wollen, nervt dieses Handicap ungemein.

Angenommen, Sie möchten nicht nur die Personen der Abt. CO, sondern aller Abteilungen zählen. Die Abteilungen CO, EK, FI und VT listen Sie in H10:H13 auf und wollen die Anzahl daneben stellen. Mit Arrayformeln ist das kein Problem, da schreiben Sie ...

I10:{=SUMME(WENN(($B$2:$B$18="w")*($C$2:$C$18=H10);$F$2:$F$18))}

... und kopieren die Formel bis I13.

Mit den DB-Funktionen geht das nicht. Da hängt Ihnen der Suchkriteriumsbereich in H1:I2 wie ein Klotz am Bein: Den müssen Sie nämlich für jede der 4 Berechnungen neu definieren. Beispielsweise in J1:K2 für die zweite Berechnung, L1:M2 für die dritte Berechnung usw. Das ist eigentlich unzumutbar umständlich.

Natürlich sind Pivot-Tabellen dafür prädestiniert, solche aufgelisteten Berechnungen auf einen Schlag durchzuführen. Und damit wir es in diesem Buch wenigstens einmal gezeigt haben, demonstrieren wir es kurz an diesem Beispiel:

7.2 Pivot-Tabellen

Als Erstes markieren Sie den kompletten Bereich der Datentabelle oder auch nur irgendeine Zelle des Bereichs. Beim Starten des Pivot-Tabellen-Assistenten erkennt Excel dann automatisch den vollständigen Datenbereich. Dabei müssen Sie sich eins merken, was nicht nur bei Pivot-Tabellen, sondern auch generell beim Autofilter oder bei der Suchfunktion ⌨Strg + ⌨F etc. gilt: entweder ganz oder gar nicht. Entweder Sie markieren den kompletten Bereich oder nur eine Zelle. Dann hilft Ihnen Excel beim Bezug auf den richtigen Bereich (Autoselektion). Sobald Sie aber mehr als eine Zelle selektiert haben, bezieht Excel alles weitere nur auf diesen Bereich. Wenn Sie A1:A2 unbewusst selektiert haben und dann die Suchfunktion starten, wird Excel den Suchbegriff nicht finden, auch wenn er in einem Bereich außerhalb A1:A2 vorhanden ist. Das könnte Verwunderung auslösen.

1. Nach der Markierung wählen Sie im Menü (in XL2003) *Daten>PivotTable- und PivotChart-Bericht...*und aktivieren im folgenden Dialog *(Abbildung 7.2)* die ausgewählten Optionsfelder:

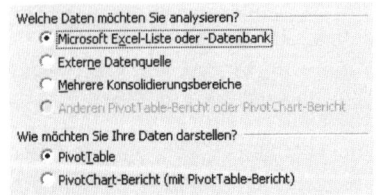

Abbildung 7.2: PivotTabellen-Assistent (1)

2. Danach aktivieren Sie *Weiter>* und bestätigen den Datenbereich:

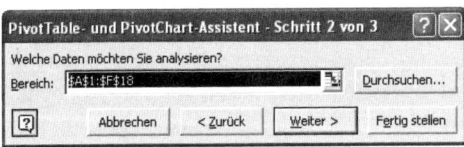

Abbildung 7.3: PivotTabellen-Assistent (2)

3. Betätigen Sie erneut *Weiter>* und wählen den Zielbereich der Pivottabelle aus *(Abbildung 7.4)*:

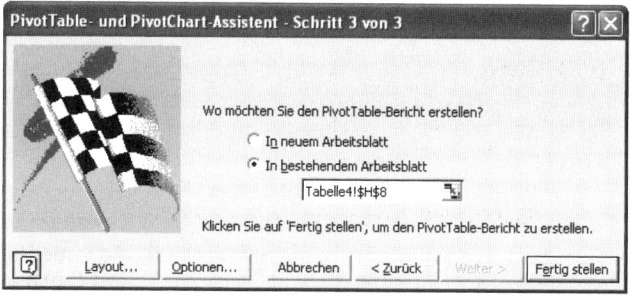

Abbildung 7.4: PivotTabellen-Assistent (3)

4. Wählen Sie jetzt *Layout...* aus *(Abbildung 7.5)*:

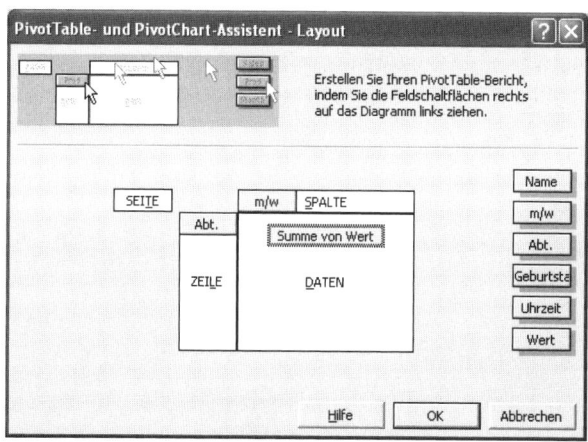

Abbildung 7.5: PivotTabellen-Assistent (4)

5. Dann ziehen Sie das Feld *Abt.* in den Bereich *ZEILE*, das Geschlecht (*m/w*) in den Bereich *SPALTE* und *Wert* in den *DATEN*-Bereich. Bestätigen Sie mit *OK* und klicken im nächsten Dialog auf *Fertig stellen*.

6. Das Endergebnis sieht dann wie in *Abbildung 7.6* aus:

Summe von Wert	m/w ▼		
Abt. ▼	m	w	Gesamtergebnis
CO	174	93	267
EK	96	126	222
FI	115	77	192
VT	143	75	218
Gesamtergebnis	528	371	899

Abbildung 7.6: Ergebnis der Pivot-Tabelle

Die Pivot-Tabelle ist also eine einfach und schnell zu bedienende Alternative zu den DB-Funktionen, bei der Sie ohne eigene Formeln auskommen. Aber Achtung: Pivot-Tabellen aktualisieren sich nicht von selbst, wenn sich die Werte der Datenquelle ändern. Dies muss manuell angestoßen werden.

7.3 Mehrfachoperation

Müssen wir die arme DB-Funktion nun beerdigen? Nein, denn sie hat eine Kollegin, die ihr neues Leben einhaucht: die MEHRFACHOPERATION (MOP).

Mit Hilfe der MEHRFACHOPERATION wird untersucht, wie sich eine Ergebniszelle (Output) bei Variation zweier Eingabezellen (Input) verändert. Dabei werden alle Operationen, von denen die Ergebniszelle abhängig ist, mehrfach (im Hintergrund, ohne dass es der Anwender bemerkt) durchgeführt. Diese Funktion kann nicht manuell eingegeben, sondern nur über den Menüpunkt *Daten>Tabelle...* (in älteren Excel-Versionen *Daten>Mehrfachoperation...*) erzeugt werden.

In unserem Anwendungsfall ist die Ergebnisgröße die Formel der DB-Funktion in J5 und die zwei Eingabezellen sind die Suchkriterien: „CO" in H2 und „w" in I2.

1. Schreiben Sie in H10:H13 alle Werte des ersten Kriteriums *Abt.*, für die Sie die Berechnung durchführen wollen. In I9 und J9 schreiben Sie die zwei möglichen Geschlechter *m* und *w*.

2. H9 beziehen Sie auf die Ergebniszelle J5, die berechnet werden soll. Dann selektieren Sie den kompletten Bereich H9:J13 und wählen im Menü *Daten>Tabelle...*

3. Füllen Sie den folgenden kleinen Dialog *(Abbildung 7.7)* wie folgt aus:

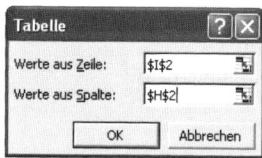

Abbildung 7.7: Dialog Mehrfachoperation

4. Mit *OK* bestätigt erhalten Sie das fertige Berechnungstableau *(Abbildung 7.8)*:

	A	B	C	D	E	F	G	H	I	J
								{=MEHRFACHOPERATION(I2;H2)}		
1	Name	m/w	Abt.	Geburtstag	Uhrzeit	Wert		Abt.	m/w	
2	Boris	m	CO	17.11.1971	06:25	81		CO	w	
3	Steffi	w	VT	20.09.1968	18:15	49				
4	Bettina	w	CO	14.02.1977	01:07	81		Anzahl:		2
5	Michael	m	EK	04.08.1960	23:58	69		Summe(Wert):		93
6	Andreas	m	EK	09.01.1949	01:29	27				
7	Eric	m	FI	23.08.1966	09:42	77				
8	Claudia	w	EK	22.11.1949	21:33	93				
9	Sylvia	w	FI	18.12.1952	23:43	13		93	m	w
10	Eva	w	EK	07.02.1995	21:47	33		CO	174	93
11	Jens	m	VT	17.12.1983	22:54	79		EK	96	126
12	Rainer	m	VT	10.05.1978	04:33	64		FI	115	77
13	Tomas	m	FI	08.03.1976	12:41	38		VT	143	75
14	Verena	w	VT	21.02.1960	07:46	26				
15	Nicolas	m	CO	10.03.1963	10:31	31				
16	Sven	m	CO	11.06.1982	00:51	62				
17	Ulla	w	FI	16.06.1981	14:46	64				
18	Helga	w	CO	21.05.1982	14:05	12				

Abbildung 7.8: Datenbank mit Mehrfachoperation analysieren

Sie konnten jetzt also 8 Berechnungen mit Datenbankfunktionen durchführen, obwohl Sie nur einen Suchkriterienbereich definiert haben. Wenn das mal kein Fortschritt ist.

7.3.1 MOP mit zwei Ergebniszellen und drei Eingabezellen

Nun ist die MEHRFACHOPERATION von Haus aus auch etwas eingeschränkt, da sie nur zwei Eingabezellen und eine Ergebniszelle vorsieht. Doch diese Grenzen sind leicht auszuhebeln. Die Ergebniszelle kann nämlich auch einen String enthalten, der sich aus mehreren Berechnungen zusammensetzt. Mit der Formel in ...

```
J5: =DBSUMME(A1:F18;F1;H1:I2)&ZEICHEN(10)&DBANZAHL(A1:F18;F1;H1:I2)
```

... können Sie beide Berechnungen (Summe und Anzahl) inklusive Zeilenumbruch auf einmal in den Mehrfachoperationen anzeigen. Über einen zusammengesetzten String lassen sich auch drei oder noch mehr Eingabewerte integrieren.

Angenommen, Sie möchten die Personen nach dem Geschlecht und nach Uhrzeitintervallen gruppieren *(Abbildung 7.9)*.

	J7	▾	_fx_ {=MEHRFACHOPERATION(I2;M2)}			
	G	H	I	J	K	L	M
1		Abt.	m/w	Uhrzeit	Uhrzeit		
2			w	>00:00	<=08:00		>00:00;<=08:00
3							
4			Anzahl:		2		
5							
6				2	m	w	
7		>00:00;<=08:00		4	2		
8		>08:00;<=18:00		3	2		
9		>18:00;<=23:59		2	4		

Abbildung 7.9: Mehrfachoperation mit drei Eingabeparametern

Im Kriterienbereich stehen drei Bedingungen, *m/w*, *Uhrzeit*(von) und *Uhrzeit*(bis). Der Trick dabei ist, dass die beiden Uhrzeitbedingungen über die Zelle M2 verkettet werden. Für die MEHRFACHOPERATION ist M2 nur eine Eingabezelle. Aber in Wahrheit können damit im Spaltenbereich I7:I9 zwei Eingabezellen verknüpft werden. Im eigentlichen Kriterienbereich wird der String zerlegt, um die einzelnen Eingabewerte zu erhalten:

J2: =LINKS(M2;6)

K2: =RECHTS(M2;7)

Das Spielchen ließe sich weitertreiben, wenn beispielsweise im Zeilenkriterium nach Geschlecht und Abteilung unterschieden werden soll. Dann könnte man in die Zelle

M3: CO/m

schreiben, danach im Kriterienbereich darauf zugreifen ...

H2:=Links(M3;2)

I2:=Rechts(M3;1)

... und hätte im Zeilenkopf der Berechungstabelle J6:Q6

CO/m;CO/w;EK/m;EK/w; FI/m;FI/w;VT/m;VT/w

stehen. Faktisch würde die MEHRFACHOPERATION damit vier Eingabezellen verarbeiten.

7.4 Intelligente DB-Funktionen

Arrayformeln können bekanntlich nicht auf ganze Spalten angewandt werden. Sie müssen also explizit einen Bereich wie A1:A10000 definieren. Außerdem erkennt die Arrayformel nicht, bis wohin der vorgegebene Bereich tatsächlich Daten enthält. Es wird gnadenlos bis Zeile 10000 durchgerechnet, was überflüssige Rechenzeit beansprucht.

Andere Funktionen sind blitzschnell, obwohl ganze Spalten wie A:A angegeben wurden. Diese Funktionen hören einfach auf zu rechnen, wenn sie merken: Halt, da kommt nichts mehr!

Über diese Intelligenz verfügen auch die DB-Funktionen und sie können gleichzeitig arrayformeltypische Berechnungen durchführen. Angenommen Sie möchten alle Personen zählen, die nach 1950 geboren wurden. Per Arrayformel sieht das so aus:

`{=SUMME(WENN(JAHR(D2:D20)>1950;1)))}` = 15

DBANZAHL kann das auch, und das sogar mit Angabe der ganzen Spalte *(Abbildung 7.10)*:

	H2	▼		*fx* =JAHR(D2)>1950			
	A	B	C	D	E	F	G	H
1	**Name**	**m/w**	**Abt.**	**Geburtstag**	**Uhrzeit**	**Wert**		**Alter**
2	Boris	m	CO	17.11.1971	06:25	81		WAHR
3	Steffi	w	VT	20.09.1968	18:15	49		
4	Bettina	w	CO	14.02.1977	01:07	81		
5	Michael	m	EK	04.08.1960	23:58	69		15
6	Andreas	m	EK	09.01.1949	01:29	27		
7	Eric	m	FI	23.08.1966	09:42	77		
8	Claudia	w	EK	22.11.1949	21:33	93		
9	Sylvia	w	FI	18.12.1952	23:43	13		
10	Eva	w	EK	07.02.1995	21:47	33		
11	Jens	m	VT	17.12.1983	22:54	79		
12	Rainer	m	VT	10.05.1978	04:33	64		
13	Tomas	m	FI	08.03.1976	12:41	38		
14	Verena	w	VT	21.02.1960	07:46	26		
15	Nicolas	m	CO	10.03.1963	10:31	31		
16	Sven	m	CO	11.06.1982	00:51	62		
17	Ulla	w	FI	16.06.1981	14:46	64		
18	Helga	w	CO	21.05.1982	14:05	12		

Abbildung 7.10: Formelbedingungen in DB-Funktionen

Der Kriterienbereich besteht nur aus H1:H2. In H2 wird geprüft, ob das Jahr von D2 größer ist als 1950. Das korrekte Ergebnis von 15 erhalten wir mit

H5: `=DBANZAHL(A:F;"Geburtstag";H1:H2)`

177

Die DB-Funktion ist so clever, zu erkennen, dass die Formel in H2 auf alle Datensätze der Datenbank angewandt werden soll, und zählt alle Datensätze, für die die Formel WAHR ergibt.

Wenn der Kriterienbereich eine solche Formelbedingung enthält, muss sich die Überschrift der Bedingung, hier *Alter*, von den Spaltenköpfen der Datenbank unterscheiden, sonst rechnet die Formel nicht. Was stattdessen darin steht, ist egal. Fragen Sie bitte nicht warum. Das ist einfach so.

Einen der beliebtesten Formelklassiker, Zählen ohne Duplikate, haben wir Ihnen in Kapitel 6.4 *Dirty Trick* bereits gezeigt. Mit Hilfe einer Formelbedingung haben die DB-Funktionen dafür auch eine wunderschöne Alternative in petto.

In unserer Beispieldatenbank möchten Sie zählen, wie viele unterschiedliche Abteilungen es gibt. Wir wissen, dass es 4 sind: CO, EK, FI und VT.

In H1 schreiben Sie irgendwas, beispielsweise *unterschiedliche Abteilungen*. Die Formelbedingung kommt in

H2:=ZÄHLENWENN(C$2:C2;C2)=1.

Nun liefert, man sehe und staune, die Formel

=DBANZAHL(A:F;"Wert";H1:H2)

das korrekte Ergebnis 4.

Um das Resultat besser zu verstehen, schreiben Sie in die zweite Zeile irgendeiner Hilfsspalte die Formel

=ZÄHLENWENN(C$2:C2;C2)=1

und kopieren sie nach unten, bis zum Ende der Liste. Wegen des Absolutsetzens der Startzeile ($) sucht die Formel immer von Beginn der Liste bis zur aufrufenden Zeile, in Zeile 10 beispielsweise:

=ZÄHLENWENN(C$2:C10;C10)=1

Die Formel liefert nur dann WAHR, wenn der Eintrag in C10 im Bereich C2:C9 noch nicht vorgekommen ist. Dies kann für jede *Abt.* in Spalte C nur jeweils einmal vorkommen. Alle übrigen Einträge sind Duplikate.

DBANZAHL zählt die WAHR-Zellen (die Originale), ohne auf die Hilfsspalte angewiesen zu sein.

TEIL 2

Abenteuerreisen in die Excelwelt

Bitte anschnallen, nun entführen wir Sie auf verschiedene Reisen durch die Excel-Welten. Dabei sollen Sie lernen wie Sie komplexe Anwendungen selbst entwickeln und verschiedene Excel-Funktionalitäten geschickt miteinander kombinieren können. Außerdem werden Sie sehen, wie unterhaltsam Excel sein kann.

KAPITEL 8

Die Iden des März – Datumsdifferenzen mit Zeiten vor 1900

Die Microsoft-Zeitrechnung beginnt bekanntlich mit der Zahl Null am 00.01.1900, dem einzigen Datum der Neuzeit, an dem kein Mensch das Licht der Welt erblickt hat.

8.1 Die Microsoft-Zeitrechnung

Seitdem wächst die Null Tag für Tag um 1 an. Die jüngste Jahrtausendwende ereignete sich somit vom 36.525. auf den 36.526. „Microsoft-Tag".

Eine Datumsdifferenz in Tagen lässt sich seit dem Jahre 1900 daher mittels einfacher Subtraktion des älteren vom jüngeren Datum errechnen. So stand die Berliner Mauer zum Beispiel exakt 10.315 Tage (13.08.1961 bis 09.11.1989), das „Wunder von Bern" wurde 7.308 Tage später in München erneut geschrieben (04.07.1954 bis 07.07.1974), und wenn (voraussichtlich) am 01.01.2038 die Kennedy-Akten der Öffentlichkeit präsentiert werden, sind exakt 27.069 Tage seit dessen Ermordung am 22.11.1963 vergangen.

```
=A1(junges Datum)-A2(altes Datum)
```

lautet die gleichermaßen schlichte wie effektive Lösung.

8.2 Datumsdifferenzen nach Einführung des gregorianischen Kalenders

Doch wie viele Tage zählte das Leben von Albert Einstein? Wie viel Zeit verging vom Prager Fenstersturz (23.05.1618) bis zum westfälischen Frieden (24.10.1648)? Oder wie lange liegen die Iden des März (Cäsars Ermordung am 15. März 44 vor Christus) zurück?

In letzterem Fall lässt eine Lösung ohnehin Interpretationsspielraum, da wir darüber philosophieren müssen, ob es das Jahr null überhaupt gab und wann und durch wen die Schaltjahre eingeführt wurden (Gregor; Julian; Cäsar; Ramses II.?). Bei Albert Einstein wird es deshalb schwierig, da er vor dem Microsoft-Urknall geboren, jedoch erst danach gestorben ist (14.03.1879 – 18.04.1955).

Und zur Zeit des 30-jährigen Krieges waren sich zwar alle schon über die Ermittlung der Schaltjahre einig, jedoch gab es wiederum die Microsoft-Zeitrechnung noch nicht.

Beginnen wir mit dem Prager Fenstersturz, bei dem ein paar protestantische Adlige aus Verärgerung über verletzte Religionsfreiheit drei Katholiken aus 20 Meter Höhe aus dem Fenster in die Tiefe beförderten (es überlebten übrigens alle – einer von ihnen erhielt im Übrigen später nicht von ungefähr den Adelszusatz „von Hohenfall").

Um jetzt die seitdem verstrichenen Tage bis zum westfälischen Frieden zu ermitteln, wäre Excel zunächst als Hilfsmittel wenig geeignet:

	A	B	C	D
	A3 ▼ *fx* ?			
1	24.10.1648	Westfälischer Frieden		
2	23.05.1618	Prager Fenstersturz		
3	?	Differenz in Tagen		
4				

Abbildung 8.1: Datumsangaben vor 1900 werden von Excel als Text interpretiert

An der Zellausrichtung (linksbündig) erkennen Sie sofort, dass es sich hier jeweils um Text und kein Datum handelt.

Die entscheidende Frage lautet daher:

Wie mache ich aus dem „Textdatum" ein „Excel-Datum", damit ich damit auch rechnen kann?

Und hier kommt bereits der entscheidende Kniff:

Wir addieren 2000 Jahre! Damit erschlagen wir drei Fliegen mit einer Klappe: Erstens befinden wir uns plötzlich innerhalb der Microsoft-Zeitrechnung, zweitens kommen wir nicht mit den derzeit gültigen gregorianischen Schaltregeln ins Gehege, denen zufolge sich ein Jahr immer dann um einen Tag verlängert, wenn es entweder a) durch 400 oder b) durch 4, aber nicht 100 teilbar ist, und drittens ändert sich an der gesuchten Datumsdifferenz überhaupt nichts, solange wir das mit beiden Daten machen.Die Umsetzung ist mit Textzerlegung denkbar einfach – hier zunächst mal am Beispiel „23.05.1618":

Wir spalten Tag und Monat (TT.MM.) sowie das Jahr (JJJJ) mit den Funktionen LINKS und TEIL ab:

Für Tag und Monat(TT.MM.):

```
=LINKS("23.05.1618";6) ="23.05."
```

Für das Jahr (JJJJ):

=TEIL("23.05.1618";7;4) ="1618"

Jetzt rechnen wir 2000 Jahre hinzu und verketten TT.MM. und JJJJ wieder:

=LINKS("23.05.1618";6)&TEIL("23.05.1618";7;4)+2000

="23.05.3618"

Das gleiche Spiel machen wir mit dem „24.10.1648":

Für Tag und Monat(TT.MM.):

=LINKS("24.10.1648";6) ="24.10."

Für das Jahr (JJJJ):

=TEIL("24.10.1648";7;4) ="1648"

Auch hier rechnen wir 2000 Jahre hinzu und verketten TT.MM. und JJJJ wieder:

=LINKS("24.10.1648";6)&TEIL("24.10.1648";7;4)+2000

="24.10.3648"

Im letzten Schritt subtrahieren wir beide Daten:

=("24.10.3648")-("23.05.3618")

Und erhalten damit unser gewünschtes Ergebnis: 11.112.

Und wenn wir jetzt die Daten durch die einzelnen Formeln ersetzen, erhalten wir:

A3	▼	*fx* =(LINKS(A1;6)&TEIL(A1;7;4)+2000)-(LINKS(A2;6)&TEIL(A2;7;4)+2000)				
	A	B	C	D	E	F
1	24.10.1648	Westfälischer Frieden				
2	23.05.1618	Prager Fenstersturz				
3	**11.112**	**Differenz in Tagen**				
4						

Abbildung 8.2: Datumsdifferenz in Tagen vor 1900

Exakt 11.112 Tage später wurden die Friedensverträge unterzeichnet.

Gehen wir ein paar Jahre weiter zu Albert Einstein, dessen Werke die Mathematik und die Physik revolutionierten und noch heute Rätsel aufwerfen:

Wie viele Tage dauerte sein schaffensreiches Leben?

	A3	▼	f_x ?		
	A	B		C	D
1	18.04.1955	Einsteins Tod in Princeton, USA			
2	14.03.1879	Einsteins Geburt in Ulm			
3	?	**Differenz in Tagen**			
4					

Abbildung 8.3: Datumsdifferenzen vor und nach 1900

An den unterschiedlichen Zellausrichtungen erkennen Sie sofort, dass es sich beim Todesdatum (A1 – rechtsbündig) um ein Excel bekanntes Datum handelt, das Geburtsdatum (A2 – linksbündig) hingegen im Textformat vorliegt.

Weil wir immer nach möglichst allgemeingültigen Lösungen suchen (da wir vorher nicht immer wissen können, welche Daten sich in welchem Format in welcher Zelle befinden), müssen wir die vorliegenden Daten zunächst irgendwie vereinheitlichen – entweder beide zu Zahlen oder beide zu Text.

Die Antwort: Wir machen zunächst einmal Texte daraus.

Der Vorteil: Wir kommen mit der gleichen Vorgehensweise wie beim 30-jährigen Krieg zur Lösung.

Und um aus dem Todesdatum von Einstein einen Text zu machen, nutzen wir die gleichnamige Funktion:

=TEXT(A1;"TT.MM.JJJJ")

Und zur Sicherheit – da wir nicht von vornherein wissen, ob das Datum in A2 nicht vielleicht doch in die Microsoft-Zeitrechnung passt – sprechen wir A2 auch mit

=TEXT(A2;"TT.MM.JJJJ")

an.

Der Rest ist dann identisch mit der Lösung zum 30-jährigen Krieg:

Wir spalten Tag und Monat (TT.MM.) sowie das Jahr (JJJJ) mit den Funktionen LINKS und TEIL ab:

Für Tag und Monat (TT.MM.) des Todestages in A1:

=LINKS(TEXT(A1;"TT.MM.JJJJ");6)

=LINKS("18.04.1955";6) ="18.04."

Für das Jahr (JJJJ):

```
=TEIL(TEXT(A1;"TT.MM.JJJJ");7;4)
```

```
=TEIL("18.04.1955";7;4) ="1955"
```

Jetzt rechnen wir 2000 Jahre hinzu und verketten TT.MM. und JJJJ wieder:

```
=LINKS(TEXT(A1;"TT.MM.JJJJ");6)&TEIL(TEXT(A1;"TT.MM.JJJJ");7;4)+2000
```

```
="18.04.3955"
```

Das gleiche Spiel machen wir mit dem Geburtsdatum in A2:

Für Tag und Monat(TT.MM.):

```
=LINKS(TEXT(A2;"TT.MM.JJJJ");6)
```

```
=LINKS("14.03.1879";6) ="14.03."
```

Für das Jahr (JJJJ):

```
=TEIL(TEXT(A2;"TT.MM.JJJJ");7;4)
```

```
=TEIL("14.03.1879";7;4) ="1879"
```

Auch hier rechnen wir 2000 Jahre hinzu und verketten TT.MM. und JJJJ wieder:

```
=LINKS(TEXT(A2;"TT.MM.JJJJ");6)&TEIL(TEXT(A2;"TT.MM.JJJJ");7;4)+2000
```

```
="14.03.3879"
```

Im letzten Schritt subtrahieren wir beide Daten:

```
A3:=(LINKS(TEXT(A1;"TT.MM.JJJJ");6)&TEIL(TEXT(A1;"TT.MM.JJJJ");7;4)+2000)-
(LINKS(TEXT(A2;"TT.MM.JJJJ");6)&TEIL(TEXT(A2;"TT.MM.JJJJ");7;4)+2000)
```

```
=("18.04.3955")-("14.03.3879") = 27.793
```

Und erhalten damit unser gewünschtes Ergebnis: 27.793.

A3	▼	fx	=(LINKS(TEXT(A1;"TT.MM.JJJJ");6)&TEIL(TEXT(A1;"TT.MM.JJJJ");7;4)+2000)-(
			LINKS(TEXT(A2;"TT.MM.JJJJ");6)&TEIL(TEXT(A2;"TT.MM.JJJJ");7;4)+2000)
	A		
1	18.04.1955	Einsteins Tod in Princeton, USA	
2	14.03.1879	Einsteins Geburt in Ulm	
3	27.793	Differenz in Tagen	
4			

Abbildung 8.4: Datumsdifferenzen vor und nach 1900 – Lösung 1

Einsteins Leben dauerte also genau 27.793 Tage.

Und die zwei Einzelberechnungen lassen sich auch in einem Array vereinen, indem wir die Summe der um 2000 Jahre erhöhten Daten bilden.

Ja, Sie haben richtig gelesen – die SUMME. Allerdings die Summe vom positiven Enddatum (Todestag) und dem negativen Startdatum (Geburtstag). Und wie wird das Startdatum negativ? Durch Multiplikation mit minus 1: (*-1).

Mit den errechneten Daten lässt sich das wie folgt darstellen:

=SUMME((Todesdatum:Geburtsdatum+2000 Jahre)*{1;-1})

=SUMME((Todesdatum+2000 Jahre)*1;(Geburtsdatum+2000 Jahre)*-1)

=SUMME("18.04.3955"*1;"14.03.3879"*-1)

Dafür ergänzen wir am Ende noch das Array aus +1 und –1: *{1;-1}

Zudem fassen wir die Daten in A1 und A2 in dem Bereich A1:A2 zusammen.

Also A1 (+2000 Jahre) wird mit 1 und A2 (+2000 Jahre) mit –1 multipliziert und anschließend die SUMME gebildet:

	A3	▾	*fx* {=SUMME((LINKS(TEXT(A1:A2;"TT.MM.");6)&TEIL(TEXT(A1:A2;"TT.MM.JJJJ");
			7;4)+2000)*{1;-1})}
	A		
1	18.04.1955	Einsteins Tod in Princeton, USA	
2	14.03.1879	Einsteins Geburt in Ulm	
3	**27.793**	**Differenz in Tagen**	
4			

Abbildung 8.5: Datumsdifferenzen vor und nach 1900 – Lösung 2

In Einzelschritten macht die Formel also Folgendes:

	A7	▾	*fx* =SUMME(A4*1;A5*-1)		
	A	B	C	D	E
1	18.04.1955	Todestag			
2	14.03.1879	Geburtstag			
3					
4	18.04.3955	=LINKS(TEXT(A1;"TT.MM.");6)&TEIL(TEXT(A1;"TT.MM.JJJJ");7;4)+2000			
5	14.03.3879	=LINKS(TEXT(A2;"TT.MM.");6)&TEIL(TEXT(A2;"TT.MM.JJJJ");7;4)+2000			
6					
7	27.793	Differenz in Tagen			
8					

Abbildung 8.6: Datumsdifferenzen vor und nach 1900 - Lösung in drei Schritten

Auch hier sehen Sie wieder die unterschiedlichen Zellausrichtungen:

Die um 2000 Jahre erhöhten Daten in A4 und A5 werden zunächst linksbündig, also im Textformat, ermittelt, obwohl es eigentlich Daten sind, die innerhalb der Microsoft-Zeitrechnung liegen. Doch an dieser Stelle ist noch der Verkettungsoperator & dominant, der einen Zellwert zunächst immer als Text darstellt.

Jetzt haben wir aber bereits gelernt, dass Excel so „schlau" ist, diese Texte in Zahlen umzuwandeln, wenn man sie mit irgendeiner mathematischen Operation „dazu bringt". Die hier verwendete Operation in der Summenformel in Zelle A7 ist die Multiplikation mit 1 bzw. –1. Dann werden die „Textdaten" in die entsprechenden Ganzzahlen konvertiert und lassen sich summieren.

Die beiden bisherigen Lösungen (30-jähriger Krieg und Einstein) funktionieren übrigens bis ins Jahr 1583 nach Christus. Warum nur bis 1583?

8.3 Datumsdifferenzen vor Beginn des gregorianischen Kalenders

Gehen wir in der Zeitreise weit zurück zu den Iden des März 44 vor Christus (15.03.0044 v. Chr.), dem Tag, an dem Cäsar im Saal des Pompejustheaters zur Senatsversammlung erschien, um dort anschließend von Brutus und seinen Gefolgsleuten mit 23 Dolchstichen ermordet zu werden. Wie viele Tage sind seitdem vergangen?

Diese Frage zu beantworten, grenzt fast an Unmöglichkeit, denn bis zum Jahr 1582 herrschte heilloses Chaos hinsichtlich der Länge eines Kalenderjahres und der Länge des tatsächlichen Jahres. Das führte dazu, dass es Jahre mit extrem unterschiedlicher Länge gab, 377, 350, 360 Tage etc., und der Sommeranfang fast auf den ersten Schneefall fiel. Erst Papst Gregor der VIII. hatte 1582 nach Christus einigermaßen Durchblick, als er die Länge eines Jahres auf 365,2425 Tage (365 Tage, 5 Stunden, 49 Minuten und 12 Sekunden) festlegte und dazu auch die derzeit gültigen Schaltjahrregeln einführte. Da zu dieser Zeit der gültige Kalender aber 10 Tage „hinterherhinkte", hat er beschlossen, dem 04.10.1582 den 15.10.1582 folgen zu lassen. Die Reihenfolge der Wochentage wurde dadurch nicht beeinträchtigt, aber die fehlenden 10 Tage verschwanden einfach in einem großen schwarzen Loch.

Die folgende Lösung ermittelt daher nicht die Tagesdifferenz, sondern die in Jahre, Monate und Tage aufgeteilte Differenz. Dabei werden wir allerdings das „schwarze Loch" gebührend berücksichtigen, sobald ein Enddatum in den Oktober des Jahres 1582 fällt.

Die Einzelschritte gehen aus folgender Abbildung hervor:

	A	B	C	D	E	F	G	H
1	Datumsdifferenzen vor 1583 (und auch vor Christus)		v = vor Christus	Wenn "v": Daten auf das Startjahr Null verschieben	2000 Jahre addieren	involvierte Tage vom 05.- 14.10.1582 ermitteln		
2	Datum bis	22.06.2006		22.06.2050	22.06.4050			
3	Datum von	15.03.0044	v	15.03.0000	15.03.2000	0		
4								
5	Jahre:		2050	=DATEDIF(E3;E2-F3;"Y")				
6	Monate:		3	=DATEDIF(E3;E2-F3;"YM")				
7	Tage:		7	=DATEDIF(E3;E2-F3;"MD")				
8								
9	Formeln in D2, D3, E2, E3 und F3:							
10	D2: =WENN(C3="v";LINKS(DatBis;6)&TEXT(RECHTS(DatBis;4)+RECHTS(DatVon;4);"0000");DatBis)							
11	D3: =WENN(C3="v";LINKS(DatVon;6)&"0000";DatVon)							
12	E2: =(LINKS(D2;6)&RECHTS(D2;4)+2000)+0							
13	E3: =(LINKS(D3;6)&RECHTS(D3;4)+2000)+0							
14	F3: =MAX(0;MIN(E2;"14.10.3582"*1)-MAX(E3;"05.10.3582"*1)+1)*(RECHTS(DatBis;7)="10.1582")							
15								
16	Namen:							
17	DatBis	=TEXT(Tabelle1!$B$2;"TT.MM.JJJJ")						
18	DatVon	=TEXT(Tabelle1!$B$3;"TT.MM.JJJJ")						
19								

Abbildung 8.7: Datumsdifferenzen vor Einführung des gregorianischen Kalenders und vor Christus

Das Startdatum wird in B3 eingetragen. In C3 kennzeichnet das „v", dass es sich um ein Datum vor Christus handelt. Ohne das „v" wird das Datum als nachchristlich berechnet. Das Enddatum in B2 muss hingegen nach Christus liegen, jedoch nicht unbedingt innerhalb der Microsoft-Zeitrechnung. Daten außerhalb der Microsoft-Zeitrechnung müssen im Format TT.MM.JJJJ vorliegen.

Der erste Gedanke:

Wenn ein Datum vor Christus vorliegt, dann verschieben wir beide Daten zunächst auf das Jahr null (dessen Existenz wir übrigens unterstellen). Dazu wandeln wir, analog der Einstein-Vorgehensweise, beide Daten in das Textformat um, lesen die Jahre mit der Funktion RECHTS aus, setzen das Startdatum auf das Jahr null und erhöhen das Jahr des Enddatums um die Jahre vor Christus. Im Beispiel wird das Jahr 2006 um die 44 vorchristlichen Jahre auf 2050 erhöht. Analog der „Einstein-Lösung" sprechen wir beide Daten wieder im Textformat an und haben hierfür die abgebildeten Namen *DatVon* und *DatBis* vergeben.

Daher wird für D2 wie folgt formuliert:

```
D2: =WENN(C3="v";LINKS(DatBis;6)&TEXT(RECHTS(DatBis;4)+RECHTS(DatVon;4);
"0000");DatBis)
```

Falls *DatVon* vor Christus liegt (C3="v"), wird das Jahr mit RECHTS(DatVon) ausgelesen, zum mit RECHTS(DatBis) extrahierten Jahr addiert, mittels der Funktion TEXT in das vierstellige Format "0000" umgewandelt und an Tag und Monat (TT.MM.) von *DatBis* angehängt. Liegt *DatVon* hingegen nach Christus, passiert gar nichts: *DatBis* wird unverändert übernommen.

In D3 wird mit

D3: =WENN(C3="v";LINKS(DatVon;6)&"0000";DatVon)

in Abhängigkeit von C3 entweder das Datum auf das Jahr null verschoben, indem Tag und Monat (TT.MM.) von *DatVon* extrahiert und anschließend mit "0000" verkettet werden, oder aber unverändert übernommen.

Im nächsten Schritt verschieben wir die beiden Daten wieder in die Microsoft-Zeitrechnung, indem wir 2000 Jahre addieren:

E2: =(LINKS(D2;6)&RECHTS(D2;4)+2000)+0

E3: =(LINKS(D3;6)&RECHTS(D3;4)+2000)+0

Das wäre eigentlich schon die ganze Vorarbeit, wenn wir nicht noch berücksichtigen wollten, dass das Enddatum auch in den Oktober 1582 fallen kann, denn eine Datumsdifferenz vom 15.09.1582 bis 15.10.1582 beträgt nicht einen Monat, sondern, aufgrund des schwarzen Lochs, nur 20 Tage. Also ermitteln wir dieses Szenario in F3 mit:

F3:=MAX(0;MIN(E2;"14.10.3582"*1)-MAX(E3;"05.10.3582"*1)+1)*(RECHTS(DatBis;7) ="10.1582")

Das Ergebnis kann nur dann ungleich null sein, wenn das Enddatum innerhalb des Oktobers 1582 liegt – durch die abschließende Multiplikation mit

*(RECHTS(DatBis;7)="10.1582").

Nach diesem kleinen Zusatz kommen wir dann auch zu den Endformeln in B5 bis B7. Hier bedienen wir uns der Funktion DATEDIF, die mit den unterschiedlichen Parametern die Jahres-, Monats- und Tagesdifferenz berechnet:

B5: =DATEDIF(E3;E2-F3;"Y")

B6: =DATEDIF(E3;E2-F3;"YM")

B7: =DATEDIF(E3;E2-F3;"MD")

Am 22.06.2006 lagen die Iden des März bereits 2050 Jahre, 3 Monate und 7 Tage zurück!

KAPITEL 9

Der ewige, multi-linguale Kalender

Da Excel eine absolutes Multitalent ist und daher auch von so vielen Anwendern geliebt wird, ist es kaum verwunderlich, dass eine der beliebtesten Aufgaben ebenfalls nur allzu häufig mit Excel gelöst wird: die Erstellung eines Kalenders.

9.1 Aufbau des multilingualen Kalenders

Sei es zur Urlaubs- und Personalplanung, für Geburtstagslisten, Terminlisten etc. – Excel bietet hierfür alle Möglichkeiten. Wir werden in diesem Kapitel nicht nur irgendeinen Kalender basteln – nein – wir basteln den multilingualen Kalender, denn Excel ist – seit XL2002 (XP) – ein echtes Sprachgenie. Führen Sie ein und denselben Kalender mit Ihrem Kollegen aus Litauen, Ihren Kolleginnen aus Israel und China und Ihrem Chef aus Griechenland, denn Excel spricht gleichzeitig sowohl deutsch als auch hebräisch, chinesisch, litauisch und griechisch. Insgesamt beherrscht Excel 114 Sprachen und zudem 24 Zahlensysteme!

Genug der Vorrede – fangen wir an. Unsere Mappe besteht aus den vier Blättern *Kalender, Feiertage, Ländercodes* und *Zahlencodes (Abbildung 9.1):*

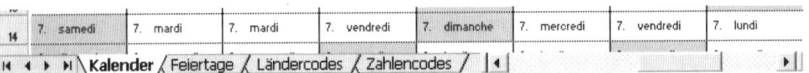

Abbildung 9.1: Die vier Tabellenregister des multilingualen Kalenders

Damit das Ganze einigermaßen übersichtlich bleibt, arbeiten wir auch mit ein paar Hilfsspalten, die am Ende ausgeblendet werden. Wir befinden uns zunächst im Blatt *Kalender.* Dort erstellen wir mit Hilfe einer einzigen Formel einen Schnellkalender. Dieser muss optisch nicht sehr ansprechend sein, da er später ausgeblendet wird. Aber er vereinfacht die weitere Bearbeitung in unserem eigentlichen multilingualen Kalender, da wir später auf den Schnellkalender Bezug nehmen können.

In A7 bis L7 schreiben wir die 12 Monatsnamen: Januar, Februar, März usw. Der Zelle A6 verpassen wir den Namen *Jahr* und versehen sie zunächst mit einer x-beliebigen Jahreszahl, z.B. 2006. Die Zelle A8 formatieren wir benutzerdefiniert mit TT* TTT (muss eigentlich nicht sein, sieht aber doch besser aus) – was zu einer innerhalb der Zelle gleichzeitig links- und rechtsbündigen Darstellung führt. Das * – gefolgt von einem Leerzeichen – füllt die Zelle zwischen TT und TTT mit Leerzeichen auf.

Dazu schreiben wir in A8 diese Formel:

```
A8:=WENN(MONAT(DATUM(Jahr;SPALTE(A$1);ZEILE($A1)))>SPALTE(A$1);"";DATUM(Jahr;
SPALTE(A$1);ZEILE($A1)))
```

Die Formel aus A8 lässt sich jetzt auf den gesamten Bereich A8:L38 übertragen.

Das Ergebnis sehen Sie in *Abbildung 9.2*:

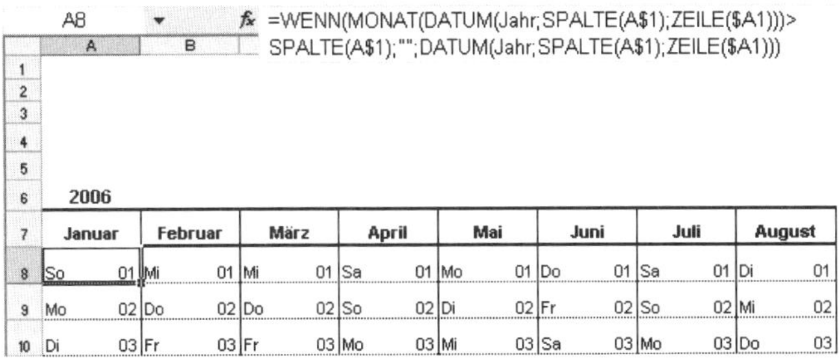

	A8	▾	*fx*	=WENN(MONAT(DATUM(Jahr;SPALTE(A$1);ZEILE($A1)))>

	A	B			SPALTE(A$1);"";DATUM(Jahr;SPALTE(A$1);ZEILE($A1)))
1					
2					
3					
4					
5					
6	2006				

	Januar		Februar		März		April		Mai		Juni		Juli		August	
7																
8	So	01	Mi	01	Mi	01	Sa	01	Mo	01	Do	01	Sa	01	Di	01
9	Mo	02	Do	02	Do	02	So	02	Di	02	Fr	02	So	02	Mi	02
10	Di	03	Fr	03	Fr	03	Mo	03	Mi	03	Sa	03	Mo	03	Do	03

Abbildung 9.2: Aufbau des Schnellkalenders

Hier muss man die Funktionsweise der Funktion DATUM verstehen. Um z.B. eine fortlaufende Datumsreihe, beginnend beim 01.01.2006, zu erzeugen, schreiben Sie in

A1: =DATUM(2006;1;ZEILE(A1)).

ZEILE(A1) steht zunächst für die 1. Kopieren Sie die Formel 100 Zeilen nach unten.
Aus Zeile(A1) wird ZEILE(A2), dann ZEILE(A3) etc. Dieses Prinzip haben wir in *Kapitel
4.4 Die Allzweckfunktionen ZEILE und SPALTE* beschrieben. Die Formel gibt aber nicht
nach dem 31. Tag den Geist auf, denn in Zeile 32 steht:

A32: =DATUM(2006;1;ZEILE(A32)), was übersetzt bedeutet: 32.01.2006. Angezeigt
wird aber der 01.02.2006 *(Abbildung 9.3)*. Auch die 99. Zeile berechnet quasi den
„99.01.". Aber Excel macht daraus korrekterweise den 09.04.2006.

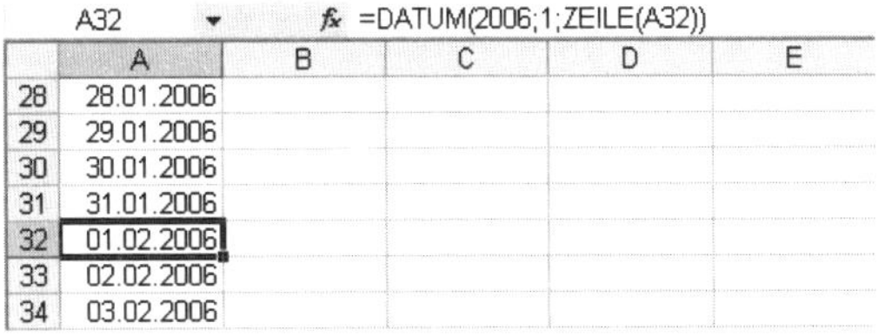

	A32	▾	*fx*	=DATUM(2006;1;ZEILE(A32))	
	A	B	C	D	E
28	28.01.2006				
29	29.01.2006				
30	30.01.2006				
31	31.01.2006				
32	01.02.2006				
33	02.02.2006				
34	03.02.2006				

Abbildung 9.3: Excels Datumslogik – „32.01." = „01.02."

Wir erinnern uns, dass sich hinter einem Datum lediglich eine Ganzzahl größer als null verbirgt und nur aufgrund der Formatierung als Datum (z.B. im Format TT.MM.JJJJ) dargestellt wird. Dabei hat Excel den kompletten Kalender vom 00.01.1900 (Zahl 0) bis zum 31.12.9999 (Zahl 2.958.465) integriert. Und der hochgezählte Tag innerhalb der Funktion DATUM addiert immer nur die Ganzzahl mit 1 und gibt diese korrekt als Datum wieder.

Mit diesem Wissen kommen wir zurück zu unserer Formel, die, vereinfacht dargestellt, Folgendes überprüft:

`=WENN(MONAT(Datum)>Spaltennummer;Zelle_leer_lassen;Datum_anzeigen)`

Da wir in Zeile 8 (A8) mit der Formel begonnen haben (mit Bezug auf das Jahr in A6 = 2006), werden bis Zelle A38 Daten angezeigt (31.01.2006). Ab Zelle A39 bleibt die Zelle leer, da das Datum in den Februar rutscht und der Monat (=2) somit größer als `SPALTE(A$1)` (=1) ist. In der Nachbarspalte B wird in einem Nicht-Schaltjahr die letzte mit einem Datum beschriebene Zelle B35 sein, da der Datumszähler in B36 auf den 01.03.2006 klettert und der Monat größer als `SPALTE(B$1)` (=2) ist. Wäre das Jahr hingegen ein Schaltjahr, dann ergäbe die Formel in B36 nicht den 01.03. sondern den 29.02. Der Abgleich zwischen Monat (2) und `SPALTE(B$1)` ergäbe WAHR und das Datum würde angezeigt.

Die Überprüfung, ob ein bestimmtes Jahr ein Schaltjahr ist, können Sie mit diesem Wissen bereits vornehmen. Leichter ist es, den Tag vor dem 01.03. auf 29 zu überprüfen. Ist das Ergebnis WAHR, dann handelt es sich um ein Schaltjahr. Doch wie gelangen Sie immer an den Monatsletzten? Ganz einfach: Der nullte Tag eines Monats ist immer der letzte Tag des Vormonats. Demzufolge ist `=DATUM(2006;3;0)` der 28.02.2006, da 2006 keine Schaltjahr ist. `=DATUM(2000;3;0)` ist der 29.02.2000, denn das Jahr 2000 ist ein Schaltjahr. Und in Gänze prüfen wir genau den Tag dieses Datums mit der gleichnamigen Funktion auf 29 (im Beispiel *(Abbildung 9.4)* steht in A1 das Jahr):

`A3:=WENN(TAG(DATUM(A1;3;0))=29;"Schaltjahr";"kein Schaltjahr")`

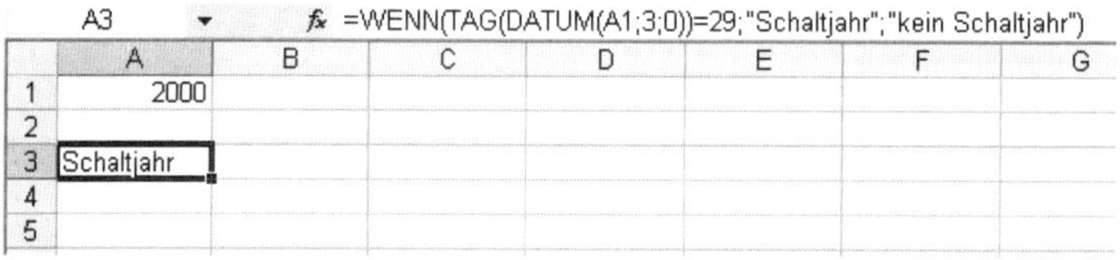

Abbildung 9.4: Prüfung, ob ein Jahr ein Schaltjahr ist

So, das war bisher aber nur Vorgeplänkel, denn diesen Teil des Blattes *Kalender* blenden wir nachher noch aus. Jetzt geht es langsam ans Eingemachte, denn wir verfolgen ja unser Ziel, den Kalender als Sprachgenie einzusetzen. Bevor wir unser Endprodukt in Angriff nehmen können, müssen wir aber erst noch ein paar *Namen* definieren.

Dazu begeben wir uns jetzt in das Blatt *Feiertage*. Der Blattname lässt bereits vermuten, worum es geht: Wir erstellen eine Liste aller Feiertage. Diese soll sich in Abhängigkeit des gewählten Jahres dynamisch anpassen.

Zunächst setzen wir einen Bezug zum *Jahr*:

A1:=Jahr.

Ab B1 berechnen wir nun untereinander die wesentlichen Feiertage – und beschränken uns dabei auf die deutschen Feiertage *(Abbildung 9.5)*:

	A	B	C	D	E	F	G
	A1	▼	*fx* =Jahr				
1	**2006**	01.01.2006	Neujahr	=("1.1."&A1)*1			
2		14.04.2006	Karfreitag	=B3-2			
3		16.04.2006	Ostersonntag	=DM((TAG(MINUTE(A1/38)/2+55)&".4."&A1)/7;)*7-6			
4		17.04.2006	Ostermontag	=B3+1			
5		25.05.2006	Himmelfahrt	=B3+39			
6		05.06.2006	Pfingstmontag	=B3+50			
7		15.06.2006	Fronleichnam	=B3+60			
8		01.05.2006	Maifeiertag	=DATUM(A1;5;1)			
9		03.10.2006	Tag der deutschen Einheit	=DATUM(A1;10;3)			
10		25.12.2006	1. Weihnachtsfeiertag	=DATUM(A1;12;25)			
11		26.12.2006	2. Weihnachtsfeiertag	=B10+1			

Kalender \ **Feiertage** / Ländercodes / Zahlencodes /

Abbildung 9.5: Berechnung der vom Ostersonntag abhängigen Feiertage

Die Grundlage für viele Feiertage bildet der Ostersonntag, der immer auf den ersten Sonntag nach dem ersten Vollmond nach Frühlingsanfang fällt (beschlossen vom Ersten Concil von Nizäa, 325 n. Chr.). Karl Friedrich Gauß (vielen noch vom guten alten 10-DM-Schein bekannt) entwickelte dafür als Erster im Jahre 1800 eine allgemeingültige Formel, die noch heute Gültigkeit besitzt. Die von uns verwandte Formel ist das Gewinnerprodukt eines Internetwettbewerbs aus dem Jahr 1998, den Ostersonntag mit einer möglichst kurzen Formel unter Verwendung der Microsoft-Datumsfunktionen zu ermitteln. Bis zum Jahr 2203 funktioniert sie auch einwandfrei (mit Ausnahme 2079 – da ist sie eine Woche zu früh dran). Danach muss wohl wieder ein neuer Wettbewerb ausgerufen werden.

Durch schlichte Addition/Subtraktion von Tagen kann man dadurch Karfreitag, Oster-montag, Himmelfahrt, Pfingsten, Fronleichnam und auch noch einige Feiertage mehr (z.B. Rosenmontag) ermitteln. Die anderen aufgeführten Feiertage sind fixe Termine. Regionale Feiertage können natürlich auch noch nach Belieben ergänzt werden. Daher definieren wir für die Feiertage auch einen dynamischen Namen *Feiertage* mit Bezug auf:

`=BEREICH.VERSCHIEBEN(Feiertage!$B$1;;;ANZAHL(Feiertage!$B:$B))`

Damit kommen wir auch schon zum nächsten Tabellenblatt, *Ländercodes*. Und ab hier bringen wir Excel bei, Fremdsprachen zu sprechen. Dazu muss man wissen, dass jedes Land einen Ländercode besitzt, den man sowohl in ein benutzerdefiniertes Zahlenformat als auch in die Funktion TEXT integrieren kann. Beispielsweise hat Frankreich den Ländercode 40C. Kleidet man diesen nach diesem Muster in eckige Klammern, dann wird das Datum auf Französisch angezeigt *(Abbildung 9.6)*.

`[$-Ländercode]TTTT, TT.MMMM JJJJ` – also für Frankreich

`[$-40C]TTTT, TT.MMMM JJJJ`

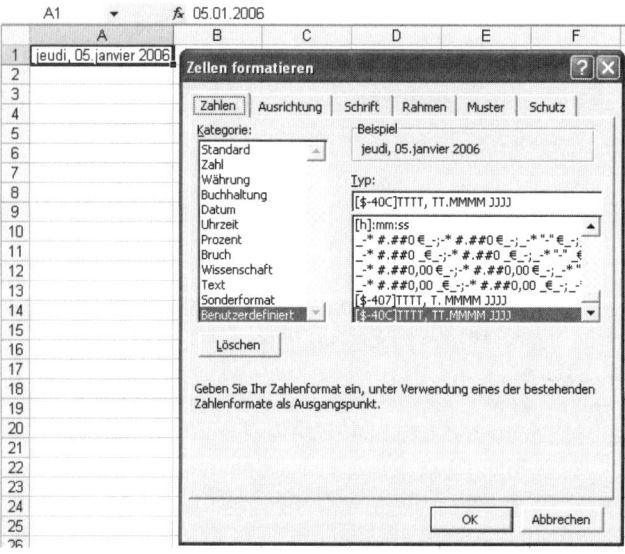

Abbildung 9.6: Dialog benutzerdefiniertes Zahlenformat mit internationalem Ländercode

Dasselbe Ergebnis erzielt man mit der Funktion TEXT, mit dem Unterschied, dass das Ergebnis im Textformat und nicht mehr als Zahl vorliegt:

B1	▼	*fx* =TEXT(A1;"[$-40C]TTTT, TT.MMMM JJJJ")		
	A	B	C	D	E
1	05.01.2006	jeudi, 05.janvier 2006			
2					
3					

Abbildung 9.7: Zahlenformat mit internationalem Ländercode über die Funktion TEXT sichtbar machen

Dies alles vorausgeschickt, legen wir uns nun mit etwas Fleißarbeit eine Liste aller Ländercodes an. In Spalte A der Ländercode, in Spalte B die Sprache und in Spalte C verketten wir die Spalten A & B:

	A	B	C	D
1	45a	(Alt)Syrisch	45a-(Alt)Syrisch	
2	436	Afrikaans	436-Afrikaans	
3	41c	Albanisch	41c-Albanisch	
4	45E	Amharisch	45E-Amharisch	
5	401	Arabisch	401-Arabisch	
6	42b	Armenisch	42b-Armenisch	
7	82C	Aserbaidschanisch (Kyrillisch)	82C-Aserbaidschanisch (Kyrillisch)	
8	42C	Aserbaidschanisch (Lateinisch)	42C-Aserbaidschanisch (Lateinisch)	
9	44D	Assamesisch	44D-Assamesisch	
10	42d	Baskisch	42d-Baskisch	
11	445	Bengalisch	445-Bengalisch	
12	416	Brazilian	416-Brazilian	
13	402	Bulgarisch	402-Bulgarisch	
14	45C	Cherokee	45C-Cherokee	
15	804	Chinese (Simpel)	804-Chinese (Simpel)	
16	404	Chinese (Standard)	404-Chinese (Standard)	
17	406	Dänisch	406-Dänisch	
18	407	Deutsch	407-Deutsch	
19	C07	Deutsch (Österreich)	C07-Deutsch (Österreich)	
20	807	Deutsch (Schweiz)	807-Deutsch (Schweiz)	
21	465	Dhivehi	465-Dhivehi	
22	466	Edo	466-Edo	

|◄ ◄ ► ►| \ Kalender / Feiertage \ **Ländercodes** / Zahlencodes / |◄| | ►||

Abbildung 9.8: Liste der internationalen Ländercodes (Auszug)

Eine vollständige Liste aller 114 Codes finden Sie im Anhang dieses Buches.

Auch für die Ländercodes definieren wir den Namen *Ländercodes* mit Bezug auf: =Ländercodes!$C$1:$C$114.

Dieser Bezug kann statisch sein, da es definitiv nur 114 Ländercodes gibt.

Zum Abschluss unserer Vorarbeiten wandern wir jetzt weiter in das Blatt *Zahlencodes*. Was uns jetzt noch fehlt, sind die 24 verschiedenen Zahlenformate, die unser Sprachgenie Excel außerdem noch kennt. Diese besitzen jeweils einen Hexadezimalwert, seltsamerweise aber nicht durchnummeriert von 1 bis 24. Nach 1 bis 19 kommt 27, 30, 31, 39 und 153. Wenn man diesen Hexadezimalwert mit dem Zusatz **0E0407** verkettet, dann hat man ein gültiges Zahlenformat erzeugt.

	A	B	C	D	E
1	**Hexadezimalwert**	**Zifferntyp**	**Format**	**Darstellung**	
2	01	Westlich	[$-010E0407] T	12	=TEXT(12;C2)
3	02	Arabisch-Indisch	[$-020E0407] T	١٢	
4	03	Erweitertes Arabisch-Indisch	[$-030E0407] T	١٢	
5	04	Devanagari	[$-040E0407] T	१२	
6	05	Bengalisch	[$-050E0407] T	১২	
7	06	Gurmukhi	[$-060E0407] T	੧੨	
8	07	Gujarati	[$-070E0407] T	૧૨	
9	08	Oriya	[$-080E0407] T	୧୨	
10	09	Tamilisch	[$-090E0407] T	௧௨	
11	0A	Telugu	[$-0A0E0407] T	౧౨	
12	0B	Kannada	[$-0B0E0407] T	೧೨	
13	0C	Malayalam	[$-0C0E0407] T	൧൨	
14	0D	Thai	[$-0D0E0407] T	๑๒	
15	0E	Laotisch	[$-0E0E0407] T	໑໒	
16	0F	Tibetanisch	[$-0F0E0407] T	༡༢	
17	1B	Japanisch 1	[$-1B0E0407] T	十二	
18	1E	Chinesisch 1	[$-1E0E0407] T	十二	
19	1F	Chinesisch 2	[$-1F0E0407] T	壹拾貳	
20	27	Koreanisch	[$-270E0407] T	십이	

Kalender / Feiertage / Ländercodes \ **Zahlencodes** /

Abbildung 9.9: Liste der internationalen Zahlencodes

Die Spalten A bis C übernehmen wir genau so in unseren Kalender (Spalte D sollte hier nur das Ergebnis darstellen). Zu beachten ist hierbei, dass Spalte A unbedingt als Text formatiert werden muss, um die führenden Nullen nicht bloß anzuzeigen, sondern sie auch effektiv in der Zelle zu beinhalten, da andernfalls die Verkettung nicht funktionieren würde.

Und auch für die Zahlencodes definieren wir noch den Namen *Zahlencodes* mit Bezug auf:

=Zahlencodes!$B$2:$B$25

So, die Vorarbeit ist geleistet. Wir können uns jetzt an den eigentlichen Kalender machen. Dafür wechseln wir wieder zurück in das Blatt *Kalender.* Den letztendlich sichtbaren, formatierten Kalender platzieren wir rechts neben dem nackten Zahlengerüst der ersten 12 Spalten (A:L). Wir beginnen ab Spalte M. Die mit *Jahr* benannte Zelle A6 verschieben wir nach M6 und blenden anschließend die Spalten A:L aus. Der Name *Jahr* bezieht sich also ab sofort auf M6. Was uns jetzt noch fehlt, zeigen wir vorab in einem Ausschnitt des Endproduktes *(Abbildung 9.10)*:

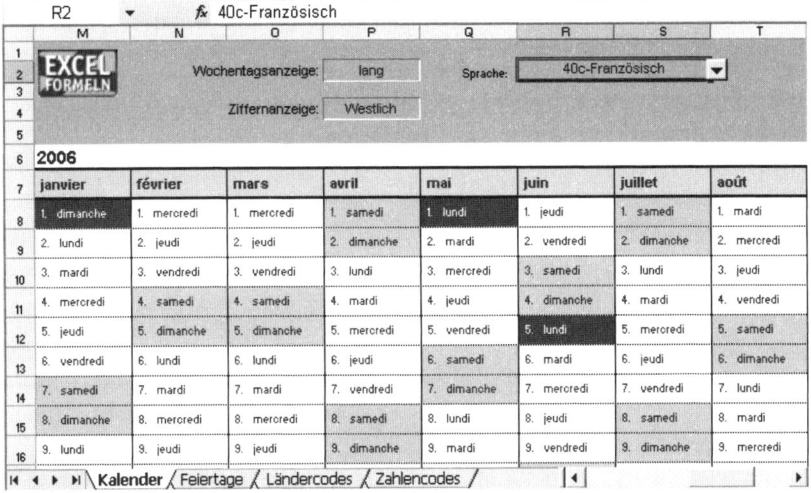

janvier	février	mars	avril	mai	juin	juillet	août
1. dimanche	1. mercredi	1. mercredi	1. samedi	1. lundi	1. jeudi	1. samedi	1. mardi
2. lundi	2. jeudi	2. jeudi	2. dimanche	2. mardi	2. vendredi	2. dimanche	2. mercredi
3. mardi	3. vendredi	3. vendredi	3. lundi	3. mercredi	3. samedi	3. lundi	3. jeudi
4. mercredi	4. samedi	4. samedi	4. mardi	4. jeudi	4. dimanche	4. mardi	4. vendredi
5. jeudi	5. dimanche	5. dimanche	5. mercredi	5. vendredi	5. lundi	5. mercredi	5. samedi
6. vendredi	6. lundi	6. lundi	6. jeudi	6. samedi	6. mardi	6. jeudi	6. dimanche
7. samedi	7. mardi	7. mardi	7. vendredi	7. dimanche	7. mercredi	7. vendredi	7. lundi
8. dimanche	8. mercredi	8. mercredi	8. samedi	8. lundi	8. jeudi	8. samedi	8. mardi
9. lundi	9. jeudi	9. jeudi	9. dimanche	9. mardi	9. vendredi	9. dimanche	9. mercredi

Abbildung 9.10: Ausschnitt des multilingualen Kalenders (hier in französisch)

Insgesamt gibt es 3 Einstellungsmöglichkeiten:

1. Einstellung der Wochentagsanzeige in Zelle P2 mit der Auswahl: lang oder kurz (*Daten>Gültigkeit>Liste>Quelle*: `lang;kurz`). Dadurch wird später gesteuert, ob ein Wochentag als Sonntag (lang) oder So (kurz) dargestellt wird.
2. Weiterhin wird in Zelle P4 die Ziffernanzeige gesteuert (aus den 24 Zahlencodes). Auch dies mittels *Daten>Gültigkeit>Liste>Quelle*: `=Zahlencodes`.
3. Die dritte Einstellung ist die eigentlich entscheidende, denn hier bestimmen Sie die Sprache aus der Liste der 114 Ländercodes. In R2 haben wir über *Daten>Gültigkeit>Liste>Quelle*: `=Ländercodes` eine Auswahlliste geschaffen.

Zunächst lesen wir den Ländercode mit Hilfe der in R2 getroffenen Auswahl aus, indem wir die Auswahl im Blatt *Ländercodes* vergleichen (der „SVERWEIS nach links"). Dazu vergeben wir den Namen *LC* (steht für LänderCode) bezogen auf die Formel.

`=INDEX(Ländercodes!$A:$A;VERGLEICH(Kalender!$R$2;Ländercodes!$C:$C;0))`

Innerhalb des Namens *TA* prüfen wir die in P2 gewählte Wochentagsanzeige auf „lang":

TA bezieht sich auf =$P$2="lang" (das Ergebnis ist entweder WAHR oder FALSCH).

Weiterhin lesen wir in Abhängigkeit der in P4 getroffenen Ziffernanzeige noch den zugehörigen Zahlencode aus (im Hexadezimalformat). Der Name *ZC* (ZahlenCode) erhält den Bezug:

`=INDEX(Zahlencodes!$A:$A;VERGLEICH(Kalender!$P$4;Zahlencodes!$B:$B;0))`

Zunächst erzeugen wir die Formeln für die Wochentage.

`Wochentag =TEXT(A8;"[$-"&LC&"]"&WENN(TA=1;"TTTT";"TTT"))`

In Abhängigkeit des Datums aus A8 in unserem Schnellkalender erzeugen wir mit der Funktion TEXT, unter Berücksichtigung des ausgewählten Ländercodes *LC*, das als Wochentag formatierte Datum. Die Ausgabe erfolgt im Format TTTT (*TA* = WAHR) oder TTT (*TA* = FALSCH). Für die Franzosen unter uns ergibt sich für den 01.01.2006 bei *LC* = 40c und *TA* = WAHR:

`Wochentag =TEXT(A8;"[$-40c]TTTT")="dimanche"`

Die formatierte Tageszahl erhalten wir auf die gleiche Weise, diesmal nur mit dem Verweis auf den Zahlencode *ZC*:

`Tageszahl =TEXT(A8;"[$-"&ZC&"0E0407] T")=" 1"` (bei westlichem Zahlencode)

Anschließend verketten wir noch Tageszahl und Wochentag und machen die Anzeige von der Referenzzelle unseres Schnellkalenders abhängig:

`M8: =WENN(A8<>"";Tageszahl&".    "&Wochentag;"")`

Die Formel aus M8 kopieren wir jetzt bis X38 herunter, denn dort landen wir mit dem 31. Dezember.

Nachdem das geschafft ist, bringen wir noch ein wenig Farbe ins Spiel, indem wir die Wochenenden und die Feiertage farblich hervorheben. Dazu bedienen wir uns der bedingten Formatierung. Wir markieren – beginnend bei M8 – den gesamten Bereich M8:X38 und rufen *Format>Bedingte Formatierung* auf.

Die erste Bedingung prüft das Datum auf einen Feiertag, die 2. Bedingung prüft auf ein Wochenende, also Samstag oder Sonntag. Die Formeln verstehen sich aus Sicht der Zelle M8, denn sie ist die aktive (= aufrufende) Zelle *(Abbildung 9.11)*.

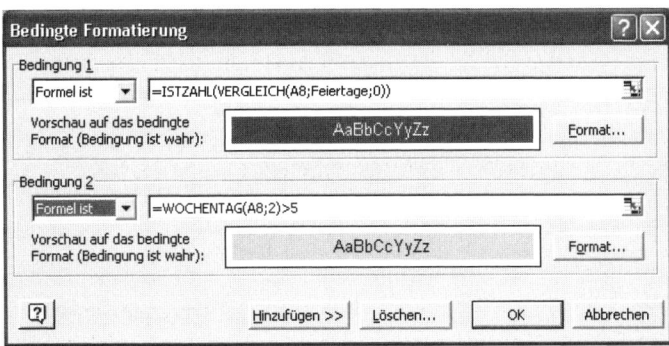

Abbildung 9.11: Dialog Bedingte Formatierung – Wochenenden und Feiertage einfärben

Das aus dem Schnellkalender ermittelte Datum ist der Suchwert für die Funktion VERGLEICH, die in unserer mit *Feiertage* benannten Matrix nach genau diesem Datum sucht. Ist das Datum nicht vorhanden, liefert VERGLEICH als Ergebnis #NV – und ISTZAHL(#NV) ist wiederum FALSCH. Also ist die gesamte Bedingung FALSCH und es erfolgt keine Einfärbung des entsprechenden Datums. Liefert VERGLEICH aber einen Treffer, liefert ISTZAHL im Ergebnis WAHR, und das entsprechende Datum wird bedingt farblich hervorgehoben.

In der zweiten Bedingung wird mit der Funktion WOCHENTAG(A8;2)>5 geprüft, ob es sich um ein Wochenende handelt. Stellt man den optionalen Parameter [Typ] der Funktion WOCHENTAG auf 2, dann beginnt die Woche am Montag (=1) und endet am Sonntag (=7). Daher ist jedes Ergebnis, das größer als 5 ist, ein Samstag oder ein Sonntag. Ist das Formelergebnis WAHR, dann wird das Datum bedingt gefärbt, andernfalls nicht.

Jetzt haben wir also auch ein wenig Farbe ins Spiel gebracht. Zu guter Letzt müssen wir noch die Monatsnamen erzeugen, wiederum in Abhängigkeit des gewählten Ländercodes *LC* und mit Bezug auf die Monatsersten des Schnellkalenders:

M7: =TEXT(A8;"[$-"&LC&"] MMMM")

Und siehe da: Unser Kalender ist fertig.

Er spricht 114 Sprachen, beherrscht 24 Zahlensysteme und passt sich natürlich hinsichtlich der Wochenenden, Feiertage, Schaltjahre etc. immer an das ausgewählte Jahr an.

9.2 Kalender-Tuning

Natürlich kann man noch viel mehr Spielereien einbauen.

9.2.1 Einen bestimmten Arbeitstag ermitteln

Beispielsweise könnte man die noch freie dritte Bedingung in der *Bedingten Formatierung* dafür nutzen, einen ganz bestimmten Arbeitstag je Monat hervorzuheben, an dem zum Beispiel eine Videokonferenz mit allen „multilingualen" Mitarbeitern erfolgt.

Das Ausgangsdatum (hier der Monatserste -1, also der Vormonatsletzte) bezeichnen wir mit *Start*, den gewünschten x-ten Arbeitstag mit *xter*. Zudem gehen wir von einer 5-Tage-Arbeitswoche von Montag bis Freitag aus. Nun erzeugen wir ein dynamisches Array vom ersten bis zum x-ten Tag des Monats. Und damit das auch für *xter* = 1 oder 2 funktioniert, multiplizieren wir *xter* noch mit 3, damit das Array auf jeden Fall eine ausreichende Größe erreicht. Das dynamische Array *VonBis* lautet dann:

VonBis: =ZEILE(INDIREKT("1:"&xter*3))

Bei *Start* = 31.01.2006 und *xter* = 4 (um beispielhaft den 4. Arbeitstag im Februar 2006 zu ermitteln) erzeugt die Addition von *Start* und *VonBis* das Array mit den zugehörigen Ganzzahlen vom 01.02.2006 (= 38749 – ein Mittwoch) bis zum 12.02.2006 (= 38760):

=Start+VonBis =38748+{1;2;3;4;5;6;7;8;9;10;11;12}

={38749;38750;38751;38752;38753;38754;38755;38756;38757;38758;38759;38760}

Dieses Array überprüfen wir jetzt mit der Funktion WOCHENTAG(Datum;2) auf <6 (Samstag = 6 und Sonntag = 7), um ein neues Array ohne Wochenenden zu erhalten:

`=WENN(WOCHENTAG(Start+VonBis;2)<6;VonBis)`

`={1;2;3;FALSCH;FALSCH;6;7;8;9;10;FALSCH;FALSCH}`

Der x-te Arbeitstag ist jetzt der x-kleinste Eintrag in diesem Array. Also setzen wir nur noch KKLEINSTE(Matrix;k) mit k = *xter* darum herum (FALSCH wird von KKLEINSTE ignoriert) und addieren dazu das Startdatum:

`{=Start+KKLEINSTE(WENN(WOCHENTAG(Start+VonBis;2)<6;VonBis);xter)}`

`=Start+6 =38754 =06.02.2006`

Dies ist ein Montag und gleichzeitig der 4. Arbeitstag im Februar 2006.

Erweitern Sie die Wochentagsprüfung auf

`(WOCHENTAG(Start+VonBis;2)<6)*(ZÄHLENWENN(Feiertage;Start+VonBis)=0),`

um auch noch Feiertage auszuschließen, die in den Betrachtungszeitraum fallen. *Feiertage* ist der Name eines Bereichs, der die Datumsangaben von Feiertagen enthält, die Sie ausschließen wollen. ZÄHLENWENN liefert hier für jeden Tag des Intervalls WAHR, der kein Feiertag ist.

9.2.2 Kegeln am dritten Samstag des Monats

Ihr Kegelclub trifft sich immer am dritten Samstag des Monats. Da unentschuldigtes Fehlen mit einer Lokalrunde bestraft wird (und es sind stets sehr viele Gäste im Lokal), ist Ihnen sehr daran gelegen, diesen Termin nicht zu verschlafen. Also möchten Sie gerne daran erinnert werden. *Startdatum* ist das Ausgangsdatum, z.B. der 01.05.2006 (Ganzzahl 38838). Der Wochentag hat den Namen *WT*, wobei die Tage von Montag bis Sonntag von 1 bis 7 durchnummeriert sind – für den Samstag also die 6. Der wievielte Wochentag es sein soll, geht aus dem Namen *xte* hervor – im Beispiel also 3. Die Lösung:

`=Startdatum-1-WOCHENTAG(Startdatum-WT;3)+7*xte`

`=38838-1-WOCHENTAG(38838-6;3)+7*3 =20.05.2006`

WOCHENTAG mit der 3 für den Parameter *Typ* lässt die Woche bei 0 (Montag) beginnen und bei 6 (Sonntag) enden (nicht irritieren lassen: *WT* enthält dennoch den Wochentag als Zahl zwischen 1 und 7!). Alternativ zu WOCHENTAG kann man auch die Funktion REST verwenden, die mit dem Divisor 7 und dem um 2 Tage verminderten Startdatum ebenfalls zum Ziel führt:

`=Startdatum-1-REST(Startdatum-2-WT;7)+7*xte`

9.2.3 Kalenderwoche

Weiterhin könnte man den Kalender ergänzen, indem man die Kalenderwoche mit einfügt, die sich – bezogen auf ein in A1 stehendes Datum – wie folgt berechnet:

`=KÜRZEN((A1-WOCHENTAG(A1;2)-DATUM(JAHR(A1+4-WOCHENTAG(A1;2));1;-10))/7)`

Die vorhandene Analysefunktion KALENDERWOCHE (ein Add-in) darf in Deutschland nicht angewendet werden, da sie nach amerikanischem Standard rechnet. In Deutschland ist die erste Kalenderwoche eines Jahres als die Woche definiert, in die mindestens 4 Tage fallen (DIN 1355). Das ist seit 1976 der Fall, als der Wochenbeginn auf Montag festgelegt wurde. Vorher gab es die Kalenderwoche im heute bekannten Sinn also noch gar nicht.

Die Beispiele in *Abbildung 9.12* verdeutlichen den „Fehler" in der Funktion KALENDERWOCHE:

B2	▼	*fx* =KALENDERWOCHE(A2)		
	A	B	C	D	E
1	Datum	KW falsch	KW richtig		
2	31.12.1999	53	52		
3	01.01.2000	1	52		
4	02.01.2000	2	52		
5	16.09.2000	38	37		
6					

Abbildung 9.12: Vergleich der amerikanischen und deutschen Kalenderwoche

Der amerikanische (der weltweit am häufigsten verbreitete) Standard besagt, dass die erste Kalenderwoche eines Jahres die Woche ist, die den 01. Januar enthält. Der Wochentag des Beginns der nächsten Kalenderwochen ist unterschiedlich. In den USA ist es der Sonntag. Das führt in manchen Jahren zu der kuriosen Situation, dass es an drei aufeinander folgenden Tagen drei unterschiedliche Kalenderwochen gibt (siehe *Abbildung 9.13*): Freitag, der 31.12.1999 ist die KW 53, Samstag, der 01.01.2000 die KW 1 und Sonntag, der 02.01.2000 die KW 2. Der nächste Kandidat hierfür ist 2010/2011.

Die umgekehrte Berechnung ist ebenfalls von Bedeutung. Der Hersteller einer Ware schreibt: „Lieferung in KW 41" und der Besteller will nun ohne Kalender wissen, wann er mit der Ware rechnen kann.

In A1 steht die Kalenderwoche und in A2 die vierstellige Jahreszahl. Den Montag der KW 41 (jetzt natürlich wieder nach EU-Norm) liefert

`=DATUM(A2;1;7*A1-3-WOCHENTAG(DATUM(A2;;);3)).`

9.2.4 Quartal

Weiterhin könnte man bestimmen, in welchem Quartal ein bestimmtes Datum liegt. Dafür gibt es mehrere Varianten.

`=AUFRUNDEN(MONAT(Datum)/3;0)&". Quartal"`

liest aus dem Datum den Monat aus, teilt diesen durch 3 und rundet das Ergebnis auf. Am Beispiel des 06.06.1960 ergibt die Berechnung `=AUFRUNDEN(6/3;0)=2`. Und für den 23.07.1977: `=AUFRUNDEN(7/3;0)=3`, denn 7/3 = 2,33 und aufgerundet = 3.

Eine andere Variante,

`=MONAT(MONAT(Datum)&0)&". Quartal",`

liest ebenfalls den Monat aus dem Datum aus und verkettet diesen mit 0. Durch die Verkettung entsteht eine neue Textzahl, die von der äußeren MONAT-Funktion ausgewertet werden kann. Das Ergebnis kann nur eine Ganzzahl zwischen 1 und 4 sein.

Dieselben Beispiele wie zuvor sehen jetzt so aus:

`=MONAT(MONAT("06.06.1960")&0)=MONAT(6&0)=MONAT(60)=2`

`=MONAT(MONAT("23.07.1977")&0)=MONAT(7&0)=MONAT(70)=3`

Hier bewegen wir uns ausschließlich im Jahre 1900, denn die Zahlen 60 und 70 entsprechen im Datumsformat den Daten 29.02.1900 und 10.03.1900. Und wenn man daraus wiederum den Monat extrahiert, erhält man das Quartal. Zugegeben – ein etwas schräger Ansatz. Er funktioniert aber tadellos.

Sollten Sie einmal ein Quartal außerhalb der normalen Jahresfrist 1.1.–31.12. berechnen müssen (zum Beispiel zum Bilanzstichtag 30.09.), dann können Sie das mit dieser Formel erledigen (Datum steht in A1, der Monat des Bilanzstichtags – hier 9 – steht in B1):

`=AUFRUNDEN(((MONAT(A1)+(MONAT(A1)<=B1)*12)-B1)/3;0)&". Quartal"`

9.2.5 Sommer- und Winterzeit

Weiter geht's bei unserem Kalender-Tuning mit der Umstellung auf Sommer- (wo halb Deutschland verpennt) und Winterzeit. Die Zeitumstellung erfolgt am letzten Märzsonntag (plus eine Stunde) bzw. Oktobersonntag (minus eine Stunde).

Das jeweilige Datum erhalten Sie mit:

▓ Winter auf Sommer: =DATUM(Jahr;4;)-WOCHENTAG(DATUM(Jahr;4;);1)+1

▓ Sommer auf Winter: =DATUM(Jahr;11;)-WOCHENTAG(DATUM(Jahr;11;);1)+1

Jahr ist die vierstellige Jahreszahl.

9.2.6 Sternkreiszeichen

Falls Sie sich auch schon mal die Frage stellen, warum Sie mit einer bestimmten Kollegin besser und mit einer anderen weniger gut auskommen, könnte das auch astrologisch bedingt sein, denn manche Sternkreiszeichen passen manchmal einfach nicht zueinander. Da Sie die Daten der Sternkreiszeichen nicht im Kopf haben, überlassen Sie einfach Excel die Arbeit.

Zunächst benötigen wir ein Array aller Sternkreiszeichen in der Reihenfolge, wie sie innerhalb eines Jahres angeordnet sind. Dazu gehört auch, dass der Steinbock zweimal vorkommt, da er über den Jahreswechsel Gültigkeit hat.

Somit bezieht sich *Sternkreiszeichen* auf:

={"Steinbock";"Wassermann";"Fische";"Widder";"Stier";"Zwillinge";"Krebs"; "Löwe";"Jungfrau";"Waage";"Skorpion";"Schütze";"Steinbock"}

Der Einfachheit halber versetzen wir das abgefragte Datum (Name: *Dat*) zurück in das Jahr 1900 und vergeben dafür den Namen *Dat1900* mit Bezug auf:

=DATUM(;MONAT(Dat);TAG(Dat))

Zum Schluss bilden wir ein aufsteigend sortiertes Array *Tag* aus den Tagen (im Jahr 1900), ab denen das jeweilige Sternkreiszeichen beginnt:

={1;21;51;81;112;142;174;205;237;268;298;328;357}

Auch hier erhält der Steinbock wieder die Extrawurst mit dem ersten und letzten Eintrag.

Wenn wir jetzt *Dat1900* mit dem Array *Tag* vergleichen, dabei den Vergleichstyp WAHR wählen (bzw. ihn weglassen) und diese Zahl an den Sternkreiszeichen-Index übergeben, dann sind wir auch schon am Ziel:

```
=INDEX(Sternkreiszeichen;VERGLEICH(Dat1900;Tag))
```

Jetzt, wo Sie wissen, dass Ihre am 06.08.1966 (im Jahr 1900 ist das der 219. Tag) geborene Kollegin eine Löwin ist, beantwortet sich vielleicht so manche Fragen von selbst.

9.2.7 Muttertag

Die Excel-Mütter werden nicht vergessen – aber was hat eine Mutter mit Gauss zu tun? Muttertag ist der zweite Sonntag im Mai. Dieser lässt sich mit derselben Logik wie die Sommer- und Winterzeit ermitteln:

```
=DATUM(Jahr;5;)-WOCHENTAG(DATUM(Jahr;5;);1)+15
```

Stopp: Eine Mutter will nicht an Pfingsten geehrt werden. Sprich: Fällt der Muttertag auf den Pfingstsonntag, findet er eine Woche vorher statt, um den Müttern die uneingeschränkte Aufmerksamkeit zukommen zu lassen! Das soeben ermittelte Datum *Zweiter_Maisonntag* muss also mit dem *Pfingstsonntag* (Osterformel von Gauß plus 55 Tage) verglichen und bei Übereinstimmung um 7 Tage vorverlegt werden.

```
=Zweiter_Maisonntag-7*(Pfingstsonntag=Zweiter_Maisonntag)
```

Wobei der *Pfingstsonntag* mit dieser Formel ermittelt wird:

```
=DM((TAG(MINUTE(Jahr/38)/2+55)&".4."&Jahr)/7;)*7+55
```

Dieser Fall tritt 2008 und dann wieder 2035, 2046, 2103 und 2160 auf.

9.2.8 Weihnachten

Zusätzlich zu den vom Ostersonntag abhängigen Feiertagen gibt es weitere, vom ersten Weihnachtstag abhängige, bewegliche Feiertage. Das zu berechnen ist unspektakulär, da die Beweglichkeit nur darin liegt, dass diese auf einen bestimmten Wochentag (zumeist Sonntag) fallen müssen. Die Ausnahme davon ist der bis 1995 äußerst beliebte Buß- und Bettag: Das ist ein Mittwoch. Die Popularität hat sich mittlerweile aber auf nahe null reduziert, da dieser Feiertag seit 1996 nicht mehr arbeitsfrei ist. Die sich um Weihnachten rankenden Feiertage errechnen sich wie folgt:

`=DATUM(Jahr;12;25)-WOCHENTAG(DATUM(Jahr;12;25);2)-`*Tage*

Wobei *Tage* für die unterschiedlichen Feiertage folgende Werte annimmt:

- 35: Volkstrauertag
- 32: Buß- u. Bettag
- 28: Totensonntag
- 21: 1. Advent
- 14: 2. Advent
- 7: 3. Advent

Für den 4. Advent entfällt die Subtraktion von *Tage*.

KAPITEL 10

Alles ist Zahl – Anwendungen aus der Zahlentheorie

Wer sich auf irgendeine Weise schon mal mit Programmierung beschäftigt hat oder sich einfach für Zahlen interessiert, hat sich wahrscheinlich auch schon einmal mit Primzahlen beschäftigt. Seit ewigen Zeiten sind Zahlentheoretiker auf der Suche nach der allgemein gültigen Formel zur Berechnung der nächsten oder aller Primzahlen.

10.1 Teiler und Primzahlen

Das ist bis heute nicht gelungen, aber man tröstet sich zumindest damit, die schönsten und schnellsten Algorithmen zur Identifizierung einer, wenn auch nur beschränkten, Menge an Primzahlen zu entwickeln. Gibt man bei Google den Begriff Primzahl ein, erhält man ca. 150.000 Treffer. Gibt man im Vergleich dazu z.B. den Begriff Zweifakultät ein, erhält man ca. 70 Treffer. Da ist es erstaunlich, dass Excel die Add-in-Funktion ZWEIFAKULTÄT zur Verfügung stellt, aber keine Funktion für Primzahlen. Dabei hätten sie es doch wirklich verdient.

Andererseits hätten wir dann auch nicht so viel Spaß daran, einen Algorithmus zu entwickeln, mit dem man mit einer einzigen Excel-Formel auf Primzahlensuche gehen kann.

10.1.1 Teiler

Der Schlüssel zum Erfolg ist auf diesem Weg die Funktion REST. Primzahlen sind Zahlen, die nur durch sich selbst und die Zahl 1 teilbar sind. Die 1 ist ex definitione keine Primzahl. Wir sind also auf der Suche nach Teilern. Möchte man wissen, ob eine Zahl x durch eine andere Zahl y teilbar ist, kann man dies mit der Formel

`=WENN(REST(x;y)=0; "y ist Teiler von x"; "")`

ermitteln. REST(6;3)=0, denn 3 ist ein Teiler von 6.

Wie wir bereits gelernt haben, lassen sich mit Excel Operationen, die man mit einer Zahl durchführen kann, auch mit Hilfe eines Arrays für eine ganze Reihe von Zahlen durchführen. Wenn wir also wissen wollen, welche Teiler die Zahl 6 hat (ohne die Zahl selbst), schreiben wir die Formel

`=WENN(REST(6;{1.2.3.4.5})=0;{1.2.3.4.5}),`

die als Ergebnis die Matrix {1.2.3.FALSCH.FALSCH} liefert.

Die 6 hat also die Teiler 1, 2 und 3.

Die Mathematik teilt alle natürlichen Zahlen hinsichtlich ihrer Teilersumme in drei Gruppen auf:

1. abundante Zahlen, deren Teilersumme größer ist als die Zahl selbst

2. defiziente Zahlen, deren Teilersumme kleiner ist als die Zahl selbst

3. vollkommene Zahlen

Die Zahl 6 ist also eine vollkommene Zahl, denn 1+2+3=6.

Wie kann man die Teilersumme einer beliebigen Zahl berechnen?

Zuerst ersetzen wir das Array {1.2.3.4.5} durch =ZEILE(1:5), denn wir wollen uns ja bei großen Zahlen keinen Wolf tippen ({1.2.3.4.5.6.7.8.9.10.11.12.13......}), sondern es einfach haben: =ZEILE(1:65536).

Die Länge des Arrays können wir mit INDIREKT dynamisieren.

=ZEILE(INDIREKT("1:"& x-1))

Die Auflistung der Teiler erreichen wir mit

=WENN(REST(x;ZEILE(INDIREKT("1:"& x-1)))=0;ZEILE(INDIREKT("1:"& x-1))).

Um diesen Ausdruck setzen wir nur noch die Funktion SUMME und schließen die Formeleingabe mit ⌈Strg⌉ + ⌈⇧⌉ + ⌈↵⌉ ab *(Abbildung 10.1)*:

	B2	▼	*fx* {=SUMME(WENN(REST(A2;ZEILE(INDIREKT("1:"& A2-1)))=0;
	A	B	ZEILE(INDIREKT("1:"& A2-1)))))}
1	Zahl	Teilersumme	
2	6	6	
3	7	1	
4	8	7	
5	9	4	
6	10	8	
7	11	1	
8	12	16	
9	13	1	
10	14	10	
11	15	9	
12			

Abbildung 10.1: Teilersummen von Zahlen

10.1.2 Primzahlen

Sie erahnen es vielleicht, wir sind den Primzahlen schon ganz dicht auf den Fersen. Wenn Sie die Teilersummen betrachten, kommt es nicht von ungefähr, dass die Zahlen

7, 11 und 13 eine Teilersumme von 1 aufweisen. Richtig, das sind schon die ersten Primzahlen.

Wir müssen unsere Teilersummen-Formel nur geringfügig erweitern:

`=WENN(Teilersumme=1;"Primzahl";"keine Primzahl")`

Folglich ergibt sich:

`{=WENN(SUMME(WENN(REST(A2;ZEILE(INDIREKT("1:"&A2-1)))=0;ZEILE(INDIREKT ("1:"&A2-1))))=1;"PRIM";"")}`

Das war es im Grunde schon. Damit haben Sie sich bereits zum Primzahljäger qualifiziert.

Die Formel kann noch etwas vereinfacht werden:

`{=WENN(SUMME(WENN(REST(A1;ZEILE(INDIREKT("2:"&A1-1)));0;1));"";"PRIM")}`

Für jeden gefundenen Teiler wird in der kürzeren Variante statt der Teilerzahl selbst nur noch 1 addiert, denn bei der Primzahlprüfung ist es, im Gegensatz zur Ermittlung der Teilersumme, nicht relevant, wie groß die Teiler sind. Es reicht zu wissen, ob es überhaupt welche gibt.

Wenn Ihnen das genügt, können Sie zum nächsten Kapitel übergehen. Wenn Sie aber jetzt erst richtig Blut geleckt haben, dann lesen Sie weiter. Das war erst die Pflicht, jetzt kommt die Kür.

Das Zeilenarray `=ZEILE(INDIREKT("1:65536"))` kann nur 65.536 Elemente erfassen (in der nächsten Excel-Version 12 dürften es 2 hoch 20, also 1.048.576 sein).

Mit obiger Formel können Sie also nur Primzahlen bis 65.536 aufspüren. Aber kein Grund zu verzweifeln, denn wir werden nun Primzahlen bis fast zur Excel-Rechengrenze von 10 hoch 15 berechnen.

10.2 Sehr große Primzahlen

Bisher haben wir zur Prüfung, ob x eine Primzahl ist oder nicht, alle Zahlen von 1 bis x-1 auf Teilbarkeit überprüft. Es stellt sich die Frage, ob es wirklich nötig ist, die Prüfung bis x-1 durchzuführen. Und da wir diese Frage stellen, können Sie bereits erahnen, dass dem nicht so ist. Betrachten wir uns die Teiler der Zahl 36 auf einem Zahlenstrahl *(Abbildung 10.2)*.

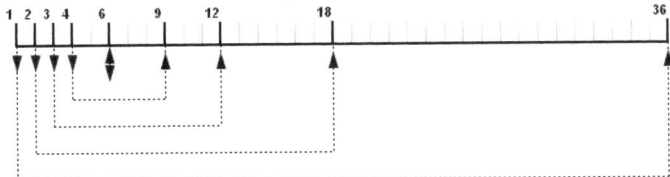

Abbildung 10.2: Teilerpaare der Zahl 36

Alle Teiler der Zahl 36 sind mit Pfeilen markiert. Wenn man die 1 und die 36 ignoriert, bleiben die Zahlen 2, 3, 4, 6, 9, 12 und 18. Die Teiler der Zahl 36, und auch jeder anderen Zahl, treten immer paarweise auf: Bei der Zahl 36 sind es die Paare 2&18, 3&12, 4&9, und die Wurzel 6 paart sich mit sich selbst (die Arme). Mit dieser Erkenntnis können zwei Aussagen getroffen werden:

- Ein Teiler der Zahl x kann niemals größer sein als die Hälfte der Zahl x. Um zu prüfen, ob die Zahl x eine Primzahl ist, müssen nicht alle möglichen Teiler bis x, sondern nur bis x/2 geprüft werden.

- Von einem Teilerpaar muss der kleinere Partner stets kleiner oder gleich der Wurzel der Zahl sein. Der größere Partner muss stets größer oder gleich der Wurzel der Zahl sein. Daraus folgt: Wenn bis zur Wurzel der Zahl x kein Teiler gefunden wurde, ist x eine Primzahl.

Um festzustellen, ob eine Zahl x eine Primzahl ist, müssen wir die Teiler also nur bis zur Wurzel suchen. Oder andersherum: Wenn uns 65.536 Elemente zum Suchen zur Verfügung stehen, können wir Primzahlen bis zur Obergrenze von $65.536^2 = 4.294.967.296$ aufspüren. In unserer Primzahlenformel müssen wir jetzt bloß den Teil

```
ZEILE(INDIREKT("2:"&A1-1))
```

durch

```
ZEILE(INDIREKT("2:"&AUFRUNDEN(A1^0,5/2;0)))
```

ersetzen. WURZEL(A1) kann mit A1^0,5 dargestellt werden. Die Formel lautet dann insgesamt:

```
{=WENN(SUMME(WENN(REST(A1;ZEILE(INDIREKT("2:"&AUFRUNDEN(A1^0,5;0)))));0;1));"";
"PRIM")}
```

Zur besseren Lesbarkeit der Formel ersetzen wir den Ausdruck

`ZEILE(INDIREKT("2:"&AUFRUNDEN(A1^0,5;0)))`

durch den Platzhalter *Array*. Dann verbleibt:

`{=WENN(SUMME(WENN(REST(A1; Array );0;1));"";"PRIM")}`

Die Formel müsste nun eigentlich bis 65.536^2 rechnen können, aber wenn Sie dies versuchen, erscheint die Meldung #ZAHL!. Das liegt daran, dass die Funktion REST nur mit Zahlen bis $2^{28}-1$ klarkommt.

Da bekanntlich viele Formeln in den Excel-Himmel führen, gibt es auch für diese Sackgasse einen Umweg.

`=REST(5;3)=0` (ergibt FALSCH)

prüft, ob 3 ein Teiler von 5 ist. Das Gleiche macht die Alternative

`=5/3=GANZZAHL(5/3)`.

`=REST(2^28;1)` liefert #ZAHL!, `=REST(2^28;3)` funktioniert zwar komischerweise wieder, aber `=REST(2^29;3)` wiederum nicht mehr. Die Beschränkung von REST hängt also irgendwie mit dem Verhältnis von Zähler und Nenner zusammen, das einen bestimmten Grenzwert nicht überschreiten darf.

Die Alternative schafft das bis 2^{47}:

`=2^47/(2^47-1)=GANZZAHL(2^47/(2^47-1))` ergibt FALSCH

Darüber hinaus ist auch bei ihr aufgrund der allgemeinen Grenze von Excels Rechengenauigkeit Sense.

`=2^48/(2^48-1)=GANZZAHL(2^48/(2^48-1))` ergibt WAHR

Excel kann 2^{48} nicht von $2^{48}-1$ unterscheiden.

Um die Berechnungsgrenze der Funktion REST in der Primzahlenformel auszuschalten, ersetzen wir sie durch GANZZAHL. Aus

`REST(A1;Array)`

wird

`(A1/Array <> GANZZAHL(A1/Array))*1`

Die komplette Primzahlenformel lautet dann:

`{=WENN(SUMME(WENN((A1/Array <> GANZZAHL(A1/Array))*1;0;1));"";"PRIM")}`

Sie vermag es, Primzahlen bis zur Grenze von 65.536^2 zu berechnen. Die höchste so ermittelte Primzahl ist 4.294.967.291 = 65.536^2-5.

10.2.1 Noch größere Primzahlen aufspüren

Wenn Sie so unersättlich sind, dass Ihnen diese Primzahlen immer noch nicht groß genug sind, haben Sie immer noch einen Trumpf im Ärmel. Bisher haben wir ja nur die eindimensionale Arraygrenze von 65.536 Elementen ausgenutzt. Wenn Sie sich noch der Spaltendimension bedienen, stehen Ihnen 65.536 x 256 = 16.777.216 Elemente zur Verfügung.

Die obige Primzahlenformel enthält das *Array* mit den Elementen {2.3.4.5.6.7…?}. Ob diese Elemente aus einer oder zwei Dimensionen stammen, ist der Funktion GANZZAHL egal. Es könnte sich also auch um ein zweidimensionales Array mit den Elementen {2.3;4.5;6.7;…?} handeln. Ziel ist es nun, ein zweidimensionales Array zu erzeugen, das alle Zahlen von 1 bis 16.777.216 enthält. Da das nicht so einfach zu veranschaulichen ist, tun wir erst einmal so, also gäbe es nur 5 statt 65.536 Zeilen und nur 3 statt 256 Spalten. Das Array, das wir benötigen, lautet also:

`{2.3.4;5.6.7;8.9.10;11.12.13;14.15.16}`

Aus einer Dimension wäre das kein Problem (ZEILE(2:16)), aber wir müssen uns sowohl der Zeilen- als auch der Spaltendimension bedienen. Also lautet die Formel:

`{=SPALTE(A:C)+(ZEILE(1:5)-1)*3+1`

Für den vollen Genuss mit 65.536 Zeilen und 256 Spalten lautet die Formel folglich:

`{=SPALTE(A:IV)+(ZEILE(1:65536)-1)*256+1`

Das Array hat 16.777.216 Elemente, und da Zahlen nur bis zur Wurzel auf Teilbarkeit geprüft werden müssen, können damit Primzahlen bis 16.777.216^2 = 281.474.976.710.656 gefunden werden. Doch seien Sie gnädig mit Ihrer CPU, denn das ist eine extrem ressourcenbindende Berechnung. Zum Testen können Sie sich also auch mit einem kleineren Array, beispielsweise mit 260.000 Elementen begnügen:

`{=SPALTE(A:Z)+(ZEILE(1:10000)-1)*26+1`

10.3 Die nächste Primzahl

Im vorangegangenen Abschnitt haben Sie Formeln mit ein- oder zweidimensionalen Arrays gesehen. In vielen Fällen, wie auch bei der Primzahlenformel, können Berechnungen eindimensionaler Arrays auf zwei Dimensionen ausgeweitet werden, ohne dass sich dabei die Rechenlogik ändert. Darüber hinaus gibt es aber Aufgabenstellungen, bei denen das nicht so ohne weiteres möglich ist. So eine Aufgabenstellung wäre beispielsweise:

Wie lautet, ausgehend von einer vorgegebenen Zahl, die nächsthöhere Primzahl? Mit dem Ergebnis könnte man alle Primzahlen von 1 bis x auflisten. Auf den ersten Blick erscheint diese Aufgabe nicht viel anders zu sein, als das Überprüfen einer bestimmten Zahl auf „Primzahl". Auf den zweiten Blick erkennt man aber, dass die Anforderung viel komplizierter ist und wir noch einen Gang zulegen müssen.

Angenommen, Sie starten bei der Zahl 19 und wollen die nächsthöhere Primzahl ermitteln.

	A	B	C
		Teiler-Array	
1	**Zahl**	{2;3;4;5}	**Primzahl**
2	19	{0;0;0;0}	**WAHR**
3	20	{1;0;1;1}	FALSCH
4	21	{0;1;0;0}	FALSCH
5	22	{1;0;0;0}	FALSCH
6	23	{0;0;0;0}	**WAHR**
7	24	{1;1;1;0}	FALSCH

Abbildung 10.3: Teilbarkeit der Zahlen 19–24 durch die Teiler 2; 3; 4; 5

Spalte B der *Abbildung 10.3* wurde manuell erstellt und soll nur das Prinzip zeigen. Die drei Einsen in B3 machen beispielsweise kenntlich, dass die Zahl 20 durch 2, 4 und 5 teilbar ist, aber nicht durch 3.

Sie müssen zunächst eine Reichweite schätzen, d.h. den maximal möglichen Abstand zur nächsten Primzahl. Je größer die Ausgangszahl, desto größer ist natürlich der mögliche Abstand. Bei Primzahlen bis 1.000 beträgt der Abstand höchstens 20, bis 100.000 höchstens 72. Übrigens beträgt der häufigste Abstand (Modalwert) 6, und zwar auch noch für richtig große Primzahlen von 10^10 oder noch größer. Wenn Sie also mit vielen Leuten wetten, welche Primzahl – ausgehend von einer bestimmten Primzahl – die nächstgrößere sein wird, dann addieren Sie 6 dazu, und Sie haben die größte Aussicht auf einen genauen Treffer.

Im Beispiel durchsuchen wir nur einen Abstand von 5, also die Zahlen 20 bis 24. Bisher haben wir immer nur eine Zahl auf Teilbarkeit geprüft, ...

```
=(REST(20;{2;3;4;5})=0)*1
```

... doch nun müssen wir dies für einen ganzen Zahlenbereich tun, was den Einsatz eines weiteren Arrays zur Folge hat.

```
=(REST({20;21;22;23;24};{2;3;4;5})=0)*1
```

scheitert, denn wie wir bereits in den Basics gelernt haben, wird bei gleich dimensionierten Arrays jedes n-te Element des Arrays A mit jedem n-ten Element von Array B berechnet. Hier wollen wir aber allen Zahlen von 20–24 alle Teiler von 2–5 gegenüberstellen. Also muss entweder bei Zahlen oder Teilern die Dimension geändert werden:

```
=(REST({20;21;22;23;24};{2.3.4.5})=0)*1 ergibt
```

```
{1.0.1.1;0.1.0.0;1.0.0.0;0.0.0.0;1.1.1.0}
```

Das sieht schon mal ganz gut aus, hilft uns aber noch nicht wirklich weiter. Jetzt könnte man höchstens die Einsen zusammenzählen und hätte die Anzahl aller Teiler der Zahlen von 20–24 – sie beträgt 8. Das wollten wir aber nicht wissen, sondern wir wollen die nächste Primzahl finden, und die liegt dort, wo eine komplette Zeile nur Nullen enthält, denn jede Zeile enthält alle Teiler einer der Zahlen (1 = teilbar) *(Abbildung 10.4)*:

Abbildung 10.4: Array der Teilbarkeitsprüfung der Zahlen 20–24 durch 2; 3; 4; 5

Wie wir sehen, trifft dies für die vierte Zeile zu, die direkt mit dem gesuchten Primzahlenabstand gleichzusetzen ist. Ergo lautet die nächste Primzahl 19 + 4 = 23.

In dem Fall sehen wir zwar, dass die vierte Zeile nur aus Nullen besteht, aber wie kann man es berechnen? Vorhang auf, MMULT betritt die Bühne. In der Excel-Hilfe steht:

MMULT(Matrix1;Matrix2) gibt das Produkt zweier Matrizen zurück. Das Ergebnis ist eine Matrix, die dieselbe Anzahl von Zeilen wie Matrix1 und dieselbe Anzahl von Spalten wie Matrix2 hat.[...]. Die Anzahl der Spalten von Matrix1 muss mit der Anzahl der Zeilen von Matrix2 übereinstimmen, und beide Matrizen dürfen nur Zahlen enthalten.

Es werden also bei dieser Operation bestimmte Regeln eingehalten, die aus der linearen Algebra stammen und deren Einhaltung auch zur Lösung linearer Gleichungssysteme notwendig sind. In diesem Sinne ist die Berechnung

{1.2.3.4}*{1.2.3.4}={1.4.9.16}

keine Matrixmultiplikation. Nach den vorgenannten Regeln gilt hingegen:

=MMULT({1.2.3.4};{1;2;3;4}) = {30}

=MMULT({1;2;3;4};{1.2.3.4}) = {1.2.3.4;2.4.6.8;3.6.9.12;4.8.12.16}

Bei einer gewöhnlichen Multiplikation gilt: a*b = b*a. Bei einer Matrixmultiplikation ist dies offenbar nicht der Fall. Vielmehr wird hier jedes n-te Element jeder Zeile der ersten Matrix mit jedem n-ten Element jeder Spalte der zweiten Matrix multipliziert und zu einem Element der Ergebnismatrix aufaddiert *(Abbildung 10.5)*.

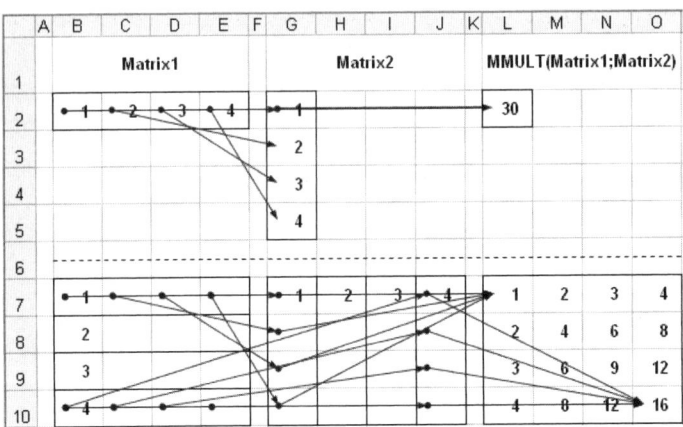

Abbildung 10.5: Rechenlogik der Matrixmultiplikationen

Jetzt versuchen wir die Kurve zur nächsten Primzahl zu schlagen. Es gilt, rechnerisch zu bestimmen, dass im Array

{1.0.1.1;0.1.0.0;1.0.0.0; 0.0.0.0 ;1.1.1.0}

die 4. Zeile ausschließlich aus Nullen besteht, und das machen wir mit folgender Matrixmultiplikation *(Abbildung 10.6)*:

	I3	▼		fx {=MMULT(B3:E7;G3:G6)}				
	A	B	C	D	E	F	G	H	I
1		Teiler							
2	Zahl	2	3	4	5				
3	20	1	0	1	1		1		3
4	21	0	1	0	0		1		1
5	22	1	0	0	0		1		1
6	23	0	0	0	0		1		0
7	24	1	1	1	0				3

Abbildung 10.6: Teilbarkeitsprüfung mit MMULT

Matrix1 ist das Teiler-Array in B3:E7. *Matrix2* ist ein einspaltiges Array, bestehend aus lauter Einsen und mit so vielen Zeilen, wie *Matrix1* Spalten enthält. Diese *Matrix2* bewirkt, dass die Ergebnismatrix in I3:I7 aus den Zeilensummen der *Matrix1* besteht. In I3 steht eine 3, da die Zahl 20 drei Teiler aufweist. In I6 steht eine 0, da die Zahl 23 keinen Teiler besitzt und die Summe aus B6:E6 demnach 0 ist. Die Position der 0 in der eindimensionalen Ergebnismatrix I3:I7 zu finden, ist jetzt nur noch ein Klacks. Die tabellarische Darstellung kann natürlich auch in einer Formel eingefangen werden:

`{=MIN(WENN(MMULT((REST(Zahlen;MTRANS(Teiler))=0)*1;WENN(Teiler;1))=0;Zahlen))}`

mit

Zahlen: `=ZEILE(INDIREKT(Ausgangszahl+1&":"&Ausgangszahl+Reichweite))` und

Teiler: `=ZEILE(INDIREKT("2:"&AUFRUNDEN((Ausgangszahl+Reichweite)^0,5;0)))`

In unserem konkreten Beispiel mit *Ausgangszahl* = 19 und *Reichweite* = 5 gilt:

`{=MIN(WENN(MMULT((REST({20;21;22;23;24};{2.3.4.5})=0)*1;{1;1;1;1})=0;{20;21;22;23;24}))}`

`{=MIN(WENN({3;1;1;0;3}=0;{20;21;22;23;24}))}`

= 23

`REST(Zahlen;MTRANS(Teiler))=0)*1` erzeugt die *Matrix1*, die die Teiler der Zahlen angibt. `WENN(Teiler;1)` erzeugt *Matrix2*, die einspaltige Matrix, die nur Einsen enthält, denn für jeden Teiler {2;3;4;5} greift in dieser WENN-Formel der *Dann_Wert* und macht aus der 1 ein {1;1;1;1}.

Abschließend kann festgehalten werden, dass mit MMULT zwei Dimensionen einer Matrix stufenweise berechnet werden können. Im ersten Schritt wird aus der zwei-dimensionalen Matrix eine eindimensionale Matrix. Im zweiten Schritt wird die resultierende Matrix einer anderen Berechnung unterzogen. Und weil das so schön ist, demonstrieren wir diese Technik noch an einigen anderen Beispielen.

10.4 Gemeinsame Teiler und Vielfache

10.4.1 Der größte gemeinsame Teiler

Da wir gerne teilen, unter anderem auch Zahlen, kommen wir noch einmal zurück auf dieses Thema, insbesondere auf gemeinsame Teiler verschiedener Zahlen. Zur Berechnung des größten gemeinsamen Teilers gibt es die Add-in-Funktion GGT. Aber da wir auf der einen Seite Add-in-Funktionen möglichst vermeiden wollen und auf der anderen Seite gerne hinter die Kulissen schauen und Logiken verstehen wollen, versuchen wir nun GGT „zu Fuß" zu berechnen.

Wie wir bereits wissen, ermittelt man die Teiler einer Zahl mit

`=REST(A1;ZEILE(INDIREKT("1:"&GANZZAHL(A1/2))))=0.`

Für alle Teiler ohne Rest gibt diese Formel WAHR zurück. Der größte gemeinsame Teiler zweier Zahlen ist der größte Teiler, bei dem obige Formel für beide Zahlen den Wert 0 zurückgibt. Steht die zweite Zahl in B1, dann lautet die Bedingung:

`=REST(A1;Teiler) + REST(B1;Teiler) = 0` mit

Teiler: = `ZEILE(INDIREKT("1:"&GANZZAHL($A$1/2)))`

Die Zahl in A1 ist immer die kleinere Zahl. Deshalb werden die potentiellen Teiler von B1 auch nur bis A1/2 geprüft, denn der GGT kann höchstens die Hälfte der kleineren Zahl betragen. Darüber hinaus gibt es nur den einen Sonderfall, dass A1 selbst Teiler von B1 ist, was vorab geprüft wird:

`{=WENN(REST(B1;A1)=0;A1;MAX(WENN(REST(B1;Teiler)+REST(A1;Teiler)=0;Teiler)))}`

Beispiel:

A1:=16 und B1:=24

Teiler-Rest-A1: = {0;0;1;0;1;4;2;0}

Teiler-Rest-B1: = {0;0;0;0;4;0;3;0}

GGT=MAX(WENN({0;0;1;0;5;4;5;0}=0;{1;2;3;4;5;6;7;8}))=8

Wegen der Zeilenbegrenzung darf die kleinere Zahl nicht größer als 131.072 sein. Die Add-in-Funktion GGT kann den größten gemeinsamen Teiler von beliebig vielen Zahlen berechnen. Mit unserer Alternativlösung würde das auch gehen – dann müsste man aber einen riesigen Rattenschwanz erzeugen:

`=(REST(A1;Teiler)+ REST(B1;Teiler)+ … + REST(X1;Teiler) + … ) = 0`

Mit der gezeigten MMULT-Technik können Sie die einzelnen Zahlen „en bloc" ansprechen: Für 5 Zahlen, die in A1:E5 stehen, ermittelt sich der GGT beispielsweise aus

`{=MAX(WENN(MMULT(REST(A1:E1;Teiler);{1;1;1;1;1})=0;Teiler))}.`

Auch hier muss die kleinste Zahl in A1 stehen. Die Anordnung der Zahlen B1:E1 spielt keine Rolle. Wenn A1 selbst Teiler aller Zahlen von B1:E1 ist, ist A1 selbst der GGT.

`{=WENN(UND(REST(B1:E1;A1)=0);A1;…}`

Aber: „Nobody's perfect". So clever die Funktion MMULT auch ist: Leider kann eine Dimension einer Matrix nur 5.461 Elemente enthalten. Die kleinste Zahl darf zur Berechnung des GGT mit MMULT also nicht größer als 5.461*2 = 10.922 sein. Die Größe der anderen Zahlen spielt dann keine Rolle.

10.4.2 Das kleinste gemeinsame Vielfache

Das Gegenstück zum größten gemeinsamen Teiler mehrerer Zahlen ist das kleinste gemeinsame Vielfache. Auch dafür gibt es eine Add-in-Funktion mit dem nahe liegenden Namen KGV. Das KGV der Zahlen 8 und 14 ist beispielsweise 56 *(Abbildung 10.7)*.

	A	B	C
1	8	14	Faktor
2	16	28	2
3	24	42	3
4	32	56	4
5	40	70	5
6	48	84	6
7	56	98	7
8	64	112	8
9	72	126	9
10	80	140	10
11	88	154	11
12	96	168	12

Abbildung 10.7: Vielfache der Zahlen 8 und 14

Aus jeder Zahl wird eine Folge ihrer Vielfachen gebildet, und das Vielfache, das zuerst bei beiden Zahlen vorkommt, ist ihr KGV. Die Formel

`{=8*MIN(WENN(ISTZAHL(VERGLEICH(8*Faktor;14*Faktor;0));Faktor))}`

`{=8*MIN(WENN(ISTZAHL({#NV.#NV.#NV.#NV.#NV.4.#NV});{1.2.3.4.5.6.7.8})))}= 8*7 = 56` mit

Faktor:={1.2.3.4.5.6.7.8}

offenbart es. Im ersten Argument von VERGLEICH werden alle Vielfachen der 8 als Suchkriterium eingestellt. Die zu durchsuchende Matrix enthält die Vielfachen von 14. Nur bei 8*7 liefert VERGLEICH eine Zahl, nämlich 4 (14*4=56), ansonsten #NV! Das 7. Suchkriterium liefert also einen Treffer und dies ist auch das Resultat der MIN-Funktion, die dann nur noch mit 8 multipliziert werden muss. Die Matrix *Faktor* beginnt im Übrigen nur deshalb bei 1, damit auch das KGV von zwei identischen Zahlen korrekt ermittelt werden kann (auch wenn es eher sinnfrei ist).

Man kann noch ein bisschen geschickter vorgehen, indem man die Vielfachen der größeren Zahl in der Funktion REST als Zahl einsetzt und prüft, ob die kleinere Zahl 8 ein Teiler dieser Vielfachen ist.

{=14*MIN(WENN(REST(14*Faktor;8)=0;Faktor))}

{=14*MIN(WENN(REST({14.28.42.56.70.84.98.112};8)=0;{1.2.3.4.5.6.7.8})))}

Das liefert dann ebenso 56.

Die Anzahl der Elemente in *Faktor* entspricht der Höhe der kleineren Zahl (hier 8), da das KGV höchstens das Produkt der beiden Zahlen (14*8=112) sein muss, falls nicht schon ein kleineres KGV gefunden wird. Das Array 14*{1.2.3.4.5.6.7.8} muss folglich das KGV enthalten. Das KGV von mehreren Zahlen (die aber wegen der 5.461-Grenze nicht sehr groß sein dürfen) lässt sich ebenfalls mit MMULT berechnen. Die Zahlen stehen in A1:E1, wobei in A1 die größte Zahl steht. Das KGV ergibt sich aus:

{=A1*MIN(WENN(MMULT((REST(A1*(ZEILE(1:5461));A1:E1)>0)*1;{1;1;1;1;1})=0;ZEILE(1:5461))))}

MMULT verträgt keine Leerzellen oder null. Soll mit dieser Formel z.B. nur das KGV von A1 bis D1 berechnet werden, darf E1 nicht gelöscht werden – da gehört dann eine 1 rein.

10.5 Exkurs MMULT: Welche Spalte ist sortiert?

Diese Frage passt zwar eigentlich nicht in den Bereich der Zahlentheorie, ist aber noch ein sehr anschauliches Beispiel zur zweistufigen Berechnung zweidimensionaler Arrays mit Hilfe von MMULT. Sie haben die Wertetabelle in *Abbildung 10.8* und wollen prüfen, ob eine bestimmte Spalte sortiert ist oder nicht.

B12	▼	f_x {=WENN(UND(B2:B11>B1:B10);WAHR)}			
	A	B	C	D	E	F

	A	B	C	D	E	F
1						
2		4	6	3	97	96
3		17	18	40	9	24
4		16	25	83	47	44
5		20	36	32	17	26
6		48	40	68	90	85
7		33	44	16	67	71
8		28	51	19	5	92
9		12	57	31	17	7
10		49	69	84	97	3
11		89	89	73	0	28
12	sortiert:	FALSCH	WAHR	FALSCH	FALSCH	FALSCH

Abbildung 10.8: Prüfung, ob Spalten sortiert sind

Die Arrayformel in B12 prüft, ob eine Zelle immer größer ist als ihr Nachbar darüber. Gilt das für alle Zellen im Bereich B2:B11, ist die Spalte per Definition aufsteigend sortiert und die Formel liefert WAHR.

Diese Formel prüft, ob eine Spalte sortiert ist oder nicht. Schwieriger ist die Fragestellung, **welche** der Spalten des Bereichs sortiert sind, und das Ganze weiterhin mit nur einer Formel. Dies ist ein Fall für MMULT *(Abbildung 10.9)*:

P3	▼	f_x {=MMULT(MTRANS(H3:L11);N3:N11)}														

	A	B	C	D	E	F	G	H	I	J	K	L	M	N	O	P
1																
2		4	6	3	97	96				Matrix1				Matrix2		
3		17	18	40	9	24		1	1	1	0	0		1		5
4		16	25	83	47	44		0	1	1	1	1		1		9
5		20	36	32	17	26		1	1	0	0	0		1		6
6		48	40	68	90	85		1	1	1	1	1		1		4
7		33	44	16	67	71		0	1	0	0	0		1		4
8		28	51	19	5	92		0	1	1	0	1		1		
9		12	57	31	17	7		0	1	1	1	0		1		
10		49	69	84	97	3		1	1	1	1	0		1		
11		89	89	73	0	28		1	1	0	0	1		1		

Abbildung 10.9: Prüfung mit MMULT, ob Zahlen sortiert sind

Im Bereich H3:L11 *(Matrix1)* wird geprüft, ob die Werte in B3:F11 größer als ihr Nachbar darüber sind (1 = ja; 0 = nein).

H3:= (B3>B2)*1 (kopieren bis L11)

Eine Spalte gilt dann als sortiert, wenn alle Werte in *Matrix1* den Wert 1 enthalten, was in Spalte I unschwer zu erkennen ist. Rechnerisch ist die Bedingung erfüllt, wenn die Spaltensumme 9 beträgt. Die Berechnung der Spaltensumme ist die erste Stufe, die mit Hilfe der MMULT-Funktion in P3:P7 erfolgt:

`{=MMULT(MTRANS(H3:L11);N3:N11)}`

Bei den Primzahlen und Teilern haben wir mit MMULT *Matrix1* zeilenweise summiert. Hier wollen wir die Spalten summieren. Deshalb wird *Matrix1* transponiert. Die *Matrix2* muss ja so viele Zeilen haben, wie *Matrix1* Spalten hat. Da *Matrix1* zuvor transponiert wurde, sind dies 9 Zeilen und nicht 5. In der resultierenden Matrix muss dann in der zweiten Stufe nur noch die Position der 9 gefunden werden. Die entsprechende Formel ohne die ganzen Hilfsspalten lautet:

`{=MIN(WENN(MMULT(MTRANS((B3:F11>B2:F10)*1);WENN(ZEILE(1:9);1))=9;ZEILE(1:5)))}`
Ergebnis: 2

Die 2 besagt, dass die zweite Spalte des Bereichs sortiert ist. Wären mehrere sortierte Spalten vorhanden, und Sie wollten alle ermitteln, dann müssten Sie die MIN-Funktion durch `KKLEINSTE(Matrix;k)` ersetzen. Mit steigendem k gelangen Sie dann zu allen Treffern.

10.6 Quersummen

Aus der Mathematik ist uns der Begriff Quersumme bestens bekannt. Als Quersumme bezeichnet man das Ergebnis der Addition aller Ziffern einer Zahl. Das klingt zunächst wenig spektakulär, jedoch liefert die Quersumme wertvolle Hilfe im Bereich der so genannten Teilbarkeitsregeln. Die Frage, ob die Zahl 255.636 durch 9 teilbar ist, lässt sich mit Hilfe der Quersumme im Handumdrehen beantworten, denn solange die Quersumme der Zahl durch 9 teilbar ist, gilt dies auch für die Zahl selbst. 2+5+5+6+3+6=27 – und 27/9=3. Dieselbe Regel gilt für die Teilbarkeit durch 3. Und auch eine Teilbarkeit durch 6 lässt sich mit der Quersumme ermitteln, solange die Zahl gerade ist (das ist natürlich für die Teilbarkeit durch 6 eine Grundvoraussetzung) und die Quersumme durch 3 teilbar ist. Demnach ist die Zahl 255.636 ebenfalls durch 6 teilbar.

Verwunderlich ist allerdings, dass die Excel-Programmierer seinerzeit offensichtlich vergessen haben, eine derartige Funktion in den Funktionskatalog mit aufzunehmen. Dabei ist ihre Programmierung doch derart simpel, dass – zumindest für Ganzzahlen – selbst der ungeübte VBA-Anwender schnell auf folgende eigene Funktion (UDF) kommt:

```
Function Quersumme(Zahl As String) As Long
Dim l As Long
For l = 1 To Len(Zahl)
    Quersumme = Quersumme + CIng(Mid(Zahl, l, 1))
Next l
End Function
```

Aber wie wir noch sehen werden, ist auch die Umsetzung ohne VBA problemlos möglich. Dass wir den Quersummen ein eigenes Kapitel widmen, hat mit einer Ausweitung der Aufgabenstellung zu tun.

Wir untersuchen jetzt vier aufeinander aufbauende Aufgaben:

1. Ermittlung der Quersumme einer 5-stelligen Zahl.

2. Ermittlung der Quersumme einer beliebig langen Zahl.

3. Ermittlung der „Quersumme Spezial" einer 5-stelligen Zahl. Dabei wird jede 2. Ziffer – beginnend bei der ersten – zunächst mit 2 multipliziert, von dem jeweiligen Ergebnis wiederum die Quersumme gebildet und in die Gesamtsumme übernommen (die eigentliche Ziffer nicht mehr). Die 2. und 4. Ziffer wird unverändert mit in die Gesamtsumme übernommen.

4. Ermittlung der „Quersumme Spezial" für eine beliebig lange Zahl.

Ermittlung der Quersumme einer fünfstelligen Zahl

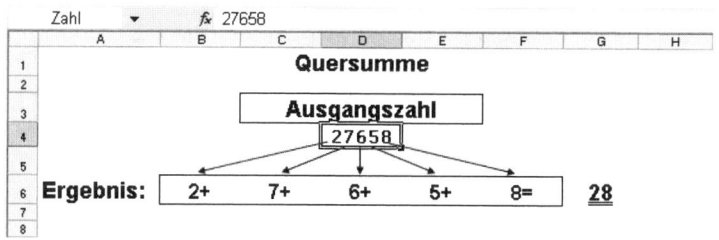

Abbildung 10.10: Schaubild zur Rechenlogik Quersumme

In Zelle D4 – diese hat den Namen *Zahl* – steht die Ausgangszahl *(Abbildung 10.10)*, in diesem Beispiel 27.658. Wir wollen die Quersumme dieser Zahl ermitteln: 2+7+6+5+8 = 28.

Die Überlegung ist einfach: Wir müssen die Zahl in ihre 5 Ziffern aufteilen und diese dann summieren. Eine umständliche Lösung könnte mit der Funktion TEIL so aussehen:

`=TEIL(Zahl;1;1)+TEIL(Zahl;2;1)+TEIL(Zahl;3;1)+TEIL(Zahl;4;1)+TEIL(Zahl;5;1)`

Sie liefert zweifelsohne das korrekte Ergebnis, wird aber spätestens dann unbrauchbar, wenn die Länge der Ausgangszahl variieren kann (siehe auch Aufgabe 2). Daher stellen wir bereits bei dieser Aufgabe eine andere Überlegung an.

Anstatt die Funktion TEIL mit dem jeweils um 1 erhöhten Parameter *Erstes_Zeichen* fünfmal zu addieren, ersetzen wir diesen Parameter durch eine Matrixkonstante, die aus den Ziffern 1 bis 5 besteht: {1.2.3.4.5}

Eingebaut in die Funktion TEIL sieht das dann so aus:

`=TEIL(Zahl;{1.2.3.4.5};1)` `={"2"."7"."6"."5"."8"}`

Da die Funktion SUMME bekanntlich nicht willens und in der Lage ist, Texte (als solche liegen die Ziffern in der Ergebnismatrix vor – zu erkennen an den "") innerhalb einer Matrix zu addieren, machen wir einfach Zahlen daraus, indem wir die Matrixelemente mit 1 multiplizieren. Anschließend summieren wir diese Matrix:

`=SUMME(TEIL(Zahl;{1.2.3.4.5};1)*1)` `=SUMME({2.7.6.5.8})` `=28`

Et voilà! Aufgabe 1 ist gelöst!

Quersumme einer beliebig langen Zahl

Jetzt ist es aber eher unwahrscheinlich, dass die Länge der Ausgangszahl von vornherein bekannt ist. Sie kann also durchaus variieren. Spätestens hier wird sehr deutlich, warum die reine Addition der Ziffern mit der Funktion TEIL höchst unflexibel ist:

`=TEIL(Zahl;1;1)+WENN(LÄNGE(Zahl)>1;TEIL(Zahl;2;1))+WENN(LÄNGE(Zahl)>2;TEIL (Zahl;3;1))+WENN(LÄNGE(Zahl)>3;TEIL(Zahl;4;1))+WENN(LÄNGE(Zahl)>4;TEIL (Zahl;5;1))+......+WENN(LÄNGE(Zahl)>n;(TEIL(Zahl;n;1)))`

Es müsste also für jede Ziffer einzeln geprüft werden, ob sie überhaupt vorhanden ist. Und das muss sich bis zur maximalen Länge (n) der Ausgangszahl wiederholen. Ein in der Tat sehr mühseliges Unterfangen.

Da gegenüber Aufgabe 1 die Länge der Ausgangszahl nicht bekannt ist, können wir keine Matrixkonstante wie {1.2.3.4.5} verwenden. Wir müssen sie also dynamisieren und besinnen uns dabei auf die INDIREKT-Variante, indem wir das Zeilenarray von 1 bis LÄNGE(Zahl) erzeugen:

`=ZEILE(INDIREKT("1:"&LÄNGE(Zahl)))`

... ergibt für eine 10-stellige Zahl das Array {1;2;3;4;5;6;7;8;9;10}.

Der Rest ist identisch mit der Lösung für eine 5-stellige Zahl. Es wird nur die Matrixkonstante {1.2.3.4.5} durch das dynamische Zeilenarray ausgetauscht:

`{=SUMME(TEIL(Zahl;ZEILE(INDIREKT("1:"&LÄNGE(Zahl)));1)*1)}`

Wunderbar! Auch diese Aufgabe ist gelöst.

Und jetzt gehen wir noch einen Schritt weiter. Dieselbe Aufgabe lässt sich auch lösen, ohne die exakte Länge der Ausgangszahl mittels des dynamischen Zeilenarrays zu ermitteln. Das führt aber zunächst einmal zu einem Problem. Die Ausgangszahl ist beispielsweise 3 Ziffern lang, z.B. 582. Eine Matrixkonstante von 1 bis 5 ergibt

`=SUMME(TEIL(582;{1.2.3.4.5};1)*1)` `=SUMME({"5"."8"."2".""."")*1)`.

Da die nicht vorhandenen Zeichen (4 und 5) in der Ergebnismatrix als Leerstrings dargestellt werden, ist die Multiplikation mit 1 nicht möglich, denn ""*1 ergibt #WERT!, und das würde das gesamte Ergebnis verhageln:

`=SUMME({5.8.2.#WERT!.#WERT!})` `=#WERT!`

Wie kann man jetzt verhindern, dass am Ende die zwei Leerstrings entstehen? Hier bedienen wir uns eines kleinen, aber äußerst wirkungsvollen Tricks. Wir fügen in unserer Ursprungsformel ein 0& sowie ein weiteres Klammerpaar ein, das dafür sorgt, dass die Verkettung vor der Multiplikation stattfindet.

`=SUMME((0&TEIL(582;{1.2.3.4.5};1))*1)`

Daraus folgt:

`=SUMME((0&{"5"."8"."2".""."")*1)` `=SUMME(({"05"."08"."02"."0"."0"})*1)`

Es wird also jedem Matrixelement einfach eine Null vorangestellt. Die weitere Auswertung ergibt:

`=SUMME({5.8.2.0.0})` `= 15`

Und siehe da: Die Fehlerwerte sind verschwunden. Die Formel liefert das gewünschte Ergebnis. Der kleine Trick mit der vorangestellten Null hat also verhindert, dass in der Matrix Leerstrings entstehen, beeinflusst das Ergebnis mathematisch aber in keiner Weise, da eine Addition von null nicht ergebniswirksam ist.

Statt der hier testweise verwendeten Matrixkonstanten {1.2.3.4.5} lässt sich auch der Ausdruck SPALTE(1:1) einsetzen, so dass unser Endprodukt so aussieht:

{=SUMME((0&TEIL(Zahl;SPALTE(1:1);1))*1)}

Das funktioniert bis zu einer Zahlenlänge von 256 Ziffern, was im Allgemeinen ausreichen sollte.

Natürlich könnten Sie auch ZEILE(1:256) oder ZEILE(1:10000) einsetzen, aber hierbei ist zu bedenken, dass jedes einzelne Element von ZEILE() innerhalb der Formel „abgearbeitet" wird – bei ZEILE(1:10000) sind dies also 10.000 Berechnungen. Hat die Ausgangszahl nur 3 Ziffern, sind das bereits 9.997 überflüssige Berechnungen, die schnell auf die Performance der Anwendung drücken können. SPALTE(1:1) ist da schon weniger verschwenderisch, aber um die beste Performance zu erreichen, greift man wieder auf die Lösung mit INDIREKT zurück, die nur so viele Berechnungen durchführt, wie gerade eben nötig sind, da sich die dynamische Ermittlung des Zeilenarrays exakt an der Länge der Ausgangszahl orientiert.

10.7 Besonders schräge Quersummen

Aus einer 5-stelligen Zahl soll die Quersumme ermittelt werden. Allerdings keine gewöhnliche Quersumme, sondern die „Quersumme Spezial".

„Quersumme Spezial" erster Teil

Zunächst soll jede zweite Ziffer – beginnend mit der ersten von links – mit 2 multipliziert werden. Aus dem Ergebnis dieser Multiplikation wird die Quersumme berechnet, die dann – statt der Ziffer selbst – mit in die Gesamtsumme einfließt.

Zum besseren Verständnis die Visualisierung in *Abbildung 10.11*:

Abbildung 10.11: Schaubild zur Rechenlogik „Quersumme Spezial"

In der mit *Zahl* benannten Zelle D4 steht die Ausgangszahl: 27.658.

Auch hier basteln wir zunächst einmal eine herkömmliche Lösung mit den Textfunktionen LINKS, RECHTS und TEIL sowie der Logikfunktion WENN:

```
=LINKS(LINKS(Zahl;1)*2)+WENN(LINKS(Zahl;1)*2>9;RECHTS(LINKS(Zahl;1)*2;1))+TEIL
(Zahl;2;1)+LINKS(TEIL(Zahl;3;1)*2)+WENN(TEIL(Zahl;3;1)*2>9;RECHTS(TEIL(Zahl;3;
1)*2;1))+TEIL(Zahl;4;1)+LINKS(RECHTS(Zahl;1)*2)+WENN(RECHTS(Zahl;1)*2>9;RECHTS
(RECHTS(Zahl;1)*2;1))
```

Hier gilt wiederum: Ein mehr als mühseliges Unterfangen. Und gar nicht erst dran zu denken, wenn später (in Aufgabe 4) die Länge der Ausgangszahl nicht von vornherein feststeht, diese also variieren kann.

Zu Beginn müssen wir erst einmal wieder die Ausgangszahl in ihre einzelnen Ziffern zerlegen. Das geschieht wieder mit:

```
=TEIL(Zahl;{1.2.3.4.5};1)*1 ={2.7.6.5.8}
```

Damit ist uns hier aber nicht geholfen, denn es sollen ja die 1., 3. und 5. Ziffer mit 2 multipliziert werden.

Die Multiplikation mit 1 könnte man auch wie folgt formulieren:

```
=TEIL(Zahl;{1.2.3.4.5};1)*{1.1.1.1.1}
```

Also ändern wir die Einsermatrix entsprechend ab:

```
=TEIL(Zahl;{1.2.3.4.5};1)*{2.1.2.1.2} ={4.7.12.5.16}
```

Alle fünf Ziffern werden abwechselnd mit 2 und 1 multipliziert, und es entsteht die neue Matrix {4.7.12.5.16}.

229

Das ist jetzt fast die halbe Miete, denn wir haben es geschafft, die 1., 3. und 5. Ziffer mit 2 zu multiplizieren, die 2. und 4. Ziffer hingegen unverändert zu übernehmen. Jetzt kommt Teil 2 der Aufgabe, denn von den einzelnen Zahlen der Matrix {4.7.12.5.16} muss ja nun wieder die Quersumme gebildet werden. Also müssen wir diese auch wieder irgendwie in ihre einzelnen Ziffern zerlegen, so dass unsere Wunschmatrix in etwa so aussieht:

{4.7.1.2.5.1.6}

Jetzt kommt die zweite Matrixdimension ins Spiel. Wir lesen wieder die einzelnen Matrixelemente mit einer weiteren TEIL-Funktion aus:

=TEIL(TEIL(Zahl;{1.2.3.4.5};1)*{2.1.2.1.2}&0;{1;2};1)

Wir lesen also mit der zweiten TEIL-Funktion die Ziffern der Matrix {4.7.12.5.16} aus, die wir mit der ersten TEIL-Funktion erzeugt haben. Die Verkettung mit &0 ist deshalb wieder notwendig, damit jedes Matrixelement mindestens aus 2 Zeichen besteht, um Berechnungen mit Leerstrings "" zu vermeiden.

Setzen wir die Ergebnismatrix der ersten TEIL-Funktion in die Formel ein, erhalten wir:

=TEIL({4.7.12.5.16}&0;{1;2};1)

Jetzt werten wir noch die Verkettung mit &0 zusätzlich aus und erhalten folgende Matrix:

=TEIL({"40"."70"."120"."50"."160"};{1;2};1)

Durch die Verkettung mit &0 werden die Matrixelemente zunächst wieder in Texte umgewandelt, zu erkennen an den Anführungszeichen "". Die zweite Teilfunktion liest jetzt einzeln die ersten beiden Zeichen {1;2} der horizontalen Matrix {"40"."70"."120"."50"."160"} aus. Und damit sie das auch korrekt erledigen kann, muss diese Matrix {1;2} vertikal – also in der anderen Dimension – vorliegen, mit dem Semikolon als Trennzeichen zwischen den beiden Matrixelementen.

=TEIL(TEIL(Zahl;{1.2.3.4.5};1)*{2.1.2.1.2}&0;{1;2};1)

=TEIL({"40"."70"."120"."50"."160"};{1;2};1)

={"4"."7"."1"."5"."1";"0"."0"."2"."0"."6"}

Die Ergebnismatrix mit den Textzahlen – im Übrigen inzwischen zweidimensional, zu erkennen an dem Semikolon als Zeilentrenner zwischen 1 und 0 – muss jetzt wieder durch Multiplikation mit 1 in echte Zahlen umgewandelt werden, um sie anschließend mit SUMME summieren zu können:

=SUMME(TEIL(TEIL(Zahl;{1.2.3.4.5};1)*{2.1.2.1.2}&0;{1;2};1)*1)

=SUMME({4.7.1.5.1;0.0.2.0.6}) =26

Très bien! Wir erhalten unser gesuchtes Ergebnis 26!

„Quersumme Spezial" zweiter Teil

Im allerletzten Schritt wollen wir die gleiche Aufgabe, diesmal aber für beliebig lange Zahlen, lösen. Gegenüber der vorigen Aufgabe ergeben sich lediglich zwei Änderungen. Die Matrixkonstante {1.2.3.4.5} ersetzen wir zunächst durch SPALTE(1:1) für Zahlen mit maximal 256 Ziffern. Das kennen wir bereits von der normalen Quersummenformel. Allerdings haben wir keine Lust, das Array {2.1.2.1.2} manuell auf ebenfalls 256 Elemente mit – im Wechsel – 128 Zweien und 128 Einsen auszuweiten. Also überlassen wir die Erzeugung dieses Arrays doch einfach den Fähigkeiten von Excel. Und da kommt uns die Funktion REST wieder einmal wie gerufen, denn mit dem Divisor 2 liefern aufsteigende Zahlen immer abwechselnd den Rest 1 und 0. Wenn wir jetzt noch 1 addieren, dann haben wir unsere Matrix aus Zweien und Einsen:

=1+REST(SPALTE(1:1);2) ={2.1.2.1.2.1.2.1.2.1.2.1.2.1........2.1.2.1}

Die Endformel aus der vorigen Aufgabe lautete:

=SUMME(TEIL(TEIL(Zahl;*{1.2.3.4.5}*;1)*{2.1.2.1.2}&0;{1;2};1)*1)

Jetzt bauen wir die *Änderungen* ein und erhalten:

{=SUMME(TEIL((0&TEIL(Zahl;*SPALTE(1:1)*;1))*(1+*REST(SPALTE(1:1);2)*)&0;{1;2};1)*1)}

Das funktioniert jetzt für maximal 256 Ziffern. Eine Ausweitung auf 65.536 ist auch noch drin, wenn man die Matrixdimensionen tauscht, für SPALTE(1:1) also ZEILE(A:A) einsetzt und die Matrix {1;2} in {1.2} dreht:

{=SUMME(TEIL((0&TEIL(Zahl;ZEILE(A:A);1))*(1+REST(ZEILE(A:A);2))&0;{1.2};1)*1)}

Aber da diese Variante extrem ressourcenfressend ist, raten wir dringend davon ab!

KAPITEL 11

Zahlensysteme

Eine der klassischen Disziplinen im sportlich ambitionierten Programmierer-Mehr-kampf ist das Umrechnen von Zahlensystemen. Excel bietet Add-in-Funktionen zur Umwandlung von Dezimalzahlen in das Binärsystem, das Oktalsystem, das Hexa-dezimalsystem und wieder zurück an. Die Funktionen haben die sprechenden Namen DEZINBIN, DEZINOKT, DEZINHEX, HEXINDEZ, OKTINDEZ, BININDEZ.

Als Zahlenbastler gibt man sich damit natürlich nicht zufrieden, vor allem weil diese Add-in-Funktionen teilweise rabiaten Größenbeschränkungen unterliegen. Hexa-dezimalzahlen können nur bis $2^{39}-1$ umgewandelt werden, Oktalzahlen bis $2^{29}-1$ und Binärzahlen gerade mal bis 2^9-1.

Wetten, dass Sie mit einer handvoll Standardfunktionen ebenso Zahlensysteme umwandeln können, und zwar besser, höher und weiter? Die Logik, die hinter der Umwandlung steht, tut überhaupt nicht weh.

11.1 Von der Dezimalzahl zu den Bits und zurück

Betrachten wir uns die Binärzahlen von 0 bis 7.

000
001
010
011
100
101
110
111

Wenn wir den Fokus nicht auf die Binärzahlen je Zeile legen, sondern die Ziffern von oben nach unten – beginnend mit der rechten Spalte – betrachten, erhalten wir die drei Zahlenfolgen:

- {0;1;0;1;0;1;0;1}
- {0;0;1;1;0;0;1;1}
- {0;0;0;0;1;1;1;1}

Diese Folgen gehorchen einer simplen Gesetzmäßigkeit, die Ziffern 0 und 1 wiederholen sich periodisch. Der Wechsel von 0 auf 1 erfolgt in der ersten Folge bei jeder Ziffer, bei der zweiten Folge findet bei der zweiten Ziffer ein Wechsel statt. Bei der dritten Folge wird nach vier Ziffern gewechselt und allgemein wird bei der n-ten Folge alle $2^{(n-1)}$-ten Ziffern von 0 auf 1 oder umgekehrt gewechselt. Die n-te Folge bestimmt, ob die Binärzahl an der n-ten Stelle von rechts eine 1 oder eine 0 enthält.

Wie lassen sich diese Folgen mit Excel-Formeln berechnen? Sich periodisch wiederholende Zahlenfolgen erzeugt man am besten mit der Funktion REST. Schreiben Sie in irgendeine Spalte der ersten Zeile

`=REST(ZEILE();2)`

und kopieren die Formel nach unten, erhalten Sie schon die erste Zahlenfolge der Binärzahl. Allerdings beginnend bei 1, nicht bei 0. Das leuchtet ein, denn jede ungerade Dezimalzahl beginnt im Binärsystem von rechts mit einer 1. Um die zweite Zahlenfolge zu erhalten, müssen wir die Periodenlänge verdoppeln, also teilen wir einfach ZEILE() durch 2.

`=REST(ZEILE()/2;2)`

Nach unten kopiert ergibt sich die Folge

{0,5 ; 1 ; 1,5 ; 0 ; 0,5 ; 1 ; 1,5},

von der uns allerdings nur der ganzzahlige Teil interessiert. Deshalb machen wir daraus

`=KÜRZEN(REST(ZEILE()/2;2))`

mit dem Resultat:

{0;1;1;0;0;1;1}

Auch hier haben wir die erste 0 für die Umwandlung der Dezimalzahl 0 unterschlagen. Die dritte Folge erhalten wir mit

`=KÜRZEN(REST(ZEILE()/4;2))`.

Diese Excel-Formel können wir natürlich auch in allgemeiner Form schreiben, die n-te Folge beginnt in der ersten Zeile mit der Formel:

`=KÜRZEN(REST(ZEILE()/2^(n-1);2))`

Mit dieser Formel können wir also die Aussage treffen, ob eine in das binäre System umgewandelte Dezimalzahl an der n-ten Stelle (von rechts) eine 1 enthält oder nicht. In der Computer-Welt von Bits und Bytes bezeichnet man diese Prüfung auch

als „Bit-Test". Führt man diesen Bit-Test für jede Stelle der Binärzahl durch und verkettet die Ergebnisse, erhält man die komplette Binärzahl. Wir fassen das Gelernte in
der folgenden Tabelle zusammen *(Abbildung 11.1)*:

	A	B	C	D	E	F	G	H	I
1	DEZ		4	3	2	1	0		*BIN*
2	0		0	0	0	0	0		00000
3	1		0	0	0	0	1		00001
4	2		0	0	0	1	0		00010
5	3		0	0	0	1	1		00011
6	4		0	0	1	0	0		00100
7	5		0	0	1	0	1		00101
8	6		0	0	1	1	0		00110
9	7		0	0	1	1	1		00111
10	8		0	1	0	0	0		01000
11	9		0	1	0	0	1		01001
12	10		0	1	0	1	0		01010

Abbildung 11.1: Umrechnungstabelle Dezimalzahl => Binärzahl

Ab A2 werden alle Dezimalzahlen aufgelistet. In C1:G1 stehen die Zweierpotenzen
der n-ten Folge (n-1). Die erste Folge in Spalte G wird also mit G1=0 potenziert. Die
zweite Folge in Spalte F mit F1=1 usw. In C2:G12 werden die Bit-Tests durchgeführt:

C2: =KÜRZEN(REST($A2/2^C$1;2)) (kopiert bis G12)

Durch Verkettung werden schließlich in Spalte I die Binärzahlen erzeugt:

I2: =C2&D2&E2&F2&G2

Die führenden Nullen denken wir uns einfach weg, beim Verstehen der Logik stören
sie überhaupt nicht. Wenn die Dezimalzahlen größer werden, reichen die 5 Spalten
von C:G natürlich nicht mehr aus und müssen erweitert werden.

Von den Bits zurück zu den Dezimalzahlen

Der Rückweg ist schnell erzählt. Jede Dezimalzahl lässt sich ja als Summe von Zweierpotenzen darstellen. Welche Zweierpotenz jeweils addiert werden muss, zeigt die
Binärzahl. Die Binärzahl 1010 wird durch die Berechnung

=2^(1-1)*0+2^(2-1)*1+2^(3-1)*0+2^(4-1)*1

in die Dezimalzahl 10 umgerechnet. Jetzt brauchen wir die Binärzahl in den nachfolgenden Spalten K:O bloß wieder in ihre Einzelziffern aufzuteilen und jedes Bit mit
der entsprechenden Zweierpotenz zu multiplizieren *(Abbildung 11.2)*.

	I	J	K	L	M	N	O	P	Q
1	BIN		4	3	2	1	0		DEZ
2	00000		0	0	0	0	0		0
3	00001		0	0	0	0	1		1
4	00010		0	0	0	2	0		2
5	00011		0	0	0	2	1		3
6	00100		0	0	4	0	0		4
7	00101		0	0	4	0	1		5
8	00110		0	0	4	2	0		6
9	00111		0	0	4	2	1		7
10	01000		0	8	0	0	0		8
11	01001		0	8	0	0	1		9
12	01010		0	8	0	2	0		10

Abbildung 11.2: Umrechnungstabelle Binärzahl => Dezimalzahl

K2: `=LINKS(RECHTS($I2;K$1+1);1)*2^K$1` (kopiert bis O12)

Q2: `=SUMME(K2:O2)` (kopiert bis Q12)

11.2 Umwandlung beliebiger Zahlensysteme

Die Formel des Bittestes lässt sich nicht nur auf das Binärsystem anwenden, sondern auch auf beliebige andere Zahlensysteme. Wenn *Sys* der Platzhalter für das Zahlensystem ist, dann lautet die Formel allgemein:

`=KÜRZEN(REST(Zahl/Sys^(n-1);Sys))`

Das gilt zumindest für alle Systeme die kleiner sind als das Dezimalsystem. Wir testen dies nun beispielsweise am Oktalsystem mit *Sys* = 8. Gleichzeitig gehen wir einen Schritt weiter und verzichten auf die tabellarische Darstellung der Spalte C:G. Die Oktalzahl kann nämlich direkt mit einer einzigen Arrayformel ermittelt werden, indem alle 8er-Potenzen auf einmal potenziert werden. Bei der Dezimalzahl 249 ergibt dann

`{=KÜRZEN(REST(249/Sys^({5;4;3;2;1}-1);Sys))}`

das Array

`{0;0;3;7;1}.`

Würde man die Elemente des Arrays verketten, ergäbe dies die richtige Oktalzahl 173. In Excel hat man aber leider nicht diese komfortable Möglichkeit wie in VBA mit der JOIN-Funktion. (Wäre einmal an der Zeit, auch den Excel-Funktionskatalog etwas aufzurüsten.) Mit einem kleinen Rechentrick ist es aber dennoch möglich, denn man kann die Elemente mit Zehnerpotenzen multiplizieren und dann summieren, was quasi einem Verketten gleichkommt.

`{=SUMME(KÜRZEN(REST(249/Sys^({5;4;3;2;1}-1);Sys))*10^{4;3;2;1;0})}`

`=SUMME({0;0;3;7;1}*{10000;1000;100;10;1})`

`=371`

Auch die Umwandlung von der Oktalzahl zur Dezimalzahl funktioniert mit einer Arrayformel, die Achterpotenzen können auf einmal berechnet werden. Zunächst wird die Oktalzahl in ihre Einzelziffern zerlegt:

`=TEIL(371;{1;2;3};1) = {3;7;1}`

Dann werden die einzelnen Elemente mit der passenden Achterpotenz multipliziert:

`=TEIL(371;{1;2;3};1)*8^({3;2;1}-1) = {192;56;1}`

Und zum Schluss summiert:

`=SUMME(TEIL(371;{1;2;3};1)*8^({3;2;1}-1)) = 249`

Die Länge der Arrays {1.2.3} bzw. {3.2.1} hängt natürlich von der Länge der umzuwandelnden Zahl ab und kann mit

`=ZEILE(INDIREKT("1:"&LÄNGE(371)))`

dynamisiert werden.

Es ist auch denkbar, Zahlensysteme zu kreieren, die keine Ziffern, sondern Buchstaben enthalten. Im Oktalsystem kämen beispielsweise nicht die Ziffern von 0-7, sondern die Buchstaben von A bis G vor. Die Bit-Testformel würde man dann wie folgt erweitern:

`{=ZEICHEN(KÜRZEN(REST(249/8^({3.2.1}-1);8))+64)}`

oder auch

`{=WAHL(KÜRZEN(REST(249/8^({3.2.1}-1);8));"A";"B";"C";"D";"E";"F";"G")}`

Aus beiden Alternativen resultiert das Array

`={"C"."G"."A"}`(C=3, G=7, A=1).

Das einzige Problem ist, dass nun der schöne Verkettungstrick mit den Zehnerpotenzen nicht funktioniert, denn das geht natürlich nur mit Ziffern und nicht mit Buchstaben. Um die Oktalzahl „CGA" zu erhalten, bleibt uns nichts anderes übrig, als die

Formel für jede Stelle der Zahl separat zu ermitteln und die Resultate danach mit & zu verketten. Statt ({3.2.1}-1) auf einmal, müssen Sie dann ^2, ^1 und ^0 in drei separaten Formeln berechnen.

Bei der Umkehrrechnung (Oktalzahl in Dezimalzahl) stellt sich dieses Problem nicht, die funktioniert mit Buchstaben genauso schön, entweder

={SUMME((CODE(TEIL("CGA";{1;2;3};1))-64)*8^({3;2;1}-1))}=249

oder

{=SUMME(VERGLEICH(TEIL("CGA";{1;2;3};1);{"A";"B";"C";"D";"E";"F";"G"};0)
*8^({3;2;1}-1))}= 249.

Beide Varianten, sowohl CODE als auch VERGLEICH in Kombination mit TEIL, wandeln die Buchstaben wieder in die Ziffern von 1–8 um und multiplizieren diese dann mit der Achterpotenz.

Warum sollte man Ziffernsysteme mit Buchstaben erzeugen? Dafür kann es drei Gründe geben. Erstens: Sie wollen Zahlen chiffrieren, beispielsweise eine Telefonnummer, die die Ehefrau nicht kennen sollte. Zweitens: aus purem Vergnügen. Und Drittens: Weil Sie ein Zahlensystem verwenden, bei dem Sie mit den Ziffern von 0 bis 9 einfach nicht mehr auskommen, und das ist gar nicht weit hergeholt, denn da fällt uns sofort das Hexadezimalsystem ein, also das 16er-System, bei dem die Ziffern von 0 bis 9 sowie die Buchstaben A, B, C, D, E und F verwendet werden.

Um mit dem 16er-System zu rechnen, benötigen wir ein Array mit den Ziffern

={0;1;2;3;4;5;6;7;8;9;"A";"B";"C";"D";"E";"F"},

das Sie am besten in einen Namen *Ziffern* packen, um bequemer darauf zugreifen zu können. Dieses Array können Sie außerdem beliebig dynamisieren, indem Sie noch einen Namen *Array* bezogen auf

=ZEILE(INDIREKT("1:"&sys))

erstellen (*sys* ist die Ordnungszahl des Systems, beim Hexadezimal-System also 16) und dann dem Namen *Ziffern* alternativ die Formel

=WENN(array-1>9;ZEICHEN(array+54);array-1)&""

zuordnen.

Die allgemein gültige Formel zur Umrechnung einer Zahl eines beliebigen Systems in eine Dezimalzahl lautet dann:

`{=SUMME((VERGLEICH(TEIL("ABC123";{1;2;3;4;5;6};1);Ziffern;0)-1)*sys^(6-ZEILE(1:6))))}`

= 11.256.099 (bei *sys* = 16)

6-Zeile(1:6) verlangt hier eine sechsstellige Zahl, dass lässt sich mit

`{=LÄNGE(Zahl)-ZEILE(INDIREKT("1:"&LÄNGE(Zahl))))}`

natürlich auch noch dynamisieren.

Die Umrechnung von der Dezimalzahl in ein beliebiges System kann wegen des Verkettungsproblems nicht in einer Zelle durchgeführt werden, sondern nur tabellarisch (*Abbildung 11.3*).

	A	B	C	D	E	F	G	H	I	J	K	L	M
	J2			ƒx	=INDEX(Ziffern;KÜRZEN(REST($A2/sys^J$1;sys))+1)								
1	DEZ		7	6	5	4	3	2	1	0	sys:	16	
2	249		0	0	0	0	0	0	F	9		000000F9	
3	1234		0	0	0	0	0	4	D	2		000004D2	
4	1235		0	0	0	0	0	4	D	3		000004D3	
5	10000		0	0	0	0	2	7	1	0		00002710	
6	11000		0	0	0	0	2	A	F	8		00002AF8	
7	123456789		0	7	5	B	C	D	1	5		075BCD15	
8	123456790		0	7	5	B	C	D	1	6		075BCD16	
9	123456791		0	7	5	B	C	D	1	7		075BCD17	
10	123456792		0	7	5	B	C	D	1	8		075BCD18	

Abbildung 11.3: Umrechnungstabelle Dezimalzahl => Hexadezimalzahl

In Spalte A steht die Dezimalzahl. In C:J werden die einzelnen Stellen der Zahl des Zielsystems berechnet, die in Spalte L nur noch mit & verkettet werden.

C2: =INDEX(Ziffern;KÜRZEN(REST($A2/sys^J$1;sys))+1) (kopiert bis J10)

Eigentlich kann KÜRZEN hier weggelassen werden, da INDEX sowieso nur den ganzzahligen Teil der Berechnung beachtet. Zelle L1 trägt den Namen *Sys*. Weiterhin gilt:

Ziffern=WENN(array-1>9;ZEICHEN(array+54);array-1)&""

Array=ZEILE(INDIREKT("1:"&sys))

Bei sehr großen Zahlen kann die Funktion REST an ihre Grenzen stoßen und muss durch GANZZAHL ersetzt werden. Eine Alternative zur Umwandlung einer Dezimalzahl in ein beliebiges anderes Zahlensystem liefert folgende Tabelle in *Abbildung 11.4.*

	A	B	C	D	E	F
1	Zahlensystem:	35				
2	Dezimalzahl:	752.449.373.223	23	N	N	
3		21498553520	10	A	AN	
4		614244386	21	L	LAN	
5		17549839	34	Y	YLAN	
6		501423	13	D	DYLAN	
7		14326	11	B	BDYLAN	
8		409	24	O	OBDYLAN	
9		11	11	B	BOBDYLAN	
10		0			BOBDYLAN	
11		0			**BOBDYLAN**	

Abbildung 11.4: Alternative Umrechnungstabelle Dezimalzahl => beliebiges Zahlensystem

B3: =GANZZAHL(B2/$B$1)

C2: =WENN(B2=0;"";B2-GANZZAHL(B2/$B$1)*$B$1)

D2: =WENN(C2="";"";WENN(C2>9;ZEICHEN(55+C2);C2))

E2: =D2&E1

B3 und C2:E2 werden beliebig nach unten kopiert. Die letzte Zeile der Spalte E enthält dann das Endergebnis.

11.3 Excels hexadezimale Farbpalette

Übrigens verwaltet Excel (nicht nur Excel) seine Farben in Hexadezimalzahlen. So ist beispielsweise CC99FF ein Pseudonym für Hellrosa. Aquamarin wird mit CCCC33 codiert und die Farbe Lavendel nennt sich schlicht FF99CC, wer hätte das gedacht? Das kommt daher, dass Excel (bzw. Windows) mit dem RGB-Farbmodell arbeitet. Jede Farbe setzt sich aus einer Mischung von Rot-, Grün- und Blautönen zusammen. Jeder dieser drei Töne kann einen Wert von 0–255 annehmen. Das sind genau 16^2 (was für ein Zufall) Töne je Farbe, also insgesamt $16^6 = 16.777.216$ mögliche Farben. Zu sehen ist das beispielsweise im Eigenschaften-Editor von Steuerelementen oder von den Optionen, unter denen die Farbpalette einer Arbeitsmappe konfiguriert werden kann *(Abbildung 11.5).*

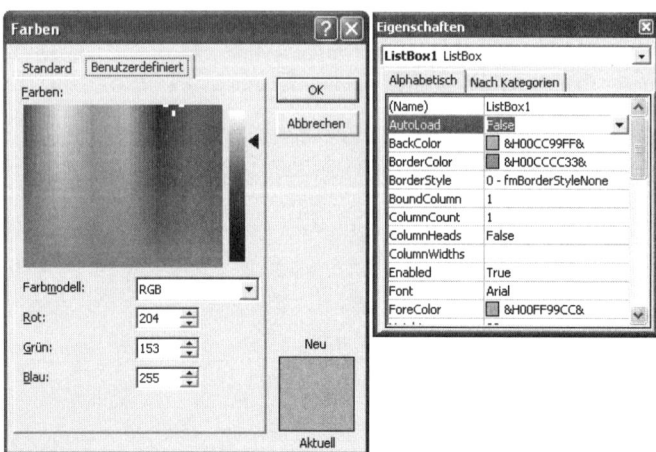

Abbildung 11.5: Dialoge für Farbpalette nach dem RGB-Modell

Man kann auch sagen, das RGB-Modell ist ein 256er-Zahlensystem. Die Farbe Lavendel mit der Hexadezimalzahl FF99CC lautet dezimal

=15*16^5+15*16^4+9*16^3+9*16^2+12*16^1+12*16^0 = 16751052,

was sich ganz einfach in die RGB-Werte umrechnen lässt:

Rot: =KÜRZEN(REST(16751052;256))=204

Grün: =KÜRZEN(REST(16751052/256;256)) = 153

Blau: =KÜRZEN(REST(16751052/256^2;256)) = 255

Andersherum können Sie natürlich auch aus RGB-Werten eine Hexadezimalzahl ableiten und somit die Farbeinstellungen im Eigenschaftsfenster eines Steuerelements komfortabler konfigurieren.

Excel hat bis zur Version 2003 eine störende Schwäche. Objekte, die in der Excel-Tabelle eingebunden sind, können zwar beliebige Farbtöne aufweisen, aber Diagramme und Zellen sind beschränkt auf eine Palette von 56 unterschiedlichen Farben, die eine Mappe enthalten kann. Die Farbtöne der Palette können zwar alle 16 Mio. Farben des RGB-Systems darstellen, aber eben nur 56 verschiedene pro Palette. Vielleicht haben Sie sich auch schon einmal gewundert, als Sie eine Tabelle mit farblich hinterlegten Hintergründen in eine andere Mappe kopiert haben und Ihre Farbformate plötzlich völlig andere Farben angezeigt haben. Das liegt dann daran, dass die zwei Mappen unterschiedliche Farbpaletten hatten und die kopierte Tabelle ihre Farben nicht einfach „mitnehmen" kann. Um dieses Manko auszumerzen, gibt es aber unter *Extras>Optionen>Farbe* ein Dropdownfeld, über das man die komplette Farbpalette aus einer anderen Mappe importieren kann *(Abbildung 11.6)*:

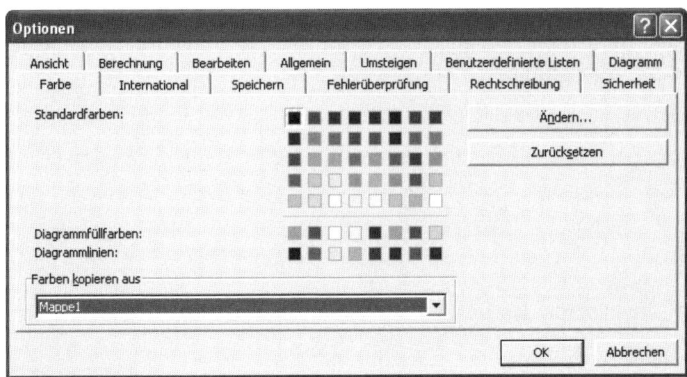

Abbildung 11.6: Dialog Optionen – Farbpalette

Aber ab Excel 12 soll diesbezüglich wohl alles anders werden. Möglicherweise kann dann für jede Zelle ein individueller RGB-Farbton eingestellt werden, der dann beim Kopieren in eine andere Mappe automatisch mitgenommen wird.

11.4 Arabisch => Römisch und vice versa

Wenn Sie in einer Excel-Tabelle die Hefte Ihrer Asterix-Sammlung auflisten und durchnummerieren wollen, benötigen Sie eine Funktion zur Zahlensystemumwandlung völlig anderer Art. Die Funktion RÖMISCH sorgt in diesem Fall für das authentische „look and feel". Schreiben Sie in A1 die Formel

```
=RÖMISCH(ZEILE())
```

und kopieren Sie sie nach unten. Dann erhalten Sie die Liste

```
I;II;III;IV;V;VI;VII;VIII;IX;X;XI;XII;XIII;XIV;XV
```

Das können Sie treiben bis zur Zeile 3999 und der römischen Zahl MMMCMXCIX, danach ist Sense. Mit einer leichten Modifikation kann man die Grenze noch auf 4999 erweitern. =WENN(ABS(4999)>3999;"M"&RÖMISCH(ABS(4999)-1000);RÖMISCH(ABS(4999)))

```
=MMMMCMXCIX
```

Noch größere römische Zahlen könnte man durch das Wiederholen des Symbols M, das für 1.000 steht, erreichen. M war das größte Zeichen, das die Römer hatten. Im Altertum benutzten die Römer eigentlich andere Sonderzeichen für 1.000 oder noch größere Zahlen. Erst im Mittelalter wurden diese Sonderzeichen durch das M ersetzt. 10.000 war dann MMMMMMMMMM.

Sie können aus einer römischen Zahl auch die entsprechende arabische Zahl berechnen. Dazu packen Sie alle verfügbaren Römer von 1 bis 3.999 in ein Array

`=RÖMISCH(ZEILE(INDIREKT("1:3999")))`

und suchen mit der Funktion VERGLEICH, an der wievielten Stelle dieses Arrays die gesuchte Zahl gefunden wird.

`{=VERGLEICH("XI";RÖMISCH(ZEILE(INDIREKT("1:3999")));0)}`

`=11`

VERGLEICH liefert die Position des Treffers und das ist gleichzeitig die richtige, arabische Zahl.

Wenn wir schon bei Römern und Arabern sind, wollen wir andere Kulturkreise natürlich nicht diskriminieren, hier soll jeder zu seinem Recht kommen. Sie werden staunen, wie sprachbegabt Ihr PC ist. Vorausgesetzt, Sie haben eine Excel-Version >= 10. Ihnen steht dazu die Funktion TEXT zur Verfügung, die Sie mit einem speziellen Zahlenformat kombinieren können *(Abbildung 11.7)*:

	A	B	C	D
1	Land	Code	Format	Ziffern
2	Westlich	010	[$-010E0407]0	1234567890
3	Arabisch-Indisch	020	[$-020E0407]0	١٢٣٤٥٦٧٨٩٠
4	Erweitertes Arabisch-Indisch	030	[$-030E0407]0	۱۲۳۴۵۶۷۸۹۰
5	Devanagari	040	[$-040E0407]0	१२३४५६७८९०
6	Bengalisch	050	[$-050E0407]0	১২৩৪৫৬৭৮৯০
7	Gurmukhi	060	[$-060E0407]0	੧੨੩੪੫੬੭੮੯੦
8	Gujarati	070	[$-070E0407]0	૧૨૩૪૫૬૭૮૯૦
9	Oriya	080	[$-080E0407]0	୧୨୩୪୫୬୭୮୯୦
10	Tamilisch	090	[$-090E0407]0	௧௨௩௪௫௬௭௮௯௦
11	Telugu	0A0	[$-0A0E0407]0	౧౨౩౪౫౬౭౮౯౦
12	Kannada	0B0	[$-0B0E0407]0	೧೨೩೪೫೬೭೮೯೦
13	Malayalam	0C0	[$-0C0E0407]0	൧൨൩൪൫൬൭൮൯൦
14	Thai	0D0	[$-0D0E0407]0	๑๒๓๔๕๖๗๘๙๐
15	Laotisch	0E0	[$-0E0E0407]0	໑໒໓໔໕໖໗໘໙໐
16	Tibetanisch	0F0	[$-0F0E0407]0	༡༢༣༤༥༦༧༨༩༠
17	Japanisch	1B0	[$-1B0E0407]0	一二三四五六七八九〇
18	Chinesisch	1F0	[$-1F0E0407]0	壹貳叁肆伍陆柒捌玖零
19	Koreanisch	270	[$-270E0407]0	일이삼사오육칠팔구영

Abbildung 11.7: Liste der multilingualen Zahlencodes

In Spalte B steht der länderspezifische Code. Das Zahlenformat in Spalte C ergibt sich aus

C2: ="[$-"&B2&"E0407] 0".

Die Ziffern werden dann mit der Formel

D2: =TEXT(1234567890;C2)

angezeigt. Natürlich können Sie die Spalten B:D zusammenfassen und erhalten mit

=TEXT(1234567890;"[$-1F0E0407] 0")

die chinesischen Ziffern der vorgegebenen Zahl.

11.5 Neunhundertneunundneunzigmillionen Zahlwörter

Zahlen in Wörtern sind ein ganz besonderes Zahlensystem - und Gott sei Dank sind wir keine Franzosen.

11.5.1 Deutsche Sprache, schwere Sprache

Es heißt einundvierzig, einundfünfzig, einundsechzig, aber nicht einunddreizig, sondern einunddreißig. Zwischen 11 und 29 sind das nicht Einziger und Zweiziger, sondern Zehner und Zwanziger. Einundeinzig heißt bekanntlich elf und zweiundeinzig bezeichnet man im Allgemeinen als zwölf. OK, dann gehts aber logisch weiter mit dreizehn, vierzehn, fünfzehn, sechszehn – halt: sechzehn (ohne s) und dann kommt ganz klar siebzehn (statt siebenzehn) – aber dann natürlich wieder achtzehn und neunzehn.

Zwanzig, dreißig, vierzig, fünfzig, sechzig (ohne s), siebzig statt siebenzig, achtzig und neunzig bis neunundneunzig.

Dieses Prinzip wiederholt sich dann bis 999 nur dass eben die hunderter davor gesetzt werden. Einhundert, zweihundert, dreihundert, usw. Wenn wir diese Logik bis 999 draufhaben, ist das bereits mehr als die halbe Miete. Denn darüber hinaus wiederholt sich das Ganze in jeder Tausenderpotenz, nur das zusätzlich die jeweilige Tausenderpotenz kenntlich gemacht wird.

Tausend, Million(en), Milliarde(n), Billion(en), usw. Der Rest bleibt identisch. 123.123.123 heißt in Wörtern:

- einhundertdreiundzwanzigmillionen
- einhundertdreiundzwanzigtausend
- einhundertdreiundzwanzig

Wie leicht zu erkennen ist, bestehen also alle Zahlwörter aus Ziffernblöcken mit drei Stellen. Jeder Block beginnt mit dem Hunderterzahlwort (einhundertdreiundzwanzig) und endet mit der Tausenderpotenz. Das war schon die ganze Theorie, jetzt beginnen wir mit dem Zusammenbau der Zahlwörter.

Als ersten Baustein benötigen wir die Wörter der einstelligen Ziffern. Wir vergeben den Namen *Einer* bezogen auf das Array

```
={"";"ein";"zwei";"drei";"vier";"fünf";"sechs";"sieben";"acht";"neun"}.
```

Das Array beginnt mit einem leeren String, denn die Null wird nie ausgesprochen und der Eins fehlt das s, das in der Regel auch nicht ausgesprochen wird.

Als zweiten Baustein benötigen wir die Wörter der Zehnerziffern, die wir in den Namen *Zehner* packen, der sich auf das Array

```
={"";"zehn";"zwanzig";"dreißig";"vierzig";"fünfzig";"sechzig";"siebzig";"acht-
zig";"neunzig"}
```

bezieht.

Weiterhin benötigen wir zwei Namen, in denen sämtliche Sonderfälle abgebildet sind. Die Sonderzahlen lauten:

```
{0.1.11.12.16.17}
```

Und die dazugehörigen Wörter lauten:

```
={"."eins"."elf"."zwölf"."sechzehn"."siebzehn"}
```

Die beiden Arrays erhalten die Namen *SonderZ* und *SonderW*. Jetzt können wir mit dem Tabellenaufbau beginnen *(Abbildung 11.8)*:

	A	B	C	D	E	F	G	H	I	J	K	L	M
2	**Stelle:**	9.	8.	7.	6.	5.	4.	3.	2.	1.	**Nachkommastellen**		
3	879.645.312,45	8	7	9	6	4	5	3	1	2	0	4	5
4				achthundert			sechshundert			dreihundert			
5				neun			fünf			zwei			fünf
6				und			und						und
7				siebzig			vierzig			zehn			vierzig
8		achthundertneunundsiebzig			sechshundertfünfundvierzig			dreihundertzwölf				fünfundvierzig	
9				millionen			tausend						Komma
10													
11	**achthundertneunundsiebzigmillionensechshundertfünfundvierzigtause**												
12	**nddreihundertzwölf Komma fünfundvierzig**												

Abbildung 11.8: Zahlen in Wörtern – Deutsch

In A3 steht die Zahl. Wir beschränken uns hier auf Zahlen bis 999.999.999. Zunächst müssen die einzelnen Ziffern der Zahl auf die neun benachbarten Zellen B3:M3 aufgeteilt werden. Dazu erinnern wir uns an das bisherige Kapitel, in dem wir mit der „Bit-Testformel"

=KÜRZEN(REST(ZEILE()/2^(n-1);2))

aus einer Dezimalzahl einzelne Stellen der entsprechenden Binärzahl (Bits) separiert haben. Mit der gleichen Formel können aus einer Dezimalzahl einzelne Ziffern herausgezogen werden. In B2:J2 steht die Position der Ziffer, die berechnet werden soll. (Diese Zellen enthalten Werte, der Punkt wird über das Zahlenformat erzeugt.) Dann schreiben Sie in

B3: =KÜRZEN(REST($A$3;10^B2)/10^(B2-1))

und kopieren die Formel bis J3, womit Sie die einzelnen Ziffern der Zahl erhalten. Die Formeln, die das Zahlwort des ersten – aus drei Ziffern bestehenden – Blocks berechnen, stehen im Bereich D4:D9.

D4: =INDEX(Einer;B3+1)&WENN(B3;"hundert";"")

berechnet das Hunderter-Zahlwort, das sich aus der *Einer*-Ziffer und dem Zusatz „Hundert" zusammensetzt.

D5: =INDEX(Einer;D3+1)

berechnet das Wort der ersten Ziffer von links des Dreierblocks (hier die 7. Stelle).

D6: =WENN(UND(C3>1;D3);"und";"")

generiert lediglich das „und" zwischen „neun" und „siebzig".

D7: `=INDEX(Zehner;C3+1)`

ermittelt das Zehnerwort.

D8: `{=D4&WENN(ODER((C3&D3)*1=SonderZ);`

`VERWEIS((C3&D3)*1;SonderZ;SonderW);D5&D6&D7)}`

Die ODER-Abfrage prüft, ob die aus rechter und mittlerer Ziffer bestehende Zahl, hier die 79, eine der definierten Sonderzahlen ist. Ist dies der Fall, greift die VERWEIS-Funktion, die der in *SonderZ* gefundenen Sonderzahl das entsprechende Wort aus *SonderW* zuordnet. Abschließend wird D4 entweder mit dem Sonderwort oder den Einzelteilen D5&D6&D7 verkettet.

D9: `=WENN(D8<>"";WENN(UND(B3=0;C3=0;D3=1);"million";"millionen");"")`

ergänzt noch die Angabe der Tausenderpotenz, wobei die Ausnahme „eine Million" Berücksichtigung findet. Fertig ist der Ziffernblock der Stellen 9, 8, 7:

„Achthundertneunundsiebzigmillionen"

Der Formelbereich D4:D8 kann jetzt einfach auf die benachbarten Dreierblöcke kopiert werden, nämlich nach G4:G8 und J4:J8. Lediglich die Angabe der Tausenderpotenz aus D9 unterscheidet sich:

G9: `=WENN(G8<>"";"tausend";"")`

In J9 entfällt diese Angabe.

Eigentlich sind wir jetzt fertig und könnten die ganzen Formeln zu einem Ausdruck zusammenfassen. Nein: In meinem Leben hab ich schon zahlreiche Schecks über mehrere 100 Millionen € ausgestellt und den Betrag ausgeschrieben wiederholen müssen, aber immer waren Cents dabei. Jetzt übernehmen also die Pfennigfuchser das Regime.

Dazu wird einfach ein weiterer Dreierblock von Spalte K:M erzeugt. Die erste Nachkommastelle ergibt sich aus

L3: `=KÜRZEN(RUNDEN((A3-KÜRZEN(A3))*100;0)/10)`

und die zweite aus

M3: `=RUNDEN((A3-KÜRZEN(A3)-L3/10)*100;0)`.

Die Spalte K ist ja eigentlich überflüssig, könnte man meinen. Wir fügen sie nur deshalb ein, weil wir dann die Formeln aus J4:J8 wieder einfach nach M4:M8 kopieren können. Genauer gesagt M5:M8, M4 für die Hunderterziffer entfällt bei der Nachkommazahl.

Statt Tausenderpotenzen erzeugen wir in Zeile 9 die Komma-Angabe.

M9: =WENN(M8<>"";" Komma ";"")

Jetzt müssen wir die ganzen Einzelteile nur noch zusammensetzen:

A11: =D8&D9&G8&G9&J8&M9&M8

= 879.645.312,45 in Wörtern:

„achthundertneunundsiebzigmillionensechshundertfünfundvierzigtausenddreihundertzwölf Komma fünfundvierzig"

11.5.2 Franzosen und Engländer

Was haben eigentlich die Franzosen damit zu tun? Gut, dass unsere Homepage auf Deutsch ist – sonst käme noch einiges hinzu (achtzig und neunzig gibt es in Frankreich nicht).

85.392 hieße z.B.: quatrevingtcinqmilletroiscentsquatrevingtdouze also nicht „fünfundachtzigtausenddreihundertzweiundneunzig", sondern (eingedeutscht) „vierzwanzigfünftausenddreihundertevierzwanzigzwölf".

Die spinnen, die Gallier.

Die Engländer sind da zum Glück vernünftiger. Die deutsche Zahlwortlogik ist ruck, zuck übersetzt. Das *Einer*-Array lautet:

={"";"one";"two";"three";"four";"five";"six";"seven";"eight";"nine"}

Das *Zehner*-Array:

={"";"ten";"twenty";"thirty";"fourty";"fivty";"sixty";"seventy";"eighty";
"ninety"}

„Hundert" ersetzen wir überall durch „hundred".

Die Engländer sprechen die zweistelligen Ziffern von links nach rechts, deshalb müssen wir in D8 in anderer Reihenfolge verketten, statt D5&D6&D7 also D7&D6&D5. Nur zwischen 13 und 19 machen sie es wie wir, deshalb nehmen wir das Intervall einfach in die Sonderzahlen mit auf. Das englische *SonderZ*-Array lautet:

={0.11.12.13.14.15.16.17.18.19}

Und hinter *SonderW* verbirgt sich:

={""."eleven"."twelve"."thirteen"."fourteen"."fivteen"."sixteen"."seventeen".
"eighteen"."nineteen"}

Schließlich werden natürlich noch Tausenderpotenzen und „Komma" übersetzt.
That's it *(Abbildung 11.9)*:

	A	B	C	D	E	F	G	H	I	J	K	L	M
2	Stelle:	9.	8.	7.	6.	5.	4.	3.	2.	1.	Nachkommastellen		
3	879.645.312,45	8	7	9	6	4	5	3	1	2	0	4	5
4				eighthundred			sixhundred			threehundred			
5				nine			five			two			five
6													
7				seventy			fourty			ten			fourty
8			eighthundredseventynine				sixhundredfourtyfive			threehundredtwelve			fourtyfive
9				million			thousand						Point
10													
11	**eighthundredseventyninemillionsixhundredfourtyfivethousandthreeh**												
12	**undredtwelve Point fourtyfive**												

Abbildung 11.9: Zahlen in Wörtern – Englisch

In deutschen Firmen wird ja häufig in einem gemischten Kauderwelsch aus Englisch
und Deutsch kommuniziert, dem so genannten „Denglisch". Hoffentlich überträgt
sich das nicht auf die Zahlwörter, denn das wäre ein ganz schönes Schlamassel:

„achthundretnineandsiebzigmillionensechshundretfiveandvier-
zigthousanddreihundretzwölf Point fiveandvierzig"

Wenn Sie auch noch Milliarden oder Billionen darstellen wollen, müssen Sie einfach
vor der Spalte B Dreierblöcke einfügen, in die zweite Zeile die absteigende Zahlen-
reihe mit 12 oder 15 statt mit 9 beginnen und in Zeile 9 die zusätzlichen Tausenderpotenzen berücksichtigen. Und natürlich die Verkettung in A11 erweitern. Sie könnten das Ganze auch bis Quadrilliarden ausweiten oder noch weiter, so weit eben wie
Tausenderpotenzen benannt sind, dann müssen Sie nur in Zeile 3 die Ziffernseparie-
rung über die Textfunktion TEIL durchführen, da die Zahl in A3 nicht mehr als Zahl
interpretiert werden könnte.

Im Übrigen funktionieren die beschriebenen Formeln nur für positive Zahlen. Falls
auch Eingaben negativer Zahlen möglich sein sollen, setzen Sie A3 in allen Berechnungen vorab mit der Funktion ABS auf absolut (positiv) und ergänzen im Endergebnis ein „Minus", falls die Zahl in A3 negativ ist.

Und jetzt ein Spezial für das Fräulein vom Amt:

Das Mädel buchstabiert ja nur die einzelnen Ziffern. Das ist einfach: es heißt WECH-SELN, bis der Arzt kommt. Und nach acht Mal ist er da, denn Excel verträgt nur 8 öffnende Klammern hintereinander. Also zwei Schritte:

▨ Erster Schritt in X1:

```
=WECHSELN(WECHSELN(WECHSELN(WECHSELN(WECHSELN(WECHSELN(WECHSELN(WECH-
SELN(A3;0; "null ");1;"eins ");2;"zwo ");3;"drei ");4;"vier ");5;"fünf ")
;6;"sechs ");7;"sieben")
```

Bei obigem Bäumchen-wechsel-dich fehlen nur noch 8 und 9 sowie das Komma und das Minus.

▨ Zweiter Schritt (irgendwo):

```
=WECHSELN(WECHSELN(WECHSELN(WECHSELN(X1;8;"acht ");9;"neun ");"-";
"minus ") ;",";" Komma ")
```

Fazit: ZAHLE BAR und benutze Dein Telefonregister!

11.6 Langer Lulatsch

Zum Abschluss dieses Kapitels noch eine Grenzerfahrung mit Excels Zahlen. Wie so oft geht es wieder mal um Bits.

11.6.1 Die größte Excelzahl

Die größte Zahl, die Excel als Zahl akzeptiert, liegt zwischen $2^{1023},99999999999$ und 2^{1024}. Klingt komisch, ist aber so.

Die Zahl 2^{1024} lässt sich nicht mehr darstellen und liefert den Fehlerwert #ZAHL! Andererseits gibt es Zahlen, die größer sind als $2^{1023},99999999999$.

$=10^{308},254715559914$ ist zum Beispiel größer.

$=10^{308},254715559914$ +1 gilt nicht, denn für Excel ist 10^{308} äquivalent mit $10^{308}+1$ da Excel nur 15 Stellen ganz genau rechnen kann. Dies gilt sowohl für natürliche Zahlen als auch für Dezimalzahlen. Die 15 Stellen können also vor dem Komma, nach dem Komma oder sowohl als auch liegen.

Größere Zahlen berechnet Excel nur noch „über den Daumen" und lässt im wahrsten Sinne des Wortes „fünf gerade sein", die Formel

`=10^15+12345`

ergibt 1000000000012340.

Nach der 15. signifikanten Stelle werden die Zahlen einfach mit Nullen aufgefüllt. Deshalb ergibt

`=10^308=10^308+1=WAHR.`

Weit verbreitet ist das Gerücht, die größte darstellbare Zahl sei 9,99999999999999E+307 das stimmt aber nicht, denn

`2^1023,999999999 > 9,99999999999999E+307` ergibt WAHR.

Laut Excel-Hilfe zum Double-Datentyp ist 1,79769313486231E+308 die Obergrenze, doch dieser Ausdruck lässt sich in einer Excel-Zelle nicht verwenden. 1,79769313486231*10^308 ist die größte darstellbare Zehnerpotenz, aber trotzdem nicht die allergrößte Zahl. Die hundertprozentig größte, nicht zu übertreffende Zahl ist

`{=SUMME(2^ZEILE(971:1023))}`

oder anders ausgedrückt:

`=(1-(1/2)^53)*2^1023*2`

`{=SUMME(2^(ZEILE(971:1023)))=(1-(1/2)^53)*2^1023*2}=WAHR`

Dabei spielt für Excel keine Rolle, ob das mathematisch exakt ist, nur die ersten 15 Stellen müssen identisch sein.

9,99999999999999E+307 < 2^1023,999999999 < 1,79769313486231*10^308
1,79769313486231*10^308 < (1/2)^53)*2^1023*2

Und damit ist das Ende der Fahnenstange erreicht, es existiert kein gültiger Wert der im Sinne von Excel als größer interpretiert wird. In Stringform kann man diese Zahl als

`="179769313486232"&WIEDERHOLEN(0;294)`

darstellen.

Natürlich können auch längere Ziffernkolonnen in eine Zelle geschrieben werden, die interpretiert Excel aber als Text. Will man beispielsweise zwei Ziffernkolonnen mit 20 Stellen bis auf die letzte Stelle genau addieren, ist dies mit den Standardfunktionen nicht möglich. Mit ein paar Nebenrechnungen kriegt man es aber dennoch hin.

11.6.2 Zahlen bis 28 Stellen addieren

	A	B	C	D
		< 10^14	>= 10^14	Summe
1				
2	12345678909876543210	112355443322109	124579	12457912355443322109
3	112233445566778899			

Abbildung 11.10: Lange Zahlen addieren

Die Zahlen in A2 und A3 der *Abbildung 11.10* sollen zifferngenau addiert werden. Würde man das „normal" machen, käme 12457912355443300000 heraus, weil es Excel bei so großen Zahlen nicht mehr so genau nimmt. Das richtige Ergebnis lautet aber 12457912355443322109. Damit man die Zahlen in A2 und A3 überhaupt so eingeben kann, ohne dass Excel sie dann sofort rundet, müssen die Zellen als Text formatiert sein.

Um das zu verwirklichen, werden beide Zahlen in einen Teil aufgesplittet, der größer als 10^14 ist, und in einen Teil, der kleiner als 10^14 ist. Dann werden diese Teile getrennt addiert und schließlich miteinander verkettet. Konkret heißt das:

```
B2: =RECHTS(A2;14)+RECHTS(A3;14)
```

```
C2:=WENN(LÄNGE(A2)>14;LINKS(A2;LÄNGE(A2)-14);0)
+WENN(LÄNGE(A3)>14;LINKS(A3;LÄNGE(A3)-14);0)
+WENN(LÄNGE(B2)>14;LINKS(B2;LÄNGE(B2)-14);0)
```

B2 addiert den Teil der Zahlen, der innerhalb der genauen Rechengrenze bis 10^14 liegt. In C2 wird der Zahlenteil größer als 10^14 sowie der Übertrag aus der Summe der Teile kleiner als 10^14 addiert.

```
D2: =WENN(LÄNGE(A2&A3)>15;C2&TEXT(RECHTS(B2;14);"00000000000000"); A2+A3)
```

In D2 wird erst geprüft, ob die Zahlen aus A2 und A3 überhaupt die genaue Rechengrenze übersteigen. Ist dies nicht der Fall, werden die Zahlen ganz normal addiert. Ist dies der Fall, werden beide Teiladditionen verkettet. Die Funktion TEXT sorgt dafür, dass der Teil, der kleiner als 10^14 ist, immer 14 Stellen aufweist, bevor der Teil, der größer als 10^14 ist, angehängt wird. Addiert man beispielsweise 123450000000000000 + 12345 muss der Teil, der kleiner als 10^14 ist, mit Nullen „aufgefüllt" werden.

Die Berechnung auf Subtraktionen bzw. Additionen negativer Zahlen auszuweiten, ist nur ein wenig Fleißarbeit, bei der mit dem vorkommenden Minuszeichen etwas jongliert werden muss.

11.6.3 Viele Zahlen addieren

Um mehrere Zahlen zu addieren, bringen Sie einfach die beiden Zahlen aus A2 und A3 in eine Zeile (A2 und B2) und rücken die Formeln B2:D2 eine Spalte nach rechts. Wenn Sie A3 ausschneiden und in B2 einfügen, müssen Sie die Bezüge der nachfolgenden Formeln nicht manuell anpassen. Dann kopieren Sie die Formelzellen nach unten. Die zu addierenden Zahlen schreiben Sie in Spalte B. In Spalte A steht dann immer das Ergebnis der Vorgängerzeile *(Abbildung 11.11)*.

	A	B	C	D	E
1			< 10^14	>= 10^14	Summe
2	0	456	456	0	456
3	456	123	579	0	579
4	579	789	1368	0	1368
5	1368	555	1923	0	1923

Abbildung 11.11: Mehrere lange Zahlen addieren

A2:0

A3:=E2

A4:=E3

A5:=E4

Das Endergebnis steht in E5.

11.6.4 Zahlen bis Länge 14 multiplizieren

Um zwei lange Zahlen zu multiplizieren, müssen sie ebenso in zwei große und zwei kleine Teile aufgeteilt werden. Die beiden großen Teile und die beiden kleinen Teile werden ebenfalls miteinander berechnet. Anders als bei der Addition müssen jetzt aber zusätzlich große und kleine Teile über Kreuz multipliziert werden *(Abbildung 11.12)*.

	A	B	C	D	E	F	G	H
1			>=10^7	< 10^7				
2	1234578956		123	4578956		67158	712434942	26522018311224
3	5465792154		546	5792154			2500109976	
4								
5						67479	3215197119	8311224
6								
7						6747951971198311224		

Abbildung 11.12: Lange Zahlen multiplizieren

- In C2:D3 werden die Zahlen aufgeteilt:

  C2: =GANZZAHL(A2/10^7)

  C3: =GANZZAHL(A3/10^7)

  D2: =RECHTS(A2;7)

  D3: =RECHTS(A3;7)

- In F2:H3 werden die vier Teilmultiplikationen durchgeführt:

  F2: =C2*C3(groß1*groß2)

  G2: =C2*D3(groß1*klein2)

  G3: =D2*C3(groß2*klein1)

  H2: =D2*D3(klein1*klein2)

- Ergebnisteil kleiner als 10^7:

  H5: =RECHTS(H2;7)

- Summe der Überkreuz-Multiplikationen und Übertrag aus der klein1*klein2-Berechnung:

  G5: =G2+G3+GANZZAHL(H2/10^7)

- Summe aus groß1*groß2 und Übertrag aus G5:

  F5: =F2+GANZZAHL(G5/10^7)

- Zusammengesetztes Endergebnis:

  F7: =WENN(LÄNGE(A2*A3)>15;F5&TEXT(RECHTS(G5;7);"000")&TEXT(H5;"000"); A3*A2)

Auch hier wird mit LÄNGE(A2*A3)>15 erst einmal geprüft, ob die Multiplikation normal durchgeführt werden kann. Falls mehrere Zahlen multipliziert werden sollen, müssen analog zur Addition alle Teilberechnungen in eine Zeile gebracht werden, um sie damit „kopierfähig" zu machen.

Komplizierter wird es, eine Division von sehr langen Zahlen durchzuführen. Dies könnte man in Anlehnung an die schriftliche Divison mit Rest, so wie man sie aus der Schule kennt, realisieren. Das würde an dieser Stelle aber zu weit führen. Auf *www.excelformeln.de* finden Sie dazu eine Beispielrechnung.

KAPITEL 12

Enigma – geheime Botschaften

Stellen Sie sich vor, Sie sind Spion in geheimer Mission und müssen regelmäßig Excel-Dateien an Ihre Auftraggeber schicken. Die Tabellen dieser Dateien sind passwortgeschützt, und um die Sicherheit zu erhöhen, vergeben Sie häufig wechselnde Passwörter. Ihre Auftraggeber müssen natürlich Kenntnis von den geänderten Passwörtern haben. Wenn Sie die Passwörter verschlüsseln würden, könnten Sie sie einfach mit der Excel-Datei verschicken, ohne dass ein Unbefugter damit etwas anfangen könnte.

12.1 Textverschlüsselung

Definieren Sie beispielsweise einfach einen Namen *PW*, hinter dem das verschlüsselte Passwort steht. Ein feindlicher Spion, der sich mit Excel auskennt, könnte zwar vermuten, dass sich hinter diesem Namen ein Passwort verbirgt, aber nur Ihr Auftraggeber weiß, wie er den chiffrierten Text wieder in Klartext umwandeln und das Passwort verwenden kann.

Um einen Text zu chiffrieren, brauchen Sie einen gültigen Zeichensatz

```
abcdefghijklmnopqrstuvwxyz
```

und einen Schlüssel, der jedem Zeichen des Zeichensatzes ein anderes Zeichen zuordnet. In der primitivsten Variante verschieben Sie den Zeichensatz einfach um ein Zeichen, sodass der Schlüssel

```
bcdefghijklmnopqrstuvwxyza
```

dabei herauskommt.

Laut den Erzählungen von Ken Follett in seinem Roman *Mitternachtsfalken* hat der englische Geheimdienst MI6 im zweiten Weltkrieg mit diesem einfachen System Text chiffriert. Der Code

```
gsff cffs jo uif dbouffo
```

sieht auf den ersten Blick schon ziemlich gut verschlüsselt aus, doch gute Codeknacker hatten wenig Probleme, den Text zu entschlüsseln, und gingen folgendermaßen dabei vor:

Der häufigste Buchstabe ist hier das *f*. Der häufigste Buchstabe in der englischen Sprache ist das *e*. Jemand, der den Code knacken möchte, würde also zunächst einmal davon ausgehen, dass *f* für *e* steht. Nur wenige Wörter enden im englischen mit

Doppel-*e*. Die häufig benutzten sind *flee*, *free*, *glee*, *thee* und *tree*. Zu einem dieser Wörter muss nun ein zweites Wort passen, das zwei *e* in der Mitte hat, da käme zum Beispiel *tree bees* oder *free beer* in Frage. Als Nächstes folgt ein Zweibuchstabenwort, von denen es nicht allzu viele gibt, die häufigsten sind *an*, *at*, *in*, *if*, *it*, *on*, *of*, *or* und *up*. Das mit Abstand häufigste Dreibuchstabenwort ist *the*. Fehlt nur noch das Siebenbuchstabenwort am Schluss, mit einem Doppel-*e*, dass auf -*eed*, -*eef*, -*eek*, -*eel*, -*een* oder -*eep* enden muss. Mit diesen Indizien und ein bisschen Knobelei, ist es nicht abwegig, den Klartext

```
free beer in the canteen
```

zu erraten.

Eine wesentlich härter zu knackende Nuss liefern Sie den feindlichen Spionen, wenn Sie mehrere Schlüssel, die um eine unterschiedliche Anzahl Zeichen gegenüber dem Zeichensatz versetzt sind, miteinander kombinieren. Außerdem erweitern Sie den Zeichensatz um das Leerzeichen, numerische Ziffern und Großbuchstaben. Am besten packen Sie den Zeichensatz in einen Namen *Zeichensatz* bezogen auf den String

```
=" 0123456789ABCDEFGHIJKLMNOPQRSTUVWXYZabcdefghijklmnopqrstuvwxyz".
```

Mit Leerzeichen zu Beginn enthält dieser Zeichensatz 63 gültige Zeichen.

Die Anzahl verwendeter Schlüssel und die Position der Zeichen innerhalb der Schlüssel können Sie über ein Schlüsselwort festlegen, das Sie mit ihrem Auftraggeber vereinbaren. Wir nehmen an, das Schlüsselwort lautet *xls* und Sie schreiben es in eine Zelle mit dem Namen *key*.

Die Länge des Schlüsselwortes von drei Zeichen bestimmt, dass Sie drei Schlüssel (jeder Buchstabe = 1 Schlüssel) verwenden. Der Versatz der Zeichen der Schlüssel gegenüber dem *Zeichensatz* bemisst sich nach der Position der Zeichen des Schlüsselwortes im *Zeichensatz*. Die 3 Positionen für *xls* lassen sich als Excel-Formel wie folgt ermitteln:

```
=FINDEN(TEIL(key;{1;2;3};1);Zeichensatz)={61;49;56}
```

Damit lauten die kompletten Schlüssel:

```
1.Schlüssel:="yz 0123456789ABCDEFGHIJKLMNOPQRSTUVWXYZabcdefghijklmnopqrstuvwx"
```

```
2.Schlüssel:="mnopqrstuvwxyz 0123456789ABCDEFGHIJKLMNOPQRSTUVWXYZabcdefghijkl"
```

```
3.Schlüssel:="tuvwxyz 0123456789ABCDEFGHIJKLMNOPQRSTUVWXYZabcdefghijklmnopqrs"
```

Die Zeichenkette des ersten Schlüssels ist um 61 Zeichen nach links versetzt. Da die Zeichenkette 63 Zeichen lang ist, ist sie gleichzeitig 63-61=2 Zeichen nach rechts versetzt, folglich steht das Leerzeichen nun an dritter Stelle von links. Im zweiten Schlüssel steht es an Position 15 (63-49+1) und im dritten Schlüssel an Position 8 (63-56+1).

Diese drei Schlüssel werden nun immer abwechselnd auf die einzelnen Zeichen des Klartextes angewendet. Mit dem ersten Schlüssel werden die Zeichen 1, 4, 7, 10, … verschlüsselt, auf die Zeichen 2, 5, 8, 11, … findet der zweite Schlüssel Anwendung und der dritte Schlüssel auf die übrigen Zeichen 3, 6, 9, 12, …

Das Wort *free* wird nach diesem System chiffriert zu *ddXc (Abbildung 12.1)*:

Klartext	a	b	c	d	e	f	g	h	i	j	k	l	m	n	o	p	q	r	s	t	u	v	w	x	y	z
1. Schlüssel	Y	Z	a	b	c	d	e	f	g	h	i	j	k	l	m	n	o	p	q	r	s	t	u	v	w	x
2. Schlüssel	M	N	O	P	Q	R	S	T	U	V	W	X	Y	Z	a	b	c	d	e	f	g	h	i	j	k	l
3. Schlüssel	T	U	V	W	X	Y	Z	a	b	c	d	e	f	g	h	i	j	k	l	m	n	o	p	q	r	s

Abbildung 12.1: Text mit drei Schlüsseln chiffrieren

Verschlüsselung mit Excel

Den beschriebenen Algorithmus zum Verschlüsseln von Text kann man sich so einfach merken, dass man auch ohne Excel, nur mit Papier und Bleistift, Text verschlüsseln könnte. Wenn Sie beispielsweise auf einer einsamen Insel gestrandet sind und Ihrem Auftraggeber nur noch per Flaschenpost Nachrichten übermitteln können. Man muss sich bloß den gültigen Zeichensatz (Leerzeichen, 0–9, A–Z, a–z) und das Schlüsselwort gemerkt haben. Bequemer geht es natürlich mit einer Excel-Tabelle, und die bauen Sie so auf, wie es in *Abbildung 11.2* zu sehen ist:

Der Zelle A2 geben Sie den Namen *Klartext*, dort kommt der zu verschlüsselnde Text hinein. Die Zelle A4 enthält das Schlüsselwort und wird mit *Key* benannt. Alle Zeichen des Schlüsselwortes müssen in *Zeichensatz* enthalten sein, sonst kann der Versatz der Schlüssel nicht berechnet werden. Ob das Schlüsselwort gültig ist, prüfen Sie dadurch, dass jedes einzelne Zeichen des *key* im *Zeichensatz* vorkommt.

	A	B	C	D	E	F	G	H	I
1	Klartext:			f	43	x	61	d	d
2	free beer in the canteen			r	55	l	49	d	dd
3	Schlüssel:			e	42	s	56	X	ddX
4	xls	gültig		e	42	x	61	c	ddXc
5	Chiffre:				1	l	49	m	ddXcm
6	ddXcmUcQkyUgyfacmVYZmcQg			b	39	s	56	U	ddXcmU
7				e	42	x	61	c	ddXcmUc
8				e	42	l	49	Q	ddXcmUcQ
9				r	55	s	56	k	ddXcmUcQk
10					1	x	61	y	ddXcmUcQky
11				i	46	l	49	U	ddXcmUcQkyU
12				n	51	s	56	g	ddXcmUcQkyUg
13					1	x	61	y	ddXcmUcQkyUgy
14				t	57	l	49	f	ddXcmUcQkyUgyf
15				h	45	s	56	a	ddXcmUcQkyUgyfa
16				e	42	x	61	c	ddXcmUcQkyUgyfac
17					1	l	49	m	ddXcmUcQkyUgyfacm
18				c	40	s	56	V	ddXcmUcQkyUgyfacmV
19				a	38	x	61	Y	ddXcmUcQkyUgyfacmVY
20				n	51	l	49	Z	ddXcmUcQkyUgyfacmVYZ
21				t	57	s	56	m	ddXcmUcQkyUgyfacmVYZm
22				e	42	x	61	c	ddXcmUcQkyUgyfacmVYZmc
23				e	42	l	49	Q	ddXcmUcQkyUgyfacmVYZmcQ
24				n	51	s	56	g	ddXcmUcQkyUgyfacmVYZmcQg
25					1	x	61	y	ddXcmUcQkyUgyfacmVYZmcQg
26					1	l	49	m	ddXcmUcQkyUgyfacmVYZmcQg

Abbildung 12.2: Text chiffrieren – tabellarischer Aufbau

B4:{=WENN(UND(ISTZAHL(FINDEN(TEIL(key;ZEILE(1:99);1);Zeichensatz)));"";"un")
&"gültig"}

ZEILE(1:99) erlaubt also einen 99 Zeichen langen *key*. In Spalte D werden die einzelnen Zeichen des Klartextes aufgelistet:

D1: =TEIL(Klartext;ZEILE();1)

Spalte E gibt die Position der Zeichen innerhalb des Zeichensatzes zurück:

E1: =FINDEN(D1;Zeichensatz)

In Spalte F werden die einzelnen Zeichen des Schlüsselwortes wiederholt. Damit wird festgelegt, mit welchem Schlüssel das entsprechende Klartextzeichen verschlüsselt wird.

F1: =TEIL(key;REST(ZEILE()-1;LÄNGE(key))+1;1)

Dabei ergibt REST(ZEILE()-1;LÄNGE(key))+1 revolvierend die Zahlenfolge 1, 2, 3, wenn *key* die Länge 3 hat. Spalte G gibt die Position des Schlüsselwortzeichens innerhalb des Zeichensatzes zurück und bestimmt damit den Versatz des entsprechenden Schlüssels.

```
G1: =FINDEN(F1;Zeichensatz)
```

In Spalte H wird das einzelne Klartextzeichen in Chiffre übersetzt.

```
H1: =TEIL(Zeichensatz;REST(G1+E1-1;LÄNGE(Zeichensatz))+1;1)
```

G1+E1-1 vollzieht hierbei den Versatz des aktuellen Schlüssels. Schließlich werden in Spalte I die einzelnen Zeichen der Chiffre wieder zusammengesetzt.

```
I1: =H1
I2: =WENN(ZEILE()>LÄNGE(Klartext);I1;I1&H2)
```

Die Spalten D:H werden soweit nach unten kopiert, wie es der maximalen Zeichenlänge des Klartextes, die Sie zulassen wollen, entspricht. In A5 wird dann noch die letzte Zeile von Spalte I übernommen. Nach diesem System wird unser Freibiertext mit

ddXcmUcQkyUgyfacmVYZmcQg

codiert. Dieser Code ist erheblich schwieriger zu knacken. Allein schon dadurch, dass das Leerzeichen chiffriert wird und die Länge der einzelnen Wörter nicht bekannt ist. Vor allem aber, weil einem Klartextzeichen, im Gegensatz zur einfachen Variante, abhängig von seiner Position unterschiedliche Chiffre-Entsprechungen zugeordnet werden. Das erste e wird zu *X*, dass zweite e zu *c*.

Falls Ihnen die einfach zu knackende Verschlüsselung genügt, die der MI6 angeblich im zweiten Weltkrieg verwendet hat, können Sie auch diese in Excel erzeugen. Definieren Sie einen Namen *Schlüssel*, bezogen auf einen gegenüber dem Klartext-Zeichensatz um ein Zeichen versetzten Zeichensatz. Der erste Buchstabe *f* wird dann als

```
=TEIL(Schlüssel;FINDEN("f";Zeichensatz);1)
```

chiffriert. Jedes Zeichen in *Zeichensatz* hat dann immer die gleiche Entsprechung im *Schlüssel*.

Die Anordnung der Zeichen im *Schlüssel* kann natürlich auch anders erfolgen, beispielsweise über eine zufällige Mischung. Aber ob Ihnen die auf der einsamen Insel wieder einfällt?

Dechiffrierung

Um den verschlüsselten Text wieder in Klartext umzuwandeln, müssen Sie lediglich die Formel in Spalte H geringfügig anpassen. Aus

G1+E1-1 wird -G1+E1-1, d.h., der Versatz wird einfach umgedreht.

H1: =TEIL(Zeichensatz;REST(-G1+E1-1;LÄNGE(Zeichensatz))+1;1) *(Abbildung 12.3)*

	A	B	C	D	E	F	G	H	I
1	chiffre:			d	41	x	61	f	f
2	ddXcmUcQkyUgyfacmVYZmcQg			d	41	l	49	r	fr
3	schlüssel:			X	35	s	56	e	fre
4	xls			c	40	x	61	e	free
5	Klartext:			m	50	l	49		free
6	free beer in the canteen			U	32	s	56	b	free b
7				c	40	x	61	e	free be
8				Q	28	l	49	e	free bee
9				k	48	s	56	r	free beer
10				y	62	x	61		free beer
11				U	32	l	49	i	free beer i
12				g	44	s	56	n	free beer in
13				y	62	x	61		free beer in
14				f	43	l	49	t	free beer in t
15				a	38	s	56	h	free beer in th
16				c	40	x	61	e	free beer in the
17				m	50	l	49		free beer in the
18				V	33	s	56	c	free beer in the c
19				Y	36	x	61	a	free beer in the ca
20				Z	37	l	49	n	free beer in the can
21				m	50	s	56	t	free beer in the cant
22				c	40	x	61	e	free beer in the cante
23				Q	28	l	49	e	free beer in the cantee
24				g	44	s	56	n	free beer in the canteen

Abbildung 12.3: Text dechiffrieren – tabellarischer Aufbau

12.2 Buchstabenwirbel

Die Reifhngolee der Bhcsbeatun in einem Wort ist eagl (pps. FRNRAUFKT, 23. Smb-peteer). Nach eienr Sutdie, die uetnr aedenrm von der Cdmibgare Utserniivy dgchhe-rürfut worden sien slol, ist es eagl, in wcelehr Reolefgnhie Bhetsbcuan in eeinm Wort seethn: Hpstcaahue, der etrse und leztte Bbsuahcte sind an der rihgecitn Stelle. Die recshlietn Bhuasbtecn könenn total dcrenedhanuir sien, und man knan es tdreztom ohne Pomlbere leesn, wiel das mcnhihcslee Girhen nciht jeedn Babetscuhn ezilenn lseit, srnedon das Wort als Geanzs.

Verschlüsselter Text – oder ist da was in die Hose gegangen? Nein – wenn Sie den Text einfach nur flüssig lesen, funktioniert es tatsächlich. Wie man einen beliebigen Text auf diese Weise mischen kann, werden Sie nun sehen.

Der umzuwandelnde Text – in Rechtschreibung und Grammatik absolut korrekt und von überflüssigen Leerzeichen befreit – steht in Zelle D1. Der Zelle D1 geben wir den Namen *Original*. Von jedem einzelnen Wort wird nur der Anfangs- und Endbuchstabe übernommen – der Rest wird mittels Zufallsgenerator durcheinander gewirbelt (*Abbildung 12.4*).

	M6	▼		f_x =WENN(SPALTEN($M:M)>$J6;"";ZUFALLSZAHL())										
	A	B	C	D	E	F	G	H	I	J	K	L	M	N
1	Text im Original:		**Die Reihenfolge der Buch**											
2	Text bereinigt:		**Die Reihenfolge der Buchsta**											
3														
4	Leerzeichen		Wörter								Wort			
5	Original	bereinigt	Original	bereinigt	Anfang		Mittelteil	Ende			gewirbelt		Zufallszahlen =>	
6	0	0	Die	Die	D		i	e	1		Die		0,3873	
7	4	4	Reihenfolge	Reihenfolge	R		eihenfolg	e	9		Rinehgloefe		0,7171	0,2736
8	16	16	der	der	d		e	r	1		der		0,3454	
9	20	20	Buchstaben	Buchstaben	B		uchstabe	n	8		Bbtceaushn		0,1162	0,3433
10	31	31	in	in	i			n	0		in			
11	34	34	einem	einem	e		ine	m	3		eneim		0,1406	0,0029
12	40	40	Wort	Wort	W		or	t	2		Wrot		0,3153	0,8616
13	45	45	ist	ist	i		s	t	1		ist		0,4247	
14	49	49	egal.	egal	e		ga	l.	2		egal.		0,7444	0,0338
15	55	54	Nach	Nach	N		ac	h	2		Nach		0,9412	0,3714
16	60	59	einer	einer	e		ine	r	3		einer		0,8827	0,8680
17	66	65	Studie,	Studie	S		tudi	e,	4		Sutide,		0,6082	0,8820

Abbildung 12.4: Tabelle zum Mischen von Buchstaben innerhalb eines Textes

Die Betonung liegt auf Anfangs- und Endbuchstabe. Also müssen die Satzzeichen erst einmal eliminiert und nach der Durchwirbelung an der richtigen Position wieder hinzugefügt werden. Dafür WECHSELN wir zunächst, bis der Arzt kommt oder die maximale Verschachtelungstiefe erreicht ist.

D2 (die Zelle erhält den Namen *Bereinigt*):

```
=WECHSELN(WECHSELN(WECHSELN(WECHSELN(WECHSELN(WECHSELN(WECHSELN(WECHSELN(Ori-
ginal;"?";);".";);"!";);",";);"(";);")";);":";);" ";).
```

Durch die WECHSELN-Verschachtelung werden Fragezeichen, Punkt, Ausrufezeichen, Komma, Semikolon, öffnende und schließende Klammer sowie der Doppelpunkt durch nichts ersetzt.

Jetzt trennen wir:

In Spalte A identifizieren wir die Position der Leerzeichen des Originaltextes. In Spalte B machen wir das Gleiche für den um die Satzzeichen bereinigten Text.

A6 und B6: 0

A7: =FINDEN(" ";Original&" ";A6+1)

B7: =FINDEN(" ";Bereinigt&" ";B6+1)

Die Formeln – nach unten kopiert – suchen immer nach dem nächsten Leerzeichen. Die Suche wird ab der Stelle des vorherigen Leerzeichens begonnen. Die Ergänzung &" " in den Texten sorgt dafür, dass auch das letzte Wort identifiziert werden kann.

In den Spalten D und E können wir dann ganz leicht, basierend auf den Positionen der Leerzeichen, den Text sowohl im Original als auch bereinigt in seine einzelnen Wörter zerlegen:

D6: =TEIL(Original;A6+1;A7-A6-1)

E6: =TEIL(Bereinigt;B6+1;B7-B6-1)

Ab H6 stehen die Wörter des bereinigten Textes ohne ersten und letzten Buchstaben mit

H6: =TEIL(E6;2;LÄNGE(E6)-2).

Vom Original benötigen wir nun noch den Anfangsbuchstaben inklusive möglicher Satzzeichen. Wir vergleichen dabei das erste Zeichen von Original und bereinigtem Wort. Falls sich diese unterscheiden, muss das an einem Satzzeichen liegen, dann wird dem Buchstaben noch das Satzzeichen vorangesetzt.

G6: =WENN(LINKS(D6)=LINKS(E6);"";LINKS(D6))&LINKS(E6)

Das Gleiche wird mit dem letzten Buchstaben in Spalte I vollzogen. Bei Bedarf wird das Satzzeichen wieder angehängt.

I6: =RECHTS(E6)&WENN(RECHTS(D6)=RECHTS(E6);"";RECHTS(D6))

Anfang und Ende wurden deshalb separiert, weil diese ja nicht durcheinander gewirbelt werden sollen. Da der Mittelteil des Wortes zufällig gemischt werden soll, benötigen wir Zufallszahlen, und zwar für jedes Zeichen eine. Die Anzahl Zeichen je Wort zählen wir in der Hilfsspalte J.

J6: =LÄNGE(E6)

Zwischendurch können wir einmal alle bisherigen Spalten A7:B7 und D6:J6 soweit wie nötig nach unten kopieren, bei 77 Wörtern also 77 Zeilen.

Jetzt wird endlich gewirbelt. Ab Spalte M erzeugen wir die benötigten Zufallszahlen in Abhängigkeit der in Spalte J ermittelten Wortlänge:

```
M6:  =WENN(SPALTEN($M:M)>$J6;"";ZUFALLSZAHL())
```

Das wird sowohl nach rechts bis Spalte AF als auch nach unten kopiert. Diese Formel erzeugt so viele Zufallszahlen wie wir für das jeweilige Wort benötigen. Der Formelteil SPALTEN($M:M) zählt – nach rechts bis Spalte AF kopiert – von 1 bis 20. Wenn die dabei entstehende Zahl kleiner oder gleich der Wortlänge aus Spalte I ist, wird eine Zufallszahl produziert, ansonsten nichts.

Wir haben also die Spalten M bis AF mit Zufallszahlen bestückt – das sind 20 Spalten. Die maximale Wortlänge aus dem Originaltext darf also maximal 22 minus 2 Buchstaben (Anfangs- und Endbuchstabe) umfassen, was in der Regel ausreichen dürfte. Wenn Sie allerdings als kultivierter Mensch zum exakten Köpfen Ihrer Frühstückseier den genialen „Eierschalensollbruchstellenverursacher" verwenden und diesen darüber hinaus auch einmal mit seinen 38 Buchstaben kräftig durcheinander wirbeln möchten, dann sorgen Sie besser für mehr als 20 Spalten, um ihn nicht gänzlich zu verstümmeln.

Im nächsten Schritt greifen wir nochmals zu 20 Hilfsspalten, die aber – also nicht erschrecken – nur **eine** kopierbare Formel beinhalten.

```
BA6:  =WENN($J6>SPALTE(A:A)-1;TEIL($H6;RANG(M6;$M6:$AF6);1);"")
```

Kopieren Sie das soweit nach rechts, wie die maximale Wortlänge (-2) sein darf – in unserem Beispiel 20 – also bis Zelle BT6.

Zunächst prüfen wir die in J6 ermittelte Wortlänge auf größer als SPALTE(A:A)-1 (das ist zunächst null und erhöht sich beim Kopieren nach rechts jeweils um 1). Ist die Bedingung WAHR, dann ermitteln wir mittels der Funktion TEIL aus H6 (dort steht das Wort vom 2. bis zum vorletzten Buchstaben) einen zufälligen Buchstaben. RANG liefert dabei die ganzzahlige Position der Zufallszahl aus M6 innerhalb aller Zufallszahlen im Bereich $M6:$AF6 – und das ist dann auch der notwendige Parameter [*Erstes_Zeichen*] für die TEIL-Funktion. Ist die Bedingung der WENN-Prüfung hingegen FALSCH, bleibt die Zelle einfach leer ("").

Jetzt kopieren wir BA6:BT6 noch soweit nach unten, wie der Originaltext Wörter enthält (in unserem Beispiel bis Zeile 83 = 77 Wörter – *Abbildung 12.5*).

| | BA6 | ▾ | | *fx* | =WENN($J6>SPALTE(A:A)-1;TEIL($H6;RANG(M6;$M6:$AF6);1);"") | | | | | | | | | |

	K	L	M	N	O	AZ	BA	BB	BC	BD	BE	BF	BG	BH	BI	BJ
4	Wort															
5	gewirbelt		Zufallszahlen =>				Buchstaben zufällig wirbeln =>									
6	Die		0,4204				i									
7	Rlfneogheie		0,0608	0,1277	0,3177		l	f	n	e	o	g	h	e	i	
8	der		0,1968				e									
9	Bbhusctean		0,4696	0,9070	0,9623		b	h	u	s	c	t	e	a		
10	in															
11	eeinm		0,1633	0,9989	0,3627		e	i	n							
12	Wort		0,7345	0,5827			o	r								
13	ist		0,9793				s									
14	egal.		0,9189	0,8190			g	a								
15	Nach		0,3132	0,2406			a	c								
16	eienr		0,7639	0,2009	0,5948		i	e	n							
17	Sutide,		0,8146	0,9189	0,2078		u	t	i	d						

Abbildung 12.5: Zufallszahlen zum Mischen der Buchstaben erzeugen

Hier machen wir also einmal wieder vom Prinzip der ganzzahligen Zufallszahlen ohne Wiederholung Gebrauch, das wir auch schon in anderen Kapiteln gesehen haben.

Kommen wir zum Finale. In K6 müssen jetzt nur noch alle Bestandteile verkettet werden: das Erste Zeichen des Wortes (G6) und das letzte Zeichen (I6). Dazwischen müssen allerdings noch nacheinander die bunt gewürfelten Buchstaben aus dem Bereich BA6:BT6 eingefügt werden, so dass es zu folgender kleinen Verkettung kommt:

```
K6: =G6&BA6&BB6&BC6&BD6&BE6&BF6&BG6&BH6&BI6&BJ6&BK6&BL6&BM6&BN6&BO6&BP6&BQ6&
BR6&BS6&BT6&I6
```

Wir kopieren die Formel nach unten und haben es geschafft! Und wenn Sie jetzt noch den ganzen durcheinander gewirbelten Text wieder zu einem Text zusammenführen möchten, dann suchen Sie sich einfach eine freie Spalte (z.B. BV), schreiben dort in Zeile 2:

```
BV2: =BV1&" "&K6
```

Kopieren Sie die Formel so weit nach unten, bis der Text vollständig ist bzw. bis #WERT! erscheint. Formatieren Sie anschließend noch die finale Zelle in Spalte BV mit

Zeilenumbruch und ziehen Sie die Spalte etwas breiter. Dann haben Sie den ganzen Text vor Augen und können ihn mit [F9] ständig neu durcheinander wirbeln *(Abbildung 12.6)*.

	BV	BW	BX
73	Die Rfeolhigene der Bshuebtacn in eenim Wrot ist egal. Nach eenir Siutde, die uetnr adneerm von der Cimba		
74	Die Rfeolhigene der Bshuebtacn in eenim Wrot ist egal. Nach eenir Siutde, die uetnr adneerm von der Cimba		
75	Die Rfeolhigene der Bshuebtacn in eenim Wrot ist egal. Nach eenir Siutde, die uetnr adneerm von der Cimbadgre Uniievsrty drecfurhühgt wdoern sein slol, ist es eagl, in whelcer Rgnoilhefee Bbshuatcen in eienm Wrot seehtn: Hthcpause, der etrse und lettze Babchutse snid an der rtieghcin Sllete. Die rhceilsetn Bbcshutaen knnöen taotl dndarnheiceur sein, und man kann es treozdtm onhe Plorebme lesen, wiel das mlhcecisne Greihn nhcit jeden Bbcutseahn eilznen liset, sndoern das Wrot als qznaes.		
76		#WERT!	
77		#WERT!	

Abbildung 12.6: Buchstaben im Text mischen – Endergebnis

Falls jemand den durcheinander gewirbelten Text wider Erwarten nicht lesen kann, das war er:

Die Reihenfolge der Buchstaben in einem Wort ist egal (pps. FRANKFURT, 23. September). Nach einer Studie, die unter anderem von der Cambridge University durchgeführt worden sein soll, ist es egal, in welcher Reihenfolge Buchstaben in einem Wort stehen: Hauptsache, der erste und letzte Buchstabe sind an der richtigen Stelle. Die restlichen Buchstaben können total durcheinander sein, und man kann es trotzdem ohne Probleme lesen, weil das menschliche Gehirn nicht jeden Buchstaben einzeln liest, sondern das Wort als Ganzes.

12.3 Iterative Textverkettung

Fassen wir noch einmal zusammen: Um die Zeichen eines Wortes zu mischen, benötigen wir für jedes Zeichen eine Zufallszahl. Aus allen Zufallszahlen wird dann eine Rangfolge gebildet, die gleichzeitig die Reihenfolge der Zeichen im gemischten Text festlegt. Leider müssen die Zeichen des neuen Textes einzeln verkettet werden. Entweder mit & oder der Funktion VERKETTEN. (Liebe Microsoft-Entwickler, wir hätten sooo gerne eine JOIN-Funktion wie in VBA.) Wer auf das herkömmliche Verketten keine Lust hat, dem steht noch eine schicke Alternative zur Verfügung, und zwar das iterative Verketten.

Mit dieser Methode können wir die Zeichen zufällig gemischt aneinander ketten oder – der Abwechselung halber – auch gerne einmal von rechts nach links schreiben. Aktivieren Sie dazu die Iteration und stellen Sie die maximale Iterationszahl auf 100. (100 entspricht dann auch der maximalen Wortlänge.)

Wie sich eine iterierte Verkettung verhält, probieren wir erst einmal an einem einfachen Test aus. Wir schreiben in

A1:= "x " und in B1: =A1&B1.

Hoppla, das Ergebnis ist

"xxxxxxxxxxxxxxxxxxxxxxxxxxxxxxxxxxxxxxxxxxxxxxxxxxxxxxxxxxxxxxxxxxxxxxxxxx xxxxxxxxxxxxxxxxxxxxxxxx0 ".

100-mal „x", für jeden Iterationsschritt einmal. Und wenn wir erneut $\boxed{\text{F9}}$ drücken, verdoppelt sich der String. Das wirkt etwas unkontrolliert.

Ziel ist es nun, eine kontrollierte Iteration hinzubekommen, in der das „x" beispielsweise genau 20-mal verkettet wird, und das bei erneutem Betätigen von $\boxed{\text{F9}}$ auch so bleibt. Müssen wir dazu die maximale Iterationszahl auf 20 setzen? Nein – wir definieren einen Zähler. Benennen Sie eine Zelle mit *Zähler* und schreiben Sie in diese Zelle

=WENN(Zähler=100;1;Zähler+1).

Dadurch entsteht natürlich ein Zirkelbezug. Dieser Zähler funktioniert nun wie eine Schleife, die immer von 1 bis 100 hochzählt, um dann wieder bei 1 zu beginnen. Wenn die Zelle 100 anzeigt, verharrt sie in dieser Position, da die maximale Iterationszahl erreicht ist. Erst bei der nächsten Neuberechnung wird wieder von 1 bis 100 durchgezählt. Wichtig ist, dass die maximale Iterationszahl mit der Obergrenze des Zählers übereinstimmt.

Jetzt können Sie die iterierte Verkettung in B1 kontrollieren.

B1: =WENN(zähler>20;B1;WENN(zähler=1;A1;B1&A1))

zeigt genau 20-mal "xxxxxxxxxxxxxxxxxxxx".

Steht Zähler auf 1, wird einmal „x" aus A1 übernommen. Alles, was vorher in B1 stand, wird gelöscht. Bei einem Zählerstand von 2 bis 20 wird ein neues „x" an B1 angehängt. Bei einem Zählerstand von 21 oder darüber, wird der String in B1 eingefroren.

Logo, das könnten wir auch mit

```
=WIEDERHOLEN("x";20)
```

erreichen, aber das sollte nur das Prinzip erklären. Um einen Text (aus A2) von rechts nach links zu schreiben, definieren Sie die Formel:

```
A5:=WENN(Zähler>LÄNGE(A2);A5;WENN(Zähler=1;LINKS(A2);TEIL(A2;Zähler;1)&A5))
```

Zähler	▼	*fx* =WENN(Zähler=100;1;Zähler+1)			
	A		B	C	D
1	Text:			Zähler:	
2	EIERSCHALENSOLLBRUCHSTELLENVERURSACHER			100	
3					
4	verkehrt herum				
5	REHCASRUREVNELLETSHCURBLLOSNELAHCSREIE				
6					

Abbildung 12.7: Text rückwärts schreiben

Wenn Sie öfter Mal mit Iterationen arbeiten müssen, merken Sie sich das Prinzip des Zählers, das kann häufig nützlich sein. Und zwar immer dann, wenn Sie die Anzahl der Iterationsschritte variabel steuern wollen, ohne jedes Mal die maximale Iterationsgrenze anzupassen.

KAPITEL 13

Traue keinem über drei oder einem Solver-Ergebnis

Vielleicht haben Sie noch keine Vorstellung davon, wofür der Solver gut ist. Deshalb nähern wir uns zunächst einmal über die Zielwertsuche, die sozusagen den standardmäßig integrierten Mini-Solver darstellt.

13.1 Solver versus Zielwertsuche

Stellen Sie sich vor, Sie berechnen die kleine Formel

B1:=A1^5-12*A1^3+2*A1.

Für A1=4 lautet das Ergebnis 264. Jetzt möchten Sie wissen, welchen Wert Sie in A1 einsetzen müssen, damit das Ergebnis in B1 0 beträgt. Mathematisch sind Sie da total aufgeschmissen. Das ist ein Fall für die Zielwertsuche, die Sie über *Extras>Zielwertsuche...* wie folgt einstellen (*Abbildung 13.1*):

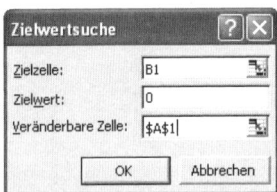

Abbildung 13.1: Dialog Zielwertsuche

Als Ergebnis erhalten Sie etwa 3,4396. Sehr effektiv, aber damit sind die Fähigkeiten der Zielwertsuche bereits erschöpft. Das Gleiche können Sie übrigens auch mit dem Solver machen, denn der ist im Grunde eine erweiterte Zielwertsuche. Im Gegensatz zur Zielwertsuche ist der Solver kein Excel-Standard. Sie müssen Ihn zunächst über *Extras>Add-Ins...* aktivieren. Er steht dann unter dem Menüpunkt *Extras>Solver...* zur Verfügung. So gestartet, wählen Sie auch mit ihm *Zielwert*, *Zielzelle* und *Veränderbare Zelle*: 1 (*Abbildung 13.2*).

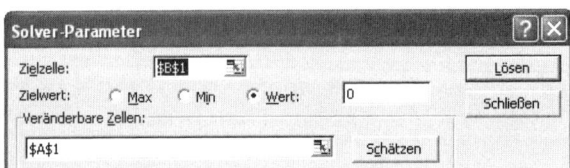

Abbildung 13.2: Dialog Solver-Parameter

Spaßeshalber vergleichen wir einmal die Ergebnisse von Zielwertsuche und Solver. Beide arbeiten mit iterativen Näherungsverfahren – eine mathematische Lösung können sie nicht finden. Als Sieger geht diesmal der Solver vom Platz, denn der von ihm gefundene Wert für B1 ist näher an null dran (*Abbildung 13.3*).

B1	▼	f_x =A1^5-12*A1^3+2*A1	
	A	B	C
1	3,4396150835979400	0,000001141968764883930	
2			
3		Veränderbare	Wert
4		Zelle	Zielzelle
5	Zielwertsuche	3,4396150835979400	0,000001141968764883930
6	Solver	3,4396150774406900	-0,000000557081886398691
7	Sieger: Solver!		

Abbildung 13.3: Wettkampf Solver gegen Zielwertsuche

Die Möglichkeiten des Solvers sind damit aber bei weitem nicht erschöpft, wie Sie im folgenden Abschnitt sehen werden.

13.2 Die launische Diva

Unter Berücksichtigung diverser Rahmenbedingungen soll ein optimales Ergebnis erzielt werden, zum Beispiel Laufzeiten minimieren oder Stückzahlen maximieren oder – wie in nachfolgendem Anwendungsfall – Maschinenlaufzeiten optimieren.

Ein Hersteller produziert drei Artikel, die unterschiedlich lang von drei Maschinen bearbeitet werden müssen. Diese können pro Tag 10, 9,5 und 9 Stunden laufen. Die beste Auslastung wäre natürlich, wenn keine Maschine auch nur eine Minute still-stünde – aber das geht nicht. Also wollen wir der Vollauslastung von 1.710 Minuten pro Tag so nahe wie möglich kommen (*Abbildung 13.4*).

Bevor wir den Solver bestücken können, benötigen wir Eingaben und daraus resultierend einige (sehr einfache) Formeln.

Zeile 1 bis 5 sind (individuelle) Überschriften und A6 bis A8 die Bezeichnungen der Artikel – das ist alles für die Berechnung irrelevant. B6:B8 bleibt zunächst leer. Dort soll der Solver nachher die produzierte Stückzahl je Artikel eintragen. In C6 bis C8 geben Sie die Stückzahlen ein, die Sie pro Artikel am Tag mindestens produzieren wollen (der Normalfall ist null: die 0 explizit als Zahl eingeben und nicht einfach leer lassen – der Solver spinnt da manchmal!). In D6 bis F8 gehören die Minuten, die die Artikel die jeweilige Maschine durchlaufen müssen, und in D13 bis F13 die maximalen Maschinenlaufzeiten pro Tag.

	A	B	C	D	E	F	G	H	I	J
1	**Maschinenauslastung (Minuten) optimieren**									
2										
3	Artikel	**Stück**	mind.	Bearbeitungszeit			ges.	Summe	Gesamtzeit	
4				Maschine						
5				I	II	III				
6	Nr. 1	53	0	4	6	8	18	212	318	424
7	Nr. 2	23	0	10	8	2	20	230	184	46
8	Nr. 3	**10**	10	9	5	10	24	90	50	100
9		86	240	Minuten vorgegeben				532	552	570
10										
11				maximale						
12				Maschinenlaufzeit						
13				540	600	570		1.710	Vollauslastung	
14				-8	-48	0		**1.654**	**Ist-Auslastung**	

Abbildung 13.4: Tabellenaufbau Maschinenauslastung optimieren

In H6:J8 multiplizieren Sie die Bearbeitungszeiten mit den produzierten Stückzahlen. H6 enthält die Formel =D6*$B6, die bis J8 kopiert wird. H9:J9 enthält dann die tatsächliche Gesamtlaufzeit je Maschine. H9:=SUMME(H6:H8) wird bis J9 kopiert. H14 wird als wichtigste Zelle mit =SUMME(H9:J9) bestückt und berechnet somit die Gesamtlaufzeit aller Maschinen.

Mehr Formeln, um den Solver zu wecken, brauchen wir nicht. Alle übrigen sind nur Erläuterungen und werden später noch erwähnt.

Wählen Sie *Extras>Solver...* und stellen Sie den nachfolgenden Dialog gemäß *Abbildung 13.4* ein.

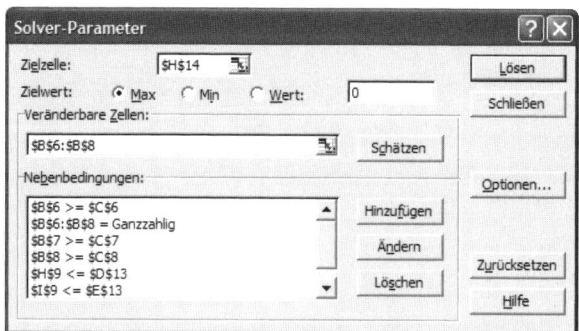

Abbildung 13.5: Solver-Parameter – Maschinenauslastung

Was wird da jetzt eingetragen?

Die Zielzelle ist H14 – die Summe unserer Maschinenlaufzeiten – und da wir diese maximieren wollen, wird beim Zielwert *Max* angeklickt. Als *Veränderbare Zellen* geben wir den Bereich B6:B8 ein – die produzierten Stückzahlen.

Wieso – in B6 bis B8 steht doch nichts? Richtig, denn da soll der Solver seine optimalen Stückzahlen hineinschreiben (*Schätzen* brauchen wir nichts!).

Kommen wir zu den *Nebenbedingungen*. Da werden die häufigsten Fehler bzw. zu wenig Eingaben gemacht. *Hinzufügen* anklicken und – was wollen wir eigentlich?

Klar, keine halbfertigen Artikel, sondern von allen drei Maschinen bearbeitete – also B6:B8 (alle Artikel) = *ganzzahlig*: OK und den nächsten hinzufügen *(Abbildung 13.6)*.

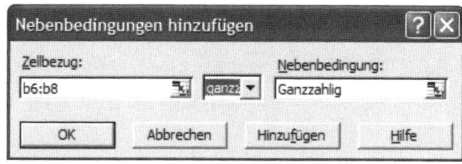

Abbildung 13.6: Dialog Nebenbedingungen hinzufügen

Außer *ganzzahlig* wird einem noch <=; >=; = und *bin* (binär) angeboten.

Nächste *Nebenbedingung*: Wir wollen, dass die zu ermittelnde Stückzahl größer oder gleich der vorgegebenen Mindestzahl in Spalte C ist. Ergo *B6>=C6* und entsprechend noch *B7>=C7* und *B8>=C8*.

Nun die letzten Bedingungen: Die Maschinen haben irgendwann keine Lust mehr, sie sind ausgelastet. Also *H9<=D13, I9<=E13* und *J9<=F13*.

Übrigens: Die Bezüge setzt der Solver automatisch absolut ($), und die Eingaben bei den Nebenbedingungen werden (blödsinnigerweise) alphabetisch sortiert.

Bei den Optionen haben sich untenstehende Einstellungen (*Abbildung 13.7*) bewährt.

Lineares Modell und *lineare Schätzung* sowie suchen mit *Newton* – was der Rest bewirkt, wissen wir eigentlich auch nicht. Gut, *Iterationsergebnisse anzeigen* ist prima. Wenn Sie ein unlösbares Problem gestellt haben, zeigt Ihnen der Solver an, wo er bis zu seinem Exitus (Anzahl Iterationen bzw. Zeitlimit) mittlerweile gelandet ist.

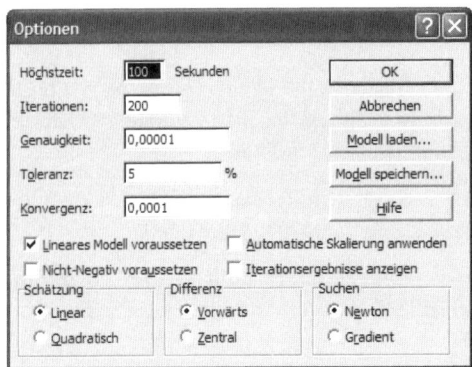

Abbildung 13.7: Dialog Solver-Optionen

Das war's – jetzt soll er arbeiten und nach dem Anklicken von *Lösen* tut er es auch. Niedlich finden wir seine Zwischeninformation in der *Statusleiste*: „Ein Problem wird aufgestellt ..."

Als Ergebnis für obiges Beispiel kommen 53 – 23 – 10 Stück bei 56 Minuten Leerlaufzeit heraus – ziemlich lausig. Das optimale Ergebnis erreicht man immer ohne minimale Stückzahlvorgabe in C6:C8.

Stände dort überall null, ergäbe das 62 – 27 – 2 und nur 6 Minuten Leerlauf. Da aber Artikel Nr. 3 vielleicht der ist, an dem der Unternehmer am meisten verdient, hat er bestimmt Interesse daran, dass dieser nach einer Optimierung überhaupt auftaucht (null wäre ja auch möglich).

Das Optimierungsergebnis haben wir jetzt – welche Formeln noch?

▣ B9:=SUMME(B6:B8) – Anzahl der Artikel insgesamt.

▣ C9:=SUMMENPRODUKT(C6:C8;G6:G8) – Anzahl der durch die Mindestvorgaben in C6:C8 schon verbratenen Maschinenminuten.

▣ H13: =SUMME(D13:F13) – maximale Gesamtmaschinenauslastung.

▣ D14: =H9-D13 – Leerlaufzeit von Maschine I – kopieren bis F14.

Wichtig ist noch das Abfangen von Fehlergebnissen, denn Sie können nicht immer sicher sein, dass der Solver alle Nebenbedingungen einhält. Wenn der Solver mit den Bedingungen nicht klarkommt („Traue keinem über drei oder einem SOLVER-Ergebnis") und er sich bis zum Zeitlimit bzw. bis zur Iterationszahl totgerechnet hat, kommt die Meldung „Solver hat ein eventuell nicht verwendbares Ergebnis gefunden". Man kann sich aber leider nicht immer darauf verlassen, dass die Fehlermeldung nur bei einem Blödsinnsergebnis erscheint, falls eine Bedingung nicht erfüllt wurde.

Werden als Mindestvorgabe in C6:C8 in der Summe mehr Maschinenminuten als überhaupt verfügbar gefordert, liefert der Solver ein absolut bescheuertes Ergebnis. Das fällt auf! Aber auch wenn da 3-mal 25 mindestens zu produzierende Artikel stehen, was mit 1.550 vorgegebene Minuten im Rahmen (1710) liegt, ist der Solver überfordert und liefert ein unsinniges Ergebnis bzw. kapituliert freiwillig.

Um sicherzustellen, dass Sie kein Ergebnis akzeptieren, das nicht alle Nebenbedingungen erfüllt, können Sie in C11 schreiben *(Abbildung 13.8)*:

	A	B	C	D	E	F	G	H	I	J
1	**Maschinenauslastung (Minuten) optimieren**									
2										
3	Artikel	**Stück**	mind.	Bearbeitungszeit		ges.	Summe	Gesamtzeit		
4				Maschine						
5				I	II	III				
6	Nr. 1	25	25	4	6	8	18	100	150	200
7	Nr. 2	25	25	10	8	2	20	250	200	50
8	Nr. 3	25	25	9	5	10	24	225	125	250
9		75	1.550	Minuten	vorgegeben		575	475	500	
10										
11	mind.	reduzieren!	maximale							
12			Maschinenlaufzeit							
13			540	600	570		1.710	Vollauslastung		
14			35	-125	-70		**1.550**	**Ist-Auslastung**		

Abbildung 13.8: Maschinenauslastung optimieren – Ergebnis

C11:

=WENN(C9>H13;"Das sind zu viel!";WENN(ZÄHLENWENN(D14:F14;">0,1")>0;"mind. reduzieren !";""))

Lange Rede – kurzer Sinn: Wir trauen nur Leuten unter drei.

13.3 Wenn der Solver einmal nicht solvt

Wie Sie gesehen haben, kann der Solver ganz schön zickig werden, wenn Sie die Ausgangssituation einer Problemstellung nur geringfügig verändern. Zudem gibt es Aufgabenstellungen, bei denen es Ihnen gar nicht gelingen wird, den Solver vernünftig arbeiten zu lassen. Dann ist es schwierig, zu unterscheiden, ob es an Ihrem eigenen Unvermögen liegt oder ob eine Aufgabenstellung womöglich einfach nicht geeignet ist, den Solver darauf anzusetzen.

Kennen Sie beispielsweise das „Travelling salesman"-Problem? Hier geht es um einen Händler oder Spediteur, der von seinem Ausgangsort aus bestimmte Orte beliefern muss, um anschließend wieder zuhause anzukommen. Sein Primärziel ist es – wen wundert das bei den heutigen Spritpreisen –, alle Orte in der Reihenfolge anzusteuern, in der die zurückgelegte Gesamtstrecke am kürzesten ist.

Zunächst wollen wir diese Aufgabenstellung in einer Excel-Tabelle modellieren, wobei wir von sieben Orten ausgehen, die der Händler zu besuchen hat *(Abbildung 13.9)*.

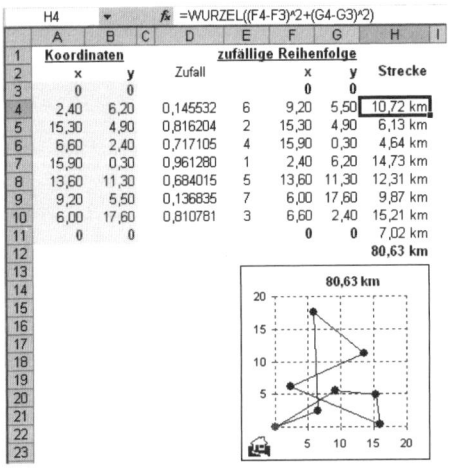

Abbildung 13.9: Excel-Modellierung „Travelling Salesman" (1)

Die in einem Punkt (XY)-Diagramm visualisierte Welt des Händlers ist eine 20 Quadratkilometer große Fläche, in der die sieben zu erreichenden Orte über x-/y-Koordinaten bestimmt werden, die im Bereich A4:B10 stehen. Er selbst wohnt im Punkt 0/0. Da er sich zu Beginn überhaupt nicht entscheiden kann, in welcher Reihenfolge er die Orte anfahren will, lässt er den Zufall entscheiden. In D4:D10 stehen einfach Zufallszahlen: =ZUFALLSZAHL(). Darauf basierend bildet er in E4:E10 die Reihenfolge der Orte.

E4: =RANG(D4;$D$4:$D$10) (kopiert bis E10)

In F4:G10 werden die Koordinaten der Orte in die Reihenfolge gebracht, die durch die in Spalte E berechnete Rangfolge der Zufallszahlen bestimmt wurde.

F4: =INDEX($A$4:$A$10;E4) (kopiert bis F10)

G4: =INDEX($B$4:$B$10;E4) (kopiert bis G10)

F3:G3 und F11:G11 enthalten die Koordinaten 0, da er ja immer zuhause startet und abends auch wieder heil dort ankommt, wie wir hoffen wollen.

In Spalte H berechnen wir mit

H4 (kopiert bis H10): =WURZEL((F4-F3)^2+(G4-G3)^2)

=WURZEL((9,2-0)^2+(5,5-0)^2) = 10,72

die Entfernung der Strecken zwischen zwei Orten. Hierbei wenden wir den allseits bekannten Satz des Pythagoras an *(Abbildung 13.10)*:

$$a^2+b^2=c^2$$

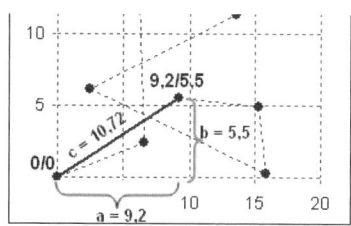

Abbildung 13.10: Streckenlänge mit Satz des Pythagoras berechnen

In H12 ergibt sich letztlich die insgesamt zurückgelegte Strecke (im Beispiel 80,63 km).

H12: =SUMME(H4:H11)

Natürlich sieht selbst ein Blinder mit Krückstock, dass das nicht die optimale Strecke ist, sondern dass sie den Händler über kurz oder lang in den Ruin treiben wird. Jetzt stellt sich die Frage, wie wir dem Händler helfen können, Spritkosten und natürlich auch Zeit einzusparen.

Wir könnten jetzt unsere Fantasie spielen lassen und viel Zeit darauf verwenden, den Solver so einzustellen, dass er eine optimale Strecke findet. Ob uns das gelingt, ist sehr fraglich. Möglicherweise führt eine optimale Lösung über den Solver, vielleicht aber auch nicht. Mit Sicherheit ist es so schwierig, dass Sie über tiefgehende mathematische Fähigkeiten verfügen müssen, um den Solver hier zu bändigen.

Anstatt uns das Hirn zu zermartern, greifen wir zu einer wesentlich pragmatischeren und einfacher zu verstehenden Methode und lassen Excel für uns die Fleißarbeit über „Trial and Error" verrichten.

Hinter den Zufallszahlen in Spalte D steht eine feste Absicht. Denn jedes Mal, wenn wir ⌈F9⌉ drücken, wird über die neuen Zufallszahlen eine neue Reihenfolge der Orte und damit eine andere Gesamtstrecke erzeugt. Wenn wir ⌈F9⌉ gedrückt halten, wird Excel also eine Vielzahl von Strecken plump, aber effektiv ausprobieren. Um Ihnen die Fingerarbeit abzunehmen, würde der VBA-Einzeiler

```
For x = 1 to 10.000:Calculate:next
```

genügen. Aber da dies ein VBA-freies Buch ist, holen Sie lieber einen schweren Gegenstand und legen ihn auf die ⌈F9⌉-Taste.

Wenn Excel auf diese Weise eine Zeit lang gesucht hat, wird es mit Sicherheit kürzere Strecken gefunden haben und mit hoher Wahrscheinlichkeit sogar die optimale. Aber jetzt müssen wir uns diese Lösung ja auch irgendwie merken bzw. protokollieren, sonst haben wir nichts davon. Dieses Protokollieren können wir mit der Excel-Iteration bewerkstelligen.

Wählen Sie *Extras>Optionen...>Berechnung*.

Aktivieren Sie den Haken bei *Iteration* und stellen Sie die *Maximale Iterationszahl* auf 1 (*Abbildung 13.11*).

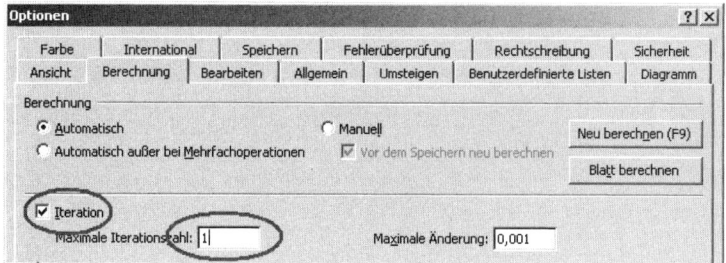

Abbildung 13.11: Dialog Optionen – Iteration aktivieren

Dann erweitern Sie die Tabelle gemäß *Abbildung 13.12.*

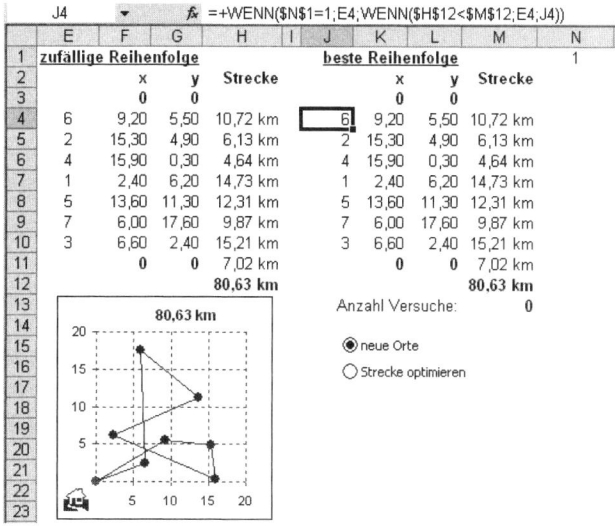

Abbildung 13.12: Excel-Modellierung „Travelling Salesman" (2)

Die Spalten E:H werden zunächst nach J:M kopiert. Die Berechnung der in Reihenfolge gebrachten Koordinaten sowie die Streckenangaben werden also dupliziert. Die Protokollierung der besten gefunden Reihenfolge geschieht über die Formel:

J4: =WENN($N$1=1;E4;WENN($H$12<$M$12;E4;J4)) (kopiert bis J10)

N1 wird über die Optionsfelder *neue Orte* und *Strecke optimieren* gesteuert. *Neue Orte* gibt an N1 den Wert 1 weiter. In diesem Fall wird die Reihenfolge in Spalte J aus Spalte E übernommen. Die Option *Strecke optimieren* setzt N1 auf den Wert 2, damit wird die Iteration bzw. die Protokollierung der besten Reihenfolge gestartet. Diese verbirgt sich hinter dem Formelteil:

`WENN($H$12<$M$12;E4;J4)`

Wenn per Zufall in H12 eine Gesamtstrecke gefunden wurde, die kürzer ist, als die in M12 protokollierte, dann wird die Reihenfolge aus E4 übernommen. Ansonsten bleibt der Wert aus J4 (bezieht sich auf sich selbst) eingefroren. Dies hat zur Folge, dass die Strecke in Spalte H größer und kleiner wird, aber in Spalte M kann sie immer nur kleiner werden und nähert sich ergo immer mehr dem Optimum an.

Dann wird in M13 noch gezählt, wie viele „Trial and Error"-Versuche durchgeführt wurden. Steht N1 auf 1, wird der Zähler wieder zurückgesetzt.

`M13: =WENN(N1=1;0;M13+1)`

Jetzt probieren wir einmal aus, wie effektiv diese Methode den optimalen Weg findet (*Abbildung 13.13*).

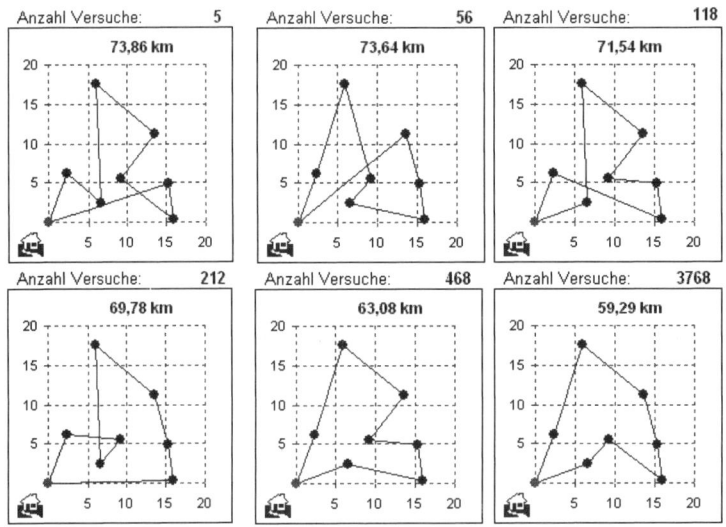

Abbildung 13.13: Schrittweise Streckenoptimierung per „Trial and Error"

Wie wir sehen, findet Excel zu Beginn in relativ kurzen Abständen bessere Strecken-verläufe. Nach 468 Versuchen und einer Strecke von 63,08 km könnte man versucht sein, sich damit zufrieden zu geben. Dies ist eine Strecke, mit der der Händler sicher gut leben könnte. Er kann sich allerdings nie 100%ig sicher sein, dass er die optimale Strecke gefunden hat.

Ist er noch nicht zufrieden, kann er weitersuchen und siehe da: nach 3.768 Versuchen wird eine noch bessere Lösung gefunden. Jetzt musste er aber schon mehr Geduld mitbringen, denn die Intervalle zwischen zwei temporären Bestmarken werden immer größer. Auch jetzt weiß er nicht genau, ob das die allerbeste Lösung ist. Das kann er auch nach 10 Milliarden Versuchen nicht wissen. Aber das unterscheidet eben einen Optimierungsalgorithmus von einer mathematisch einwandfreien Lösung. Nichtsdestotrotz können wir hier wohl davon ausgehen, dass wir den Händler glücklich gemacht haben.

13.4 Ein bisschen Statistik zu „Trial and Error"

Das soeben gezeigte Verfahren eignet sich zur Lösung von ganzzahligen Aufgaben, die in den Bereich der Kombinatorik fallen. Wenn Sie ein solches Verfahren anwenden, sollten Sie zumindest ungefähr Ihre Erfolgsaussichten abschätzen können.

Beim „Travelling salesman"-Problem handelt es sich um eine Permutation, da die Reihenfolge von n Orten – {1;2;3;...;n} – beliebig gemischt wird. Die Anzahl möglicher Permutationen bestimmt sich aus

FAKULTÄT(n).

Bei sieben Orten (der Startpunkt des Händlers muss nicht berücksichtigt werden) sind es:

FAKULTÄT(7)=5.040

Also eine noch recht überschaubare Zahl, die aber mit zunehmender Anzahl der Orte stark ansteigt. Bei zehn Orten sind es bereits 3.628.800 Möglichkeiten.

Die Gretchen-Frage lautet nun, wie hoch die Chance ist, nach x Versuchen die optimale Lösung oder zumindest eine der drei besten Lösungen gefunden zu haben. Die Gretchen-Antwort führt über die Binomialverteilung. Die Binomialverteilung trifft Aussagen darüber, wie groß die Wahrscheinlichkeit ist, nach einer bestimmten Anzahl Versuchen eine bestimmte Anzahl Treffer gelandet zu haben, wobei die Trefferwahrscheinlichkeit bei jedem Versuch gleich ist. Bei sieben Orten ist die

Trefferwahrscheinlichkeit für die optimale Lösung 1 zu 5.040. Die Wahrscheinlichkeit, die optimale Lösung nach x Versuchen mindestens einmal gefunden zu haben, lautet:

`=1-BINOMVERT(0;x;1/5040;0)`

Von der Gesamtwahrscheinlichkeit 1 wird also die Wahrscheinlichkeit für 0 Treffer subtrahiert, denn zwei oder mehr Treffer wären ja auch OK. Wenn es Ihnen genügt, eine der drei besten Lösungen gefunden zu haben, lautet die Wahrscheinlichkeit:

`=1-BINOMVERT(0;x;3/5040;0)`

Die konkreten Wahrscheinlichkeiten für unseren Händler sehen Sie in *Abbildung 13.14*.

	C3	▼	*f* =1-BINOMVERT(0;A3;3/5040;0)		
	A	B	C	D	E
1	Versuche	Optimum	beste drei		
2	x	w	w		
3	1	0,02%	0,06%		
4	10	0,20%	0,59%		
5	100	1,96%	5,78%		
6	1.000	18,00%	44,87%		
7	5.040	63,22%	95,03%		
8	10.000	86,25%	99,74%		
9	15.000	94,90%	99,99%		
10	20.000	98,11%	100,00%		
11	25.000	99,30%	100,00%		
12	30.000	99,74%	100,00%		

Abbildung 13.14: Binomialverteilung der Optimierungswahrscheinlichkeit per „Trial and Error"

Nach 5.040 Versuchen, die der Anzahl insgesamt möglicher Permutationen entspricht, hat er also gute Chancen, das Optimum oder zumindest eine der besten drei Lösungen gefunden zu haben.

Nur ganz nebenbei als Erinnerung an das Mathematikgenie Leonard Euler: Eine interessante Auffälligkeit dabei ist der Wert 63,22 %, ohne Rundung beträgt er genau 63,2157057822357 % und geht damit in die Nähe der Formel:

`=1-1/EXP(1) = 0,632120558828558`

Das ist kein Zufall. Wenn Sie die Anzahl Orte (n) erhöhen und die Anzahl Versuche (x) mit n gleichsetzen, nähert sich das Ergebnis immer weiter dieser Formel an.

`=1-BINOMVERT(1;FAKULTÄT(12);1/FAKULTÄT(12);0)= 0,632120558444551`

Was es wohl bedeuten mag, lassen wir jetzt mal offen. Ganz nach dem Motto von Benjamin Peirce vor der National Academy of Sciences in Washington im Jahre 1870:

„Gentlemen, that is surely true, it is absolutely paradoxical; we cannot understand it and we don't know what it means. But we have proved it, and therefore we know it is the truth!"

„Meine Herren, diese Formel ist in der Tat richtig. Sie ist absolut paradox, wir können sie nicht verstehen und wir wissen nicht, was sie bedeutet. Aber wir haben sie bewiesen, und deshalb wissen wir: Sie muss wahr sein!"

Er meinte damit Eulers berühmte Formel

$$e^{(pi*i)} + 1 = 0$$

e ist die eulersche Zahl – auch Wachstumsfaktor genannt – $(1+1/n)^n$ mit n gegen unendlich und hat unendlich viele Nachkommastellen; pi ist logischerweise die Kreiszahl Umfang/Durchmesser mit keiner Nachkommastelle weniger und i ist das imaginäre Ergebnis der Wurzel aus -1. Logisch, dass die Verquickung dieser drei Zahlen ein ganzzahliges Ergebnis ergibt!

Mit Excel dargestellt (aktivieren Sie ausnahmsweise einmal die Analysefunktionen und ignorieren Sie Excels Rundungsungenauigkeit):

```
=IMAGINÄRTEIL(IMEXP(IMPRODUKT(PI();"i")))+IMREALTEIL(IMEXP(IMPRODUKT(PI();
"i")))+1
```

KAPITEL 14

IKV – eine Funktion macht Karriere

IKV ist die Abkürzung für Interne Kapitalverzinsung. Berechnet wird der interne Zins-fuß, also die Rendite einer Zahlungsreihe. Diese Berechnung gehört zu den dynami-schen Investitionsrechenverfahren und ist in der betriebswirtschaftlichen Praxis von großer Bedeutung.

In dieser Funktion ist eine Menge Rechenpower verborgen, die weit über die Berech-nung eines internen Zinsfußes hinausgeht.

14.1 Was IKV können soll

Zum leichteren Einstieg zunächst eine einfache Barwertberechnung *(Abbildung 14.1)*.

	A	B	C	D
			C4 ▾ *fx* =B4/(1+$C$1)^A4	
1	Kalkulationszinssatz		6%	
2				
3	**Periode t**	**Cash-Flow**	**Barwert**	
4	0	-800	-800,00	
5	1	200	188,68	
6	2	220	195,80	
7	3	250	209,90	
8	4	300	237,63	
9	K_0		32,01	

Abbildung 14.1: Barwertberechnung

In B4:B8 stehen Zahlungen (Z), die in C4:C8 mit i=6% auf ihren Barwert in t0 abge-zinst (diskontiert) werden. In C9 steht die Summe der Barwerte, die man als Kapital-wert K_0 oder Nettobarwert bezeichnet. Sie können den Kapitalwert ermitteln, indem Sie jede Zahlung separat auf t0 abzinsen ...

BW=Zt/(1+i)^t

... und dann die Summe aller Barwerte bilden.

$$K_0 = \sum_{t=1}^{n} \frac{Z_t}{\left(1 + i\right)^t}$$

Sie können den Kapitalwert alternativ mit der Funktion NBW in einem Schritt berechnen:

=NBW(C1;B4:B8)*(1+C1)

NBW geht davon aus, dass die Zahlungen am Ende der Verzinsungsperioden erfolgen – werden diese auf den Beginn gelegt, müssen Sie das Ergebnis von NBW um eine Periode aufzinsen, also *(1+C1).

Der interne Zinsfuß einer Zahlungsreihe ist definiert als der Diskontierungsfaktor, bei dem ihr Kapitalwert den Wert 0 annimmt. Der Zinssatz in C1 muss folglich so lange verändert werden, bis in C9 der Wert 0 herauskommt.

Exkurs Zielwertsuche

Einen eleganten Weg zur Ermittlung des internen Zinsfußes bietet die Zielwertsuche. Man findet Sie unter dem Menüpunkt *Extras>Zielwertsuche*. Der Dialog der Zielwertsuche wird wie folgt eingestellt (*Abbildung 14.2*):

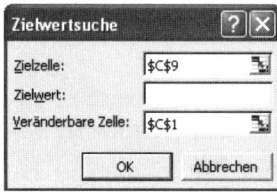

Abbildung 14.2: Dialog Zielwertsuche

Wenn Sie nun mit *OK* bestätigen, macht Excel nichts anderes, als Ihnen die Arbeit abzunehmen, in C1 durch wiederholtes Ausprobieren nach dem richtigen Zinssatz zu suchen, bis in C9 eine 0 (bzw. ein Wert nahe 0) steht.

Zurück zum Thema, Hauptdarsteller dieses Kapitels ist IKV. Sie ermittelt den internen Zinsfuß dieser Zahlungsreihe mit

=IKV(B4:B8;0)=7,62%.

Die Null im zweiten Parameter ist ein Schätzwert, der in der Regel einen Wert zwischen 0 und 0,1 einnehmen sollte.

Formel und Ergebnis sehen unscheinbar aus, wenn wir aber hinter den mathematischen Vorhang dieser Berechnung blicken, werden wir sehen, dass einiges Bemerkenswertes dahinter steckt.

Was berechnet die Funktion eigentlich? Die Kapitalwertberechnung der Zahlungsreihe B4:B8 mit dem Diskontierungssatz (i) ist nichts anderes als die Berechnung einer Polynomgleichung in der Form

$KO = a + bx + cx^2 + dx^3 + ex^4$

mit $x = 1/(1+i)$.

Zum Beweis:

-800+200*1/(1,06)^1+220*1/(1,06)^2+250*1/(1,06)^3+300*1/(1,06)^4=32,0

Um den IKV zu ermitteln, wird KO durch 0 ersetzt ...

$0 = a + bx + cx^2 + dx^3 + ex^4$

..., und dann nach x bzw. über $x = 1/(1+i)$ nach $i = 1/x-1$ aufgelöst.

Mathematische Lösungen solcher Gleichungen vierten Grades, mit vier möglichen Lösungen, sind von Normalsterblichen gar nicht durchzuführen und derart kompliziert, dass sie in der Praxis keine Rolle spielen. Für quadratische Gleichungen der Form $0 = a + b \cdot x + c \cdot x2$ kennen wir aus der Mittelstufe noch alle die pq-Formel. Gleichungen dritten Grades werden mit der Cardanischen Formel (eine Lösung und zwei komplexe Wurzeln) oder bei drei Lösungen über den Casus irreducibilis gelöst. Im 19. Jahrhundert schaffte es Evariste Galois sogar, Gleichungen fünften Grades allgemeingültig aufzulösen, doch darüber hinaus ist Sense. Der Grad der Funktion entspricht übrigens der maximalen Anzahl Lösungen für x. Wie kann also IKV den internen Zinsfuß von Zahlungsreihen mit tausend (oder mehr) Perioden, also Polynome tausenden Grades, die theoretisch tausend Nullstellen aufweisen können, berechnen?

Zum einen muss IKV nur eine Nullstelle nahe 0 ermitteln. Zum anderen ermittelt IKV keine exakte mathematische Lösung, sondern verwendet ein Näherungsverfahren, dessen Ergebnis aber durch seine Genauigkeit so nahe an der exakten Lösung liegt, dass die Unschärfe in der Praxis keine Rolle spielt.

In der schlauen Excel-Hilfe steht:

„Microsoft Excel verwendet zur Berechnung der Funktion IKV ein Iterationsverfahren. Beginnend mit Schätzwert wird die Funktion IKV so lange ausgeführt, bis das Ergebnis auf 0,00001 Prozent genau ist. Kann IKV innerhalb von 20 Durchgängen kein geeignetes Ergebnis erzielen, wird der Fehlerwert #ZAHL! Ausgegeben ... Schätzwert ist eine Zahl, von der Sie annehmen, dass sie dem Ergebnis der Funktion nahe kommt ... Fehlt der Schätzwert, wird für ihn 0,1 angenommen."

Jetzt wird auch klar, warum man bei der IKV einen Schätzwert angeben sollte. Das ist nämlich die Schwäche von iterativen Näherungsverfahren, sie benötigen ex ante eine Schätzung der Nullstelle, der sie sich annähern können, sonst tappen sie orientierungslos im Dunkeln.

Welches Iterationsverfahren von der IKV verwendet wird, wissen wir nicht, das spielt aber auch keine Rolle. Nahe liegend wäre z.B. das Newton-Verfahren, das ist aber eine andere Geschichte und soll ein andermal erzählt werden.

Fassen wir noch einmal zusammen: Eine Zahlungsreihe mit n+1 Perioden stellt nichts anderes als eine Polynomgleichung n-ter Ordnung dar. IKV verwendet ein Iterationsverfahren, um eine Nullstelle dieses Polynoms nahe 0 zu ermitteln, die betriebswirtschaftlich den internen Zinsfuß, also die Rendite einer Zahlungsreihe, darstellt. Dies, nicht mehr und nicht weniger, ist die standardmäßige Funktionalität der Funktion IKV.

14.2 Wie IKV über sich hinauswächst

Wer den Zusammenhang zwischen Zahlungsreihe und Polynomgleichung verinnerlicht hat, könnte sich vielleicht folgende Frage stellen: Ist es möglich, die finanzmathematische Sicht auszublenden, den Fokus auf die Polynomgleichung zu legen und diese mit IKV weiter zu analysieren?

Ja, es ist möglich. Mit IKV können quasi beliebige Polynomnullstellen, Wende- und Extrempunkte berechnet werden, eine umfassende Polynomanalyse und anschließende Darstellung in einem Punkt (XY)-Diagramm ist also möglich.

Untersuchen wir ein Polynom 4. Grades in der Form

$y = a + bx + cx^2 + dx^3 + ex^4,$

das optimalerweise im betrachteten Zahlenbereich vier Nullstellen aufweist. Sie haben zwei Möglichkeiten, ein solches Polynom zu finden und in einem Punkt (XY)-Diagramm darzustellen. Entweder Sie legen die Koeffizienten a, b, c, d und e fest und berechnen für ein bestimmtes x-Achsenintervall die entsprechenden y-Werte und schauen, wie das Polynom verläuft. Einfacher geht es aber, indem Sie die x/y-Koordinaten vorgeben und Excel die Koeffizienten mit Hilfe einer Regressionsrechnung ermitteln lassen, und das geht wie folgt (*Abbildung 14.3*).

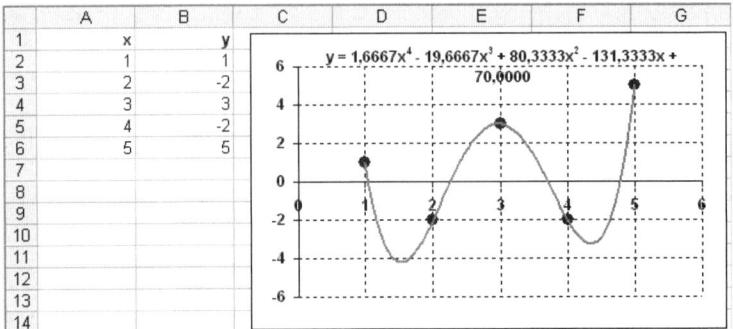

Abbildung 14.3: Polynom 4. Grades

In A2:B6 definieren Sie fünf Koordinatenpunkte, denn um ein Polynom n-ten Grades zu bestimmen, brauchen Sie n+1 Datenpunkte. Erstellen Sie aus diesen Datenpunkten ein Punkt (XY)-Diagramm (nur mit Punkten; ohne Linien!). Die Koordinatenpunkte sollten so angeordnet sein, dass drei Punkte oberhalb der X-Achse liegen und zwei Punkte unterhalb (oder zwei oberhalb und drei unterhalb), damit die Funktion vier Nullstellen besitzt. Klicken Sie einen der Datenpunkte rechts an und wählen aus dem Kontextmenü *Trendlinie hinzufügen...*(*Abbildung 14.4*)

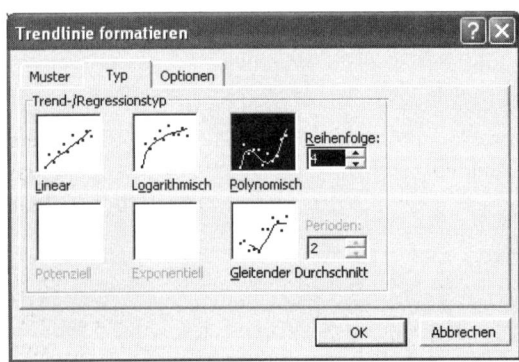

Abbildung 14.4: Dialog Trendlinie formatieren

Wählen Sie aus diesem Dialog einen polynomischen Trend aus. Im Feld *Reihenfolge* tragen Sie eine 4 ein. Der Begriff Reihenfolge macht hier eigentlich keinen Sinn, 4 bedeutet in diesem Fall 4. Grades. Unter Optionen setzen Sie dann den Haken bei *Gleichung im Diagramm darstellen* und schon spuckt Excel die Polynomkoeffizienten

e:+1,6666667; d:-19,6666667; c:+80,33333333; b:-131,33333333; a:+70

aus. Außerdem wird eine Trendlinie angezeigt, die viermal die X-Achse schneidet. Die ungefähren Schnittpunkte der X-Achse sieht man bei 1,1; 2,3; 3,7; 4,8.

Jetzt geht es darum, diese Punkte exakt zu bestimmen und im Diagramm zu markieren, was einen tiefen Griff in die Excel-Trickkiste verlangt. Um zu verstehen, warum der Lösungsweg über IKV führt, tun wir so, als wären die Polynomkoeffizienten eine „normale" Zahlungsreihe, deren interner Zinsfuß mit IKV bestimmt werden soll. Die Zahlungsreihe, die IKV auswertet, beginnt links mit dem Koeffizienten a und endet rechts mit dem Koeffizienten e.

=IKV({70;-131,33333333;80,33333333;-19,66666667;1,66666667})= -4,4296%

Die Zahlungsreihe beginnt bei IKV von links mit den Zahlungen, die am wenigsten abgezinst werden. Bezogen auf das Polynom sind das die Koeffizienten mit der niedrigsten Potenz, also von a aufsteigend.

Wie ist das Ergebnis von -4,4296 % zu interpretieren und was hat es mit den gesuchten Polynomnullstellen zu tun? Addieren Sie 1 und bilden Sie den Kehrwert, also 1/(1-4,4296 %), erhalten Sie 1,046349, was verdächtig nach der ersten gesuchten Nullstelle aussieht (und es auch ist). Erinnern wir uns, IKV gibt das i zurück, für das die Gleichung

0=70-131,33*(1/(1+i))+80,33*(1/(1+i))^2-19,67*(1/(1+i))^3+1,67*(1/(1+i))^4

gilt (bei gerundeten Nachkommastellen). Wenn Sie 1/(1+i) durch x ersetzen und i = 4,4296 % ist, dann muss x 1,046349 betragen. Damit ist im Grunde schon das Rätsel gelöst, wie man den Bogen von einem internen Zinsfuß zur Polynomnullstelle schlagen kann.

Jetzt kennen wir aber erst eine Nullstelle. Um auch noch die anderen Nullstellen zu erhalten, müssen Sie IKV über den Schätzwert mitteilen, wo ungefähr gesucht werden muss. Sie wissen, dass die Nullstellen im Bereich von 1 < x < 5 liegen. Also listen Sie in L3:L11 ein Intervall von Schätzwerten auf, für die IKV die Nullstellen berechnen soll. Dies müssen mindestens so viele Schätzwerte sein wie es Nullstellen gibt, dann müssen Sie aber Glück haben, dass jeder Schätzwert eine andere Nullstelle findet. Also nehmen Sie viele Schätzwerte (nur kein Geiz) damit auch alle Nullstellen gefunden werden. Da IKV i als Schätzwerte erwartet und nicht x, müssen Sie zuvor im Bereich M3:M11 x nach i umrechnen. In N3:N11 ermittelt dann IKV die Nullstellen (*Abbildung 14.5*):

	N3	▾	*fx*	=RUNDEN(1/(1+IKV($J$2:$J$6;M3));6)		
	I	J	K	L	M	N	O
1	Polynomkoeffizienten			Schätzwert	Schätzwert	Nullstelle	
2	a	70,000000		(x)	(i)=1/x-1		
3	b	-131,333333		1	0,00000	1,046349	1
4	c	80,333333		1,5	-0,33333	1,046349	0
5	d	-19,666667		2	-0,50000	2,265333	2
6	e	1,666667		2,5	-0,60000	2,265333	0
7				3	-0,66667	2,265333	0
8				3,5	-0,71429	3,702104	3
9				4	-0,75000	3,702104	0
10				4,5	-0,77778	4,786214	4
11				5	-0,80000	4,786214	0

Abbildung 14.5: Berechnung von Polynom-Nullstellen

N3: =RUNDEN(1/(1+IKV($J$2:$J$6;M3));6)

IKV hat jetzt bei 9 Versuchen alle 4 Nullstellen gefunden. Dadurch sind manche Ergebnisse natürlich redundant, aber das stört ja nicht. Mit der Formel

O3:=(ZÄHLENWENN(N$3:N3;N3)=1)*(MAX(O$2:O2)+1) (kopieren bis O3:O11)

können Sie markieren, ob eine Nullstelle redundant ist (0) oder erstmalig gefunden wurde (1, 2, 3 ,4).

Es empfiehlt sich, das Ergebnis von IKV nach einigen Stellen zu runden, da sonst Rundungsdifferenzen auftauchen können. Dann würden zwei Nullstellen, die sich erst in der 10. Nachkommastelle unterscheiden, als zwei unterschiedliche Nullstellen interpretiert, obwohl es ein und dieselbe ist.

Um die Nullstellen ohne Duplikate aufzulisten, schreiben Sie in P1:P4

=INDEX(N:N;VERGLEICH(Zeile();O:O;0))

und fügen diesen Bereich als x-Werte einer neuen Datenreihe in das Diagramm ein. Als y-Werte definieren Sie {0.0.0.0} (denn bei Nullstellen muss y ja immer null sein).

Wenn Sie die Datenpunkte der Nullstellen formatieren, wird das Ergebnis etwa aussehen wie in *Abbildung 14.5*.

Das Ganze funktioniert genauso mit Polynomen höheren Grades. Bis zur 8 haben wir es selbst erfolgreich ausprobiert. Aber wie gesagt, es können nur die Nullstellen im vorgegebenen Zahlenintervall gefunden werden. Wenn das vorgegebene Zahlenintervall mit dem x-Achsenintervall des Punkt (XY)-Diagramms übereinstimmt, dürfte Ihnen keine sichtbare Nullstelle durch die Lappen gehen.

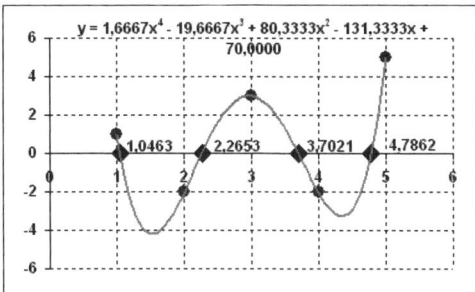

Abbildung 14.6: Polynom-Nullstellen im Diagramm anzeigen

14.3 Ableitungen und Extrempunkte

Wer in der Schule aufgepasst hat, der weiß, dass man auch Extrempunkte und Wende-punkte von Funktionen bestimmen kann. Extrempunkte liegen dort, wo die erste Ableitung des Polynoms Nullstellen aufweist. Über die zweite Ableitung sind dement-sprechend Wendepunkte zu ermitteln. Ein Polynom n-ten Grades hat maximal n-1 Extrempunkte und n-2 Wendepunkte, da die 1. Ableitung ein Polynom (n-1)-ten Gra-des und die zweite Ableitung ein Polynom (n-2)-ten Grades ist. Die Ableitungen eines Polynoms zu berechnen, ist in Excel sehr einfach (*Abbildung 14.7*).

	A	B	C	D	E	F	G
1		Potenz	Polynom	1. Ableitung	2. Ableitung	3. Ableitung	4. Ableitung
2	a	0	70,0000	-131,3333	160,6667	-118,0000	40,0000
3	b	1	-131,3333	160,6667	-118,0000	40,0000	0,0000
4	c	2	80,3333	-59,0000	20,0000	0,0000	0,0000
5	d	3	-19,6667	6,6667	0,0000	0,0000	0,0000
6	e	4	1,6667	0,0000	0,0000	0,0000	0,0000

Abbildung 14.7: Ableitungen von Polynomen berechnen

In Spalte C steht das Polynom und ab Spalte D die Ableitungen.

D2:=C3*$B3

Die Formel in D2 muss bis G6 kopiert werden.

Die 1. Ableitung unseres Polynoms lautet also:

y=6,66666667x³-59x²+160,66666667x-131,33333333

Auf diese Funktion wenden Sie nun das gleiche Verfahren mit IKV an wie auf das ursprüngliche Polynom. Die x-Werte der Extrempunkte, die Sie dann erhalten werden, lauten:

- ▨ x1: 1,520784
- ▨ x2: 2,975039
- ▨ x3: 4,354177

In diesem Fall sind die y-Werte aber nicht 0, sondern Sie müssen sie bestimmen, indem Sie diese in das Ursprungs-Polynom einsetzen. Die Polynomkoeffizienten stehen nach wie vor in J2:J6. Bei Vorgabe eines x-Wertes ergibt sich der entsprechende y-Wert aus:

{=SUMME($J$2:$J$6*x^{0;1;2;3;4})}

Die x-Werte schreiben Sie in I16:I18 und Sie berechnen die y-Werte mit obiger Formel in J16:J18. Beide Bereiche sind dann Basis für eine neue Datenreihe, die im Diagramm die Extrempunkte anzeigt. Das Endergebnis mit markierten Extrempunkten sehen Sie in *Abbildung 14.8*.

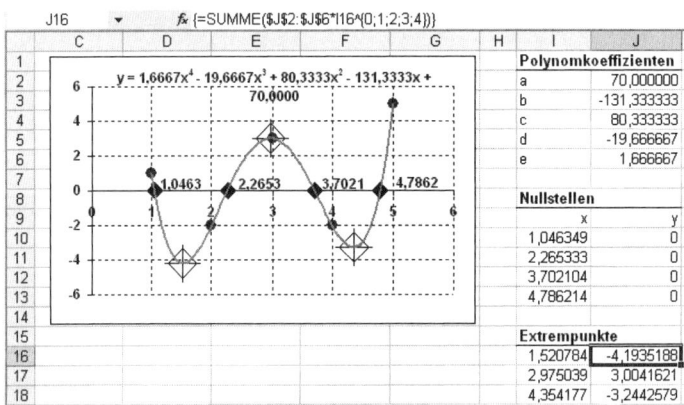

Abbildung 14.8: Berechnung und Darstellung von Wendepunkten

Für die Wendepunkte wiederholen Sie die Prozedur, nehmen nur anstelle der 1. Ableitung die 2. Ableitung.

Falls Ihre Ergebnisse an irgendeiner Stelle geringfügig abweichen, kann es an der Rundung der Nachkommastellen der Koeffizienten liegen. Denn die Koeffizienten des Beispielpolynoms haben 15 periodische Nachkommastellen, die in den Abbildungen nicht vollständig angezeigt werden.

14.4   Negative Nullstellen

Wenn bis jetzt alles geklappt hat: Herzlichen Glückwunsch! Hoffentlich haben Sie noch etwas Ausdauer, denn eine Gemeinheit haben wir Ihnen noch verschwiegen. IKV macht Zicken, wenn sich auch Nullstellen im negativen Bereich bewegen.

Im nachfolgenden Polynom *(Abbildung 14.9)* werden nur die rechten drei Nullstellen gefunden:

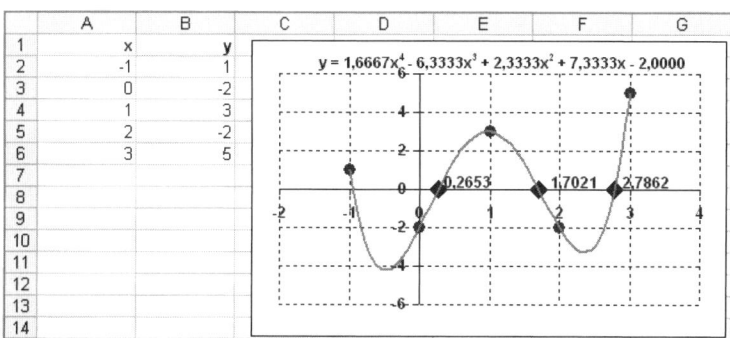

Abbildung 14.9: IKV findet (zunächst) nur positive Nullstellen

Die linke Nullstelle wird nicht gefunden, weil IKV mit den Schätzwerten x:-1 und i=1/x-1=-2 nichts anfangen kann und die Formel

{=RUNDEN(1/(1+IKV($J$2:$J$6;-2));6)} bzw.

=RUNDEN(1/(1+IKV({-2;7,33;2,33;-6,33;1,67};-2));6)}

den Fehlerwert #WERT! liefert. IKV kommt nur mit positiven x-Werten und ergo Schätzwerten von i > -1 klar.

Müssen wir jetzt, nach diesem langen Weg, an dieser Stelle wirklich aufgeben? Nein, wir können noch tiefer in die Trickkiste greifen, um IKV auch diese Nullstelle abzutrotzen. Wie man sieht, liegt die linke Nullstelle bei ca. -0,95. Wenn man das Polynom an der Y-Achse spiegeln würde, würde sie logischerweise bei +0,95 liegen und IKV könnte sie finden. Um die Funktion zu spiegeln, multiplizieren Sie alle x-Werte mit -1. Die Y-Werte bleiben wie sie sind *(Abbildung 14.10)*:

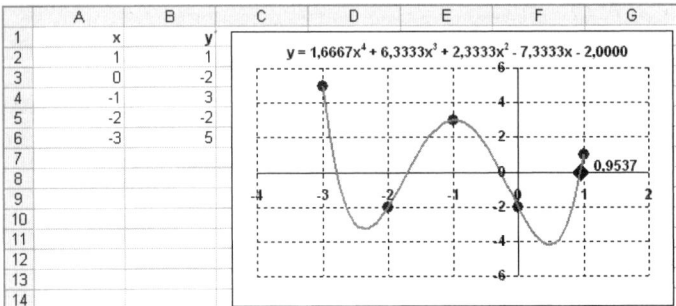

Abbildung 14.10: Darstellung einer spiegelbildlichen Funktion

Zu diesem Polynom findet IKV die Nullstelle 0,953651. Also wissen wir, dass die spiegelbildliche Nullstelle unseres Originals genau bei -0,953651 liegen muss. Wenn Sie die Koeffizienten beider Polynome vergleichen, fällt etwas besonders auf:

Original: $y = 1,667x^4 - 6,333x^3 + 2,333x^2 + 7,333x - 2,000$

Spiegelbild: $y= 1,667x^4 + 6,333x^3 + 2,333x^2 - 7,333x - 2,000$

Bei der spiegelbildlichen Funktion entsprechen alle Koeffizienten mit gerader Potenz dem Original. Alle Koeffizienten mit ungerader Potenz müssen mit -1 multipliziert werden, um das gespiegelte Gegenstück zu erhalten. Zu guter Letzt wird die Tabelle so aufgebaut, dass sowohl positive als auch negative Nullstellen gefunden werden. In K2:K6 werden die Koeffizienten der Spiegelfunktion ergänzt *(Abbildung 14.11)*.

	I	J	K	L	M	N	O
1	Polynomkoeffizienten		Spiegelbild	Schätzwert	Schätzwert	**Nullstelle**	
2	a	-2,000000	-2,000000	(x)	(i)=1/x-1		
3	b	7,333333	-7,333333	-1	-2,00000	-0,953651	1
4	c	2,333333	2,333333	-0,5	-3,00000	-0,953651	0
5	d	-6,333333	6,333333	0,0001	9999,00000	0,265333	2
6	e	1,666667	1,666667	0,5	1,00000	0,265333	0
7				1	0,00000	0,265333	0
8				1,5	-0,33333	1,702104	3
9				2	-0,50000	1,702104	0
10				2,5	-0,60000	2,786214	4
11				3	-0,66667	2,786214	0

Abbildung 14.11: Negative Nullstellen über spiegelbildliche Funktion berechnen

Die Formeln der Spiegelfunktion in K2:K6 lauten:

K2: `=WENN(REST(ZEILE(A1);2);J2;-J2)`

Sie sorgt dafür (bis K6 kopiert), dass jeder zweite Koeffizient in Spalte J mit -1 multipliziert wird. Die Formeln zur Berechnung der Nullstellen lauten dann:

`N3:=RUNDEN(WENN(L3<0;-1/(1+IKV($K$2:$K$6;-M3));1/(1+IKV($J$2:$J$6;M3)));6)`

Wenn der Schätzwert in L3 kleiner ist als null, multipliziere den Schätzwert aus M3 mit -1 (–M3) und berechne die Nullstelle von der Spiegelfunktion, ansonsten berechne die Nullstelle von der Originalfunktion (+M3).

14.5 Exkurs: Flächendiagramm versus Punkt (XY)-Diagramm

Punkt (XY)-Diagramme sind extrem flexibel und können die schönsten Funktionsgraphen und geometrischen Objekte darstellen. Allerdings sind auch sie nicht vollkommen, denn sie können zwar Punkte und Linien darstellen, aber keine farbig formatierten Flächen. Falls Sie die Schnittflächen mehrerer sich überschneidender Funktionsgraphen farblich hervorheben wollen, geht das mit dem Punkt (XY)-Diagramm nicht *(Abbildung 14.12)*.

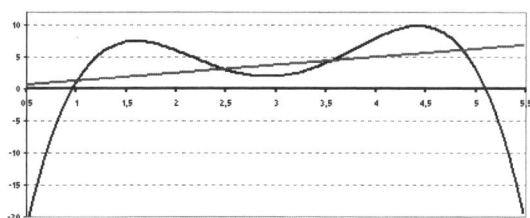

Abbildung 14.12: Schnittmengen von Funktionsgraphen

Um dies zu erreichen, müssen Sie ein gestapeltes Flächendiagramm bemühen *(Abbildung 14.13)*:

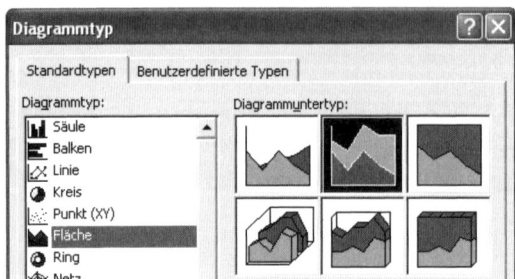

Abbildung 14.13: Dialog zur Diagrammtypauswahl – Flächendiagramm

Wichtig ist, dass Sie viele Datenpunkte mit kleinem Abstand zueinander wählen. Um den abgebildeten, wellenförmigen Funktionsgraphen im Punkt (XY)-Diagramm darzustellen, benötigen Sie nur eine handvoll Datenpunke, da die Interpolation den Kurvenverlauf glättet. Das Flächendiagramm hat diese Möglichkeit leider nicht. Also können Sie den Funktionsverlauf nur dadurch glätten, dass Sie möglichst viele Datenpunkte, sagen wir mal 200, in das Flächendiagramm einbinden.

Erstellen Sie die x-Achse mit dem Startwert

A2:=0,5

und

A3:=A2+0,025

Kopieren Sie das bis A200.

Die Funktionsgraphen erzeugen Sie mit:

B2: =-1,6667*A2^4+19,833*A2^3-81,833*A2^2+136,67*A2-72

C2: =1,25*A2

Beides wird ebenfalls bis Zeile 200 kopiert. Um den gewünschten Effekt im Flächendiagramm zu erhalten, müssen Sie die y-Werte in den Spalten B und C mit zwei niedlichen Förmelchen umrechnen:

F2: =MIN(B2;C2)

G2: =ABS(B2-C2)

Die Formeln der Spalten F und G ergeben dann, bis Zeile 200 kopiert, die Wertereihen für das Flächendiagramm. Spalte A enthält die Beschriftung der Rubrikenachse.

Bezüglich der Rubrikenachse funktioniert das Flächendiagramm genauso wie das Linien- oder Säulendiagramm. Die erste der beiden entstehenden Flächen formatieren Sie nun noch transparent, so dass nur noch die zweite, aufgestapelte Fläche übrig bleibt. Das Resultat sehen Sie in *Abbildung 14.14*:

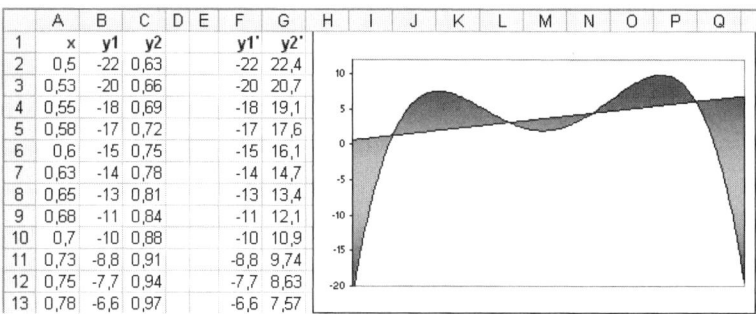

Abbildung 14.14: Schnittflächen von Funktionsgraphen mit Flächendiagramm einfärben

Welche Flächen formatiert werden, können Sie natürlich noch dadurch manipulieren, dass Sie die Formeln in Spalte F und G anpassen.

G2: =WENN(B2>C2;ABS(B2-C2);0)

sorgt beispielsweise dafür, dass nur die beiden oberen Wellenberge formatiert werden.

Mit dieser Diagrammtechnik können Sie beispielsweise auch originelle Sinuskurven erzeugen *(Abbildung 14.15)*:

Abbildung 14.15: Sinuskurven mit Flächendiagramm anzeigen

```
B2: =COS((ZEILE())*irgendein_Faktor)
C2: =SIN((ZEILE())*irgendein_Faktor)
```

Oder einfach nur mächtig fette Funktionsgraphen erstellen *(Abbildung 14.16)*:

Abbildung 14.16: Mächtig fetter Funktionsgraph

KAPITEL 15

Voll im Trend

Im vorangegangenen Kapitel haben Sie gesehen, wie aus 5 Wertepaaren ein Punkt (XY)-Diagramm erstellt wurde. Es wurde ein Polynom 4. Grades erzeugt, das durch diese fünf Punkte verläuft und zudem wurde die Gleichung im Diagramm angezeigt. Womöglich wollen Sie die Polynomgleichung nicht aus dem Diagramm abtippen, sondern die Koeffizienten des Polynoms direkt in einer Excel-Zelle berechnen. Zu diesem Zweck stellt Excel die Funktion RGP(y_Werte;x_Werte;[Konstante];[stats]) zur Verfügung.

15.1 Lineare und polynomische Regression

In der Excel-Hilfe steht zwar, dass RGP die Parameter eines linearen Trends zurückgibt, gemeint sind damit aber auch polynomische Trends, wobei ein linearer Trend ja nichts anderes ist als ein polynomischer Trend erster Ordnung in der Form:

$$y = bx + a.$$

Ein Polynom zweiten Grades hat die Form:

$$y = cx^2 + bx + a.$$

Ein Polynom dritten Grades wird um dx^3 ergänzt und so fort.

Wenden wir die Funktion RGP auf die Koordinatenpunkte an, die wir schon aus dem vorangegangenen Kapitel kennen.

x={1;2;3;4;5}

y={1;-2;3;-2;5}

Mit RGP ergeben sich daraus die Koeffizienten:

=RGP({1;-2;3;-2;5};{1;2;3;4;5}) = {0,8.-1,4}

Die Werte des zweispaltigen Arrays stehen für die Koeffizienten der Funktionsgleichung

y = 0,8x - 1,4

Würde man den fünf Wertepaaren einen linearen Trend zuordnen, hätte dieser also eine Steigung von 0,8 und würde die y-Achse bei -1,4 schneiden. Die Gerade, die durch diese Funktionsgleichung beschrieben wird, weist die Eigenschaft auf, dass die Summe der quadrierten Abweichungen zwischen ihr und den fünf Wertepaaren minimal ist *(Abbildung 15.1)*.

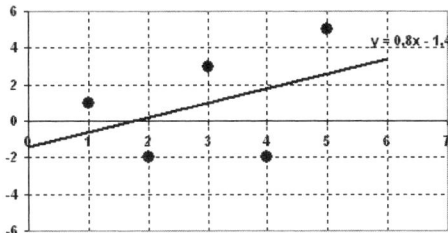

Abbildung 15.1: Datenpunkte mit linearer Trendfunktion

Übrigens erhalten wir die Steigung von 0,8 auch über

=STEIGUNG({1;-2;3;-2;5};{1;2;3;4;5}) = 0,8

und den Schnittpunkt der y-Achse von -1,4 über

=ACHSENABSCHNITT({1;-2;3;-2;5};{1;2;3;4;5}) = -1,4.

Der Trend, dessen Koeffizienten wir suchen, verläuft aber nicht linear, sondern durch alle fünf Datenpunkte, deshalb ist es ja ein Trend vierter Ordnung. Damit RGP auch weiß, was wir wollen, müssen wir die x-Werte mit einem Spaltenarray von 1 bis 4 potenzieren:

=RGP({1;-2;3;-2;5};{1;2;3;4;5}^{1.2.3.4})

Woraus das Array mit unseren Koeffizienten

{1,66666666666671.-19,6666666666671.80,3333333333354.-
131,333333333337.70,0000000000026}

resultiert. Wie Sie sehen, hat die Funktion RGP eine Rundungsschwäche, deshalb sollten Sie ihr die Funktion RUNDEN überstülpen. Auf 4 Stellen gerundet ergibt sich dann

={1,6667.-19,6667.80,3333.-131,3333.70}.

Was das uns schon bekannte Polynom

y=1,6667x^4-19,6667x^3+80,3333x^2-131,3333x+70

repräsentiert. Im Diagramm können standardmäßig polynomische Trends bis zur 6. Ordnung dargestellt werden. Die Funktion RGP packt es sogar bis zur 16. Ordnung!

Zum Beweis wollen wir nun einmal versuchen, aus 9 Wertepaaren die Koeffizienten eines Polynoms 8. Ordnung zu ermitteln und den Funktionsgraphen in einem Diagramm darzustellen.

In A2:B10 stehen 9 Wertepaare (*Abbildung 15.2*).

	H2	▼	*fx* {=SUMME($D$2:$D$10*G2^$E$2:$E$10)}				

	A	B	C	D	E	F	G	H	I
1	x	y		RGP	Potenz		x'	y'	
2	1	1		0,0047	8		0,5	80,6114	
3	2	1		-0,1899	7		0,55	66,1162	
4	3	2		3,2102	6		0,65	42,5810	
5	4	1		-29,5687	5		0,75	25,1726	
6	5	4		161,0874	4		0,85	12,6883	
7	6	3		-526,6209	3		0,95	4,1047	
8	7	4		997,1153	2		1,05	-1,4421	
9	8	4		-984,0115	1		1,15	-4,6750	
10	9	5		379,9733	0		1,25	-6,1928	

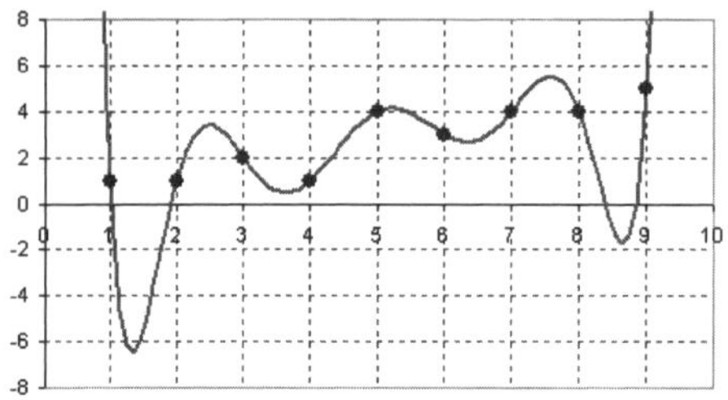

Abbildung 15.2: Trendfunktion 8. Grades

```
D2: =INDEX(RGP($B$2:$B$10;$A$2:$A$10^{1.2.3.4.5.6.7.8});ZEILE(D1))
```

wird bis D10 kopiert.

Anstatt in D2:D10 die einzelnen Elemente von RGP über INDEX anzusprechen, können Sie die RGP-Formel natürlich auch als zusammenhängende Matrix mit ⌷Strg⌷ + ⌷⇧⌷ + ⌷↵⌷ über den gesamten Bereich erzeugen. Dann müssen Sie aber daran denken, den Ausdruck mit MTRANS zu transponieren, da die Ergebnismatrix von RGP ein horizontales Spaltenarray ist.

Wie bereits erwähnt, haben Sie nun nicht die Möglichkeit, über *Trendlinie hinzufügen...* das Polynom darzustellen (das geht nur bis Grad 6), also müssen Sie selbst eine Wertereihe aus den berechneten Koeffizienten in D2:D10 erzeugen. Dazu erstellen Sie eine x-Achse mit möglichst kleinen Abständen, wie in Spalte G zu sehen ist, damit das Polynom auch möglichst originalgetreu dargestellt werden kann. Wenn Sie zu wenige Datenpunkte mit zu großen Abständen wählen, kann Excel das Polynom zwar durch Interpolation glätten (vorausgesetzt Sie haben den Punkt (XY)-Diagramm-Untertyp gewählt, der dies erledigt), aber das optische Ergebnis würde dadurch verfälscht.

In H2 und den folgenden Zellen berechnen Sie die abhängigen y-Werte. Der umständliche Weg wäre es, die Koeffizienten einzeln anzusprechen:

`=D2*G2^8+D3*G2^7+D4*G2^6+…`

Aber per Arrayformel geht dies effizienter:

`H2:{=SUMME($D$2:$D$10*G2^$E$2:$E$10)}`

Ziehen Sie abschließend die Formel nach unten und fügen Sie die Spalten G und H als Datenreihe in das Diagramm ein (*Abbildung 15.2*).

Wie unschwer zu erkennen ist, haben wir ein Polynom 8. Grades, dass durch die 9 Koordinaten eindeutig bestimmt wurde, korrekt erzeugt.

15.2 Das Bestimmtheitsmaß

Die polynomischen Trends, die wir bislang erzeugt haben, waren immer eindeutig bestimmt, da die Anzahl der zugrunde gelegten Datenpunkte um eins höher war, als der Grad des Polynoms. Deshalb verliefen die Trendfunktionen auch immer genau durch alle Datenpunkte, das war also alles andere als ein Zufall. In diesen Fällen hat das so genannte *Bestimmtheitsmaß* (R^2), zu dem es die gleichnamige Excel-Funktion gibt, genau den Wert 1. Wenn dies der Fall ist, korreliert die berechnete Trendlinie zu 100 % mit den zugrunde gelegten Messwerten. Korrelieren sie überhaupt nicht, nimmt R^2 den Wert 0 an. Wenn Sie einer Datenreihe eine Trendlinie hinzugefügt haben, können Sie neben der Funktionsgleichung auch das Bestimmtheitsmaß im Diagramm anzeigen lassen (*Abbildung 15.3*).

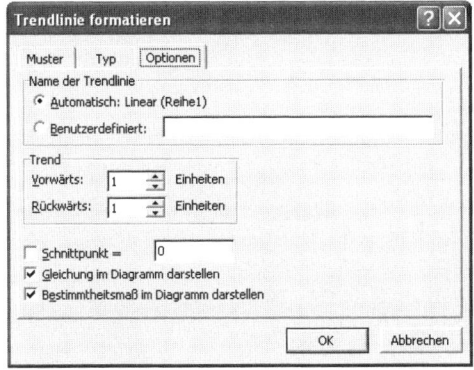

Abbildung 15.3: Dialog Trendlinien-Optionen – Bestimmtheitsmaß anzeigen lassen

Bei unseren 5 Datenpunkten mit linearem und polynomischem Trend im Vergleich sieht das wie folgt aus (*Abbildung 15.4*).

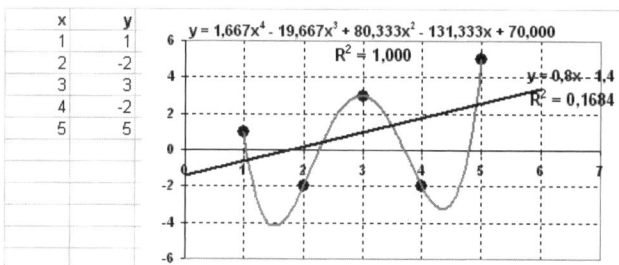

Abbildung 15.4: Vergleich lineare Trendfunktion und Trendfunktion 4. Grades

Der Trend vierter Ordnung läuft genau durch die 5 Punkte, deshalb ist das Bestimmtheitsmaß R^2 genau 1,0. Der lineare Trend hingegen beschreibt den Verlauf der Datenpunkte nur sehr ungenau, weshalb die durch R^2 ausgedrückte Korrelation nur einen niedrigen Wert von 0,1684 beträgt. Wendet man die entsprechende Excel-Funktion auf die Datenpunkte an ...

```
=BESTIMMTHEITSMASS({1;-2;3;-2;5};{1;2;3;4;5})
```

..., kommt genau dieser Wert 0,168421052631579 heraus, denn diese Funktion unterstellt grundsätzlich eine lineare Abhängigkeit. Im Diagramm dagegen richtet sich das Bestimmtheitsmaß logischerweise nach dem Typ der in den Diagrammeinstellungen ausgewählten Trendfunktion. Wie kann man nun der Funktion BESTIMMTHEITSMASS beibringen, dass die Datenpunkte nicht hinsichtlich linearer Abhängigkeit, sondern nach Abhängigkeit höherer Ordnung bewertet werden sollen? Nahe liegend wäre es, dies genau wie bei RGP zu tun, etwa in der Form:

```
=BESTIMMTHEITSMASS({1;-2;3;-2;5};{1;2;3;4;5}^{1.2.3.4})
```

Da kommt aber nichts außer #NV heraus. Was nun?

Sie haben nun zwei Alternativen, die eine führt über die Funktion TREND. Diese Funktion füttert man genau wie RGP und BESTIMMTHEITSMASS mit y-Werten bzw. x-Werten. Im Gegensatz zu diesen Funktionen gibt TREND aber y-Werte zurück, die sich aus dem linearen Trend ergeben. Klingt erst einmal etwas abstrakt, wird aber an einem Beispiel schnell klar (*Abbildung 15.5*).

C2 fx =0,8*A2-1,4

	A	B	C	D
1	x	y	y-Trend	y-TREND
2	1	1	-0,6	-0,6
3	2	-2	0,2	0,2
4	3	3	1	1
5	4	-2	1,8	1,8
6	5	5	2,6	2,6
7				

Abbildung 15.5: Berechnung linearer Trendwerte

Wir wissen ja dank RGP schon, dass die lineare Trendfunktion für die Werte in A2:B6

```
y = 0,8 x -1,4
```

lautet, also können wir ganz leicht in Spalte C die y-Werte des linearen Trends ermitteln. Die Punkte von C2:C6 liegen genau auf der Geraden des linearen Trends. Wenn wir die Koeffizienten +0,8 und -1,4 nicht kennen würden, könnten wir trotzdem die Trendwerte ermitteln, dazu steht in D2 (kopiert bis D6):

```
=TREND($B$2:$B$6;$A$2:$A$6;A2)
```

Alle Werte aus Spalte D stimmen mit denen aus Spalte C überein.

Bemerkenswerterweise ist die Korrelation zwischen x- und y-Werten immer genauso groß wie die Korrelation zwischen y-Werten und y-Trendwerten, es gilt:

```
BESTIMMTHEITSMASS(A2:A6;B2:B6)=BESTIMMTHEITSMASS(B2:B6;D2:D6)
=BESTIMMTHEITSMASS(B2:B6; TREND(B2:B6;A2:A6;A2:A6))
=0,16842105
```

Nun kommt erfreulicherweise dazu, dass es mit der Funktion TREND analog zur Funktion RGP möglich ist, Trendwerte für polynomische Funktionen zu ermitteln (in diesem Fall vierten Grades), indem die x-Werte mit den Potenzen von eins bis vier potenziert werden:

```
=TREND(B2:B6;A2:A6^{1.2.3.4};A2:A6^{1.2.3.4})
```

Daraus resultiert, dass sich das Bestimmtheitsmaß des Polynoms vierter Ordnung aus

```
=BESTIMMTHEITSMASS(B2:B6; TREND(B2:B6;A2:A6^{1.2.3.4};A2:A6^{1.2.3.4}))
=1
```

ergibt.

Falls es Sie noch wundert, warum da jetzt genau 1 herauskommen muss, noch mal zur Erinnerung: Wenn Sie einen polynomischen Trend vierter Ordnung auf 5 Datenpunkte beziehen (A2:A6), ist er genau bestimmt und die Trendwerte entsprechen genau den y-Werten.

Mit der zweiten, etwas versteckten Alternative können Sie auf die Funktionen TREND und BESTIMMTHEITSMASS verzichten und ermitteln selbiges direkt mit RGP. Wenn Sie das 4. Argument *stats* auf WAHR setzen, erzeugt RGP ein zweidimensionales Array mit zusätzlichen, statistischen Informationen. In der ersten Spalte und der dritten Zeile befindet sich das Bestimmtheitsmaß.

=INDEX(RGP(B2:B6;A2:A6;;1);3;1) =0,16842105

=INDEX(RGP(B2:B6;A2:A6^{1.2.3.4};;1);3;1)=1,0

Das Maß der Bestimmtheit wird in der Statistik auch mit dem Pearsonschen Korrelationskoeffizienten ermittelt. Er nimmt einen Wert zwischen -1 und +1 an. +1 spiegelt eine 100%ige positive Korrelation wider. Wenn beispielsweise ausschließlich Raucher Lungenkrebs bekämen, würde die Korrelation zwischen Lungenkrebspatienten und Rauchern 1 betragen. Wenn Rauchen und Lungenkrebs absolut nichts miteinander zu tun hätten, käme der Wert 0 heraus. Wäre Rauchen ein Heilmittel gegen Lungenkrebs (manche scheinen daran zu glauben), ergäbe dies eine negative Korrelation bis minimal -1.

Der markante Name dieses statistischen Maßes hat unter den Excel-Entwicklern offenbar Uneinigkeit ausgelöst, jedenfalls konnten sie sich auf keinen eindeutigen Funktionsnamen einigen. So gibt es die Funktion KORREL und die Funktion PEARSON, die die absolut identische Berechnung ausführen. Potenziert man beide mit zwei, erhält man das Ergebnis der Funktion BESTIMMTHEITSMASS. Es gilt:

PEARSON(A2:A6;B2:B6)^2= KORREL(A2:A6;B2:B6)^2

=BESTIMMTHEITSMASS(A2:A6;B2:B6)

=0,16842105

15.3 Multiple Regression

Zum einen könnten ja unter den Lungenkrebspatienten auch Pfeifenraucher sein, zum anderen kommen unter zwölfjährigen Schulhofrauchern Gott sei Dank weniger Melanome vor als unter Rentnern. Kurz gesagt die abhängige Variable der Anzahl Lungenkrebspatienten hängt von mehreren unabhängigen Variablen (Zigaretten, Pfeifen, Alter usw.) ab. Wenn Sie jetzt die Chance eines Patienten auf Lungenkrebs, abhängig von seinem Alter und der Anzahl Zigaretten und Pfeifen, die er pro Tag konsumiert, ausrechnen wollen, müssen Sie eine multiple, lineare Regression durchführen. (Die Daten in *Abbildung 15.6* sind rein fiktiv. Wenn Sie sich jetzt Sorgen machen, sind Sie selbst schuld.)

	A	B	C	D
1	Erkrankte (v. 100.000 Personen)	Alter	Kippen (pro Tag)	Pfeifen (pro Tag)
2	1.175,0	60	30	10
3	355,0	12	20	5
4	847,5	40	25	12
5	???	33	10	8

Abbildung 15.6: Multiple Regression für Lungenkrebswahrscheinlichkeit

Sie sind 33 Jahre alt, rauchen 10 Zigaretten und 8 Pfeifen pro Tag und möchten aus drei vorhandenen Messdaten die Wahrscheinlichkeit ableiten, selbst Lungenkrebs zu haben. Die Funktionen RGP und TREND sind Ihnen dabei behilflich. Statt einer eindimensionalen x-Wertereihe füttern Sie diese mit einer zweidimensionalen x-Wertematrix:

=TREND(A2:A4;B2:D4;B5:D5;0)=610

Die Wahrscheinlichkeit beträgt also 610/100.000 = 0,61 %.

Vielleicht haben Sie es gemerkt, mit dieser Aufgabe haben Sie nicht nur eine multiple lineare Regression durchgeführt, sondern gleichzeitig ein lineares Gleichungssystem gelöst. Die drei vorgegebenen Messwerte stehen für drei Gleichungen mit drei Unbekannten in der Form:

y= a*x1+b*x2+c*x3

Das vollständige Gleichungssystem des Beispiels lautet:

1175=60*x1+30*x2+10*x3

355=12*x1+20*x2+5*x3

847,5=40*x1+25*x2+12*x3

Gesucht werden die Werte für x1, x2 und x3, für die alle drei Gleichungen gelöst werden können. Lineare Gleichungssysteme lassen sich mit Hilfe von Matrixoperationen lösen. In unserem Beispiel liefert die Formel

{=MMULT(MINV(B2:D4);A2:A4)}

das Array

={15;7,5;5},

womit die drei Unbekannten des Gleichungssystems x1, x2 und x3 bestimmt sind. Wie genau diese MMULT-Formel funktioniert, werden wir im nachfolgenden Abschnitt 15.6 noch genau unter die Lupe nehmen. Nun machen wir folgende Gegenprobe:

y=15*33+7,5*10+5*8=610

Und siehe da, wir erhalten genau den Wert 610, den zuvor die Funktion TREND berechnet hat, um die Lungenkrebswahrscheinlichkeit des 33-Jährigen zu bestimmen.

Zwischen multipler linearer Regression und der Lösung eines linearen Gleichungssystems besteht ein enger Zusammenhang. Man kann sagen, die Lösung des Gleichungssystems ist ein Sonderfall der Regression, in der das Gleichungssystem genau bestimmt ist. Bei n Unbekannten stehen Ihnen genau n Gleichungen (oder Messwerte) zur Verfügung. Nur dann funktioniert die MMULT/MINV-Formel. Bei der Regression sind Sie nicht an diese Vorraussetzung gebunden, Sie können auch wesentlich mehr als n Messpunkte in die Berechnung einbeziehen. Dann lösen Sie das Gleichungssystem aber nicht mit MMULT/MINV, sondern mit RGP.

Die RGP-Lösung für obiges Gleichungssystem lautet:

{=RGP(A2:A4;B2:D4;0)} = {5.7,5.15}

Etwas gewöhnungsbedürftig ist, dass die Elemente des Arrays verkehrt herum, also von rechts, angeordnet sind.

y=5*8+7,5*10+15*33=610

Auch für die multiple Regression lässt sich das Bestimmtheitsmaß ermitteln:

R²=INDEX(RGP(A2:A4;B2:D4;0;1);3;1)=1

Im Sonderfall der Lösung eines Gleichungssystems mit n Gleichungen und n Variablen beträgt R^2 per Definition immer genau 1.

15.4 Multiple Regression versus polynomische Regression

Zu Beginn des Kapitels haben Sie gesehen, dass RGP standardmäßig die Koeffizienten eines linearen Trends liefert, aber wenn man die x-Werte mit dem Array

^{1.2.3.4}

potenziert, entstehen die Koeffizienten eines polynomischen Trends. Warum eigentlich? Dies leuchtet ein, wenn man sich klar macht, dass die Polynomregression eigentlich auch nur ein Sonderfall der multiplen linearen Regression ist. Folgendes Beispiel eines linearen Gleichungssystems verdeutlicht diese Tatsache *(Abbildung 15.7)*:

	A	B	C	D	E	F
			fx	{=MMULT(MINV(B2:F6);A2:A6)}		
	A	**B**	**C**	**D**	**E**	**F**
1	y	x1	+x2	+x3	+x4	+x5
2	1	1	1	1	1	1
3	-2	1	2	4	8	16
4	3	1	3	9	27	81
5	-2	1	4	16	64	256
6	5	1	5	25	125	625
7						
8						
9			x1=	70,00		
10			x2=	-131,33		
11			x3=	80,33		
12			x4=	-19,67		
13			x5=	1,66667		

Abbildung 15.7: Zusammenhang zwischen polynomischer und multipler, linearer Regression

Es liegt ein System mit 5 Variablen und 5 Gleichungen in der Form

y=a*x1+b*x2+c*x3+d*x4+e*x5

vor, das mit der MMULT/MINV-Formel gelöst werden kann. Die Ergebnisse von x1–x5 kommen uns sehr bekannt vor, es sind genau die Polynomkoeffizienten unseres Polynoms vierter Ordnung. „Zufällig" sind die linearen Gleichungen so aufgebaut, dass stets gilt:

- ▓ x2^0=x1 (die Konstante)

- ▓ x2^1=x2

- ▓ x2^2=x3

- ▓ x2^3=x4

- ▓ x2^4=x5

Wenn diese Bedingungen erfüllt sind, können die linearen Gleichungen auch als Polynomgleichung in der Form

y=a*x2^0+b*x2^1+c*x2^2+d*x2^3+e*x2^4

dargestellt werden. Wir überprüfen dies, indem wir das Gleichungssystem mit RGP auflösen:

=RGP(A2:A6;C2:F6)= RGP(A2:A6;C2:C6^{1.2.3.4})

={1,67.-19,67.80,33.-131,33.70}

= 70*x2^0-133,33*x2+80,33*x2^2-19,67*x^3+1,67*x^4

Die Spalte B wurde nicht in die Berechnung von RGP einbezogen, da diese Funktion die Konstante (70) trotzdem berechnet, vorausgesetzt das dritte Argument von RGP ist WAHR oder nicht angegeben. Wenn Sie Spalte B einbeziehen und das dritte Argument, die Konstante, auf FALSCH (oder 0) setzen, kommt das gleiche Ergebnis dabei heraus:

`=RGP(A2:A6;B2:F6;0)= {1,667.-19,667.80,3333.-131,3333.70,0000.0}`

Die Polynomregression ist also ein Sonderfall der multiplen linearen Regression, in dem die Unbekannten in einem bestimmten (polynomischen) Verhältnis zueinander stehen.

15.5 Die variable Konstante

Wir betrachten nun das dritte Argument der Funktion RGP noch ein bisschen genauer. In der Excel-Hilfe steht dazu:

„Konstante ist ein Wahrheitswert, der angibt, ob die Konstante b den Wert 0 annehmen soll. Ist Konstante mit WAHR belegt oder nicht angegeben, wird b normal berechnet. Ist Konstante mit FALSCH belegt, wird b gleich 0 gesetzt, und die m-Werte werden so angepasst, dass sie zu der Beziehung y = mx passen."

Anders ausgedrückt, gibt dieser boolesche Wert an, ob die Trendfunktion die y-Achse im Wert 0 schneiden muss oder nicht. Ein klassisches Beispiel für einen Trend, bei dem die Konstante nicht den Wert 0 annehmen muss, sind die Fixkosten einer Unternehmung. Führen Sie eine Trendrechnung durch, die die Gesamtkosten einer Unternehmung abhängig von der produzierten Menge widerspiegeln soll, repräsentiert der y-Achsenschnittpunkt die Höhe der Fixkosten. Andererseits gibt es natürlich jede Menge Anwendungsfälle, bei denen null untersuchte Objekte nur null Ergebnisse liefern können. Unter null Personen können beispielsweise nicht mehr und nicht weniger als null Raucher sein. Für solche Fälle zwingt man die Trendfunktion, durch den 0/0-Punkt zu laufen, weil alles andere unlogisch wäre.

Excel-Diagramme bieten darüber hinaus den Sonderfall an, dass eine Konstante vorgegeben wird, die aber nicht unbedingt den Wert null, sondern einen definierbaren anderen Wert annehmen kann *(Abbildung 15.8)*.

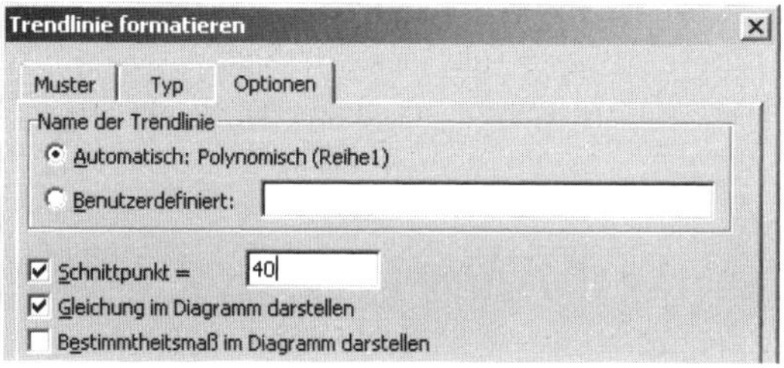

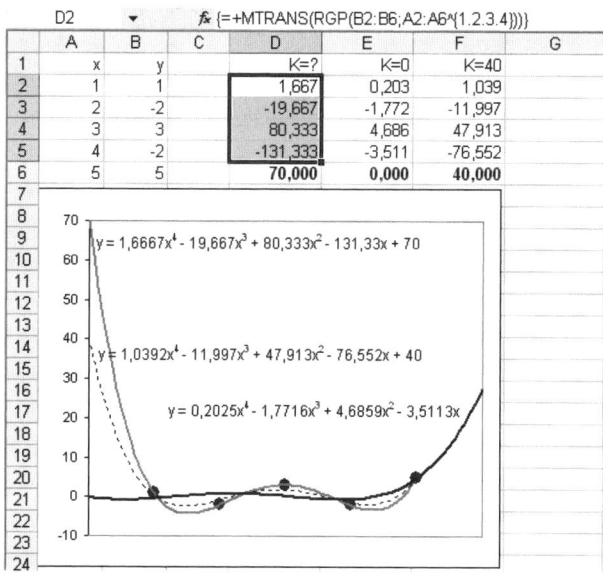

Abbildung 15.8: Trendlinien-Option Schnittpunkt (Konstante)

Im dritten Argument von RGP können Sie nur WAHR oder FALSCH eingeben, eine Konstante ungleich null kann nicht erfasst werden. (Sie können zwar 40 eintragen, dies wird aber keine Auswirkung haben und wird von Excel nur als WAHR interpretiert.) Wie so oft ziert sich Excel erst einmal ein bisschen, lässt sich aber dann doch wieder überreden. Es folgt unsere bekannte Datenreihe mit drei Trendreihen vierter Ordnung mit unterschiedlichen Konstanten bzw. Achsenschnittpunkten *(Abbildung 15.9)*:

Abbildung 15.9: Vergleich von Trendlinien 4. Grades mit unterschiedlicher Konstante

In Spalte D wird die natürliche Konstante in Höhe von 70 berechnet. Nur diese Trendfunktion weist ein Bestimmtheitsmaß von 1 auf.

In Spalte E wird mit der Gleichung

`{=MTRANS(RGP(B2:B6;A2:A6^{1.2.3.4};0;0))}`

die Trendfunktion so beeinflusst, dass sie durch den Punkt 0/0 läuft.

Um die Trendfunktion durch den Punkt 40 zu leiten, muss man alle y-Werte virtuell nach unten versetzen, und zwar genau um 40 Einheiten. Die Trendfunktion dieser fiktiven Datenpunkte mit der Konstante 0/0 hat dann die Funktionsgleichung:

$y = 1,0392x^4 - 11,997x^3 + 47,913x^2 - 76,552x$

Wenn man diese Funktion um 40 Einheiten nach oben verschiebt unterscheidet sie sich nur um die Konstante und lautet folglich:

$y = 1,0392x^4 - 11,997x^3 + 47,913x^2 - 76,552x + 40$

Dementsprechend werden die Koeffizienten dieser Gleichung in Spalte F über

`{=MTRANS(RGP(B2:B6-F6;A2:A6^{1.2.3.4};0;0))}`

ermittelt. In F6 kann die gewünschte Konstante variabel eingegeben werden. Klingt irgendwie widersprüchlich. Ist aber so!

15.6 Lösung linearer Gleichungssysteme

Die zwei bekanntesten Verfahren zur Lösung linearer Gleichungssysteme höheren Grades sind zum einen der Gaußsche Algorithmus und zum anderen die Lösung nach der Cramerschen Regel. Ein Gleichungssystem zweiten Grades können Sie noch relativ einfach mit dem Eliminationsverfahren lösen, das Sie vielleicht noch aus der Schulzeit kennen:

Gegeben sind die 2 Gleichungen:

$2x + 2y = 8$

$4x - 3y = 3$

Die erste Gleichung nach x aufgelöst ergibt $x = (8-2y)/2$ und eingesetzt in die zweite ergibt sich $4(8-2y)/2-3y = 3$. Diese dann nach y aufgelöst ergibt nach einigen Schritten: $y = 13/7$ und dann ergo $15/7$ für x.

Das war jetzt ein Gleichungssystem zweiten Grades: zwei Unbekannte und zwei Gleichungen. Diese grundsätzlich immer richtige Lösung durch Substitutionen (Eliminationsverfahren) mag ja bei einem „Zweier" noch angehen. Bei einem höheren Gleichungssystem, beispielsweise neunten Grades, mit neun Gleichungen und neun Unbekannten, rechnen Sie sich aber so einen Wolf. Dann kommen Gauß oder Cramer ins Spiel.

Folgendes Gleichungssystem dritter Ordnung wollen wir nun nach der Cramerschen Regel auflösen:

$2x + 4y - 3z = 58$

$-2x + 8y + 3z = 50$

$4x - 4y - 3z = -4$

Das ergibt die in der *Abbildung 15.10* zu sehende Matrix:

	A	B	C	D	E	F
1						
2		Lineares Gleichungssystem 3. Grades				
3		3				
4				x	y	z
5		1.	58	2	4	-3
6		2.	50	-2	8	3
7		3.	-4	4	-4	-3

Abbildung 15.10: Lineares Gleichungssystem dritten Grades

Der Bereich D5:F7 enthält die Werte der Koeffizientenmatrix. C5:C7 enthält die Werte der Ergebnismatrix.

Die Lösung nach der Cramerschen Regel erfolgt über eine Determinantenberechnung. Eine Determinante dritter Ordnung (hier die Koeffizientenmatrix: 3 mal 3) berechnet man nach der Sarrusschen Regel, nach der die linken beiden Spalten rechts noch einmal angefügt werden *(Abbildung 15.11)*.

	D	E	F	G	H
5	2	4	-3	2	4
6	-2	8	3	-2	8
7	4	-4	-3	4	-4

Abbildung 15.11: Determinantenberechnung (1)

Addiert werden die Produkte der drei möglichen (vollständigen) Diagonalen von links oben nach rechts unten und davon subtrahiert werden die Produkte der drei möglichen (vollständigen) Diagonalen von links unten nach rechts oben *(Abbildung 15.12)*.

die zu addierenden Produkte

die zu subtrahierenden Produkte

Abbildung 15.12: Determinantenberechnung (2)

=D5*E6*F7+E5*F6*G7+F5*G6*H7-D7*E6*F5-E7*F6*G5-F7*G6*H5

=2*8*-3 + 4*3*4 + -3*-2*-4 - 4*8*-3 - -4*3*2 - -3*-2*4 = 72

Exakt dafür wurde die Funktion MDET geschaffen:

H6: {=MDET(D5:F7)}=72

Nacheinander werden jetzt die Spalten in der Koeffizientenmatrix durch die Ergebnismatrix ersetzt und jeweils die Determinante berechnet: H6 kopiert nach H10, H14 und H18.

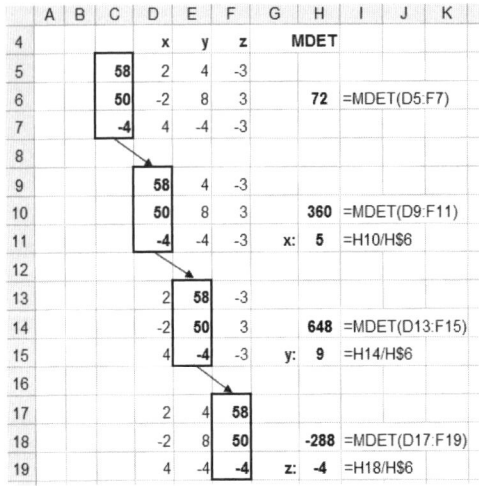

Abbildung 15.13: Stufenweise Determinantenberechnung

Das Ergebnis für x, y, z (die Lösung des linearen Gleichungssystems – im Beispiel: x=5/y=9/z=-4 ergeben sich aus dem Quotienten der Variablendeterminante und der Koeffizientendeterminante.

Diese Lösung (alle drei Variablen sind ganzzahlig) heißt übrigens „diophantisch".

Das Verfahren ist äußerst zuverlässig. Wir wollen jetzt aber auch noch ein Gleichungssystem zwölften Grades oder höher lösen. Das funktioniert auch mit Cramer, ist aber eine mörderische Schreibarbeit: denn da müssen 13 Matrizen à 12 mal 12 Zellen bestückt werden.

Eine noch elegantere Lösung stammt vom Fürst der Mathematiker: Karl Friedrich Gauß (1777 – 1855). Gauß hatte die Idee, die Inverse der Matrix zu bilden. Das ist die, die mit der Ursprungsmatrix multipliziert in der Diagonalen nur Einsen und sonst Nullen ergibt. Diese spezielle Matrix nennt man auch Einheitsmatrix. Wie kommt man auf so etwas, Herr Gauß (Das fragen wir Sie später einmal.)?

Wie berechnen wir die Inverse unserer Koeffizientenmatrix? Die Zellen H5 bis J7 sind gleichzeitig markiert und die Arrayformel {=MINV(D5:F7)} ist eingegeben, dann sehen wir dort *(Abbildung 15.14)*:

H5	▼		ƒx	{=MINV(D5:F7)}				
	B	C	D	E	F	G	H	I	J	K
4			x	y	z				
5		58	2	4	-3		-0,17	0,333	0,5
6		50	-2	8	3		0,083	0,083	0
7		-4	4	-4	-3		-0,33	0,333	0,333
8									

Abbildung 15.14: Berechnung der inversen Matrix

Nach der Markierung von 3 mal 3 Zellen ergibt die Multiplikation dieser beiden Matrizen mit =MMULT(D5:F7;H5:J7):

1	0	0
0	1	0
0	0	1

Abbildung 15.15: Einheitsmatrix

Und das ist die Einheitsmatrix – funktioniert also.

Die inverse Matrix multipliziert mit der Ergebnismatrix bringt dieselben Resultate wie die Cramersche Lösung:

{=MMULT(MINV(D5:F7);C5:C7)} = {5;9;-4}

Das Ergebnis von MMULT ist hier ein Zeilenarray. Will man die Elemente waagerecht auflisten, muss man die Formel noch transponieren:

D8:F8:{=MTRANS(MMULT(MINV(D5:F7);C5:C7))}

Auf die einzelnen Elemente des Arrays kann mit INDEX zugegriffen werden:

D8: =INDEX(MMULT(MINV($D$5:$F$7);$C$5:$C$7);SPALTE(A1)) (bis F8 kopiert)

	A	B	C	D	E	F
1						
2		Lineares Gleichungssystem 3. Grades				
3		3				
4				x	y	z
5		1.	58	2	4	-3
6		2.	50	-2	8	3
7		3.	-4	4	-4	-3
8						
9				5	9	-4

Abbildung 15.16: Lineares Gleichungssystem - gelöst

Eine 0 (null), wenn sie denn vorkommt, muss explizit eingegeben werden – leere Zellen ergeben als Lösung #WERT!.

Der Vorteil dieser auf Gauß basierenden Lösung gegenüber der Cramerschen Regel besteht darin, dass sie völlig problemlos auf komplexe Gleichungssysteme erweiterbar ist. Beispielsweise die Lösung eines Gleichungssystems 12. Ordnung *(Abbildung 15.17)*:

	A	B	C	D	E	F	G	H	I	J	K	L	M	N	O
1															
2		Lineares Gleichungssystem 12. Grades													
3		12													
4				X1	X2	X3	X4	X5	X6	X7	X8	X9	X10	X11	X12
5		1.	+ 11 =	2	3	0	-5	1	2	0	-2	2	10	-5	1,5
6		2.	+ 56 =	-1	-2	3	1	0	-1	-1	1	-4	2	0	5
7		3.	- 9,5 =	-10	-3	-1	10	-1	2	2	3	-2	5	3	0
8		4.	0 =	0	1	1	20	-1	1	-1	-1	-5	0	0	0
9		5.	+ 12 =	1	1	1	1	1	1	0	0	0	0	2,13	-1
10		6.	- 16 =	-1	-1	-1	-1	-1	-2	0	0	10	0	0	-2
11		7.	- 19 =	4	0	0	2	-3	0	0	-2	1	0	0	0
12		8.	+ 33 =	0	0	0	2	2	2	2	0	0	0	0	0
13		9.	+ 106 =	1	2	3	4	5	6	7	8	9	12	3	-0,5
14		10.	+ 10 =	0	1	-2	0	2	-1	0	0	0	-10	0	0
15		11.	+ 7 =	100	50	0	-1	0	0	0	0	0	0	4	0
16		12.	+ 35 =	3	11	0	0	0	-2	0	20	0	3	0	10
18				2	-4	5	1	11	3	1,5	-1	2,5	-0,5	2	10
19															

Abbildung 15.17: Lineares Gleichungssystem 12. Grades

Die Lösungsformel lautet:

`{=MMULT(MINV(D5:O16);C5:C16)}` = {2;-4;5;1;11;3;1,5;-1;2,5;-0,5;2;10}

Wenn der Grad des Gleichungssystems variabel sein soll, können Sie die Bereichs-angaben auch dynamisieren:

`{=MMULT(MINV(BEREICH.VERSCHIEBEN($D$5;;;$B$3;$B$3));BEREICH.VERSCHIEBEN($C$5;;;$B$3)))}`

Wie bereits erwähnt, müssen Sie den Ausdruck mit MTRANS transponieren und dann alle Zellen von D18:O18 bei Eingabe der Arrayformel auf einmal markieren, wenn Sie die Elemente waagerecht auflisten wollen. Dies ist mit INDEX und INDIREKT ohne Eingabe als Arrayformel ebenfalls möglich. Schreiben Sie in D18:

`=WENN(SPALTE(A1)>$B$3;"";INDEX(MMULT(MINV($D$5:INDIREKT(ADRESSE(4+$B$3;3+$B$3)));$C$5:INDIREKT("C"&4+$B$3));SPALTE(A1)))`

Und kopieren Sie die Formel nach rechts bis O18.

15.6.1 Alternative Lösung mit dem Solver

Jetzt wollen wir noch einmal den Solver auf die Probe stellen. Ist er für das Lösen von linearen Gleichungssystemen geeignet? Um ihn nicht zu überfordern, beschränken wir uns zunächst auf ein Gleichungssystem dritten Grades *(Abbildung 15.18)*.

G5	▼	*fx*	=D5*D$3+E5*E$3+F5*F$3				
	A	B	C	D	E	F	G	H
1			Lineares Gleichungssystem 3. Grades					0
2								
3				1	1	1		
4				x	y	z		
5			58	2	4	-3	3	
6			50	-2	8	3	9	
7			-4	4	-4	-3	-3	
8								

Abbildung 15.18: Lineares Gleichungssystem mit Solver lösen

In C5:F7 steht das Gleichungssystem. In D3 bis F3 stehen die Ergebniszellen (absolute Zahlen) mit irgendwelchen Initialwerten, die der Solver später optimieren soll. In G5 bis G7 stehen die Formeln für die Nebenbedingungen.

`G5:=D5*D$3+E5*E$3+F5*F$3` (kopiert bis G7)

Bei sehr vielen Gleichungen würde sich auch

`G5:=SUMMENPRODUKT((D$3:F$3);(D5:F5))`

anbieten. H1 ist auch eine Eingabezelle – dazu kommen wir später.

Der Solver wird wie folgt bestückt:

Optimieren wollen wir eigentlich nichts – es sollen nur die drei Nebenbedingungen erfüllt werden. Die Werte in G5:G7 müssen nach der Rechnung mit den Werten aus C5:C7 übereinstimmen. Der Solver verlangt aber in der Ergebniszelle eine Formel. Also geben wir dort als Zielzelle die Zelle für die erste Nebenbedingung (G5) ein und als Zielwert den Wert aus Zelle C5 (= 58) *(Abbildung 15.19)*.

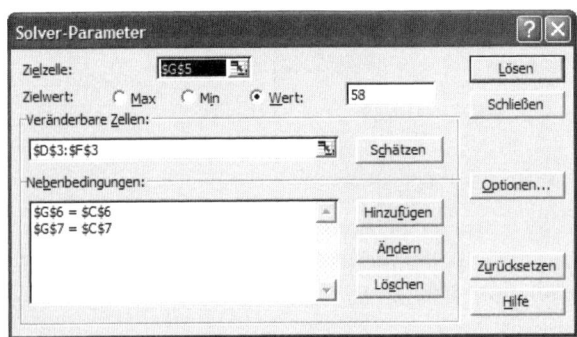

Abbildung 15.19: Dialog Solver-Parameter (1)

Als weitere Nebenbedingungen definieren wir G6 = C6 und G7 = C7. Die veränderbaren Zellen sind D3:F3, in denen letztlich die Lösungen für x, y und z stehen sollen.

Nun lassen Sie den Solver lösen und er wird das richtige Ergebnis finden *(Abbildung 15.20)*:

	A	B	C	D	E	F	G	H
1		Lineares Gleichungssystem 3. Grades						0
2								
3				5	9	-4		
4				x	y	z		
5			58	2	4	-3	58	
6			50	-2	8	3	50	
7			-4	4	-4	-3	-4	
8								

Abbildung 15.20: Lineares Gleichungssystem mit Solver gelöst

Der Zielwert akzeptiert keinen Zellbezug: da muss explizit eine Zahl darin stehen – diese bei einem neuen Gleichungssystem jedes Mal neu einzugeben, ist lästig!

Deshalb veräppeln wir ihn jetzt. Der Solver will etwas optimieren – also geben wir ihm etwas zum Optimieren: In Zelle H1 steht die Hammerformel

H1:=0

Die Zelle G5, die zuvor unsere Zielzelle war, nehmen wir jetzt mit in die Nebenbedingungen auf (C5 = G5). Die Bestückung des Solvers sieht jetzt also folgendermaßen aus *(Abbildung 15.21)*:

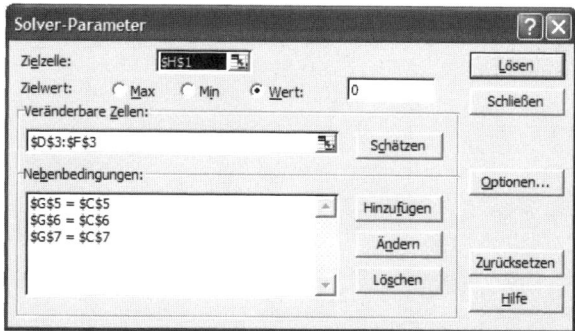

Abbildung 15.21: Dialog Solver-Parameter (2)

Der Solver findet auch diesmal das richtige Ergebnis. Sogar bei dem System 12. Grades, das wir über die inverse Matrix gelöst hatten, findet der Solver die richtigen Werte, und das blitzschnell. Respekt!

15.7 Von Wachstum und stetiger Verzinsung

Wie wir gesehen haben, sind die Trendtypen *linear* und *polynomisch* eng miteinander verwandt und deshalb werden zu ihrer Berechnung auch die gleichen Excel-Funktionen herangezogen. Excel stellt darüber hinaus noch andere Verfahren der Regression zur Verfügung, die völlig anders geartete Korrelationen zwischen abhängigen und unabhängigen Größen beschreiben, beispielsweise die Wachstumsfunktionen.

Was ja schönerweise von selbst wachsen kann, ist Geld. Vorausgesetzt, man hat es zinsbringend angelegt. Dieses Wachstum kennen wir alle unter dem Stichwort Zinseszinseffekt. Es kann jedem unermessliche Reichtümer bescheren, vorausgesetzt, man kann lange genug warten. Wenn Sie einen Euro 300 Jahre lang zu 5 % festlegen, sparen sich immerhin knapp 2,3 Mio € an. Ihre Nachfahren werden es Ihnen danken. Vorausgesetzt, die Inflation hält sich bis dahin in Grenzen.

Um auf Nummer sicher zu gehen, wollen Sie womöglich aus Werten der vergangenen Jahre eine Prognose der zukünftigen Geldwertentwicklung berechnen. Sie halten in Spalte A:B fest, wie sich der Preis eines Produkts, Warenkorbs oder der Lebenshaltungsindex entwickelt hat, erstellen davon ein Punkt (XY)-Diagramm und fügen einen exponentiellen Trend hinzu, wie in *Abbildung 15.22* gezeigt.

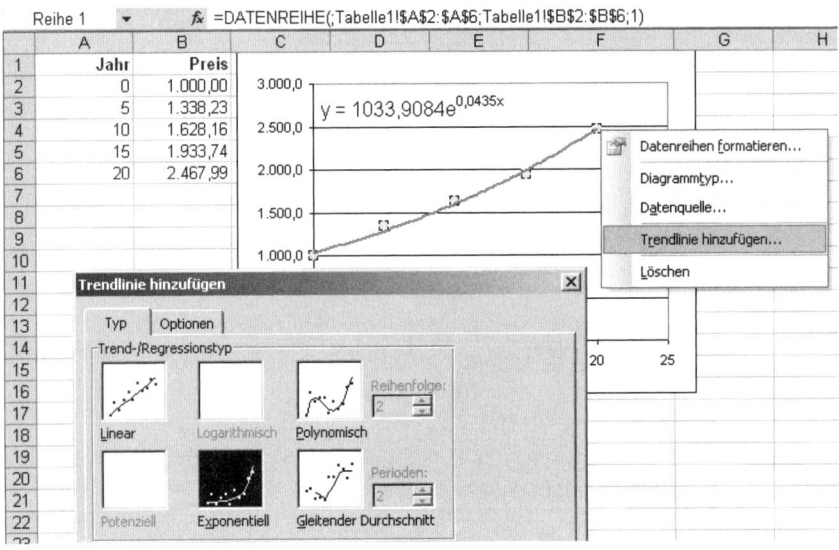

Abbildung 15.22: Exponentielle Trendfunktion

Aus der im Diagramm dargestellten Trendfunktion

$y = 1033,9084e^{0,0435x}$

können folgende Trendwerte in Spalte C abgeleitet werden *(Abbildung 15.23)*:

	C3	▼	f_x =1033,9084426041*EXP(0,0434984564*A3)		
	A	B	C	D	E
1	Jahr	Preis	Trend (exp.)	Zinssatz p.a	
2	0	1.000,00	1.033,91		
3	1		1.079,87	4,4458382%	
4	2		1.127,88	4,4458382%	
5	3		1.178,03	4,4458382%	
6	4		1.230,40	4,4458382%	
7	5	1.338,23	1.285,10	4,4458382%	
8	10	1.628,16	1.597,33	4,4458382%	
9	15	1.933,74	1.985,41	4,4458382%	
10	20	2.467,99	2.467,77	4,4458382%	
11	300		480.644.478,26		

Abbildung 15.23: Exponentielle Trendfunktion und jährliche Verzinsung

In Spalte D erkennt man, dass die Werte der exponentiellen Trendfunktion so geglättet sind, dass ihr Wachstum pro Jahr konstant ist.

C3:=1033,9084426041*EXP(0,0434984564*A3)

D3: =C3/C2-1=4,4458382%

Wenn der Abstand der Jahre in Spalte A größer ist als 1, sieht das so aus:

D8: =(C8/C7)^(1/(A8-A7))-1

Natürlich können auch beim exponentiellen Trend Koeffizienten und Trendwerte ohne das Diagramm mit Hilfe von Excel-Funktionen berechnet werden. Die Funktionen RGP und TREND der linearen Trendrechnung haben jeweils ein Pendant für exponentielle Trends, nämlich RKP und VARIATION. Funktionsnamen sind in Excel ja meistens sprechend, aber warum die Funktion VARIATION heißt ist schleierhaft. Im Englischen heißt die Funktion treffenderweise GROWTH (Wachstum). Mit Hilfe dieser Funktion kann aus den 5 Messjahren 0, 5, 10, 15 und 20 der prognostizierte Betrag im Jahre 300 ermittelt werden:

=VARIATION(B2:B6;A2:A6;300) = 480.644.481,13

Für einen Gegenstand, der heute einen Wert von 1.000 Euro hat, müssen Sie in 300 Jahren also rund 480 Mio. Euro hinblättern. Pech gehabt, dann kämen Ihre Nachfahren mit dem einen angelegten Euro, der in 300 Jahren auf 2,3 Mio € angewachsen ist, irgendwie doch nicht so weit.

Die Funktionskoeffizienten erhält man mit:

=RKP(Preise;{0;5;10;15;20}) = {1,04445838210557.1033,9084426041}

Der rechte Wert von 1033,9 Euro ist der Trendpreis im Jahre 0 und gleichzeitig der y-Achsenschnittpunkt. Der linke Wert verwundert ein wenig, denn in der Diagramm-gleichung erscheint stattdessen der Wert 0,0434984564. Welcher Zusammenhang besteht zwischen diesen beiden Werten? 1,04445838210557 ist der konstante Zins-satz, den wir in Spalte D berechnet haben, plus 1. Mit diesem Faktor kann man also den Preis eines Jahres multiplizieren, um den Preis der Folgeperiode zu erhalten. Der natürliche Logarithmus (Logarithmus zur Basis e) dieses Faktors ist:

=LN(1,04445838210557) = 0,0434984564

Aha, da schließt sich der Kreis. Verstehen muss man das aber noch nicht unbedingt. Deshalb machen wir noch einen kurzen finanzmathematischen Ausflug zur Überlei-tung von einem Jahreszins auf einen stetigen Zins.

Ein Kapital von 1.000 € wird ein Jahr lang zu 4 % verzinst, so dass am Jahresende ein Kapital von 1.040 € entstanden ist. Bei monatlicher statt jährlicher Zinsverrech-nung ergeben sich =1000* (1+4%/12)^12 = 1.040,7415 €. Bei täglicher Verzinsung sind es =1000 * (1+4%/365)^365 = 1.040,8085. Allgemein gilt:

$$K_1 = K_0 \cdot \left(1 + \frac{i}{n}\right)^n$$

Mit i als jährlichem Zinssatz und n als Anzahl Zinsverrechnungen pro Jahr. Setzt man i / n = 1 / x, d.h. n = i*x und x = n / i, dann ergibt sich:

$$K_1 = K_0 \cdot \left[\left(1 + \frac{1}{x}\right)^x\right]^i$$

Zur Probe:

$$K_1 = 1000 \cdot \left[\left(1 + \frac{1}{(12/4\%)}\right)^{12/4\%}\right]^4 = 1.040,74$$

Wenn man die Zinsperioden unendlich klein werden lässt, strebt x im Ausdruck

$$\left(1 + \frac{1}{x}\right)^x$$

gegen unendlich und die Formel nimmt den Wert der eulerschen Zahl e = 2,71828182845905 ein. Man spricht dann von stetiger Verzinsung oder (stetigem) Wachstum. In Excel erhält man die eulersche Zahl mit der Funktion EXP(1).

Bei stetiger Verzinsung wächst das Kapital in einem Jahr somit auf

=1000*e^4% = 1000*EXP(4%) = 1.040,8108.

Der effektive Jahreszinssatz ergibt sich ferner aus

=EXP(4%)-1 = 4,08107741923882%.

Will man andersherum wissen, mit welchem Zinssatz stetig verzinst werden muss, um einen Effektivzinssatz von 4 % zu erhalten, so verwendet man einfach die Umkehrfunktion von EXP nämlich LN.

=LN(1+4%) = 3,92207131532813%

Angewendet auf unsere Preisentwicklung gilt:

▦ Stetige Verzinsung/Wachstumsrate aus Effektivzins p.a.:

=LN(1,04445838210557) = 4,34984564198636%

▦ Effektivzins p.a. aus stetiger Verzinsung:

=EXP(4,34984564198636%)-1 = 4,445838210557%

Lange Rede kurzer Sinn, im Diagramm weist Excel den Zinssatz der stetigen Verzinsung aus, die RKP-Funktion hingegen gibt als Koeffizienten die jährliche Effektiv-Verzinsung zurück.

Genau wie RGP kann auch RKP das Bestimmtheitsmaß angeben:

R^2 = INDEX(RKP(B2:B6;A2:A6;;1);3;1) = 0,992002698987872

15.7.1 Umrechnung von Nominalzins zu Effektivzins und zurück

Für die Umrechnung einer jährlicher Verzinsung zu eine unterjährigen oder gar stetigen Verzinsung gibt es auch die beiden Add-in-Funktionen NOMINAL(Effektivzins;Perioden) und EFFEKTIV(Nominalzins;Perioden). Zur Umrechnung der stetigen Verzinsung setzt man die Anzahl Perioden einfach auf „quasi unendlich":

=NOMINAL(4%;100000) = 3,922072%

=EFFEKTIV(4%;100000) = 4,081077%

Aber auch diese Add-in-Funktionen lassen sich relativ leicht mit Bordmitteln darstellen. Und das geht so:

```
Nominalzins = ((1+Effektivzins)^(1/Perioden)-1)*Perioden
```

```
= ((1+4%)^(1/100000)-1)*100000 = 3,922072%
```

```
Effektivzins = (1+Nominalzins/Perioden)^Perioden-1
```

```
=(1+4%/100000)^100000-1 = 4,081077%
```

15.8   Sonstige Trendsetter

Der Vollständigkeit halber sei schließlich noch erwähnt, dass Excel mit Funktionen bzw. im Diagramm zwei weitere Regressionstypen darstellen kann.

15.8.1   Potentielle Regression

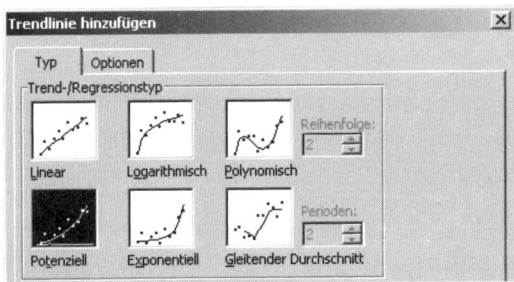

Abbildung 15.24: Dialog potenzieller Trend

Dieser Trendtyp ist zu wählen, wenn der Funktionsgraph durch eine Gleichung in der Form

$$y = m*x^b$$

beschrieben werden kann.

Die Koeffizienten einer Potenzfunktion ermittelt man auch über die Funktion RKP:

```
m = INDEX(RKP(y-Werte;LN(x-Werte));1;2)
```

```
b = LN(INDEX(RKP(y-Werte;LN(x-Werte));1;1))
```

```
R² = INDEX(RKP(y-Werte;LN(x-Werte);;WAHR);3;1)
```

15.8.2 Logarithmische Regression

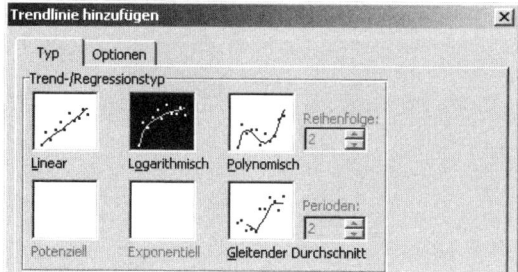

Abbildung 15.25: Dialog logarithmischer Trend

Die logarithmische Regression beschreibt Funktionen in der Form

$$y = m*LN(x) + b.$$

Die Berechnung von m, b und dem Bestimmtheitsmaß ergibt sich wie folgt:

m = INDEX(RGP(y-Werte;LN(x-Werte));1;1)

b = INDEX(RGP(y-Werte;LN(x-Werte));1;2)

R² = INDEX(RGP(y-Werte;LN(x-Werte);;WAHR);3;1)

KAPITEL 16

Finanzmathematische Schmankerl

In diesem Kapitel zeigen wir Ihnen, wie die Funktion ZEILE in der Finanzmathematik zur Höchstform aufläuft und warum so manche Excelfunktionen eine echte (vorschüssige) Macke haben.

16.1   ZEILE – Multitalent als Finanzjongleur

Die Funktion ZEILE zählt ursprünglich zur Gattung der Matrixfunktionen. Aufgrund ihrer hohen Anpassungsfähigkeit und Paarungsbereitschaft mit anderen Spezies fühlt sie sich aber fast überall heimisch. Man glaubt es kaum: Sie ist sogar ein Meister der Finanzmathematik. In der Finanzmathematik baut vieles auf Folgen und Reihen auf.

16.1.1   Folgen und Reihen

Eine Zahlenfolge ist eine Folge von reellen Zahlen, die in einem funktionalen Zusammenhang zu den natürlichen Zahlen (ganze Zahlen 1, 2, 3...) oder einer Teilmenge daraus stehen (würde ein Mathematiker sagen). Die Funktion =ZEILE(1:10) liefert die natürlichen Zahlen von 1–10, also die Zahlenfolge:

{1;2;3;4;5;6;7;8;9;10}

Multipliziert man diese Folge mit einem Faktor q, so erhält man eine arithmetische Folge

=ZEILE(1:10)*2 = {2;4;6;8;10;12;14;16;18;20}

bei der die Differenz zweier aufeinander folgender Glieder konstant ist.

Potenziert man q mit der Zahlenfolge, so erhält man eine geometrische Folge ...

=2^ZEILE(1:10)= {2;4;8;16;32;64;128;256;512;1024}

..., die die Eigenschaft aufweist, dass der Quotient zweier aufeinander folgender Glieder konstant ist.

Werden die Glieder einer Folge aufsummiert, so erhält man eine Reihe. Die arithmetische Reihe aus der obigen arithmetischen Folge ergibt sich dann aus {2;6;12;20;30; 42;56;72;90;110}, die geometrische Reihe ferner aus {2;6;14;30;62;126;254;510; 1022;2046}. Das zehnte Glied der arithmetischen Reihe berechnet sich in Excel aus

{=SUMME(Zeile(1:10)*2)}=110

(Da Gauß die Funktion ZEILE nicht kannte, hätte er es so gemacht: = 5*(10+1)*2.)

und das zehnte Glied der geometrischen Reihe aus

{=SUMME(2^ZEILE(1:10)))}=2.046.

16.1.2 Renten- und Tilgungsrechnung

Jetzt schlagen wir den Bogen zur Finanzmathematik. Zinseszinsrechnung ist nichts anderes als das Berechnen einer geometrischen Folge, und Rentenrechnung ist nichts anderes als das Berechnen einer geometrischen Reihe. Die natürlichen Zahlen stehen hier für Zeitpunkte (Perioden). Die Folge aus n Zeitpunkten stellt den betrachteten Zeithorizont dar. Um diese ganze Geschichte Excel-technisch umzusetzen, verwenden wir nun die Funktion ZEILE.

Geben Sie irgendeiner Zelle den Namen *n*. Dann definieren Sie einen weiteren Namen *Zeitstrahl*, bezogen auf die Formel

`=ZEILE(INDIREKT("1:"&n))`.

Wenn Sie in die Zelle n den Wert 5 eintragen, übergibt die Formel an den Namen *Zeitstrahl* das Array {1;2;3;4;5}, das für 5 Zahlungszeitpunkte steht.

Diesen Baustein können Sie nun bestens zur Rentenrechnung einsetzen. Legen Sie beispielsweise 5 Jahre lang zu Beginn jeden Jahres 500 € an, die zu 6 % verzinst werden.

Für alle folgenden Formeln gilt: i ist der Jahreszinssatz und n die Laufzeit in Jahren. Wollen Sie unterjährige Verzinsungen (monatlich, vierteljährlich etc.) darstellen, müssen Sie i durch v (Verrechnungen p.a.) dividieren und n mit v multiplizieren.

Welchen Betrag haben Sie am Ende des fünften Jahres angespart? Um das zu berechnen, haben Sie die Qual der Wahl. Im Grunde gibt es vier Möglichkeiten.

1. Tabellarisch

E4 ▾			f_x =E2*(1+i)^E3						
	A	B	C	D	E	F	G	H	I	J
1	Perioden (n):	5			t_0	t_1	t_2	t_3	t_4	$\Sigma\,t_5$
2	Zahlung (rmz):	500		Zahlung	500	500	500	500	500	
3	Zins (i)	6%		Zinsperioden	5	4	3	2	1	
4				Wert in t_5	669,1	631,2	595,5	561,8	530,0	2.987,66
5										

Abbildung 16.1: Tabellarischer Tilgungsplan

Die Zahlungen werden einzeln aufgezinst und dann in J4 aufaddiert.

2. Excel-Funktion

Für dieses Beispiel gibt es die Standardfunktion ZW:

`-ZW(i;n;500;0;1)=2.987,66`

3. Finanzmathematische Funktion

Falls Sie ein vernünftiges Mathebuch mit finanzmathematischen Funktionen im Regal stehen haben, müssten Sie dort auch die passende Formel finden:

`-500*(1+i)*(1-(1+i)^n)/i = 2.987,66`

Aber bevor Sie jetzt lange grübeln, weil Sie die Formel nicht verstehen, wenden Sie sich lieber der vierten Alternative zu, denn darum geht es schließlich in diesem Kapitel.

4. Arrayformel mit ZEILE

Sie erzeugen aus dem Namen *Zeitstrahl* die Arrayformel

`{=SUMME(500*(1+i)^Zeitstrahl)}`,

die ebenso 2.987,66 als Ergebnis ausspuckt und die Sie sofort verstehen, wenn Sie bis hierher aufgepasst haben (Stichwort: „geometrische Reihe").

Den Baustein *Zeitstrahl* können Sie für eine ganze Reihe finanzmathematischer Berechnungen einsetzen *(Abbildung 16.2)*:

	A	B	C	D
1	n=5; i=6%			
2	**Berechung**	**Excelfunktion**	**Arrayformel**	**Ergebnis**
3	Barwert (nachschüssig)	=-BW(i;n;500)	{=SUMME(500/(1+i)^Zeitstrahl)}	2.106,18
4	Barwert (vorschüssig)	=-BW(i;n;500;0;1))	{=SUMME(500/(1+i)^(Zeitstrahl-1))}	2.232,55
5	Annuität (nachschüssig)	=RMZ(i;n;2106,18)	{=2106,18/SUMME(1/(1+i)^Zeitstrahl)}	500,00
6	Annuität (vorschüssig)	=-RMZ(i;n;2232,55;0;1)	{=2232,55/SUMME(1/(1+i)^(Zeitstrahl-1))}	500,00
7	Endwert (nachschüssig)	=-ZW(i;n;500)	{=SUMME(500*(1+i)^(Zeitstrahl-1))}	2.818,55
8	Endwert (vorschüssig)	=-ZW(i;n;500;0;1)	{=SUMME(500*(1+i)^Zeitstrahl)}	2.987,66
9	Sparrate (nachschüssig)	=-RMZ(i;n;0;2818,55;0)	{=2818,55/SUMME((1+i)^(Zeitstrahl-1))}	500,00
10	Sparrate (vorschüssig)	=-RMZ(i;n;0;2987,66;1)	{=2987,66/SUMME((1+i)^Zeitstrahl)}	500,00

Abbildung 16.2: Einsatz des Zeitstrahls für diverse finanzmathematische Berechnungen

Beim Vergleich der Formeln sieht und versteht man den Zusammenhang der Funktionen BW, RMZ und ZW. Beispielsweise entspricht der Kehrwert des Annuitätenfaktors A (RMZ-Funktion) dem Rentenbarwertfaktor (BW-Funktion):

`=A/RMZ(i;n;1)=BW(i;n;A)`

Der Kehrwert der Sparrate entspricht dem Rentenendwertfaktor:

`=A/RMZ(i;n;0;1)=ZW(i;n;A)`

Barwertfaktor und Endwertfaktor sind ebenso austauschbar:

`=BW(i;n;A)*(1+i)^n=ZW(i;n;A)`

Bei allen finanzmathematischen Funktionen, die das Argument *Fälligkeit* besitzen, gilt, dass 1 für vorschüssig steht und 0 für nachschüssig. Excel versteht darunter den Zahlungszeitpunkt und unterstellt, dass der Zahlungszeitpunkt maßgeblich für die Zinsverrechnung ist.

Die Funktionen BW, RMZ und ZW durch den *Zeitstrahl* zu ersetzen ist nicht nur eine anschauliche Alternative, sondern bringt sogar einen echten Mehrwert. Wenn die Aufgabenstellung erweitert wird, sind die Standardfunktionen schnell überfordert. Wenn Sie beispielsweise nicht 500 € konstant sparen wollen, sondern jedes Jahr 20 € (oder 5 %) mehr, muss die Funktion ZW bereits die weiße Flagge hissen. Auch BW und RMZ kommen nur mit konstanten Zahlungen klar. Finanzmathematische Lösungen sind zwar vorhanden, aber nicht leicht zu verstehen, geschweige denn selbst herzuleiten.

Mit Ihrem Baustein *Zeitstrahl*, hinter dem sich die Funktion ZEILE verbirgt, ist dies überhaupt kein Problem. Zum Vergleich noch einmal die tabellarische Lösung bei 20 € mehr in jedem Jahr *(Abbildung 16.3)*:

	D	E	F	G	H	I	J
1		t_0	t_1	t_2	t_3	t_4	$\Sigma\ t_5$
2	Zahlung	500	520	540	560	580	
3	Zinsperioden	5	4	3	2	1	
4	Wert in t_5	669,1	656,5	643,1	629,2	614,8	3.212,77

Abbildung 16.3: Endwert bei steigenden Zahlungen

Die Arrayformel lautet:

`{=SUMME((500+20*(n-Zeitstrahl))*(1+i)^Zeitstrahl)}` gleich

`{=SUMME((500+20*({4;3;2;1;0}))*(1+i)^{1;2;3;4;5})}` gleich

`{=SUMME(({580;560;540;520;500})*(1+i)^{1;2;3;4;5})}=3.212,77`

Bei einer Steigerung von 5 % pro Periode statt konstant 20 € lautet die Formel:

`{=SUMME((500*1,05^(n-Zeitstrahl))*(1+i)^Zeitstrahl)}=3.283,03`

Der entsprechende Barwert in t_0 lautet:

{=SUMME((500*1,05^(Zeitstrahl-1))/(1+i)^(Zeitstrahl-1)))}=2.453,27

Die finanzmathematischen Lösungen für die zwei letztgenannten Aufgabenstellungen lauten übrigens (x ist die jährliche Steigerung in %):

500*((i+1)^(n+1)-(i+1)*(x+1)^n)/(i-x) für den Zukunftswert und

500*(1-((1+x)/(1+i))^n)/(i-x)*(1+i) für den Barwert.

16.1.3 Interner Zinsfuss

Auch die Funktion ZINS(n;rmz;bw;[zw];[f]) lässt sich hervorragend mit dem *Zeitstrahl* erweitern. Sie berechnet den internen Zinsfuß einer Rente oder einer annuitätischen Darlehenstilgung. Gegeben sind mindestens Laufzeit, jährliche Zahlung und Barwert. Die Zahlungsreihe {-2200;500;500;500;500;500} hat den internen Zinsfuss:

=ZINS(5;500;-2200)=4,418%

Auch hier ist Vorraussetzung, dass die Zahlungen in Höhe von 500 € konstant sind. Wenn stattdessen Steigerungen von 5 % geplant sind, muss ZINS auf die Strafbank und wird durch den *Zeitstrahl* in Kombination mit IKV ersetzt. Die Formel lautet:

{=IKV(WENN(Zeitstrahl=1;-2200;500*1,05^(Zeitstrahl-2)))}=7,8%

mit *Zeitstrahl*: =ZEILE(INDIREKT("1:"&n+1))

Der Zeitstrahl muss hier deshalb um 1 verlängert werden (n+1), weil die Zahlungsreihe insgesamt n + 1 Zeitpunkte umfasst: von t_0 bis t_5.

Aus der Prüfung Zeitstrahl=1 folgt

=WENN({WAHR;FALSCH;FALSCH;FALSCH;FALSCH;FALSCH};-2200;500*1,05^(Zeitstrahl-2)).

Das Element WAHR wird durch den Barwert ersetzt, allen übrigen Elementen FALSCH steht jeweils eine Zahlung gegenüber.

Daraus resultiert das Array {-2200; 500; 525; 551,25; 578,81; 607,75}, dessen interner Zinsfuß mit Hilfe von IKV berechnet werden kann.

16.1.4   Interner Zinsfuss bei aperiodischen Zahlungen

Wie wir gesehen haben, ist die Funktion ZEILE in Kombination mit der Funktion INDI-REKT ein in der Finanzmathematik flexibel einsetzbares Werkzeug. Dies gilt auch für die Berechnung von internen Zinsfüßen von Zahlungsreihen, die keine periodisch gleich bleibenden Abstände aufweisen. Excel stellt dazu zwar eine Add-in-Funktion namens XINTZINSFUSS zur Verfügung. Diese hat aber zwei Nachteile: Erstens rechnet sie stets tagegenau – Monate oder Quartale können so nicht als Perioden angegeben werden. Zweitens ist es eine Add-in-Funktion, die wir bekanntlich grundsätzlich vermeiden wollen.

Gegeben ist eine Zahlungsreihe, die in verschiedenen Monaten Zahlungen generiert. Die Monate stehen in Spalte A, müssen nicht sortiert sein und ein Monat kann mehrfach vorkommen. Es kann aber auch sein, dass ein Monat überhaupt nicht vorkommt. In Spalte B stehen die dazugehörigen Zahlungen. Der Betrachtungszeitraum ergibt sich aus dem kleinsten und größten in Spalte A vorkommenden Monat. Im folgendem Beispiel vom 1. bis zum 18. Monat *(Abbildung 16.4)*:

	A	B	C	D	E
1	Monat	Zahlungen		IKV:	11,91%
2	1	-1000			
3	5	100			
4	3	200			
5	2	-200			
6	5	180			
7	18	270			
8	6	100			
9	9	40			
10	10	250			
11	11	100			
12	4	50			
13					

Abbildung 16.4: Interner Zinsfuß bei aperiodischen Zahlungen

Der interne Zinsfuß der Zahlungsreihe beträgt 11,91 % und entspricht dem effektiven Jahreszins. Die Formel, die ihn offenbart, lautet:

`{=(1+IKV(SUMMEWENN(A:A;ZEILE(INDIREKT(MIN(A:A)&":"&MAX(A:A)));B:B);0))^12-1}`

ZEILE wird wie gewohnt mit INDIREKT kombiniert mit dem einzigen Unterschied, dass die erste Periode nicht unbedingt mit 1 beginnen muss, sondern mit dem kleinsten Monat in Spalte A. Die letzte Periode ergibt sich aus dem größten Monat. Aus

`ZEILE(INDIREKT(MIN(A:A)&":"&MAX(A:A)))` wird `ZEILE(INDIREKT("1:18"))`, der benötigte Zeitstrahl lautet {1;2;3;…;18}.

Auf jedes Element des Zeitstrahls wird SUMMEWENN angewendet.

`=SUMMEWENN(A:A;{1;2;3;…;18};B:B)`

Dieser Formelteil serviert die Zahlungsreihe so, dass IKV nur noch „abstauben" muss. Erstens werden die Monate in Reihenfolge gebracht, zweitens werden mehrere Zahlungen, die den gleichen Monat betreffen, zusammengefasst, und drittens werden Monate, die nicht vorkommen, mit Nullen aufgefüllt. Somit wird aus der aperiodischen Zahlungsreihe eine periodische Zahlungsreihe – in manchen Monaten mit der Zahlung null. Das resultierende Array mit 18 Elementen ist

`={-1000;-200;200;50;280;100;0;0;40;250;100;0;0;0;0;0;0;270}.`

Und mit IKV ergibt das 0,942293807183462 %.

Da es sich um Monate handelt, ist der von IKV berechnete Zinssatz der Monatszins. Mit der Formel

`Jahreszins=(1+Monatszins)^12-1`

wird der Monatszins in den effektiven Jahreszins umgerechnet.

`=(1+0,00942293807180426)^12-1` ergibt gerundet 11,91 %.

Statt Monaten können in Spalte A auch tagesgenaue Datumsangaben stehen. IKV und SUMMEWENN ist das völlig egal. Sie müssen nur beachten, dass der berechnete Zins immer korrekt in den effektiven Jahreszins umgerechnet wird. Stehen in Spalte A genaue Tage, lautet die Umrechnungsformel:

`Jahreszins=(1+Tageszins)^365-1`

Bei der Add-in-Funktion XINTZINSFUSS müssen es unbedingt Tage sein, denn diese Funktion ermittelt immer einen vom Tageszins umgerechneten Jahreszins.

16.2 Die vorschüssige Macke – ein kleiner finanzmathematischer Exkurs

Eine weltweit bekannte Firma, die höchst professionelle Taschenrechner herstellt, war und ist bei Innovationen immer führend. Finanzmathematische Rechner gibt's in allen Varianten, und die rechnen auch richtig – bis auf „die vorschüssige Macke".

Eine vorschüssige (kommt in der Praxis äußerst selten vor) Annuität wird korrekt berechnet. Das heißt: Die Belastung pro Periode/p.a. in Prozent bzw. als Betrag ist absolut OK.

Die zugehörige Excel-Funktion lautet =RMZ(Zins;Zzr;Bw;Zw;F) – mit 1 für den Parameter F (0 wäre nachschüssig).

So weit, so gut: Als Zinsbelastung wird aber in der ersten Periode eines vorschüssigen Tilgungsplans bei der „vorschüssigen Macke" null angesetzt und die errechnete (richtige) Annuität gänzlich als Tilgung verbraten.

Das ist Quatsch/Unsinn/Blödsinn/Nonsens – das ist schlicht und ergreifend abgrundtief FALSCH und Excel übernimmt das sogar in manchen finanzmathematischen Funktionen, wie wir gleich sehen werden.

Sie haben ein vorschüssiges Darlehen von 1 Mio. über 5 Jahre Volltilgung zu 6,0 % Zins aufgenommen. Zur Vereinfachung: jährliche Verrechnung und Zahlungsweise (*Abbildung 16.5*).

	A	B	C	D	E	F
1	Barwert(BW)	-1.000.000				
2	Endwert(ZW)	0				
3	Zins(i)	6%				
4	Perioden(n)	5				
5	Fälligkeit(f)	1				
7	**Fälligkeit**	**Periode**	**Zinsen**	**Tilgung**	**Annuität**	**Restschuld**
8			(falsch)	(falsch)		-1.000.000,00
9	01.01.2006	1	0,00	223.958,87	223.958,87	-776.041,13
10	01.01.2007	2	46.562,47	177.396,40	223.958,87	-598.644,73
11	01.01.2008	3	35.918,68	188.040,18	223.958,87	-410.604,55
12	01.01.2009	4	24.636,27	199.322,60	223.958,87	-211.281,95
13	01.01.2010	5	12.676,92	211.281,95	223.958,87	0,00
14	**Summe**		**119.794,34**	**1.000.000,00**	**1.119.794,34**	

Abbildung 16.5: Vorschüssiger Tilgungsplan – falsch!

Die Formeln lauten:

C9: =ZINSZ(i;B9;n;BW;ZW;f)

D9: =KAPZ(i;B9;n;BW;ZW;f)

E9: =RMZ(i;n;BW;ZW;f)

F9: =F8+D9

So sieht's bei der von Excel übernommenen Macke aus: Die Bank verdient im ersten Jahr nix, da die gesamte erste Zahlung/Annuität gleichzeitig Tilgung ist. Wir bitten um Zusendung solcher Bankadressen.

Logik: Sie haben am 01.01.2006 eine Million Miese. Die Bank verlangt 60.000 Zinsen für das Jahr 2006. Just an diesem Tag zahlen Sie die erste Annuität von 223.958,87.

Also kann die Bank nur Zinsen auf 776.041,13 = 46.562,47 in Rechnung stellen. Das ist allerdings immer noch ein wenig mehr als null. Und am 01.01.2010 zahlen Sie die letzte Rate - Ihre Miesen haben Sie da also auf null getilgt. Da zahlen Sie für das Jahr 2010 auch null und nicht 12.676,92 Zinsen.

Jetzt treiben wir's auf die Spitze (*Abbildung 16.6*): Zinskonversion wäre immer nach einem Jahr - also muss für die jeweilige Restlaufzeit neu kalkuliert werden. Sie haben nach einem Jahr eine Restschuld von 776.041,13 über noch 4 Jahre Voll-tilgung zu (zufällig) wieder 6,0 % Zins. Der Tilgungsplan wird immer besser! Die Belastung sollte ja eigentlich bei unveränderten Konditionen die identische Annuität ergeben. Jetzt zahlen Sie aber einiges weniger: =RMZ(6%;4;-776041,13;0;1), und das sind folgende 211.281,95.

	A	B	C	D	E	F
25	Fälligkeit	Periode	Zinsen	Tilgung	Annuität	Restschuld
26			(falsch)	(falsch)		-776.041,13
27	01.01.2007	1	0,00	211.281,95	211.281,95	-564.759,18
28	01.01.2008	2	33.885,55	177.396,40	211.281,95	-387.362,78
29	01.01.2009	3	23.241,77	188.040,18	211.281,95	-199.322,60
30	01.01.2010	4	11.959,36	199.322,60	211.281,95	0,00
31	Summe		69.086,67	776.041,13	845.127,80	

Abbildung 16.6: Vorschüssiger Tilgungsplan – falsch! (2)

Und bei den Konversionen zwei, drei und vier zahlen Sie (egal bei welchem Zinssatz) auch null Zinsen. Ein klasse Kredit, an dem die Bank nichts verdient hat !

Genug geblödelt: So sieht der richtige Tilgungsplan aus (*Abbildung 16.7*):

	A	B	C	D	E	F
1	Barwert(BW)	-1.000.000				
2	Endwert(ZW)	0				
3	Zins(i)	6%				
4	Perioden(n)	5				
5	Fälligkeit(f)	1				
16	Fälligkeit	Periode	Zinsen	Tilgung	Annuität	Restschuld
17						-1.000.000,00
18	01.01.2006	1	46.562,47	177.396,40	223.958,87	-822.603,60
19	01.01.2007	2	35.918,68	188.040,18	223.958,87	-634.563,42
20	01.01.2008	3	24.636,27	199.322,60	223.958,87	-435.240,82
21	01.01.2009	4	12.676,92	211.281,95	223.958,87	-223.958,87
22	01.01.2010	5	0,00	223.958,87	223.958,87	0,00
23	Summe		119.794,34	1.000.000,00	1.119.794,34	

Abbildung 16.7: Vorschüssiger Tilgungsplan – richtig!

Und jetzt ergibt die vorschüssige Kalkulation bei einem Restdarlehen von 822.603,60 bei Volltilgung über 4 Jahre und 6,0 % Zins natürlich die unveränderte Annuität von E18:=RMZ(6%;4;-822603,6;0;1)= 223.958,87.

Die weiteren (bis Zeile 22 kopierten) Formeln lauten:

C18: =-(F17+E18)*i

D18: =E18-C18

F18: =F17+D18

In der Summe (nominell) für die zwei fünfjährigen Tilgungspläne sind die zu zahlenden Zinsen (119.794,34) identisch. Bei Barwertbetrachtung ist die vorschüssige Macke bei einem Abzinsungssatz von 6,0 % zum Stichtag 01.01.2006 (jährlich vorschüssige Abzinsung) für die Bank ein Nachteil von 6.397,25 (*Abbildung 16.8*).

	A	B	C	D	E	F
1	Jahr	HP-Zins	Barwert		richtiger Zins	Barwert
2						
3	1	0	0,00		46.562,47	46.562,47
4	2	46.562,47	43.926,86		35.918,68	33.885,55
5	3	35.918,68	31.967,50		24.636,27	21.926,20
6	4	24.636,27	20.685,09		12.676,92	10.643,78
7	5	12.676,92	10.041,31		0,00	0,00
8	Σ		106.620,75			113.018,00
9			-6.397,25			

Abbildung 16.8: Zinsnachteil der Bank aufgrund der „vorschüssigen Macke"

Trotz der Macke ist die Funktion ZINSZ nicht unbrauchbar. Bei nachschüssigen Tilgungen rechnet sie ja richtig. Und bei vorschüssigen Tilgungen ist lediglich die Periode verschoben. Das können Sie aber ganz leicht ausgleichen, indem Sie zu der Periode die Fälligkeit f (0 oder 1) addieren.

=ZINSZ(i;Periode+f;n;BW;ZW;f)

Anders sieht es mit KAPZ aus. Die rechnet im vorschüssigen Fall definitiv falsch. Um die richtige Tilgung zu erhalten, können Sie die bereinigte ZINSZ-Funktion von der richtig rechnenden RMZ-Funktion subtrahieren:

KAPZ (richtig) = RMZ(i;n;BW;ZW;f) - ZINSZ(i;Periode+f;n;BW;ZW;f)

ZINSZ hat nicht nur bei Tilgungsplänen Probleme. Eigentlich sollte man erwarten können, dass diese Funktion auch bei Sparplänen funktioniert. Ein Sparplan liegt dann vor, wenn der Parameter BW den Wert null einnimmt und ZW irgendein Endvermögen darstellt. Wenn Sie am 01.01. der Jahre 1, 2, 3, 4 und 5 Geld auf ein Sparbuch einzahlen, sollte Ihnen die Bank zum 31.12.05 fünfmal Zinsen gutgeschrieben haben. ZINSZ vergisst die Zinszahlung des fünften Jahres, wie *Abbildung 16.9* zeigt.

	A	B	C	D	E
1	Barwert(BW)	0			
2	Endwert(ZW)	1.000			
3	Zins(i)	6%			
4	Perioden(n)	5			
5	Fälligkeit(f)	1			
6					
7	Fälligkeit	Periode	Zinsertrag	Sparbetrag	Vermögen
8			(falsch)		0,00
9	01.01.2006	1	0,00	167,36	167,36
10	01.01.2007	2	10,04	167,36	344,75
11	01.01.2008	3	20,69	167,36	532,79
12	01.01.2009	4	31,97	167,36	732,11
13	01.01.2010	5	43,93	167,36	943,40

Abbildung 16.9: Fehler der Funktion ZINSZ bei vorschüssigem Sparplan

Die Formeln lauten:

C9: =ZINSZ(i;B9;n;BW;ZW;f)

D9: =-RMZ(i;n;BW;ZW;f)

E9: =E8+D9+C9

Da fehlen am Ende 56,60 Euro, egal ob Sie *f* auf 0 oder 1 stellen. Und im ersten Jahr ist das Ergebnis immer 0, sowohl bei f = 1 als auch bei f = 0. ZINSZ kennt also in der ersten Periode grundsätzlich keine Zinsen, wenn der Wert von *BW* gleich 0 ist. Um die richtigen Zinsen zu erhalten, schreiben Sie in C9:

=-RMZ(i;n;BW;ZW;1)*i+ZW(i;B9-1;RMZ(i;n;BW;ZW;1);0;1)*i

Dann wird in jeder Periode die Annuität sowie das Vermögen am Ende der Vorperiode verzinst, was zum richtigen Ergebnis führt (*Abbildung 16.10*).

	A	B	C	D	E
16	Fälligkeit	Periode	Zinsertrag	Sparbetrag	Vermögen
17					0,00
18	01.01.2006	1	-10,04	-167,36	-177,40
19	01.01.2007	2	-20,69	-167,36	-365,44
20	01.01.2008	3	-31,97	-167,36	-564,76
21	01.01.2009	4	-43,93	-167,36	-776,04
22	01.01.2010	5	-56,60	-167,36	-1.000,00

Abbildung 16.10: Vorschüssiger Sparplan – richtig!

Die Funktionen ZINSZ und KAPZ haben noch zwei Kollegen, die den Zins- bzw. Tilgungsanteil kumuliert darstellen können, und zwar die Funktionen KUMZINSZ und KUMKAPITAL. Dies sind Add-in-Funktionen, die erst über *Extras>Add-ins...* aktiviert werden müssen. Sie rechnen das Gleiche wie ZINSZ und KAPZ, nur dass Sie statt eines Zeitpunktes eine Zeitspanne angeben über die die kumuliert anfallenden Zinsen bzw. Tilgungen berechnet werden.

Beim Wort Zeitspanne müsste es bei Ihnen jetzt eigentlich „klick" machen, denn damit wären wir wieder bei unserem legendären Zeitstrahl, den wir mit der Funktion ZEILE erzeugen können. Das hat zur Folge, dass die beiden Add-in-Funktionen (mal wieder) in die „Ablage P" verbannt werden können.

Die Syntax der kumulativen Zinsfunktion lautet:

`=KUMZINSZ(i;n;BW;Start_Periode;End_Periode;f)`

Bei ZINSZ können Sie ja normalerweise statt *Start_Periode* und *End_Periode* nur eine Periode angeben:

`=ZINSZ(i;Periode;n;BW;ZW;f)`

Wenn Sie aber das Argument *Periode* durch

`ZEILE(INDIREKT(`*Start_Periode*`&":"&`*End_Periode*`))`

ersetzen, wird ein Array aller Zinszahlungen des gesamten Zeitraums gebildet, das Sie dann nur noch zu summieren brauchen:

`{=SUMME(ZINSZ(i;ZEILE(INDIREKT(Start_Periode&":"&End_Periode));n;BW;ZW;f))}`

Diese Formel liefert stets dasselbe Ergebnis wie KUMZINSZ. Das gilt sowohl vorschüssig als auch nachschüssig. Und mit den Funktionen KAPZ und KUMKAPITAL verhält es sich natürlich genauso. Die logische Schlussfolgerung daraus ist, dass KUMZINSZ und KUMKAPITAL ebenso die vorschüssige Macke in sich tragen.

Apropos finanzmathematische Taschenrechner:

Der stetig zunehmende Übergang von der deutschen Zinsmethode (Monat: 30; Jahr: 360 Tage) auf die EURO-Methode (Monat: genau; Jahr: 360 Tage) bedeutet, dass alle weltweit existierenden finanzmathematischen Taschenrechner in die Tonne müssen.

Zusätzlich zu den üblichen Darlehensbedingungen wie Darlehenssumme, Restwert, Zinssatz, Verrechnungen p.a., vor- oder nachschüssige Verrechnung sowie Laufzeit spielt dann auch noch das Datum des Darlehensbeginns eine Rolle: bei sonst absolut identischen Konditionen ergeben sich bei monatlicher Verrechnung abhängig vom

Datum des Darlehensbeginns 48 verschiedene Annuitäten (Annuität ist die gleich bleibende Summe aus Zins und Tilgung). Denn nur im Schaltjahresrhythmus wiederholen sich die Ergebnisse. Das ist mit Formeln nicht mehr zu packen – es sei denn, Sie besitzen einen Taschenrechner, bei dem man ein Beginndatum eingeben kann (wir kennen keinen).

Bei der TARGET-Tage-Methode – auch sie kommt übermächtig – sind es sogar genauso viele Annuitäten wie die Gesamtlaufzeit x Fälligkeiten p.a. TARGET = Transeuropean Automated Real-time Gross settlement Express Transfer system: Zahlungen erfolgen nicht an Wochenenden und auch nicht an Neujahr, Karfreitag, Ostermontag, 1. Mai, 25. und 26. Dezember und Silvester. Der Zahlungstermin wird dann auf den darauf folgenden nächsten Arbeitstag gelegt. Fällt dieser in den nächsten Monat, wird er auf den vorhergehenden, letzten Arbeitstag gelegt. Aber europaweit gibt es da auch noch Unterschiede – in Brüssel z.B. ist Silvester außen vor.

Das heißt, dass hinter jeder Annuitätenberechnung ein detaillierter Tilgungsplan hängen muss – das kostet Speicher! Und berechnen kann man diesen nur über die Zielwertsuche. Die Kalendertagemethode (Monat: genau; Jahr: genau – das sind die Engländer) gibt's dann auch noch – wenn wir schon einmal dabei sind.

Die Formeln für diese Tilgungspläne hatten wir formuliert – sie sind aber für ein Buch (zum Nachbauen von Formeln) zu komplex. Einen Download dieses Tilgungsplans finden Sie bei www.excelformeln.de unter *http://www.excelformeln.de/formeln.html?welcher=428*.

KAPITEL 17

Die dritte Dimension

Excel bietet einige ganz nette Möglichkeiten Diagramme dreidimensional darzustellen. Da wäre vor allem das Oberflächendiagramm zu nennen. Außerdem bieten Säulen-, Linien-, Flächen-, Zylinder-, Kegel- und Pyramidendiagramme die Möglichkeit, Datenreihen nebeneinander darzustellen, sodass ein 3D-Effekt entsteht. Andere Diagrammtypen können Datenreigen im 3D-Look darstellen (z.B. Kuchendiagramm oder Blasendiagramm). Eine richtige frei beeinflussbare räumliche Darstellung von dreidimensionalen Objekten fehlt aber.

17.1 Das Punkt (XYZ)-Diagramm

Die Position eines Punktes auf einer zweidimensionalen Fläche wird durch seine x/y-Koordinaten bestimmt. Zweidimensionale Figuren können wunderbar im Punkt (XY)-Diagramm dargestellt werden *(Abbildung 17.1)*:

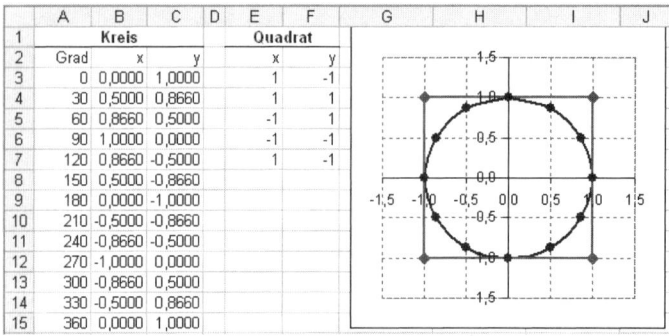

Abbildung 17.1: Kreis und Quadrat in Punkt (XY)-Diagramm erzeugen

Beispielsweise wird ein Kreis konstruiert, in dem man in Spalte A Gradzahlen von 0–360 schreibt. In B3 und C3 stehen die Formeln

`B3:=SIN(BOGENMASS(A3))` und

`C3:=COS(BOGENMASS(A3))`,

die jeweils bis Zeile 15 kopiert werden. Die Spalten B und C liefern die Datenquelle für den Kreis im Punkt (XY)-Diagramm. Mit den Werten aus E3:F7 kann man ein Quadrat konstruieren. Das ist nicht besonders spektakulär und nur als kleines „Warm-up" gedacht, um zu zeigen, wofür ein Punkt (XY)-Diagramm gut ist. Im Diagramm-Assistenten sieht man auf den ersten Blick keinen großen Unterschied zum

Liniendiagramm, aber versuchen Sie obiges einmal mit dem Liniendiagramm. Dann wird Ihnen schnell klar, dass die beiden völlig unterschiedlich ticken. Beim Quadrat wählen Sie den Diagrammuntertyp ohne interpolierte Linien und beim Kreis mit interpolierten Linien, sonst würden Sie ein Zwölfeck sehen.

17.1.1 Darstellung eines dreidimensionalen Körpers

Die Position eines Punktes in einem dreidimensionalen Raum wird durch seine x/y/z-Koordinaten bestimmt. Leider gibt es in Excel kein Punkt (XYZ)-Diagramm, also lassen sich dreidimensionale Körper, z.B. ein Würfel, nicht darstellen (eigentlich).

Mit Hilfe der trigonometrischen Funktionen SIN und COS in Kombination mit der Matrixfunktion MMULT ist es jedoch möglich, ein Punkt (XY)-Diagramm so zu frisieren, dass es dreidimensionale Körper darstellen kann und man es mit Schiebereglern sogar spektakulär bewegen kann. Um beispielsweise einen Würfel derart zu animieren, müssen Sie folgende Tabelle aufbauen *(Abbildung 17.2)*:

	A	B	C	D	E	F	G	H	I	J	K	L	M	N	O	P
1	x	y	z		x'	y'	z'		x''	y''		Betrachter X		0	0°	
2	1	1	1		1	1	1		0,93	0,93		Betrachter Y		0	0°	
3	-1	1	1		-1	1	1		-0,93	0,93		Abstand/Brennweite	13			
4	-1	-1	1		-1	-1	1		-0,93	-0,93						
5	1	-1	1		1	-1	1		0,93	-0,93		Drehmatrix:	1,00	0,00	0,00	
6	1	-1	-1		1	-1	-1		1,08	-1,08			0,00	1,00	0,00	
7	-1	-1	-1		-1	-1	-1		-1,08	-1,08			0,00	0,00	1,00	
8	-1	1	-1		-1	1	-1		-1,08	1,08						
9	1	1	-1		1	1	-1		1,08	1,08						
10	1	1	1		1	1	1		0,93	0,93						
11	1	1	-1		1	1	-1		1,08	1,08						
12	1	-1	-1		1	-1	-1		1,08	-1,08						
13	1	-1	1		1	-1	1		0,93	-0,93						
14	1	1	1		1	1	1		0,93	0,93						
15	-1	1	-1		-1	1	-1		-1,08	1,08						
16	-1	-1	-1		-1	-1	-1		-1,08	-1,08						
17	-1	-1	1		-1	-1	1		-0,93	-0,93						
18	-1	1	1		-1	1	1		-0,93	0,93						
19	-1	1	-1		-1	1	-1		-1,08	1,08						
20																

Abbildung 17.2: Aufbau eines Punkt (XYZ)-Diagramms

Jeder Datenpunkt des Würfels wird durch seine x/y/z-Koordinaten bestimmt, die in Spalte A, B und C manuell eingetragen werden. (Weitere Eingabezellen sind die Zellen O1:O2 und N3. Alle weiteren Zellen werden über Formeln berechnet.) Der gezeigte Würfel hat eine Seitenlänge von 2 und sein Mittelpunkt liegt genau im

Schnittpunkt von x-Achse, y-Achse und der virtuellen z-Achse. Die acht Ecken des Würfels haben die Koordinaten:

(1;1;1) / (-1;1;1) / (-1;-1;1) / (1;-1;1) / (1;-1;-1) / (-1;-1;-1) / (-1;1;-1) / (1;1;-1)

Wenn Sie jede Ecke nur als Punkt darstellen würden, würden dafür die acht Datenpunkte von A2:C9 ausreichen. Da sie aber mit Linien verbunden werden sollen, müssen Sie die Datenreihe erweitern, bis alle zwölf Kanten des Würfels bedeckt sind. Um alle zwölf Kanten des Würfels abzudecken, müssen manche Kanten mehrfach durchlaufen werden, deshalb geht die Datenreihe bis zur Zeile 19. Würde man nun von den Werten aus Spalte A und B eine Datenreihe im Punkt (XY)-Diagramm erzeugen, würde man nur ein Quadrat sehen. Die virtuelle z-Achse können Sie sich vielleicht vorstellen, aber im Diagramm ist nichts davon zu sehen.

Um den Würfel dreidimensional sehen zu können, müssen Sie ihm zwei Fähigkeiten geben.

- Erstens müssen Sie ihn drehen können, und zwar auf der x-Achse oder der y-Achse. Auf der z-Achse würde nicht genügen, denn dann würde er immer noch wie eine Fläche aussehen und die hinteren Ecken und Kanten blieben verborgen. Erst die Drehung auf der x- oder y-Achse bringen sie zum Vorschein.

- Zweitens müssen Sie ihm eine Perspektive geben. Das heißt, wenn die sechs Flächen des Würfels transparent sind, müssen die weiter hinten liegenden Kanten kürzer erscheinen (siehe gestrichelte Linien in der *Abbildung 17.4*).

Die Drehung ermöglichen Sie mit den Transformationsspalten E, F und G, die die transformierten Datenpunkte x', y' und z' wiedergeben. Die Werte sind abhängig von der Stärke der x- und y-Drehung, die in O1 und O2 per Hand in Grad vorgegeben wird. In N1 und N2 werden die Gradangaben in Bogenmaß umgerechnet.

N1:=BOGENMASS(O1)

N2:=BOGENMASS(O2)

Definieren Sie einen Namen *xDrehung* bezogen auf die Formel:

=WAHL({1.2.3;4.5.6;7.8.9};1;0;0;0;COS($N$1);SIN($N$1);0;-SIN($N$1);COS($N$1))

Und einen Namen *yDrehung* bezogen auf die Formel:

=WAHL({1.2.3;4.5.6;7.8.9};COS($N$2);0;-SIN($N$2);0;1;0;SIN($N$2);0;COS($N$2))

In diesen beiden Formeln (von Klaus Kühnlein, Kannada)steckt viel Mathematik, die später die Drehbewegung der Objekte ermöglicht. Ausnahmsweise ist das tiefere Verständnis dieser Formeln nicht unbedingt nötig, um dem Kapitel weiter folgen zu können.

Dann markieren Sie M5:O7 und erzeugen die zusammenhängende Matrixformel:

{=MMULT(xDrehung;yDrehung)}

Jetzt markieren Sie E2:G2 und erzeugen wieder die zusammenhängende Matrixformel

{=MMULT(A2:C2;$M$5:$O$7)},

die Sie bis E19:G19 nach unten kopieren.

Für jeden Datenpunkt der Transformationsspalten wird also eine Matrixmultiplikation der Basisspalten A:C und der Drehmatrix M5:O7 vorgenommen. Solange in N1 und N2 eine Null steht, entsprechen die transformierten Punkte x', y', z' den Originalen x, y und z.

Wenn man jetzt den Bereich E2:F19 als Datenreihe verwenden würde, wäre der Würfel schon drehbar, aber die Perspektive würde noch fehlen. Deshalb werden zwei weitere Transformationsspalten I und J mit den perspektivischen x"- bzw. y"-Werten erzeugt. Der Bereich I2:J19 wird dann als Datenquelle in das Diagramm übernommen. Spalte I enthält die x-Werte und Spalte J die y-Werte.

I2: =E2*$N$3/($N$3+G2)

J2: =F2*$N$3/($N$3+G2)

Die Formeln kopieren Sie jeweils bis Zeile 19.

Die manuelle Eingabe in N3 bestimmt den Abstand bzw. die Brennweite des Betrachters, also seine Perspektive. Folgender Vergleich soll den Einfluss der Perspektive veranschaulichen.

Würfeldrehung aus x'y' (E2:F19) ohne Perspektive (*Abbildung 17.3*):

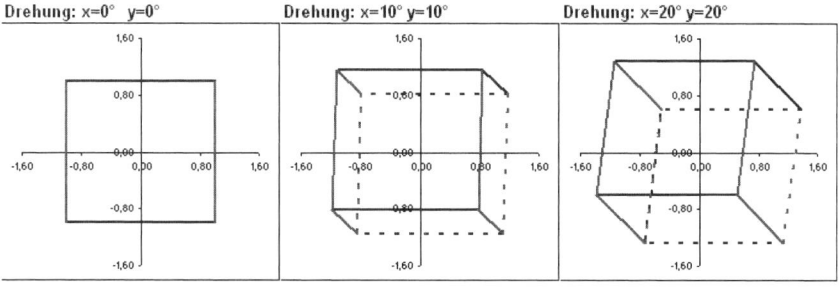

Abbildung 17.3: Ansicht eines Würfels aus drei verschiedenen Betrachterpositionen

Würfeldrehung aus x"y" (I2:J19) mit Perspektive (Abstand = 10) *(Abbildung 17.4)*:

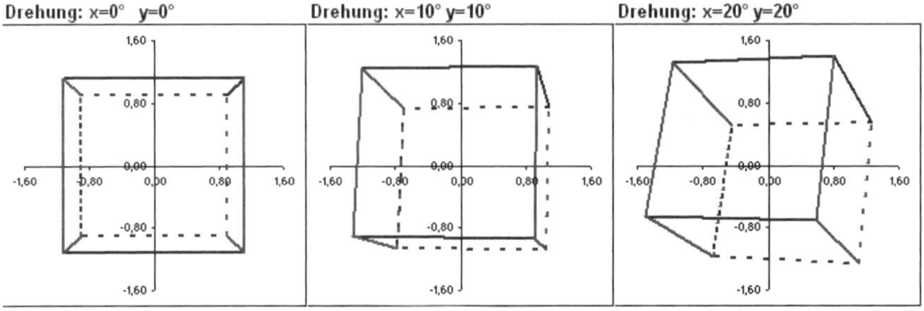

Abbildung 17.4: Perspektivische Ansicht eines Würfels aus drei verschiedenen Betrachterpositionen

Das Einzige, was jetzt noch fehlt sind Bildlaufleisten, mit denen Sie die Würfeldrehung fließend durchführen können. Nehmen Sie dazu unbedingt zwei Bildlaufleisten aus der *Steuerelemente-Symbolleiste* und verknüpfen Sie eine davon mit der Zelle O1 und die andere mit der Zelle O2. Klicken Sie die Bildlaufleisten rechts an, aktivieren Sie über das Kontextmenü den *Eigenschaften*-Dialog und setzen Sie die *LinkedCell*-Eigenschaft auf O1 bzw. O2.

Die Bildlaufleisten der Steuerelemente haben für diese Anwendung einen ganz wesentlichen Vorteil gegenüber der Bildlaufleiste aus der *Formular-Symbolleiste*. Wenn Sie mit der Maus die Bildlaufleiste betätigen, wird bei Ersteren das Diagramm sofort neu berechnet und angezeigt, auch wenn Sie die Maus noch gedrückt halten. Dadurch entsteht eine wunderschöne fließende Bewegung des Würfels. Die Bildlaufleiste der Formular-Symbolleiste müssen Sie zuerst wieder loslassen, damit das Diagramm neu angezeigt wird.

Außerdem ist es ratsam, die Achsenskalierung zu fixieren. Wenn Sie dies nicht tun, wird sie sich bei Drehung des Diagramms automatisch anpassen, was dann ziemlich doof aussieht.

Jetzt ist Ihr Punkt (XYZ)-Diagramm voll funktionstüchtig. In den Spalten A, B und C können die x/y/z-Koordinaten beliebiger Objekte oder auch Funktionen eingetragen werden und im Diagramm dreidimensional dargestellt werden.

17.1.2   Darstellung einer dreidimensionalen Funktion

Mit der gezeigten Drehtechnik können Sie nicht nur geometrisch Objekte drehen, sondern auch aus dreidimensionalen Funktionen in der Form

z=f(xy)=sin(x)*cos(y)

heraus, wie man das auch von Oberflächendiagrammen kennt.

In Spalte A und B erzeugen Sie alle x/y-Kombinationen im Intervall von –2 bis +2 mit einer Schrittweite von 0,2, das sind 21*21= 441 Datenpunkte (= Zeilen).

A2: =(-20+KÜRZEN((ZEILE()-2)/21)*2)/10

B2: =(-20+REST(ZEILE()-2;21)*2)/10

C2: =SIN(A2)*COS(B2)

Das wird jeweils bis Zeile 442 kopiert. An den Formeln der Spalten E bis O ändert sich nichts *(Abbildung 17.5)*.

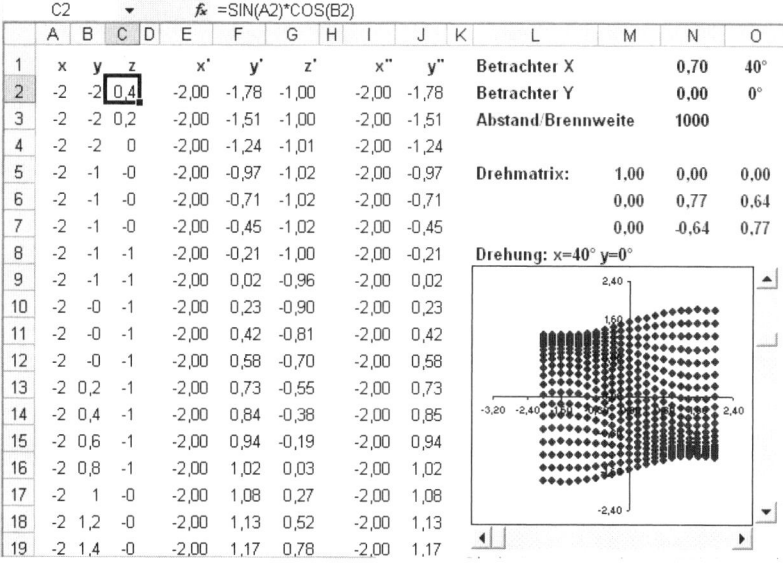

Abbildung 17.5: Darstellung von Datenpunkten einer dreidimensionalen Funktion

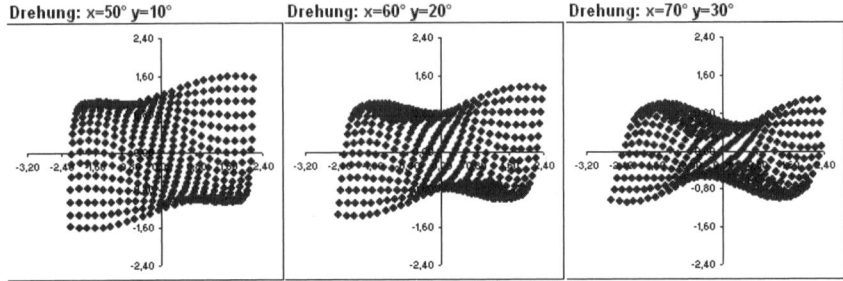

Abbildung 17.6: Dreidimensionale Funktion mit verschiedenen Betrachterpositionen

17.2 Das dreidimensionale Blasendiagramm

Neben dem Punkt (XY)-Diagramm ist das Blasendiagramm der zweite Diagrammtyp, bei dem die gezeigte dreidimensionale Drehtechnik angewendet werden kann. Wenn Sie im Diagrammassistenten die Blasendiagramme auswählen, stehen Ihnen zwei Untertypen zur Verfügung. Der eine Untertyp nennt sich *Blase mit 3D-Effekt*. Mit 3D-Effekt ist hier lediglich gemeint, dass die einzelnen Blasen so formatiert sind, dass sie kugelförmig erscheinen. Trotzdem bewegen sie sich nur auf einer zweidimensionalen Ebene.

Wir bereichern nun auch das Blasendiagramm um eine dritte Dimension. Die wesentliche Funktionalität des Punkt (XYZ)-Diagramms kann wieder verwendet werden, es sind nur einige, wenige Umrüstarbeiten notwendig *(Abbildung 17.7)*:

	A	B	C	D	E	F	G	H	I	J	K	L	M	N	O
1	x	y	z	g	x'	y'	z'		x"	y"	g'	Betrachter X		0,00	0°
2	0,0	1,0	0	2	0,00	1,00	0,00		0,00	1,00	2,67	Betrachter Y		0,00	0°
3	0,7	0,7	0	2	0,71	0,71	0,00		0,71	0,71	2,67	Abstand/Brennweit	2		
4	1,0	0,0	0	2	1,00	0,00	0,00		1,00	0,00	2,67				
5	0,7	-0,7	0	2	0,71	-0,71	0,00		0,71	-0,71	2,67				
6	0,0	-1,0	0	2	0,00	-1,00	0,00		0,00	-1,00	2,67	Drehmatrix	1,00	0,00	0,00
7	-0,7	-0,7	0	2	-0,71	-0,71	0,00		-0,71	-0,71	2,67		0,00	1,00	0,00
8	-1,0	0,0	0	2	-1,00	0,00	0,00		-1,00	0,00	2,67		0,00	0,00	1,00
9	-0,7	0,7	0	2	-0,71	0,71	0,00		-0,71	0,71	2,67				

Abbildung 17.7: Tabellenaufbau für ein dreidimensionales Blasendiagramm (1)

Die Spalten A:D sind Eingabespalten. Neu ist dabei die Eingabespalte D. E:G, I:J sowie die Drehmatrix sind identisch aufgebaut wie beim Punkt (XYZ)-Diagramm und die Zellen enthalten weiterhin dieselben Formeln. Jeder der 8 Datenpunkte der Daten-

reihe steht für eine Blase im Blasendiagramm. Die 8 Blasen sind kreisförmig angeordnet. Sie können den Bereich A2:B9 manuell oder auch über die folgenden Formeln bestücken (vergleiche die Kreiskonstruktion zu Beginn dieses Kapitels):

A2:A9: `{=SIN(BOGENMASS({0;45;90;135;180;225;270;315}))}`

B2:B9: `{=COS(BOGENMASS({0;45;90;135;180;225;270;315}))}`

In der Ausgangsposition beträgt die z-Position aller Blasen 0, d.h., sie befinden sich
alle auf einer Ebene.

Neu ist in diesem Diagramm Spalte D, die die Größe jeder Blase definiert. Dies ist beim
Blasendiagramm Standard. Geben Sie für alle Blasen in D2:D9 eine 2 ein. Um es nicht
noch komplizierter zu machen, unterstellen wir, dass alle Blasen gleich groß sind.

Das 3D-Blasendiagramm muss genau wie das Punkt (XYZ)-Diagramm zwei Fähigkeiten besitzen. Zum einen muss die Position der Kugeln im Raum durch die Drehung
auf der x- und y-Achse abgebildet werden können, zum anderen muss der Perspektive des Betrachters Rechnung getragen werden. Dies kann im Blasendiagramm sehr
gut durch die Variation der Blasengröße geschehen, denn eine Blase oder Kugel wirkt
ja kleiner, wenn sie sich vom Betrachter entfernt. Um dies zu gewährleisten, wurde
die Spalte K mit der transformierten Größe g' ins Leben gerufen. Die Formel

K2: `=D2*$N$3/(G2-0,5+$N$3)` (kopieren bis K9)

sorgt für die nötige Perspektive. Solange die Blasen die gleiche z-Achsenposition
(Spalte G) einnehmen und sie die gleiche reale Größe g haben, ist auch ihre perspektivische Größe g' in Spalte K gleich groß.

Nun muss man wissen, dass das Blasendiagramm zwei zusätzliche, wichtige Eigenschaften aufweist, die zur korrekten 3D-Darstellung beachtet werden müssen.

▨ Die Blasengröße aller Blasen verhält sich relativ zur größten Blase

Angenommen Sie stellen drei Blasen mit den Größen 1, 2 und 3 im Blasendiagramm
dar. Wenn Sie jetzt die Größe der dritten Blase von 3 auf 9 ändern, bleibt diese Blase
gleich groß, nur die anderen Blasen werden kleiner. Das heißt, immer die **größte
Blase** bestimmt die Größe der anderen. Diese Eigenschaft verträgt sich nicht mit den
Berechnungen zur 3D-Drehung. Um dies zu korrigieren, müssen Sie eine separate
Blase in einer neuen Datenreihe erstellen, die so groß ist, dass sie auf jeden Fall größer ist als die Blasen, die Sie eigentlich betrachten wollen. Je größer Sie diese Blase
machen, desto kleiner werden die übrigen Blasen dargestellt. Erstellen Sie ein neues

Blasendiagramm mit zunächst nur einer einzigen Blase. Setzen Sie diese Orientierungsblase beispielsweise auf Größe 20, ihre x- und y-Werte setzen Sie einfach auf 0:

=DATENREIHE(;{0};{0};1;{20})

Danach entfernen Sie Rahmen und farbige Fläche dieser Blase, damit sie optisch nicht mehr stört.

▪ Darstellungsreihenfolge der Blasen

Wichtig ist auch die Darstellungsreihenfolge der Blasen. Die Blasen, die in der Datentabelle an oberster Stelle stehen, werden im Diagramm am weitesten hinten dargestellt. Das sehen Sie an einem (von der Aufgabenstellung losgelösten) Beispiel *(Abbildung 17.8)*:

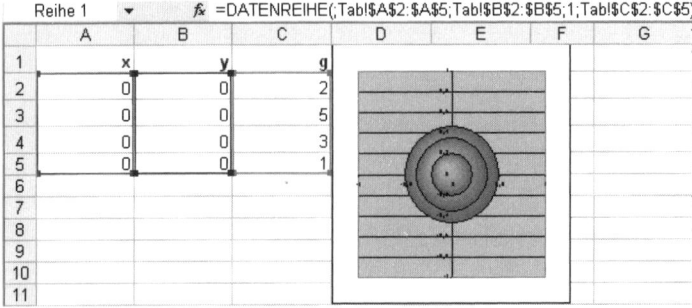

Abbildung 17.8: Prinzip der Darstellungsreihenfolge im Blasendiagramm

Die Blase mit Größe 2 ist nicht zu sehen, da sie an hinterster Stelle angezeigt wird und deshalb natürlich von den Blasen der Größe 5 und 3 verdeckt wird. Sie sehen nur drei Blasen – die der Zeilen 3, 4 und 5.

Wenn sich die Blasen im dreidimensionalen Raum korrekt auf der virtuellen z-Achse bewegen sollen, ist es natürlich wichtig, dass die weiter vorne liegenden Blasen die weiter hinten liegenden überdecken. Deshalb müssen Sie die Transformationsspalten I:K ein weiteres Mal transformieren, und zwar so, dass sie nach der in Spalte G bestimmten z-Achsenposition z' sortiert werden.

Werte sortieren

Zu diesem Zweck erweitern Sie die Berechnungen um die Spalten P:U, in denen die Blasen in die richtige Sortierreihenfolge gebracht werden (siehe *Abbildung 17.9*, in der die Betrachterposition auf 30° gestellt wurde).

	I	J	K	L	M	N	O	P	Q	R	S	T	U
1	x''	y''	g'	Betrachter X		0,52	30°	z'	z''	Zeile	x'''	y'''	g''
2	0,21	0,71	2,07	Betrachter Y		0,52	30°	0,43	0,66	8	-0,33	0,46	1,85
3	0,81	0,63	2,75	Abstand/Brennweite	2			-0,05	0,50	7	-0,69	0,00	2,00
4	1,15	0,00	4,00					-0,50	0,43	1	0,21	0,71	2,07
5	0,65	-0,91	4,76	Drehmatrix:	0,87	0,00	-0,50	-0,66	0,05	6	-0,77	-0,60	2,59
6	-0,32	-1,11	3,75		0,25	0,87	0,43	-0,43	-0,05	2	0,81	0,63	2,75
7	-0,77	-0,60	2,59		0,43	-0,50	0,75	0,05	-0,43	5	-0,32	-1,11	3,75
8	-0,69	0,00	2,00					0,50	-0,50	3	1,15	0,00	4,00
9	-0,33	0,46	1,85					0,66	-0,66	4	0,65	-0,91	4,76
10													

Abbildung 17.9: Tabellenaufbau für ein dreidimensionales Blasendiagramm (2)

```
P2: =G2+ZEILE()/1000000
```

```
Q2: =KGRÖSSTE($P$2:$P$9;ZEILEN($1:$1))
```

```
R2: =VERGLEICH(Q2;$P$2:$P$9;0)
```

```
S2: =INDEX($I$2:$I$9;$R2)
```

```
T2:=INDEX($J$2:$J$9;$R2)
```

```
U2:=INDEX($K$2:$K$9;$R2)
```

Dann müssen P2:U2 noch bis P9:U9 kopiert werden.

Maßgeblich für die Sortierreihenfolge ist die z'-Position der Spalte G, also die Position jeder Blase auf der virtuellen z-Achse. Diese wird nach Spalte P übernommen und mit + `ZEILE()/1000000` addiert. Dies erfüllt den Zweck, gleich große z' unterscheidbar zu machen. In Spalte Q werden die Werte aus Spalte P, beginnend mit dem größten, absteigend sortiert. In Spalte R wird die Zeilennummer des *k*-größten z'-Wertes aus Spalte P zurückgegeben. Dazu ist es wichtig, dass alle Suchwerte in Spalte P unterschiedlich groß sind (wofür mit `ZEILE()/1000000` gesorgt wurde).

In den Spalten S:U werden schließlich die x/y-Koordinaten sowie die Größe der Blasen aus den Spalten I:K übernommen, und zwar über die Zeilenangabe in Spalte R in der gewünschten Reihenfolge. Wie man sieht, ist die Blasengröße g'' nun aufsteigend sortiert.

Der Bereich S2:U9 wird als Datenquelle in das Blasendiagramm eingefügt. S2:S9 enthält die x-Position, T2:T9 die y-Position und U2:U9 die Blasengröße. Nicht vergessen: Ihr Blasendiagramm muss die Orientierungsblase mit der x-/y-Position 0/0 und einer Blasengröße enthalten, die größer ist als alle anderen Blasen (beispielsweise 20). Dann haben Sie es geschafft (Abbildung 17.10).

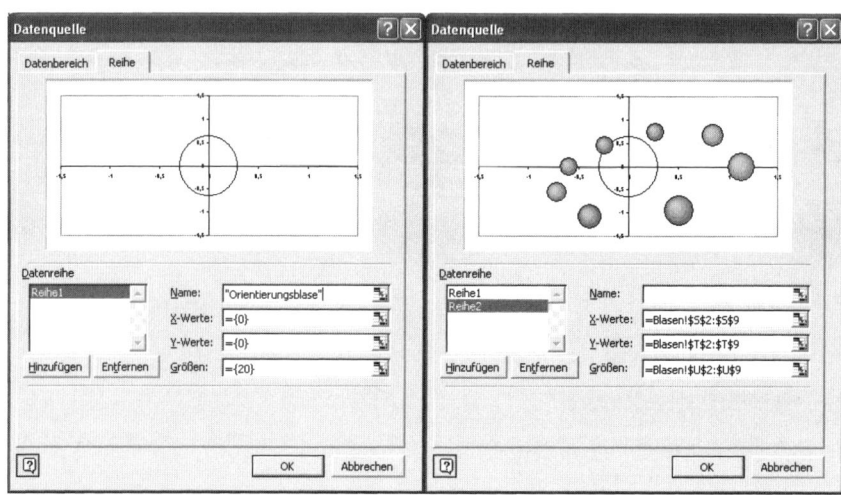

Abbildung 17.10: Die zwei Datenreihen des Blasendiagramms

Das Ergebnis sehen Sie aus drei unterschiedlichen Perspektiven in der Abbildung 17.11.

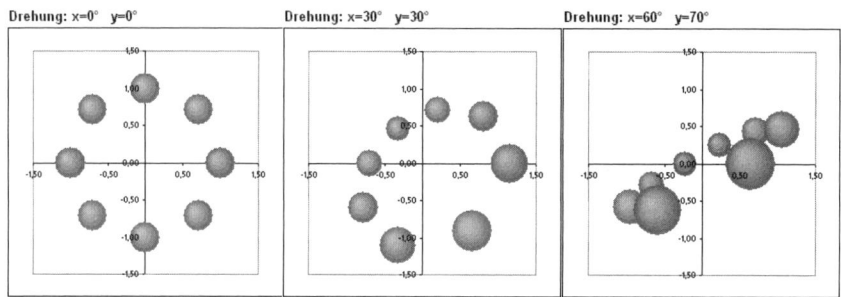

Abbildung 17.11: Darstellung eines dreidimensionalen Blasendiagramms mit verschiedenen Betrachterpositionen

KAPITEL 18

Hyperlinks: „Beam uns rauf, Scotty!"

Der Hyperlink zählt sicherlich zu den genialsten und populärsten Erfindungen des späten zwanzigsten Jahrhunderts. Ganz nach Vorbild von Raumschiff Enterprise kann man sich damit an fast jeden Ort des Internets bzw. PCs „beamen". Auch in Excel kann dieses „Beamen" von großem Vorteil sein. In diesem Kapitel werden Sie sehen, wie Sie diese Funktionalität voll ausreizen und kreuz und quer durch den PC-Orbit düsen können.

18.1 Der „normale" Hyperlink

Beginnen wir aber zunächst mit dem „ungewollten" Hyperlink. Wir schreiben in eine Zelle

www.excelformeln.de

und Excel macht daraus sofort einen Hyperlink. Das mag zwar in den meisten Fällen gewollt sein, ist aber vielleicht doch nicht immer erwünscht. Verantwortlich für die automatische Umwandlung ist die Einstellung *Extras>Autokorrekturoptionen...> AutoFormat während der Eingabe>Während der Eingabe ersetzen: Internet- und Netzwerkpfade durch Hyperlinks*. Sie können natürlich diesen langen Weg gehen. Allerdings können Sie auch einfach ⌷Strg⌷ + ⌷Z⌷ drücken (Shortcut für: *Bearbeiten>Rückgängig*), denn Excel führt hierbei zwei Aktionen nacheinander aus: 1. Wert einfügen und 2. einen Hyperlink daraus machen. Somit lässt sich die zweite Aktion einfach rückgängig machen, so dass www.excelformeln.de schlicht als Text in der Zelle erscheint.

Jetzt kommen wir aber zu den „gewollten" Hyperlinks. Grundsätzlich gilt dabei, dass man alles, was irgendwie verlinkbar ist, auch verlinken kann. Dazu gehören Internetadressen (URLs), E-Mail-Adressen, Dateien/Dateinamen (z.B. auf Ihrer Festplatte) etc. Sie können sogar ein bestimmtes Blatt in einer Datei direkt ansteuern, z.B. ein Arbeitsblatt in einer Excel-Datei oder die fünfte Folie in einer Powerpoint-Präsentation. „Beam uns rauf, Scotty!" – alles kein Problem, solange man Scotty die notwendigen Zielkoordinaten gibt – sprich: den Link korrekt zusammenbastelt.

Es gibt mehrere Möglichkeiten, einen Hyperlink zu kreieren. Die eingebaute Menüfunktion *Einfügen>Hyperlink* ist der geläufigste Weg *(Abbildung 18.1)*.

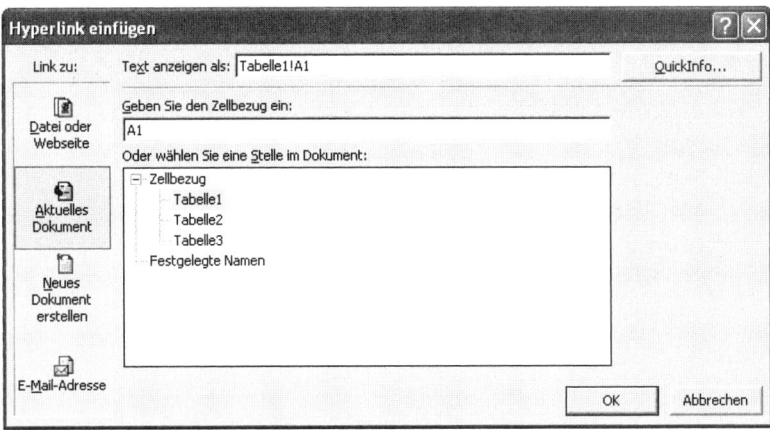

Abbildung 18.1: Dialog Hyperlink einfügen

Für eine statische Verlinkung sollten Sie auch immer diesen Dialog nutzen.

Viel spannender und flexibler ist aber die gleichnamige Excel-Funktion HYPERLINK(). Im Gegensatz zu obigem Feature können dort die Hyperlinks auch dynamisch erzeugt werden. Wir werden das jetzt einmal an einigen Beispielen verdeutlichen.

18.2 Arbeitsmappen-Navigator mit Hyperlinks

In umfangreichen Mappen ist es oftmals hilfreich, ein Übersichtsblatt anzulegen, von dem aus man alle anderen Blätter ansteuern kann. Möglicherweise werden in dieser Mappe im Laufe der Zeit auch noch Blätter hinzugefügt oder wieder entfernt.

Dazu ist es zunächst notwendig, alle vorhandenen Tabellenblätter zu indexieren. Dies geschieht mit der Excel 4-Makrofunktion ARBEITSMAPPE.ZUORDNEN(Typ;Name). Definieren Sie also erst einmal einen Namen (Name: *Alle*) und beziehen ihn hierauf:

`=ARBEITSMAPPE.ZUORDNEN(1+0*JETZT())`

ARBEITSMAPPE.ZUORDNEN(1) gibt eine einzeilige, aus Zeichenfolgen bestehende Matrix mit den Namen der zu der Arbeitsmappe gehörenden Blätter zurück. Die Namen werden als [Arbeitsmappe]Blatt zurückgegeben.

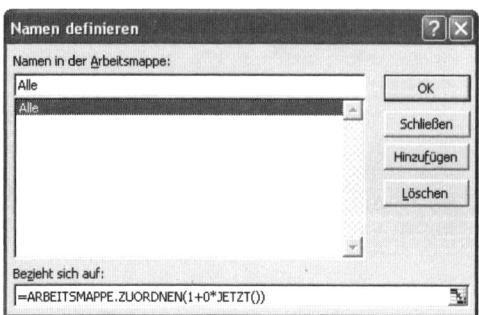

Abbildung 18.2: Dialog Namen einfügen – Excel 4-Makrofunktion

Der Zusatz 0*JETZT() bewirkt, dass die Funktion flüchtig wird, was zur Folge hat, dass eingefügte, verschobene und gelöschte Blätter sofort ihren Platz in der „Blätter-Matrix" erhalten. Hier kann auch jede andere flüchtige Funktion verwendet werden (z.B. HEUTE, ZUFALLSZAHL etc.). Wichtig ist nur, dass der Parameter 1 nicht verändert wird, und das ist mit einer Addition von null immer gewährleistet. Der zweite Parameter [*Name*] kann entweder den Namen der verwendeten Arbeitsmappe erhalten oder aber entfallen. In letzterem Fall bezieht sich die Blattauflistung immer auf die **aktive** Mappe – was uns im Normalfall genügen sollte.

So, das war aber nur die Vorarbeit. Jetzt ernten wir die Früchte, indem wir die Matrix *Alle* von 1 bis n ansprechen. Dazu bietet sich die Funktion INDEX an. Schreiben wir also in irgendeine Zelle

=INDEX(Alle;ZEILE(A1))

und kopieren diese Formel nach unten. In folgendem Beispiel hat unsere Mappe 5 Blätter: *Übersicht, Jens F., Walter F., Boris G.* und *excelformeln.de.* Das Ergebnis sehen Sie in *Abbildung 18.3:*

	A2 ▼	*fx* =INDEX(Alle;ZEILE(A1))	
	A		B
1	**Vorhandene Blätter**		
2	[Hyperlink Buch.xls]Übersicht		
3	[Hyperlink Buch.xls]Jens F.		
4	[Hyperlink Buch.xls]Walter F.		
5	[Hyperlink Buch.xls]Boris G.		
6	[Hyperlink Buch.xls]excelformeln.de		
7	#BEZUG!		
8	#BEZUG!		
9			

Abbildung 18.3: Alle Tabellen einer Mappe auflisten

#BEZUG! erscheint dann, wenn keine Blätter mehr vorhanden sind. Der Mappenzusatz *.xls* erscheint im Übrigen erst, wenn die Mappe bereits einmal gespeichert wurde.

Das war aber erst die halbe Miete. Scotty soll uns jetzt noch quer durch die Mappe beamen. Dazu müssen wir die Zielkoordinaten noch etwas verfeinern. Dabei hilft uns die Funktion HYPERLINK(Hyperlink_Adresse;Freundlicher_Name). Beide Parameter, *Hyperlink_Adresse* und *Freundlicher_Name*, sind ganz gewöhnliche Strings, die sich auch aus vielen Einzelteilen zusammensetzen lassen.

In Spalte B basteln wir zunächst den notwendigen String zur Verlinkung zusammen. Dieser muss – sofern wir auf die Zelle A1 verlinken möchten – am Ende so aussehen:

`'[Mappe1.xls]Jens F.'!A1`

Es fehlen also noch die in Anführungszeichen gesetzten Hochkommata, das Ausrufezeichen und die Zelladresse (A1). Es bietet sich folgende Stringverkettung in B2 an:

`="'"&A2&"'!A1"`

Doch damit kann Scotty am Ende leider noch nichts anfangen. Der Bezug muss mit einer # (Raute) beginnen, und zwar immer dann, wenn man innerhalb einer bestimmten Datei eine bestimmte *Textmarke* ansteuern möchte (hier ein bestimmtes Blatt und eine bestimmte Zelle). Wir ergänzen also die Formel

`B2: ="#'"&A2&"'!A1"`

und kopieren sie in Spalte B herunter.

Jetzt bauen wir diesen String in Spalte C in die Funktion HYPERLINK ein und binden als [*Freundlicher Name*] noch den reinen Blattnamen ein, den wir aus Spalte A auslesen *(Abbildung 18.4)*.

C2	▾	*fx* =HYPERLINK(B2;TEIL(A2;FINDEN("]";A2)+1;31))	
	A	**B**	**C**
1	Vorhandene Blätter	Hyperlink	Freundlicher Name
2	[Hyperlink Buch.xls]Übersicht	#[Hyperlink Buch.xls]Übersicht'!A1	Übersicht
3	[Hyperlink Buch.xls]Jens F.	#[Hyperlink Buch.xls]Jens F.'!A1	Jens F.
4	[Hyperlink Buch.xls]Walter F.	#[Hyperlink Buch.xls]Walter F.'!A1	Walter F.
5	[Hyperlink Buch.xls]Boris G.	#[Hyperlink Buch.xls]Boris G.'!A1	Boris G.
6	[Hyperlink Buch.xls]excelform	#[Hyperlink Buch.xls]excelformeln.	excelformeln.de
7	#BEZUG!	#BEZUG!	#BEZUG!
8	#BEZUG!	#BEZUG!	#BEZUG!
9			

Abbildung 18.4: Aufgelistete Tabellen verlinken

Der Formelteil

```
TEIL(A2;FINDEN("]";A2)+1;31)
```

liest aus Spalte A den Text nach der schließenden eckigen Klammer "]" aus. Dies ist eben der Blattname, und diesen nutzen wir als [*Freundlicher Name*] im Hyperlink. Und just in diesem Moment heißt es bei einem Klick in Spalte C: „Beam uns rauf, Scotty!"

Und am Ende dieser Übung lassen wir auch noch die Spalten A und B verschwinden, indem wir die Formel in Spalte C einfach mit den beiden anderen Formeln verschachteln. Das sieht im Ergebnis so aus:

```
=HYPERLINK("#'"&INDEX(Alle;ZEILE(A1))&"'!A1";TEIL(INDEX(Alle;ZEILE(A1));FIN-
DEN("]";INDEX(Alle;ZEILE(A1)))+1;31))
```

Und wer sich jetzt noch an dem Fehlerwerten #BEZUG! stört, der gleicht die Funktion ZEILE() mit ANZAHL2(Alle) ab:

```
=WENN(ZEILE(A1)>ANZAHL2(Alle);"";HYPERLINK("#'"&INDEX(Alle;ZEILE(A1))&"'!A1";T
EIL(INDEX(Alle;ZEILE(A1));FINDEN("]";INDEX(Alle;ZEILE(A1)))+1;31)))
```

Damit kommt ein schönes Endprodukt zustande *(Abbildung 18.5)*:

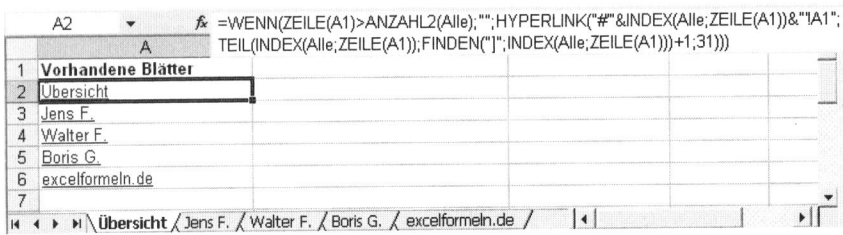

Abbildung 18.5: Tabellen ohne Hilfsspalten verlinken

Diese Formel steht bei mir (Boris) in fast jeder Mappe!

18.3 Dateien-Navigator mit Hyperlinks

Neben der Verlinkung innerhalb einer Mappe kann es auch wünschenswert sein, alle Dateien in einem bestimmten Ordner aufzulisten und gleichzeitig zu verlinken.

Dazu bedienen wir uns diesmal der Excel 4-Makrofunktion DATEIEN(Verzeichnistext). Wir definieren den Namen *AlleDat*, der sich auf die Excel 4-Makrofunktion =DATEIEN("*.*") bezieht.

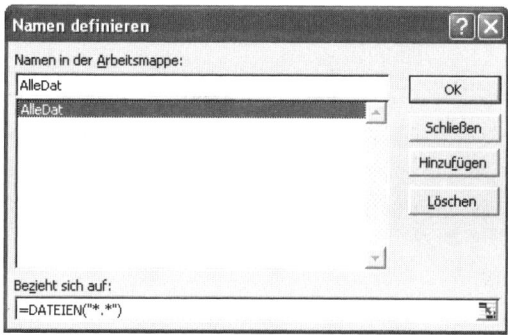

Abbildung 18.6: Dialog Namen definieren

AlleDat enthält jetzt alle Dateien des aktuellen Ordners. Die Joker können durch einen bestimmten Pfad und eine bestimmte Dateiendung ersetzt werden. Um zum Beispiel nur die XLS-Dateien aus dem Verzeichnis *H:\Eigene Dateien* auszulesen, muss sich der Name hierauf beziehen:

`=DATEIEN("H:\Eigene Dateien\*.xls")`

Der Rest ist eigentlich mit der Auflistung aller Blätter innerhalb einer Datei identisch. In irgendeiner Zelle beginnen wir mit der Auflistung mit:

`A1: =INDEX(AlleDat;ZEILE(A1))`

Kopieren Sie diese Formel nach unten, dann erhalten Sie dadurch eine Auflistung aller Dateien im aktuellen Ordner. Im Beispiel befinden sich dort nur Excel-Dateien, und zwar vier Stück *(Abbildung 18.7)*:

	A	B	C
	A1 ▼	*fx* =INDEX(AlleDat;ZEILE(A1))	
1	Ausgaben.xls		
2	CD-Liste.xls		
3	Fußball-Tippspiel.xls		
4	Geburtstage.xls		
5	#BEZUG!		
6	#BEZUG!		
7			

Abbildung 18.7: Dateien eines Verzeichnisses auflisten

#BEZUG! kann man auch hier wieder mit der vorgeschalteten WENN-Abfrage elimi-
nieren, die ZEILE() mit ANZAHL2(AlleDat) vergleicht:

```
=WENN(ZEILE(A1)>ANZAHL2(AlleDat);"";INDEX(AlleDat;ZEILE(A1)))
```

Im nächsten Schritt verlinken wir die Dateien in Spalte B. Da wir die Dateien aus dem
aktuellen Ordner aufgelistet haben, ist die Pfadangabe entbehrlich *(Abbildung 18.8)*.
Es reicht also:

```
B1: =HYPERLINK(A1)
```

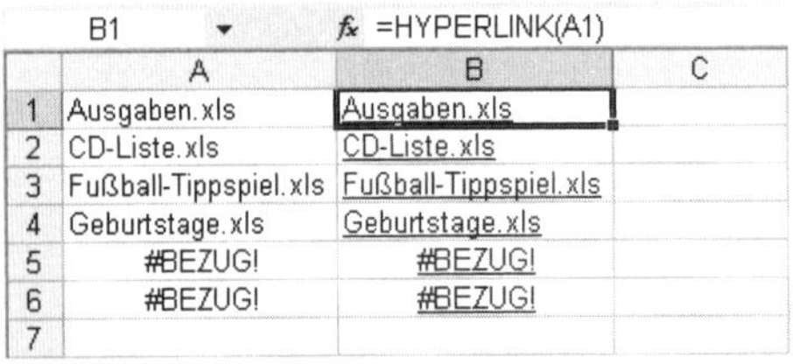

	B1 ▼	*fx* =HYPERLINK(A1)	
	A	B	C
1	Ausgaben.xls	Ausgaben.xls	
2	CD-Liste.xls	CD-Liste.xls	
3	Fußball-Tippspiel.xls	Fußball-Tippspiel.xls	
4	Geburtstage.xls	Geburtstage.xls	
5	#BEZUG!	#BEZUG!	
6	#BEZUG!	#BEZUG!	
7			

Abbildung 18.8: Aufgelistete Dateien verlinken

Und selbstverständlich können wir uns am Ende die Hilfsspalte auch noch sparen,
indem wir die Formel in Spalte A direkt mit einem Hyperlink unterlegen:

```
A1:
=WENN(ZEILE(A1)>ANZAHL2(AlleDat);"";HYPERLINK(INDEX(AlleDat;ZEILE(A1))))
```

	A1 ▼	*fx* =WENN(ZEILE(A1)>ANZAHL2(AlleDat);"";HYPERLINK(INDEX(
	A	AlleDat;ZEILE(A1))))
1	Ausgaben.xls	
2	CD-Liste.xls	
3	Fußball-Tippspiel.xls	
4	Geburtstage.xls	
5		

Abbildung 18.9: Aufgelistete Dateien – ohne Hilfsspalte – verlinken

Auch wenn die – in der Regel typische – Hyperlinkformatierung (blau und unterstrichen) nicht ersichtlich ist: Es sind alles Hyperlinks – und fertig ist unsere Dateiauflistung! Zumindest fast.

Der Name *AlleDat* „merkt" noch nicht, wenn in dem Verzeichnis Dateien hinzukommen oder gelöscht werden. In diesem Fall muss man die Datei zu einer Neuberechnung „zwingen", wobei hier der schlichte Druck auf [F9] nichts bewirkt. Eine Neu-

berechnung erlangt man nur mit der Tastenkombination $\boxed{\text{Strg}}$ + $\boxed{\text{Alt}}$ + $\boxed{\text{F9}}$ – in VBA bekannt als die CalculateFull-Methode. Auf diese Weise erzwingt man eine vollständige Berechnung der Daten in allen geöffneten Arbeitsmappen.

Doch wie so oft, gibt es auch hierfür eine Lösung. Wir erinnern uns an die Namensdefinition *AlleDat*. Der Name bezog sich auf: =DATEIEN("*.*").

Wir müssen nur eine flüchtige Funktion in die Namensdefinition „schmuggeln", damit sich der Name in dem Moment aktualisiert, wo Dateien hinzukommen oder gelöscht werden. Zu Beginn des Kapitels, als es um die Verlinkung der Tabellenblätter innerhalb einer Mappe ging, haben wir uns der Funktion JETZT() bedient:

=ARBEITSMAPPE.ZUORDNEN(1+0*JETZT())

Doch bei =DATEIEN("*.*") haben wir keine Zahl, die wir einfach mit null addieren können. Die Abhilfe sieht so aus: Wir machen aus der flüchtigen Funktion JETZT() einen Leerstring und verketten diesen mit der Dateiauflistung. Damit schlagen wir wieder mal zwei Fliegen mit einer Klappe: Der Name erhält die notwendige Flüchtigkeit, wird aber nicht verändert oder in seiner Funktionalität gestört. Wir bedienen uns zusätzlich der Funktion T() und erhalten

=DATEIEN("*.*")&T(JETZT()).

Et voilà: Auch dieses Problem ist gelöst. Die Berechnungsnotwendigkeit mit $\boxed{\text{Strg}}$ + $\boxed{\text{Alt}}$ + $\boxed{\text{F9}}$ ist Schnee von gestern!

18.3.1 Dateien an einer bestimmten Stelle öffnen

Wie bereits erwähnt, lassen sich Dateien auch derart verlinken, dass sie direkt einen gewünschten Abschnitt aktivieren. Zum Beispiel kann man mit

=HYPERLINK("H:\Eigene Dateien\Berichtsmanager.doc#Speicherort")

ein Word-Dokument verlinken und direkt auf die Seite gelangen, auf der zum ersten Mal das Wort „Speicherort" auftaucht. Mit

=HYPERLINK("H:\Eigene Dateien\Powerpoint\Präsentationen\Kostenanalyse.ppt#4")

öffnet man hingegen die vierte Folie der angegebenen Powerpoint-Präsentation. Mit der vorangestellten Raute (#) signalisiert man dem Hyperlink eine Textmarke innerhalb einer Datei. Und diese Textmarke kann eine Seitenangabe, ein Suchbegriff, der Name eines Tabellenblattes usw. sein.

18.4 Zugriff auf viele geschlossene Dateien

Jetzt kann es aber auch vorkommen, dass Sie die einzelnen Dateien nicht verlinken, sondern ausschließlich bestimmte Zellwerte auslesen möchten. Dazu gibt es zwar die Funktion INDIREKT, die aber den gravierenden Malus besitzt, dass die Quelldateien geöffnet sein müssen. Das ist in den meisten Fällen aber alles andere als praktisch, speziell dann, wenn es sich um eine Vielzahl von Dateien handelt.

Beispielsweise führen Sie innerhalb eines Ordners periodisch Rechnungsdateien, von denen sich bislang über 100 Stück angesammelt haben. Die Dateien sind vom Aufbau her alle identisch. Aus allen Dateien möchten Sie jetzt den Wert aus der jeweiligen Zelle *Tabelle1!A1* auslesen. Um jetzt nicht alle Mappen öffnen zu müssen, machen Sie Folgendes:

Schreiben Sie in Zelle A1 die Pfadangabe (mit abschließendem Backslash). Ab A2 führen Sie alle Dateinamen aus dem Verzeichnis auf, so wie es in *Abbildung 18.10* zu sehen ist. Wie das am schnellsten geht, haben Sie im letzten Abschnitt dieses Kapitels gesehen. Jetzt verketten Sie Pfad und Dateiname, so dass ein vollständiger Bezug (in Textform) auf eine nicht geöffnete Datei entsteht. Dabei ist es wichtig, dass dieser Textbezug mit einem Leerzeichen und einem Gleichheitszeichen beginnt:

	B2	▼	*fx* =" ="'&A$1&"["&A2&"]"&"Tabelle1'!$A$1"		
	A		B		C
1	C:\Ordner-RG-2005\				
2	Rechnungen-Jan-05.xls		='C:\Ordner-RG-2005\[Rechnungen-Jan-05.xls]Tabelle1'!$A$1		
3	Rechnungen-Feb-05.xls		='C:\Ordner-RG-2005\[Rechnungen-Feb-05.xls]Tabelle1'!$A$1		
4	Rechnungen-Mrz-05.xls		='C:\Ordner-RG-2005\[Rechnungen-Mrz-05.xls]Tabelle1'!$A$1		
5	Rechnungen-Apr-05.xls		='C:\Ordner-RG-2005\[Rechnungen-Apr-05.xls]Tabelle1'!$A$1		
6	Rechnungen-Mai-05.xls		='C:\Ordner-RG-2005\[Rechnungen-Mai-05.xls]Tabelle1'!$A$1		
7	Rechnungen-Jun-05.xls		='C:\Ordner-RG-2005\[Rechnungen-Jun-05.xls]Tabelle1'!$A$1		

Abbildung 18.10: Bezüge zu vielen Dateien aus einem zusammengesetzten String erzeugen

Im nächsten Schritt ersetzen Sie die Formeln in Spalte B durch Werte (Spalte B kopieren, dann *Bearbeiten>Inhalte einfügen...>Werte*). Selektieren Sie erneut Spalte B und wählen *Bearbeiten>Ersetzen...* (Shortcut: [Strg] + [H]). Suchen Sie jetzt nach " =" (Leerzeichen+Gleichheitszeichen) und ersetzen Sie es durch "=" (nur Gleichheitszeichen). Und siehe da: Excel erkennt die Bezüge an! Wenn Ihre Pfadangaben korrekt waren, dann stehen jetzt alle Werte aus A1 der jeweiligen Tabellen in Spalte B.

18.5 Der Such-Link – blitzschnelle Tabellennavigation

Sie arbeiten in der Materialverwaltung Ihres Unternehmens. Ihre gesamten 10.000 Artikel führen Sie in einem Excel-Blatt mit Artikelnummer, Artikelbezeichnung, Nettopreis und allem, was sonst noch dazu gehört. Sie sind für die Pflege dieser Daten verantwortlich. Dabei kommt es natürlich oft vor, dass neue Artikel hinzukommen, andere wiederum aus dem Sortiment gestrichen werden oder sich einfach nur die Preise ändern. Wie Sie einen bestimmten Artikel blitzschnell ausfindig machen, werden Sie jetzt erfahren.

Die Datei ist wie folgt aufgebaut *(Abbildung 18.11)*:

	C1	▼	*f*x =HYPERLINK("#A"&VERGLEICH(B1;A6:A10000;0)+5;"Artikelnr. finden")				
	A	B	C	D	E	F	G
1	Artikelnr.	23163	Artikelnr. finden	Preis ändern			
2	Artikelbez.	el_130	Artikel finden	Preis ändern			
3			Ab nach oben				
4							
5	Artikel-Nr.	Artikelbezeichnung	Nettopreis	MwSt	Bruttopreis		
6	44082	Artikel_1	37,55 €	16%	43,56 €		
7	10226	Artikel_2	31,82 €	16%	36,91 €		
8	44217	Artikel_3	8,72 €	16%	10,12 €		
9	21116	Artikel_5	3,81 €	16%	4,42 €		
10	32734	Artikel_6	95,92 €	16%	111,27 €		
11	13121	Artikel_7	76,10 €	7%	81,43 €		
12	32099	Artikel_8	10,27 €	16%	11,91 €		
13	14895	Artikel_9	80,70 €	16%	93,61 €		
14	18304	Artikel_10	1,55 €	7%	1,66 €		
15	19208	Artikel_11	32,20 €	16%	37,35 €		
16	48212	Artikel_12	26,37 €	16%	30,59 €		
17	13128	Artikel_13	45,09 €	16%	52,30 €		
18	25541	Artikel_14	82,56 €	16%	95,77 €		
19	46554	Artikel_15	86,85 €	16%	100,75 €		
20	12669	Artikel_16	11,12 €	16%	12,90 €		
21	34309	Artikel_17	92,53 €	16%	107,33 €		
22	40967	Artikel_18	17,22 €	16%	19,98 €		
23	22941	Artikel_19	36,04 €	16%	41,81 €		
24	30760	Artikel_20	68,78 €	16%	79,78 €		
25	27048	Artikel_21	1,03 €	16%	1,19 €		
26	48525	Artikel_22	85,66 €	16%	99,37 €		
27	45082	Artikel_23	36,88 €	16%	42,78 €		

Abbildung 18.11: Tabelle mit Such-Link

Verschaffen Sie sich oberhalb der Tabelle etwas Platz für Ihre Navigationsinstrumente. Damit diese auch immer sichtbar sind, fixieren Sie das Fenster oberhalb von Zeile 6. Alles, was Sie jetzt noch benötigen, ist die Artikelnummer, die Sie als Suchbegriff in B1 eingeben. Mit der angegebenen Formel in

`C1: =HYPERLINK("#A"&VERGLEICH(B1;A6:A10000;0)+5;"Artikelnr. finden")`

wird der Suchbegriff mit der Funktion VERGLEICH im Bereich A6:A1000 gesucht. Die so ermittelte Zahl wird noch um 5 erhöht, um die Zeilennummer zu erhalten. Diese wiederum wird dann mit #A verkettet, und schon haben wir die korrekten Zielkoordinaten. Ein Klick auf den Hyperlink wird die entsprechende Zelle in Spalte A ansteuern. Am Beispiel der Artikelnummer 14895 (Zelle A13) ergibt die teilausgewertete Formel:

`=HYPERLINK("#A"&8+5;"Artikelnr. finden")=HYPERLINK("#A13";"Artikelnr. finden")`

Also wird Zelle A13 verlinkt. In D1 steht exakt die gleiche Formel, nur dass #A durch #C ersetzt wurde, um direkt in der Preisspalte zu landen.

`D1: =HYPERLINK("#C"&VERGLEICH(B1;A6:A10000;0)+5;"Preis ändern")`

Man kann auch Suchbegriffe eingeben, die im Suchbereich nur **enthalten** sein müssen, also eine teilweise Übereinstimmung haben. Dies funktioniert aber nicht bei Zahlen, sondern nur bei Texten. Die nur leicht abgewandelte Formel lautet dazu in C2:

`=HYPERLINK("#B"&VERGLEICH("*"&B2&"*";B6:B10000;0)+5;"Artikel finden")`

Der Suchbegriff muss also nur vorne und hinten mit Platzhaltern (*) umrandet werden. Suchen Sie beispielsweise nach der Teilbezeichnung „kel_10", dann wird dieser Artikel in Zeile 14 aufgestöbert und verlinkt. In D2 steht wieder die gleiche Formel mit der Abänderung der Spaltenbezeichnung von #B auf #C.

Da Ihre Suchbegriffe ja auch irgendwo in Zeile 5.000 stehen können, müssen Sie sich noch eine Möglichkeit verschaffen, wie Sie schnell wieder zum Anfang Ihrer Liste gelangen können. Dies geschieht durch einfache Verlinkung der Zelle A6 mit der Formel in C3:

`=HYPERLINK("#A6";"Ab nach oben")`

Das war jetzt sozusagen das „Warm-Up". Jetzt zeigen wir Ihnen, wie ein Hyperlink in einer einzigen Zelle hunderte verschiedener Adressen ansteuern kann.

18.6 Der multiple Power-Link

Wir haben eine Telefonliste Ihres Unternehmens mit allen 10.000 Mitarbeitern entworfen. In Spalte A stehen die Nachnamen, in Spalte B die Vornamen und in Spalte C die direkte Durchwahl des Mitarbeiters *(Abbildung 18.12)*.

	A	B	C	D
1				
2	**Nachname**	**Vorname**	**Durchwahl**	
3	Müller	Hans	2366	
4	Fricke	Walter	2544	
5	Georgi	Boris	1623	
6	Fleckenstein	Jens	2890	
7	Müller	Bernd	3320	
8	Georgi	Helga	2440	
9	Fischer	Lutz	4562	
10	Fricke	Ulla	2870	
11	Fleckenstein	Hann	2990	
12	Müller	Sascha	4155	
13	Fricke	Klara	1888	
14	Müller	Heinz	4698	
15	usw.	...	...	
16	usw.	...	...	
17				

Abbildung 18.12: *Beispieltabelle Telefonnummernliste*

Jetzt möchten Sie in Zelle B1 einen Nachnamen vorgeben und diesen in Zelle C1 mit einem Hyperlink ansteuern. Wie das geht, wissen Sie ja bereits. Da manche Nachnamen aber mehrfach vorkommen, möchten Sie mit jedem Klick auf den Hyperlink den nächsten Treffer ansteuern, und zwar so lange, bis der letzte Treffer erreicht ist.

Nicht möglich, denken Sie? Doch, mit ein paar Tricks geht (fast) alles.

Die Überlegung: Ausgehend von der **aktiven** Zelle/Zeile muss der Hyperlink den Suchbegriff aufspüren. Hat er ihn gefunden (und die entsprechende Zelle angesteuert), muss die Suche von vorne beginnen – und zwar wiederum von der aktiven Zelle aus. Doch wie kommen wir mit einer Formel an die aktive Zelle? Dabei hilft uns die Funktion ZELLE(Infotyp;Bezug) mit dem Infotyp *Zeile*. Lässt man den Parameter *Bezug* weg, liefert die Funktion die Zeilennummer der aktiven Zelle. Also schreiben wir in A1:

=ZELLE("Zeile")

Selektieren wir jetzt zum Beispiel D10 und berechnen das Blatt mit F9 neu, dann zeigt die Formel das Ergebnis 10 an – also die Zeile der aktiven Zelle. Die erste Hürde ist somit genommen. Jetzt müssen wir nur noch die Koordinaten für den Hyperlink abhängig von der Zeile in A1 machen. Eigentlich ist es auch lediglich der Suchbereich, der immer wieder aufs Neue bei der letzten Fundstelle beginnen muss, damit wir mit der Funktion VERGLEICH immer einen anderen Treffer landen können.

Spielen wir das am Beispiel des Suchbegriffs „Fricke" einmal durch. Der 1. Treffer muss in Zeile 4 landen, der 2. Treffer in Zeile 10 und der 3. in Zeile 13. Also müssen die Suchbereiche nacheinander folgendermaßen aussehen:

1. A3:A65536

2. A5:A65536

3. A11:A65536

Das Ende des Bezugs (A65536) ist immer fix. Die Spalte A ebenfalls. Veränderlich ist einzig und allein die Startzeile. Diese erhalten wir aus der Formel in Zelle A1 und addieren noch 1. Den gesamten Bezug bauen wir auch mit INDIREKT zusammen:

```
INDIREKT("A"&A1+1&":A65536")
```

Diesen Bezug verschachteln wir in die Funktion VERGLEICH und diese wiederum in die Funktion HYPERLINK. Schließlich zählen wir für den Parameter [*Freundlicher Name*] in der Funktion Hyperlink noch die Anzahl der restlichen Treffer. Dazu nutzen wir die Funktion ZÄHLENWENN und bedienen uns auch des soeben ermittelten INDIREKT-Bezugs.

Das Endergebnis lautet *(Abbildung 18.13)*:

C1:

```
=HYPERLINK("#A"&VERGLEICH(B1;INDIREKT("A"&A1+1&":A65536");)+A1;"Noch "&ZÄHLEN-
WENN(INDIREKT("A"&A1+1&":A65536");B1)&" Treffer.")
```

Platzieren Sie jetzt die aktive Zelle in Zeile 1 und berechnen das Blatt mit F9. Klicken Sie dann auf den Hyperlink in C1. Die Zelle A4 wird angesteuert. Berechnen Sie erneut mit F9. Jetzt wird bei Klick auf C1 die Zelle A10 angesteuert. Das Gleiche noch mal und es wird A13 selektiert. Da das der letzte Treffer war, führt eine Neuberechnung zum Fehlerwert #NV. Klicken Sie noch mal auf den Link, und die Suche geht von vorne los.

C1	▼	_fx_	=HYPERLINK("#A"&VERGLEICH(B1;INDIREKT("A"&A1+1&":A65536");)+A1;
	A		"Noch "&ZÄHLENWENN(INDIREKT("A"&A1+1&":A65536");B1)&" Treffer.")
1	1	Fricke	Noch 3 Treffer.
2	**Nachname**	**Vorname**	**Durchwahl**
3	Müller	Hans	2366
4	Fricke	Walter	2544
5	Georgi	Boris	1623
6	Fleckenstein	Jens	2890
7	Müller	Bernd	3320
8	Georgi	Helga	2440
9	Fischer	Lutz	4562
10	Fricke	Ulla	2870
11	Fleckenstein	Hann	2990
12	Müller	Sascha	4155
13	Fricke	Klara	1888
14	Müller	Heinz	4698
15	usw.	...	...
16	usw.	...	...
17			

Abbildung 18.13: Telefonnummernliste mit Such-Link

Eine Möglichkeit, die Funktionalität ohne ständige Neuberechnung mit [F9] zu erlangen, haben wir bis dato nicht gefunden (was wiederum nicht heißen soll, dass es unmöglich ist). Die Funktion =ZELLE("Zeile") kann im Übrigen nicht direkt in der HYPERLINK-Formel verschachtelt werden, sondern muss separat in einer Zelle stehen, da jeder Klick auf den Hyperlink zunächst ZELLE("Zeile") berechnen würde. Da wir den Link in Zeile 1 platziert haben, wäre das Ergebnis also immer 1, so dass immer derselbe Treffer gelandet würde. Es ist also ein Unterschied (in der Berechnungsreihenfolge), ob man auf eine andere Zelle verweist oder ob man die Berechnung innerhalb der Formel vornimmt. In den meisten Fällen dürfte das egal sein, aber hier muss man die Berechnung unbedingt auslagern (im Beispiel in Zelle A1).

Wie Sie gesehen haben, hat der Hyperlink sehr viele nützliche Facetten. Es ist immer nur wichtig, die Zielkoordinaten korrekt zusammenzubasteln. Dann heißt es am Ende stets:

Beam me up, Scotty!

KAPITEL 19

Relationen und Abhängigkeiten

Mit dem Feature *Daten>Gültigkeit>Liste* lassen sich bekanntlich bequem und einfach Auswahllisten erstellen. Diese werden gerne für Formulare genutzt, in denen nur bestimmte Einträge zur Verfügung stehen sollen – im schlichtesten Fall eine Ja/Nein-Auswahl. Oder aber Sie verwalten eine Artikelliste und stellen die Artikel in der Auswahlliste zur Verfügung, um im nächsten Schritt anhand der getroffenen Auswahl per Formel (z.b. mit SVERWEIS oder auch INDEX in Kombination mit VERGLEICH) den Preis zu ermitteln.

19.1 Abhängige Gültigkeiten

Jetzt kann es aber auch vorkommen, dass Sie verschiedene Oberkategorien zur Auswahl stellen und abhängig von der getroffenen Auswahl eine weitere Liste mit den zur Oberkategorie gehörenden Einträgen anbieten möchten. Also muss sich der Listeninhalt des zweiten Dropdowns dynamisch an die Auswahl des ersten Dropdowns anpassen.

Zu diesem Zweck eröffnen wir unseren eigenen kleinen Supermarkt. Die Oberkategorie besteht dabei aus den verschiedenen Oberbegriffen, in der Unterkategorie finden sich die einzelnen Marken wieder. Das Blatt heißt *Produktmatrix (Abbildung 19.1)*:

	A	B	C	D	E	F	G
1	Käse	Kaffee	Essig	Öl	Margarine	Rotwein	Bier
2	Emmentaler	melitta	Balsamico	Olivenöl	Rama	Rioja	Warsteiner
3	Gouda	Jacobs	Himbeeressig	Sonnenblumenöl	Lätta	Barolo	Krombacher
4	Camembert	Onko	Cherryessig	Walnussöl		Beaujolais	Frankenheim
5	brie	Feine Milde	Apfelessig	Distelöl			Kölsch
6		Dallmayer					Becks
7							Jever
8							

Abbildung 19.1: Kategorisierte Lebensmittel

In einem zweiten Tabellenblatt sollen jetzt zwei Dropdowns eingefügt werden *(Abbildung 19.2)*:

1. Auswahl der Oberkategorie (Produktkategorie)

2. Auswahl des Produktes in Abhängigkeit von der Produktkategorie

Diese Blatt heißt *Auswahl*:

B2	▼	*fx* Beaujolais				
	A		B	C	D	E
1	Bitte wählen Sie eine Produktkategorie:		Rotwein			
2	Bitte wählen Sie ein Produkt:		Beaujolais ▼			
3			Rioja			
4			Barolo			
5			Beaujolais			

Abbildung 19.2: Auswahl von Kategorie und Produkt mit Gültigkeitslisten

Dabei kann es durchaus vorkommen, dass sich Ihr Sortiment sowohl hinsichtlich der Produktkategorien als auch innerhalb einer Kategorie erweitert. Beispielsweise nehmen Sie demnächst auch Obst mit in Ihr Programm auf, das aus Äpfeln, Bananen und Birnen besteht. Spalte H würde also sodann mit Leben gefüllt. Oder Ihr Käse-Sortiment umfasst künftig auch Bresso und Allgäuer, dafür nehmen Sie den Apfelessig aus Ihrem Essig-Sortiment heraus. Alle diese Veränderungen sollen Ihre beiden Auswahlfelder natürlich sofort „mitbekommen".

Also schreiten wir zur Tat. Zunächst müssen wir uns der Definition von zwei Namen bedienen – allein schon deshalb, weil sich die Auswahlfelder in einem separaten Tabellenblatt befinden. Den ersten Namen definieren wir als *Kategorie* und beziehen ihn auf:

=Produktmatrix!$1:$1

Den zweiten Namen definieren wir als *Produkte* und beziehen ihn auf:

=Produktmatrix!$2:$65536

Die Zelle B1 im Blatt *Auswahl* belegen wir über *Daten>Gültigkeit>Liste* unter der Option *Quelle* mit =Kategorie.

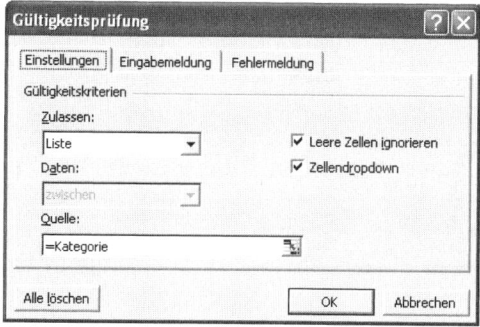

Abbildung 19.3: Dialog Gültigkeitsprüfung

375

Obwohl wir den Namen *Kategorie* auf die gesamte Zeile 1 des Blattes *Produktmatrix* bezogen haben, enthält die Auswahlliste am Ende keine Leerzeilen.

Bis hierhin ist das alles noch kein Problem. Doch jetzt kommen wir zur zweiten Auswahlliste in Zelle B2 des Blattes *Auswahl*. Diese Auswahl soll sich ja in Abhängigkeit der in B1 gewählten Produktkategorie dynamisch gestalten.

Wir belegen dies Zelle B2 jetzt über *Daten>Gültigkeit>Liste* mit der *Quelle*:

`=BEREICH.VERSCHIEBEN(Produkte;;VERGLEICH(B1;Kategorie;0)-1;ANZAHL2` `(INDEX(Produkte;;VERGLEICH(B1;Kategorie;0)));1)`

Wenn Sie die Liste in B2 bestücken, ohne dass in B1 eine Auswahl getroffen wurde, erhalten Sie eine Fehlermeldung. Ignorieren Sie diese einfach und fahren Sie fort.

Zerlegen wir die Formel nach den Argumenten der Funktion BEREICH.VERSCHIEBEN:

`=BEREICH.VERSCHIEBEN(Bezug;Zeilen;Spalten;Höhe;Breite)`

- Bezug: Der Name: *Produkte*
- Zeilenversatz: 0 (daher ;;)
- Spaltenversatz: `VERGLEICH(B1;Kategorie;0)-1`
- Höhe:`ANZAHL2(INDEX(Produkte;;VERGLEICH(B1;Kategorie;0)))`
- Breite:1

Am Beispiel der Produktkategorie Essig, die im ersten Auswahlfeld gewählt wurde, benötigen wir als Endergebnis den Bereich C2:C5 im Blatt *Produktmatrix*, also ausgehend von der ersten Zelle im Bereich Produktmatrix!$2:$65536 (A2) zunächst null Zeilen tiefer, 2 Spalten nach rechts, dort angekommen eine Höhe von 4 Zeilen (für die 4 Essigsorten) und eine Breite von 1 Spalte. Doch wie gelangen wir dahin?

Ausgangspunkt ist der Bereich Produkte (Produktmatrix!$2:$65536). Da dieser Bereich mit dem ersten Produkt – egal aus welcher Kategorie – in Zeile 2 beginnt, muss der *Zeilenversatz* 0 lauten. Im nächsten Schritt suchen wir den *Spaltenversatz*. Diesen ermitteln wir, indem wir B1 mit dem Bereich *Kategorie* (Produktmatrix!$1:$1) vergleichen und 1 subtrahieren. Essig kommt dabei an dritter Position – also in Spalte C. Ergo müssen wir den Spaltenversatz mit 2 ermitteln – daher die Subtraktion von 1. An dieser Stelle haben wir also bereits die richtige Spalte ermittelt. Würden wir den Parameter *Höhe* jetzt mit einer Konstanten – z.B. 10 – belegen, dann hätten wir bereits eine funktionsfähige Lösung mit dem Nachteil, dass unser Auswahlfeld auch Leereinträge enthalten würde. Das gilt es im letzten Schritt noch zu vermeiden. Also indexieren wir die gesamte Fundspalte mit

`INDEX(Produkte;;VERGLEICH(B1;Kategorie;0))`

und zählen die enthaltenen Einträge mit ANZAHL2:

`ANZAHL2(INDEX(Produkte;;VERGLEICH(B1;Kategorie;0)))`

Der Clou liegt hierbei in der Verwendung der Funktion INDEX mit dem Wert 0 (bzw. ;;) für den Parameter *Zeile*. Auf diese Weise liefert INDEX nicht ein einzelnes Ergebnis sondern eine gesamte Ergebnisspalte, die sich am Beispiel „Essig" auf den Bereich C2:C65536 erstreckt. Und daraus ermittelt ANZAHL2 schließlich die Zahl der vorhandenen Einträge – in unserem Essig-Beispiel 4. Wir haben also den Bereich C2:C5 dynamisch ermittelt. Und mit Hilfe dieser Dynamisierung ist die Produktmatrix beliebig erweiterbar. Die Auswahllisten passen sich immer den veränderten Gegebenheiten an.

19.2 Listenfelder nach dem Ebay-Prinzip

Wenn Sie über Ebay Artikel verkaufen, ist es enorm wichtig, dass Sie die richtige Kategorie dazu auswählen. Als Käufer kann man heutzutage in Ebay sowieso nur noch ein richtiges Schnäppchen machen, wenn der Verkäufer unbedacht eine falsche Kategorie ausgewählt hat, so dass sich der Artikel in einen Bereich verirrt, in dem ihn niemand erwartet. Wenn man dann zufällig darüber stolpert, hat man gute Chancen, mit einem niedrigen Gebot den Zuschlag zu bekommen.

Um eine konkrete Kategorie auszuwählen, muss man sich vom Groben bis ins Detail, beispielsweise vom Sammeln über Esoterik und Magie bis zur Kristallkugel oder zum Hexenkessel über mehrere Listboxen, durchklicken. Die Funktionalität entspricht etwa einer Baumstruktur, die wir alle auch von der Datei- und Ordnerverwaltung innerhalb des Explorers kennen – sie sieht nur anders aus *(Abbildung 19.4)*.

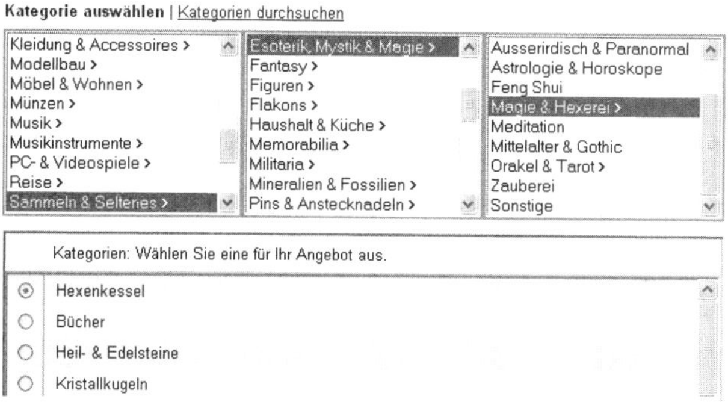

Abbildung 19.4: Auswahl der Produktkategorie bei Ebay

In Excel können Sie zwar eine Baumstruktur (Treeview) einbinden, sie aber nur über VBA-Programmierung mit Daten füllen. Die mehrstufigen Listenfelder (Listboxen) können Sie auch ohne eine Zeile Programmcode realisieren. In den vorangegangenen Ausführungen der zweistufigen Gültigkeitslisten waren wir auf zwei Ebenen beschränkt. Die Elemente der ersten Ebene wurden spaltenweise angezeigt, die zweite Ebene darunter zeilenweise. Der Kniff besteht jetzt darin, die Elemente so zu strukturieren, dass sich beliebig viele Ebenen darstellen lassen.

Wie so oft gilt auch hier, wenn man weiß wie es geht, ist es eigentlich ganz einfach, man muss nur erst einmal darauf kommen. Sie benötigen nur eine einzige vierspaltige Liste, mit der Sie alle Elemente beliebig vieler Ebenen erfassen können *(Abbildung 19.5)*:

	A	B	C	D	E	F	G	H	I	J
1	Nr	Name	Level	Parent		Level	1	2	3	4
2	1	Nahrung	1	0		Auswahl	1	2	3	1
3	2	Filme	1	0		parent	0	1	5	16
4	3	Bücher	1	0		Anzahl	3	2	3	3
5	4	Getränke	2	1		1	Nahrung>	Getränke>	Fisch>	Gouda
6	5	Essen	2	1		2	Filme>	Essen>	Fleisch>	Parmesan
7	6	DVD	2	2		3	Bücher>		Käse>	Schafskäse
8	7	Fanartikel	2	2		4				
9	8	Belletristik	2	3		5				
10	9	Computer	2	3		6				
11	10	Wissenschaft	2	3		7				
12	11	Weine	3	4		8				
13	12	Bier	3	4		9	F13: =F12+1 (beliebig runter kopieren)			
14	13	Spirituosen	3	4		...				
15	14	Fisch	3	5						
16	15	Fleisch	3	5						
17	16	Käse	3	5						

Abbildung 19.5: Tabellenaufbau für hierarchische Listenfelder

In Spalte A werden alle Elemente fortlaufend durchnummeriert. In Spalte B steht die Bezeichnung der Elemente. Spalte C enthält die Nummer der Ebene, in der das Element gegebenenfalls angezeigt wird. Alle Elemente mit *Level 1* werden in der ersten Listbox angezeigt. Elemente mit *Level 2* werden in der zweiten Listbox angezeigt, aber natürlich nur, wenn sie in die Gruppe des Elements gehören, das auf der ersten Ebene ausgewählt wurde. Diese Gruppenzugehörigkeit bestimmt sich durch die nächste Spalte D.

Beispielsweise ist das 16. Element *Käse* dem 5. Element *Essen* untergeordnet und erhält deshalb in der *Parent*-Spalte den Eintrag 5. Das *Essen* seinerseits ist der *Nahrung* untergeordnet, dem *Parent* Numero 1.

Schließlich muss die Liste nur noch nach den Kriterien *Level* und *Parent* aufsteigend sortiert werden *(Abbildung 19.6)*.

Abbildung 19.6: Dialog zum Sortieren

In den Spalten G:J werden die Einträge von vier aufeinander folgenden Listboxen, für die *Level 1* bis *4*, berechnet. G2:J2 enthält die Auswahl des Elements der aktuellen Listbox. Diese Zellen können manuell gefüllt werden, später geschieht das aber durch Auswahl eines Eintrags der Listboxen.

In Zeile G3:J3 steht der berechnete Elternteil (Parent):

G3: 0

Da die Spalte H die oberste Ebene darstellt, gibt es keine übergeordneten Elemente.

G4: =ZÄHLENWENN($D:$D;G3)

zählt, wie viele Elemente zur Gruppe des übergeordneten Elements (Parent) gehören.

H3: =WENN(G2>G4;NV();INDEX($A:$A;VERGLEICH(G$3;$D:$D;0)+G2-1))

G2>G4 prüft zunächst, ob die Auswahl gültig ist. Sie ist ungültig, wenn die Zahl (G2) größer ist als die Anzahl vorhandener Elemente (G4) der Gruppe. VERGLEICH durchsucht die *Parent*-Spalte D, um die Zeile des ersten Elements zu finden, das H3 als Elternteil besitzt, und addiert die Auswahl in G2 dazu (-1 für die Spaltenüberschrift), um die Zeilennummer des aktuellen Parents wiederzugeben. INDEX liefert dann die Nummer des Parents aus Spalte A.

G4 und H3 werden bis Spalte J nach rechts kopiert.

Die Auflistung der Elemente jeder Gruppe geschieht durch:

G5: =WENN($F5>G$4;"";INDEX($B:$B;VERGLEICH(G$3;$D:$D;0)+$F5-1)&">")

Diese Formel wird nach unten und rechts kopiert. Lediglich in der Spalte der niedrigsten Ebene wird das &">" weggelassen da man sich ja nicht weiter nach rechts durchklicken kann.

Die Formel macht fast das Gleiche wie die Parent-Abfrage in H3:J3, mit dem Unterschied, dass INDEX die Bezeichnung aus Spalte B statt die Nummer aus Spalte A auswählt. Außerdem bezieht sich das Suchkriterium von VERGLEICH auf die aktuelle Ebene, in den Formeln H3:J3 ist es die Vorgängerebene.

Die graue Unterlegung wird über die bedingte Formatierung eingestellt. Die Formelbedingung der Zelle G5 lautet:

=$F5=G$2

Erstellung der Listboxen

Jetzt kommen wir zum eigentlichen Endprodukt des Projekts – den Listboxen. Bekanntlich gibt es zwei Typen von Listboxen bzw. Listenfeldern. Jenes aus der *Formular*-Symbolleiste und jenes aus der *Steuerelement*-Symbolleiste:

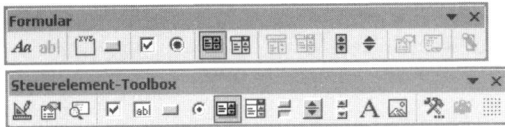

Abbildung 19.7: Formular- und Steuerelemente-Symbolleiste

Die Steuerelemente sind moderner, flexibler und leistungsstärker. Manchmal genügen aber auch die Formular-Objekte und sind in Einzelfällen sogar zweckmäßiger. Bei dieser Aufgabe wollen wir, dass aus der Listbox ein Eintrag ausgewählt wird und seine Positionsnummer nach G2:J2 geschrieben wird. Der zurückgegebene Wert des Formular-Listenfeldes ist stets die Positionsnummer, es passt hier also optimal. Der zurückgegebene Wert (Value-Eigenschaft) des Steuerelemente-Listenfeldes dagegen wäre die Bezeichnung der Auswahl, die man erst über VERGLEICH oder die ListIndex-Eigenschaft in eine Positionsnummer umrechnen müsste. Ergo begnügen wir uns dieses Mal mit den Formular-Listboxen.

Positionieren Sie vier Listboxen unter den Spalten G:J. Wählen Sie im Dialog *Steuerelement formatieren...* als *Zellverknüpfung* G2 (bzw. H2, I2, J2).

Der Eingabebereich muss dynamisiert werden, da die Anzahl der Einträge variieren kann. Wie immer erstellen wir in diesem Zusammenhang Namen. Definieren Sie einen Namen *Liste1* bezogen auf die Formel:

`=BEREICH.VERSCHIEBEN($G$5;;;$G$4+1)`

Wenn die Liste von *Level 1* drei Einträge enthält, liefert diese Formel den Bereich G5:G8. Das Gleiche machen Sie mit den Namen *Liste2, Liste3* und *Liste4* bezogen auf die Spalten H, I und J. Die Namen weisen Sie dann der jeweiligen Listbox als Eingabebereich zu. Wichtig ist die +1 am Ende von BEREICH.VERSCHIEBEN. Warum, dass werden Sie gleich erfahren. Jetzt betrachten wir erst einmal das Endergebnis *(Abbildung 19.8)*:

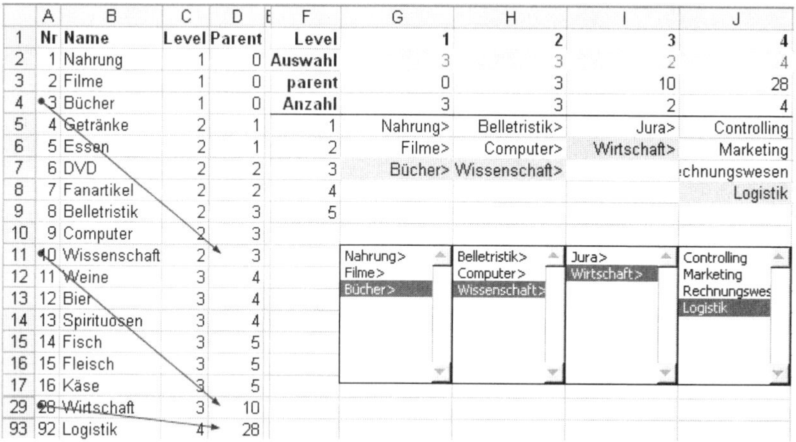

Abbildung 19.8: Hierarchische Listenfelder nach dem Ebay-Prinzip

+1 sorgt dafür, dass immer mindestens ein Eintrag in der Liste erscheint, im Zweifelsfall auch ein leerer. Wechseln Sie in der ersten Listbox von einem Eintrag, der auf zweiter Ebene drei Elemente besitzt – beispielsweise *Bücher* – auf *Nahrung*, für den es nur zwei Untergruppen gibt, erscheint die Ansicht in *Abbildung 19.9*.

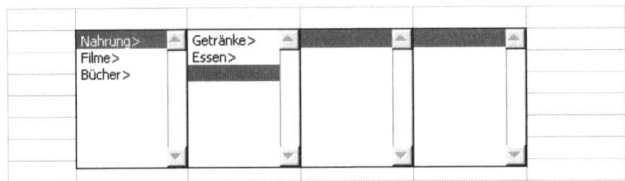

Abbildung 19.9: Ein leerer Eintrag je Liste als „Fehlanzeige"

Die zweite Listbox bleibt an dritter Position, da es aber nur zwei Einträge gibt, ist der ausgewählte Eintrag leer Auch bei den nachfolgenden Listboxen, die dann logischerweise gar keine Einträge haben, bleibt der erste, leere Eintrag aktiv. Wenn man nun in der zweiten Listbox auf *Essen* klickt, werden die dritte und vierte Listbox wieder korrekt gefüllt. Lassen Sie die +1 bei BEREICH.VERSCHIEBEN weg, erscheint beim Wechseln auf *Nahrung* die folgende Ansicht *(Abbildung 19.10)*, die irgendwie nicht konsistent ist.

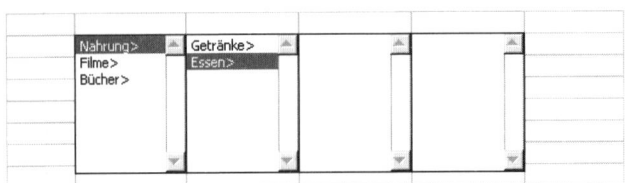

Abbildung 19.10: Inkonsistenz bei fehlendem Eintrag für die „Fehlanzeige"

Jetzt sieht es so aus, als gäbe es nichts zu essen, weil *Essen* keine Untergruppen hat. Das stimmt natürlich nicht. Und wenn man auf *Essen* klickt, werden die nachfolgenden Listboxen auch nicht gefüllt. Man muss erst auf *Getränke* klicken und wieder zurückwechseln. Das ist nicht optimal, deshalb ist es bei dieser Anwendung besser, den Listenbereich um eine Leerstelle (+1) zu verlängern.

Dropdown-Listen

Sie können dieses Prinzip auch mit Dropdown-Listen realisieren. Dazu stehen Ihnen drei Alternativen zur Verfügung:

1. Kombinationsfeld der *Formular-Symbolleiste*

2. Kombinationsfeld (Combobox) der *Steuerelemente-Symbolleiste*

3. Gültigkeitsliste des Menüpunkts *Daten>Gültigkeit...*

Die nachfolgende *Abbildung 19.11* zeigt Kombinationsfelder der *Formular-Symbolleiste* und darunter Gültigkeitslisten.

F	G	H	I	J
Level	1	2	3	4
Auswahl	2	1	2	2
parent	0	2	6	18
Anzahl	3	2	3	3
1	Nahrung>	DVD>	Kinderfilme>	Thriller
2	Filme>	Fanartikel>	Action>	Historien
3	Bücher>		Komödien>	Western
4				
5				
	Filme> ▼	DVD> ▼	Action> ▼	Historien ▼
	Filme>	DVD>	Action>	Historien ▼

Abbildung 19.11: Hierarchische Auswahl – alternative Dropdown-Felder

Gegen die Verwendung des Kombinationsfeldes ist nichts einzuwenden. Wenn Sie nachträglich den Eintrag in *Level 1* ändern, springen die nachfolgenden Felder an die erste Stelle ihrer Liste, womit man sicher gut leben kann.

Die Gültigkeitslisten haben das Problem, dass sie im Gegensatz zur List- oder Combobox nicht interagieren können. Wenn alle Felder gefüllt sind und Sie nachträglich *Level 1* ändern, bleiben die nun nicht mehr validen Einträge der folgenden Level stehen, solange Sie diese nicht ebenfalls geändert haben.

KAPITEL 20

Arrayformel featuring VBA

Dieses Buch ist ja eigentlich eine VBA-freie Zone. Als Kreuzritter im Namen der Arrayformel müssen wir an dieser Stelle aber eine Ausnahme machen. Zur umfassenden Abhandlung aller Facetten der Arrayformel soll in diesem Kapitel gezeigt werden, dass sie in VBA kein Tabuthema ist, sondern dort auch sehr effizient eingesetzt werden kann.

20.1 Arrayformeln erobern VBA

Eine Excel-Zelle mit einer Arrayformel aus VBA heraus zu bestücken, funktioniert mit dem unspektakulären Befehl:

```
ActiveCell.FormulaArray = "=SUM(LEFT(R1C3:R5C3,2)*1)"
```

Kaum geläufig ist, wie man eine Arrayformel direkt im VBA-Code, ohne Excel-Zelle, verwenden kann. Für normale Excel-Funktionen stellt VBA das Worksheetfunction-Objekt zur Verfügung, das die meisten Standardfunktionen enthält. Doch Arrayformeln können über Worksheetfunctions nicht verwendet werden. Stattdessen kann auf *Evaluate* zurückgegriffen werden, eine Methode des Application-Objekts. Laut Excel-Hilfe *„konvertiert diese Methode einen Microsoft Excel-Namen in ein Objekt oder in einen Wert".*

Wie so oft drückt sich die Excel-Hilfe hier etwas umständlich aus. Einfacher ausgedrückt, wertet *Evaluate* Formelausdrücke aus, fungiert also als „Formelparser". Ein Beispiel:

```
Application.Evaluate("1+1") ergibt 2.
```

```
Application.Evaluate("=A1+B2") addiert die Zellen A1 und B2 der aktiven Tabelle.
```

Das Application-Objekt muss nicht unbedingt mit angegeben werden. Es können auch, analog zu Worksheetfunctions, Excel-Funktionen ausgewertet werden:

```
Evaluate("=SUM(A1:A10)") summiert die Zellen A1:A10.
```

Eine häufig verwendete Arrayformel ist die Summierung einer Spalte nach mehreren Bedingungen. Die Standardfunktion SUMMEWENN hat bekanntlich die Schwäche, dass man nur ein Kriterium auswählen kann, nach dem summiert wird.

Beispielsweise sollen die Werte in Spalte C dann summiert werden, wenn in Spalte A eine 1 und in Spalte B eine 2 steht. Die passende Arrayformel lautet:

```
{=SUMME((A1:A5000=1)*(B1:B5000=2)*C1:C5000)}
```

Auf herkömmliche Weise würde man diese Berechnung in VBA wie folgt darstellen:

```
Sub SummeMitSchleife()
Dim t
Dim c As Range
Dim Summe As Double
t = Timer
For Each c In Range("A1:A5000")
   If c = 1 Then
      If c.Offset(0, 1) = 2 Then
         Summe = Summe + c.Offset(0, 2)
      End If
   End If
Next
MsgBox Summe & " Berechnungsdauer:" & Timer - t
End Sub
```

Mit *Evaluate* lässt sich die Arrayformel direkt nach VBA übertragen:

```
Sub SummeMitEvaluate()
Dim t
t = Timer
MsgBox Evaluate("=SUM((A1:A5000=1)*(B1:B5000=2)*C1:C5000)") & "
Berechnungsdauer:" & Timer - t
End Sub
```

Diese Methode ist sogar um ein Vielfaches schneller als der herkömmliche Weg über die For-Each-Next-Schleife.

Der Formelausdruck ist ein String (oder auf gut deutsch: eine Zeichenkette). Wenn einzelne Parameter des Strings dynamisiert werden sollen, muss er in Teilstrings zerlegt werden.

Mit

```
K1 = 1
```

```
K2 = 2
```

```
MsgBox Evaluate("=SUM((A1:A5000=" & K1 & ")*(B1:B5000=" & K2 & ")*C1:C5000)")
```

können z.B. die Suchkriterien 1 und 2 variabel geändert werden.

Es ist außerdem möglich, um den Formelausdruck [eckige Klammern] zu setzen. Das ersetzt den Ausdruck *Evaluate*.

```
[=SUM((A1:A5000=1)*(B1:B5000=2)*C1:C5000)]
```

Dadurch geht allerdings die Flexibilität flöten, denn Sie können an den Ausdruck zur Laufzeit des Makros keine Variablen übergeben, wie es bei *Evaluate* möglich ist. Wenn das nicht nötig ist, weil Ihr Makro stets die gleiche Berechnung durchführen soll, ist die eckige Klammer aber eine praktische Alternative. Sie können mit ihr auch einfach Bereiche ansprechen. [A1].Value ist äquivalent mit Range("A1").Value.

20.1.1 Übergabe an ein Datenfeld

Arrayformeln, die als Ergebnis ein Array liefern, können dieses mit *Evaluate* direkt an ein Datenfeld übergeben. Der herkömmliche Weg lautet:

```
Sub Makro1()
Dim Feld(1 To 10) As Variant
For x = 1 To 10
Feld(x) = Left(Cells(x, 1), 3)
Next
End Sub
```

Mit Evaluate sieht es so aus:

```
Sub Makro2()
Dim Feld
Feld = Evaluate("transpose(left(A1:A10,3))")
Tabelle1.ListBox1.List = Evaluate("transpose(left(A1:A10,3))")
End Sub
```

Wie Sie sehen, kann das Array so auch direkt an eine Listbox übergeben werden. Wichtig ist, dass der Formelausdruck transponiert wird, damit *Evaluate* das Datenfeld übergibt.

20.2 Formelparsing mit AUSWERTEN

Die praktische VBA-Funktion *Evaluate* würde Excel als Standardfunktion auch gut zu Gesicht stehen. Schade, dass bei neuen Excel-Versionen so wenig Arbeit darin investiert wird, wenigstens ein paar neue Funktionen zur Verfügung zu stellen. Wenn am Gabentisch die neuen Features verteilt werden, geht der Formelfreund leider meistens leer aus.

Zum Glück gibt es oft Hintertürchen, über die man aber trotzdem ans Ziel kommt. Manchmal muss man sich dabei Relikten aus grauer Excel-Vorzeit bedienen. Seit Excel 4, dem Zeitalter der Makrofunktionen, gibt es eine Funktion namens AUSWER-TEN. Excel 4-Makrofunktionen sind leider nicht in Tabellen einsetzbar. Der Versuch, eine solche Funktion in eine Zelle einzutragen, wird mit einer Fehlermeldung quittiert.

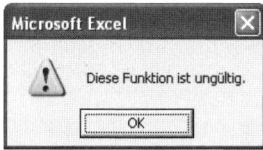

Abbildung 20.1: Fehlermeldung bei Eingabe einer Excel 4-Makrofunktion in eine Zelle

Die Hintertür führt über Namen. Sie können einen Namen definieren, beispielsweise *WerteAus* bezogen auf die Formel

=AUSWERTEN($A$1).

Wenn Sie jetzt in eine Zelle

=WerteAus

schreiben, wird der in Stringform angegebene Ausdruck in A1 ausgewertet, genau so, wie dies *Evaluate* in VBA erledigt. Das funktioniert sowohl mit Rechenoperationen als auch mit Excel-Funktionen. In *Abbildung 20.2* finden Sie einige Beispiele.

	A	B
1	**Formel**	**Ergebnis**
2	3+4	7
3	SUMME({1.2.3})	6
4	EXP(1)	2,71828183
5	INDEX({"a";"b";"c"};2)	b

Abbildung 20.2: Ergebnisse der Funktion AUSWERTEN

Am vierten Beispiel lässt sich schon erahnen, dass uns AUSWERTEN auf diese Weise eine weitere sehr nützliche Funktion, die eigentlich auch nur in VBA zur Verfügung steht, beschert, und zwar *Split*. Schreiben Sie in A1 einen String von Zahlen, die durch ein bestimmtes Trennzeichen getrennt sind, beispielsweise:

1,23,456,7890

Dann erzeugt der Name *Split* mit der Formel

=AUSWERTEN("{"&WECHSELN(Tabelle1!$A$1;",";".")&"}")

das Array

{1.23.456.7890}.

Das zweite Argument der Funktion WECHSELN bestimmt das Trennzeichen, das im String verlangt wird. Das dritte Argument erzeugt bei "." ein horizontales Array und bei ";" ein vertikales Array.

In VBA steht zu *Split* die Umkehrfunktion *Join* zur Verfügung, die die Elemente eines Arrays verkettet. Diese Funktion ist in Excel leider auch nicht mit Excel 4-Makrofunktionen nachzubauen.

20.2.1 Funktionsplotter

Wenn der String in A1 eine Variable enthält, der über einen Namen ein Array zugeordnet ist, kann das Ergebnis von WerteAus ebenfalls ein Array sein.

Definieren Sie einen Namen *x* bezogen auf

={0;1;2;3;4;5;6}

und WerteAus bezogen auf

=AUSWERTEN($A$1).

Schreiben Sie in A1

x^2-3*x+8,

dann liefert =WerteAus das Array

{8;6;6;8;12;18;26}.

Jetzt müssen Sie nur noch den Namen *WerteAus* in ein Punkt (XY)-Diagramm einfügen:

=DATENREIHE(;auswerten.xls!x;auswerten.xls!WerteAus;1)

Oder wenn die Datei noch nicht abgespeichert wurde:

=DATENREIHE(;Mappe1!x;Mappe1!y;1)

Und fertig ist der Funktionsplotter:

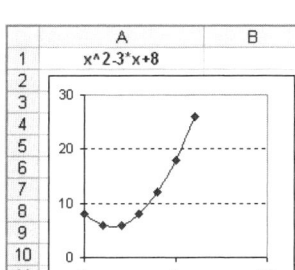

Abbildung 20.3: Funktionsplotter mit der Funktion AUSWERTEN

Statt des Polynoms x^2-3*x+8 können Sie auch eine Funktion wie SIN(X) plotten. Seltsamerweise liefert *WerteAus* aber nur dann das gewünschte Array, wenn Sie die x-Achse mit

=ZEILE(INDIREKT("1:7")-1

erzeugen statt über die Konstante {1;2;3;4;5;6}.

Außerdem müssen Sie AUSWERTEN „anschubsen", indem Sie die Funktion „verflüchtigen", z.B. mit dem Zusatz "+0*JETZT()". Der Name *WerteAus* bezieht sich dann auf die Formel:

=AUSWERTEN($A$1&"+0*JETZT()")

JETZT() gehört neben ZUFALLSZAHL, HEUTE, BEREICH.VERSCHIEBEN und INDIREKT zu den flüchtigen Funktionen. Um es ganz einfach auszudrücken: Flüchtige Funktionen erzeugen häufiger eine Neuberechnung als andere. Vielleicht ist es Ihnen auch schon einmal passiert, dass Sie eine Mappe geöffnet und dann ohne Änderungen wieder geschlossen haben. Trotzdem kam verwunderlicherweise eine Abfrage, ob Sie Änderungen speichern wollen. Das liegt dann daran, dass die Mappe irgendwo eine der flüchtigen Funktionen enthält.

20.3 Die Gesichter der Zelle

20.3.1 Formel anzeigen

Da sich Gegensätze bekanntlich anziehen, liegt es nahe, noch kurz auf die Umkehr-funktion von AUSWERTEN einzugehen. Sie haben in einer Zelle eine Berechnung stehen, die ein Ergebnis liefert. Nun soll die Formel sichtbar gemacht werden, die zu diesem Ergebnis geführt hat. Sie können das zunächst pauschal für die ganze Tabelle machen. Dafür gibt es den Menüpunkt *Extras>Optionen>Ansicht* – aktivieren Sie dort den Haken bei *Formel*. Das gleiche Resultat erzeugt der Shortcut $\boxed{\text{Strg}}$ + $\boxed{\#}$.

Wenn man diesen Rundumschlag einsetzt, zuckt man vielleicht erst einmal vor Schreck zusammen, weil es einem die Tabellenansicht doch ziemlich durcheinander bringt. Bei erneutem Betätigen von $\boxed{\text{Strg}}$ + $\boxed{\#}$ ist der Spuk Gott sei Dank wieder vorbei.

Eleganter wäre es doch, dies kontrolliert auf bestimmte Zellen anzuwenden, beispielsweise in einer benachbarten Spalte. Auch hierfür gibt es leider weder eine Standardfunktion noch ein Add-in, so dass wieder auf eine Excel 4-Makrofunktion zugegriffen werden muss.

Definieren Sie einen Namen *Formel* bezogen auf

`=ZELLE.ZUORDNEN(6;INDIREKT("Tabelle1!ZS(-1)";0)).`

Diesmal enthält der Name einen relativen Bezug in der Z1S1-Schreibweise, denn der Ausdruck bewirkt, dass immer die links benachbarte Zelle ausgewertet wird: ZS(-1) – also gleiche Zeile, aber eine Spalte weiter links. Zum Beispiel:

	B1	▾	*fx* =Formel
	A	B	
1	7	=3+4	
2	6	=SUMME({1.2.3})	
3	2,718201020	=EXP(1)	
4	b	=INDEX({"a";"b";"c"};2)	

Abbildung 20.4: Formel einer benachbarten Zelle anzeigen

20.3.2 Zellansicht

Wenn wir schon dabei sind, passt auch irgendwie noch die Berechnung der Zellansicht in dieses Triumvirat aus Excel 4-Makrofunktionen. In VBA gibt es die simple Zelleigenschaft *Text*. Sie gibt das als String zurück, was eine Zelle tatsächlich anzeigt. Eine Zahl wird formatiert zurückgegeben, und wenn die Spalte zu schmal ist, liefert *Text* den „Gartenzaun" aus Rauten. Nicht mal dafür gibt es eine entsprechende Excel-Funktion. Verwechseln Sie das nicht mit der Excel-Funktion TEXT, die eine Zahl in einen Text – unter Berücksichtigung eines vorgegebenen Zahlenformates – umwandelt.

Um in Excel die Zellansicht zu erhalten, definieren Sie den Namen *ZellAnsicht* bezogen auf:

`=ZELLE.ZUORDNEN(53;INDIREKT("Tabelle1!ZS(-1)";0))`

Die Formel =ZellAnsicht gibt dann immer die Zellansicht der linken Nachbarzelle aus.

Jetzt wollen wir aber nicht das Licht der Excel-Funktion TEXT unter den Scheffel stellen. Wenn Sie sich von der Funktion =ZELLE("Format";Bezug) assistieren lässt, kann sie in begrenztem Maße Ähnliches bewirken. ZELLE liefert mit dem Parameter *Format* einen Code, der das in *Bezug* enthaltene Zahlenformat kennzeichnet. Separiert man davon noch den linken Buchstaben, ergibt dies:

B1	▼	*fx* =LINKS(ZELLE("Format";A1))	
	A	B	C
1	1.222,55 €	W	
2	16%	P	
3	18:00	U	
4	24.07.2005	D	

Abbildung 20.5: Formatkennzeichen einer Zelle ermitteln

Bei der Funktion TEXT muss man sich normalerweise auf ein bestimmtes Zahlenformat festlegen, das die Zahl in einen String umwandelt. Mit den Formatkennzeichen aus voriger Abbildung können Sie aber dafür sorgen, dass die Funktion TEXT flexibel auf das in Spalte A verwendete Zahlenformat reagieren kann:

	A	B	C
1	1.222,55 €	bitte bezahlen	bitte bezahlen 1.222,55 €
2	16%	Ust zahlen	Ust zahlen 16,0%
3	18:00	heim gehen	heim gehen 18:00
4	24.07.2005	ausschlafen	ausschlafen 24.07.05

Abbildung 20.6: Mit der Funktion TEXT flexibel auf aktuelles Zahlenformat reagieren

393

C1: =B1&" "&TEXT(A1;VERWEIS(LINKS(ZELLE("Format";A1));FCode;Formate))

Der Name *FCode* enthält die möglichen Formatcodes, die LINKS(ZELLE("Format";A1)) liefern kann:

{".";"D";"E";"P";"S";"U";"W"}

Und der Name *Formate* enthält die zugehörigen Zahlenformate:

{"#.##0,00;-#.##0,00";"TT.MM.JJ";"0,0E+0";"0,0%";"0;-0";"hh:mm";"#.##0,00 _ ;-#.##0,00 _"}

Aus denen VERWEIS dann das passende herauspickt und an TEXT übergibt. Die Matrixkonstante für *FCode* muss die einzelnen Elemente – wie es bei VERWEIS immer der Fall ist – in aufsteigender Reihenfolge beinhalten.

Diese Formel ist deshalb nur beschränkt einsatzfähig, weil es viel mehr verschiedene Zellansichten bzw. Zahlenformate gibt, als durch den Formatcode unterschieden werden können. Zum Beispiel wird 24.07.05 und 24. Juli 2005 in Spalte A zum gleichen Ergebnis in Spalte C führen. Weiterhin wird auch der Gartenzaun ##### bei einer zu schmalen Spalte nicht erkannt. Aber das werden wir verschmerzen können.

KAPITEL 21

Das nackte Chaos

Mit Hilfe von Iterationen, Zirkelbezügen, Zufallszahlen, Diagrammen und Mehrfachoperationen wird Excel zur Spielwiese experimenteller Mathematik.

21.1 Spiel des Lebens – zelluläre Automaten

Das „Game of Life" wurde 1968 von John Horton Conway an der Universität von Cambridge erfunden. Life ist ein einfaches System mit wenigen Grundregeln, das durch lokale Interaktion und Iteration komplexes Verhalten aufweist. Simuliert wird in Life die Entwicklung einer künstlichen Zellpopulation, die auf einem zweidimensionalen, quadratischen Gitter stattfindet. Jede Zelle dieses Gitters befindet sich in einem ständigen Kampf ums Überleben. Sie interagiert mit den acht benachbarten Zellen, die sie von oben, unten, rechts, links und den vier Diagonalen angrenzen. Eine Zelle stirbt, wenn es zu viele (Tod wegen Überbevölkerung) oder zu wenige (Tod wegen Einsamkeit) andere lebende Zellen um sie herum gibt. Trotz der einfachen Regeln der Simulation entsteht – abhängig von einer vorgegebenen Anfangsbevölkerung – eine ungeheure Vielfalt der sich von Generation zu Generation entwickelnden Zellkolonien. In den 70er und 80er Jahren, als die ersten Computer aufkamen, wurde Life auf breiter Front von Computerbegeisterten erschlossen. Besonders an der Chaostheorie Interessierte haben ihre Freude daran. Bei nur geringer Änderung der Ausgangspopulation wird die Vorhersagbarkeit einer Zellentwicklung nach vielen Iterationsschritten unmöglich. Dies erinnert an den berühmten Schmetterling, der mit einem Flügelschlag auf der anderen Seite der Erde einen Orkan auslöst.

Die Regeln sind ganz einfach erklärt:

▦ Eine Zelle kann die zwei Binärzustände 0 und 1 annehmen. 0 stellt eine tote und 1 eine lebende Zelle dar.

▦ Eine tote Zelle nimmt in der n+1-ten Generation den Wert 1 an, wird also geboren, wenn 3 ihrer 8 Nachbarn in der n-ten Generation den Wert 1 hatten, also lebten.

▦ Eine lebende Zelle lebt weiter, wenn 2 oder 3 ihrer Nachbarn in der vergangenen Generation lebten.

▦ Eine lebende Zelle stirbt an Vereinsamung wenn nur 1 oder kein Nachbar existierte und nimmt damit den Wert 0 an.

▦ Eine lebende Zelle stirbt an Überbevölkerung und erhält den Wert 0, wenn sich 4 oder mehr Zellen in ihrer Nachbarschaft breit gemacht haben.

Damit sind alle Regeln vollständig beschrieben, folgendes Beispiel *(Abbildung 21.1)* verdeutlicht dies. Schwarze Zellen leben und haben den Wert 1. Weiße Zellen sind tot und haben den Wert 0. Die angegebene Zahl gibt die Anzahl lebender Nachbarn an.

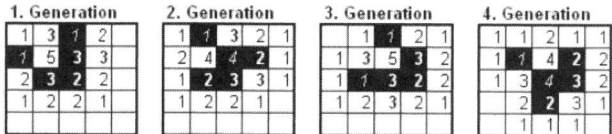

Abbildung 21.1: Beispiel der Entwicklung einer Zellpopulation von „Life"

Excel ist perfekt geeignet, diese legendäre Simulation von John Horton Conway nachzubauen. Verblüffend ist dabei, dass dazu überhaupt keine Programmierkenntnisse notwendig sind.

Zirkelbezüge

Normalerweise finden zwischen den Zellen einer Tabelle keine Interaktionen statt, die Zellverknüpfungen können noch so kompliziert und vielstufig sein, in der Regel sind sie aber immer „Einbahnstraßen". Verfolgt man von einem Bezug die Spur zu allen Vorgängern (dafür gibt es je nach Excel-Version die Symbolleiste *Formelüberwachung* oder *Detektiv*) wird man niemals wieder zur Anfangszelle gelangen. Ist dies doch der Fall, wird ein Zirkelbezug ausgelöst. Dies sollte in der Regel so weit wie möglich vermieden werden, aber in Sonderfällen ist gerade dies erwünscht, so auch im Fall von „Life". In Excel ist es möglich, diese Zirkelbezüge iterativ aufzulösen, indem man unter *Extras>Optionen>Berechnung* einen Haken bei *Iteration* setzt. Für die Simulation von Life müssen Sie diesen Haken aktivieren. Stellen Sie die *Maximale Iterationszahl* auf 1 *(Abbildung 21.2)*. Dadurch wird bei jeder Neuberechnung mit F9 immer nur ein Iterationsschritt bzw. eine neue Generation berechnet.

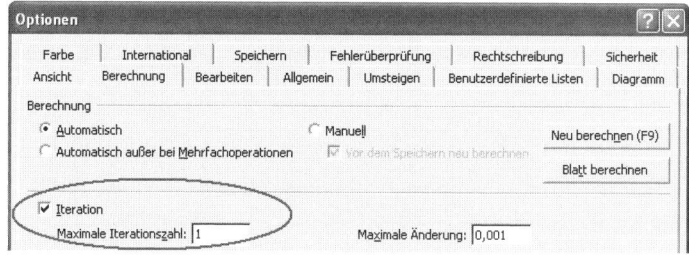

Abbildung 21.2: Dialog Optionen zum Einschalten der Excel-Iteration

Wie groß Ihre Welt von Life wird, bleibt Ihnen überlassen, aber sie sollte schon ca. 50 x 50 Zellen groß sein. Der Aufbau wird im Folgenden an einer kleinen 10 x 10-Matrix demonstriert.

Sie benötigen insgesamt drei Matrizen á 10 x 10, die erste von A2:J11 legt die Anfangspopulation fest. In zu Beginn lebende Zellen tragen Sie hier eine 1 ein. Die Bereiche L2:U11 und L14:U23 enthalten zwei Matrizen, die die n-te bzw. n+1-te Generation darstellen und zwischen denen der Zirkelbezug besteht *(Abbildung 21.3)*.

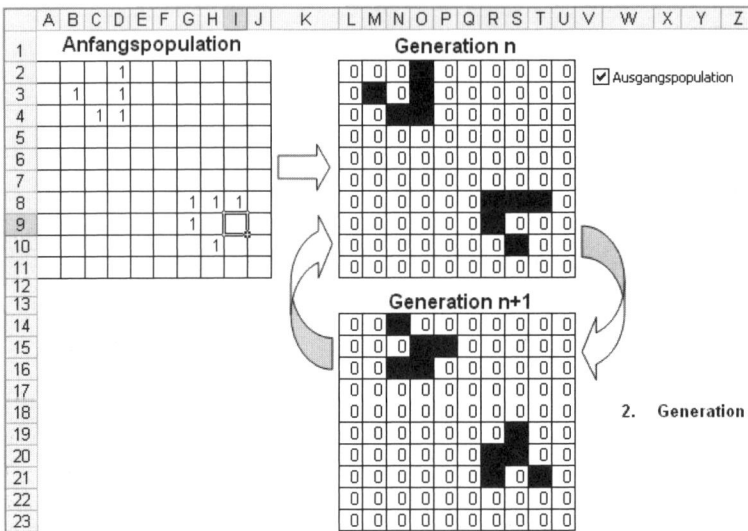

Abbildung 21.3: Tabellenaufbau für das Spiel des Lebens

Wichtig ist, dass die dritte Matrix unter der zweiten positioniert wird. Damit wird gewährleistet, dass eine Generation vollständig berechnet wurde, bevor die nächste Generation berechnet wird. Das liegt an der Reihenfolge, in der Excel die Zellen berechnet.

Berechnungsreihenfolge in Excel

Um das zu verstehen, muss man sich klar machen, in welcher Reihenfolge Zellen bei Neuberechnungen abgearbeitet werden. Dies soll in einem kleinen Experiment nachgewiesen werden. Schreiben Sie in einer anderen Tabelle in die Zelle G1 eine 1. Schreiben Sie in A1 die Formel

A1: =WENN($G$1=1;0;WENN(A1=0; MAX($A$1:$E$5)+1;A1))

und kopieren Sie sie bis E5. Aktivieren Sie die Excel-Iteration. Wenn Sie nun in G1 die 1 löschen, wird jede Zelle von A1:E5 einmal berechnet und der Maximalwert aller schon berechneten Zellen in A1:E5 plus eins zurückgegeben. In der ersten berechneten Zelle ergibt sich 1, in der zweiten 2, usw. Dadurch lässt sich die Berechnungsreihenfolge der Zellen nachweisen, wie in der rechten Tabelle der *Abbildung 21.4* zu sehen ist.

	A	B	C	D	E	F	G			A	B	C	D	E	F	G
1	0	0	0	0	0		1		1	1	2	3	4	5		0
2	0	0	0	0	0				2	6	7	8	9	10		
3	0	0	0	0	0				3	11	12	13	14	15		
4	0	0	0	0	0				4	16	17	18	19	20		
5	0	0	0	0	0				5	21	22	23	24	25		

Abbildung 21.4: Beweisführung der Berechnungsreihenfolge in Excel

Die Zellen werden also zuerst spaltenweise, dann zeilenweise berechnet. Damit eine Tabelle oder Matrix vollständig vor einer anderen berechnet wird, müssen beide also untereinander stehen.

Nach diesem kleinen Exkurs zurück zur Life-Simulation. In L2 steht die Formel:

L2:=WENN(start;A2;L14)

Start ist der Name irgendeiner Zelle, die quasi den Startschuss zur Iteration gibt. Solange diese Zelle den Wert 1 oder WAHR einnimmt, herrscht Stillstand und in der zweiten Matrix L2:U11 wird die Anfangspopulation angezeigt. Es bietet sich an, die Zelle *Start* über ein Kontrollkästchen zu steuern (muss aber nicht sein). Diese Formel wird bis U11 kopiert. Wird die Startzelle auf 0 gesetzt, wird der Wert aus L14 genommen, der die entsprechende Zelle der nachfolgenden Generation enthält. In L14 wiederum steht die Formel

L14:=WENN(L2=1;WENN(ODER(c=2;c=3);1;0);WENN(c=3;1;0)).

c steht für die Anzahl lebender Zellen, die an die Zelle L2 – also die entsprechende Zelle der Vorgängergeneration – angrenzen. Die Formel, die sich hinter dem Namen c verbirgt, lautet:

=L1+M1+M2+ M3+ L3+ K3+ K2+ K1

Dies sind relative Bezüge aus Sicht der Zelle L14. Wenn Sie diesen Formelbezug in den Namensdialog eingeben (Menüpunkt *Einfügen>Namen>Definieren...*), muss L14 aktiv sein. Die verschachtelte WENN-Formel bildet genau die Regeln ab, die definiert wurden:

- ▨ =WENN(L2=1; (wenn L2 lebt)
- ▨ WENN(ODER(c=2;c=3);1;0) (wenn 2 oder 3 Nachbarn leben, dann lebt L2 weiterhin)
- ▨ WENN(c=3;1;0) (wenn L2 tot ist, wird sie wiedergeboren, wenn 3 Nachbarn leben)

Die Formel von L14 wird bis U23 kopiert. Sobald die Startzelle auf 0 gesetzt wird, wird bei jeder Neuberechnung mit [F9] eine neue Generation berechnet. Sie können auch eine Zähler-Zelle namens n mit der Formel =WENN(start;2;n+1) definieren, die sich selbst bei jedem Iterationsschritt um 1 erhöht. So erhalten Sie die Kontrolle, wie viele Generationen insgesamt berechnet wurden. Sie können lebende Zellen mit der bedingten Formatierung farbig markieren:

Rufen Sie *Format>Bedingte Formatierung ...* auf und stellen Sie für *Zellwert ist* die Option *gleich 1* ein.

Nun kann die Simulation beginnen. Die ersten 24 Generationen des Beispiels entwickeln sich so, wie es in *Abbildung 21.5* zu sehen ist.

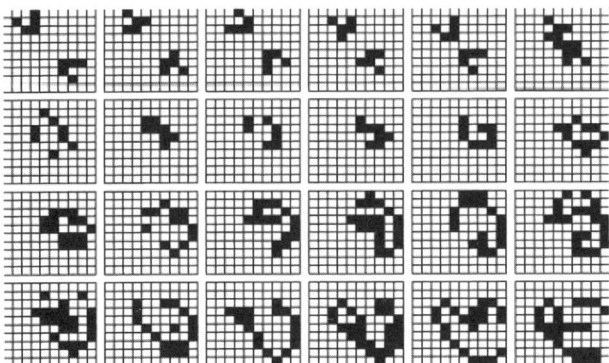

Abbildung 21.5: Entwicklung einer Zellpopulation über 24 Generationen

In der 65. Generation kommt die Bevölkerungsentwicklung zum Stillstand *(Abbildung 21.6)*. Alle vier Zellen des Quadrats haben drei lebende Nachbarn und leben daher weiter. Außerdem gibt es keine Zelle außerhalb der lebenden Gruppe, die drei Nachbarn hätte und damit wiedergeboren werden würde.

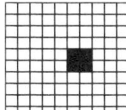

Abbildung 21.6: Endstadium einer Zellpopulation nach 65 Generationen

Das Interessante an Life ist die Unvorhersehbarkeit der Entwicklung. Wenn Sie die Anfangspopulation nur geringfügig verändern, kann es sein, dass die Zellen nach nur wenigen Generationen komplett aussterben oder auch hunderte Generationen überleben. Fans haben eine regelrechte Wissenschaft daraus gemacht, Zellformationen zu finden, die bestimmte Eigenschaften aufweisen. Die beiden fünfzelligen Gruppen der Anfangspopulation werden z.B. Gleiter genannt, da sie sich aufeinander zu bewegen. Drei lebende Zellen in einer Reihe sind Blinker. Es gibt auch Fresser, Gleiterkanonen und vieles mehr, was an dieser Stelle zu weit führen würde. Wenn Sie nach „life John Horton Conway" googeln, finden Sie Unmengen Material. Viel Spaß beim Experimentieren.

21.2 Mandelbrots Apfelmännchen

Nach dem Spiel des Lebens beschäftigen wir uns noch einmal mit der Chaosforschung und der rechnergestützten Simulation komplexer Systeme.

Die absolute Ikone auf diesem Gebiet, die zugleich eines der schönsten (wenn nicht das schönste) Objekte ist, das durch pure Mathematik je geschaffen wurde, ist die nach Benoit Mandelbrot benannte Mandelbrotmenge. Hier muss man ganz klar sagen: Auch Excel hat Grenzen. Excel ist kein geeignetes Programm, um die Mandelbrotmenge in ihrer ganzen Schönheit, Komplexität und Farbenvielfalt darzustellen, im Gegensatz zu vielen anderen Fraktal-Programmen, die man im World Wide Web kostenlos erhalten kann.

Trotzdem lohnt es sich, die Berechnung der Mandelbrotmenge in Excel zu demonstrieren, da dies verblüffend einfach, schnell und vor allem sehr anschaulich umzusetzen ist. Außerdem ist es ein Paradebeispiel für das Zusammenwirken unterschiedlichster Excel-Funktionalitäten.

Wie wird die Mandelbrotmenge überhaupt sichtbar gemacht? Durch Iteration der einfach genialen und genial einfachen Formel:

$$Z_n + 1 = Z_n^2 + C.$$

Z_n und C sind komplexe Zahlen, die jeweils aus einem Realteil bestehen (Zr;Cr) und einem Imaginärteil (Zi;Ci). Der Realteil wird immer zuerst angegeben. Folglich gilt $Z_n = Z_n r + Z_n i$ und C = Cr + Ci. Die Iteration startet immer mit $Z_0 = 0 + 0i$. Für C wird ein Wert im Bereich -2 < Cr < +1 und -1,5 < Ci < + 1,5 gewählt. Innerhalb dieser Grenzen existiert die Mandelbrotmenge. Sie ist definiert als die Menge an Punkten, bei denen Z_n^2 + C nach n Iterationsschritten keinen Realteil von größer als ca. 2 bis 4 (Absolutwert ohne Vorzeichen) aufweist. Ist dies der Fall, gehört der Punkt C zur Mandelbrotmenge. Sie wird dargestellt in einem zweidimensionalen Koordinatensystem, wobei der x-Wert dem Realteil von C und der y-Wert dem Imaginärteil von C entspricht. Hat der Absolutwert des Realteils von Z_n^2 + C den Wert 4 überschritten, wird die Iterationsfolge unweigerlich divergieren, ins Chaos abdriften und liegt somit außerhalb der Mandelbrotmenge. Es spielt nicht nur eine Rolle, ob die Folge divergiert, sondern auch wann, also nach wie vielen Iterationsschritten. Wenn man von der Anzahl der Schritte den Farbton des Koordinatenpunktes abhängig macht, entsteht die fantastische Farbenvielfalt im Grenzbereich zwischen Chaos und Ordnung der Mandelbrotmenge.

Excel bietet Add-in-Funktionen an, die Rechenoperationen mit komplexen Zahlen durchführen können. Aktivieren Sie dazu über *Extras>Add-Ins...* die *Analyse-Funktionen*. Sie benötigen die Funktionen IMSUMME, IMAPOTENZ und IMREALTEIL. Komplexe Zahlen werden immer als String angegeben.

- IMAPOTENZ berechnet Z_n^2

- IMSUMME addiert C hinzu

- IMREALTEIL gibt zur Prüfung des Grenzwertes Zr < 4 den Realteil von Z_n zurück

Falls Sie auf die Add-in-Funktionen verzichten möchten, können Sie die Rechenoperationen auch alternativ durchführen:

`IMSUMME("a+bi";"c+di")` entspricht `(a+c)+(b+d)*i`

`IMAPOTENZ("a+bi";")` entspricht `(a^2-b^2)+(2*a*b)*i`

Wegen der besseren Übersichtlichkeit bleiben wir im Folgenden bei den Add-ins.

Es folgt ein Beispiel der Iteration für C=1+1i.

$Z_1 = Z_0^2 + C = (0+0i)^2 + (1+1i)$

`=IMSUMME(IMAPOTENZ("0+0i";2);"1+1i")="1+i"`

$Z_2 = Z_1^2 + C = $ `IMSUMME(IMAPOTENZ("1+1i";2);"1+1i")="1+3i"`

Wie Sie die Iteration tabellarisch durchführen, sehen Sie in *Abbildung 21.7*.

	A	B	C	D
B5		f_x =IMSUMME(IMAPOTENZ(B4;2);$B$3)		
1	Cr	1		**Prüfung < 4:**
2	Ci	1		Exit nach
3	C	1+1i	ABS(Zr)	3
4	Z_0	0+0i	0	Schritten
5	Z_1	1+i	1	
6	Z_2	1+3i	1	
7	Z_3	-7+7i	7	
8	Z_4	0,999999999999982-97i	1	
9	Z_5	-9407-192,999999999997i	9407	
10	Z_6	88454401+3631102,99999998i	88454401	
11	Z_7	7,81099614727219E+015+642374081668603i	7,811E+15	
12	Z_8	6,05990163519014E+031+1,00351629540419E+031i	6,0599E+31	
13	Z_9	3,57153628730384E+063+1,21624200789196E+063i	3,57154E+63	
14	Z_{10}	1,1276626829767E+127+8,68770493065883E+126i	1,1277E+127	
15	Z_{11}	5,16860956956272E+253+1,95936013020333E+254i	5,1686E+253	
16	Z_{12}	#ZAHL!	#ZAHL!	

Abbildung 21.7: Iteration der Mandelbrot-Formel

Die Zellen B1 und B2 sind die einzigen Eingabezellen. In B3 wird C aus Cr und Ci mit der Formel

B3:=B1&TEXT(B2;"+Standard;-Standard")&"i"

zusammengesetzt. Z_0 in B4 ist die Konstante „0+0i". Die Iterationsformel lautet:

B5:=IMSUMME(IMAPOTENZ(B4;2);$B$3)

Kopieren Sie die Formel 50-mal nach unten, um 50 Iterationsschritte durchzuführen. Wie zu sehen ist, gehört der Punkt C=1+1i nicht zur Mandelbrotmenge, da er divergiert. In A16 erreicht er eine Zahl, die Excel nicht mehr darstellen kann. In Spalte C extrahieren Sie den Absolutwert des Realteils von Z_n. In C4 steht:

C4:=ABS(RUNDEN(IMREALTEIL(B4);5)) (nach unten kopieren). Mit

D3: =ZÄHLENWENN(C5:C54;"<4")

wird ermittelt, nach wie vielen Iterationsschritten sich die Zahlenfolge ins Chaos verabschiedet. Für C=1+1i ist der „Exit" bereits nach drei Schritten erreicht. Bei einem Startwert von C=0,1+0,1i bleibt die Zahlenfolge innerhalb der Grenze von 4, in D3 wird somit 50 ausgewiesen, was zum Ausdruck bringt, dass dieser Punkt zur Mandelbrotmenge gehört.

Noch eine Anmerkung zum grundsätzlichen Verständnis von Iterationen in Excel. Im Gegensatz zum Spiel des Lebens ist es bei diesem Iterationsverfahren nicht nötig, unter den Optionen die Excel-Iteration zu aktivieren. Denn hier entsteht keine Rückkoppelung zwischen verschiedenen Zellen. Jeder Iterationsschritt bezieht sich auf die Vorgängerzeile. Eine Iteration muss also nicht zwangsweise Zirkelbezüge auslösen.

Jetzt können Sie bereits bestimmen, ob ein einzelnes C zur Mandelbrotmenge gehört oder nicht. Als Nächstes soll das Gebilde für eine zweidimensionale Fläche von C-Werten in einem Diagramm sichtbar gemacht werden. Zu empfehlen ist eine Fläche von 60 x 60 = 3.600 C-Werten. Um dies zu realisieren, benötigen Sie einen geeigneten Diagrammtyp. Am besten eignet sich dazu das Oberflächendiagramm. Außerdem benötigen Sie 3.600-mal das Iterationsergebnis aus D3, der Exit nach x Iterationsschritten. Die „Exitzahlen" sind die Werte, die im Oberflächendiagramm dargestellt werden sollen. Es stellt sich die Frage, wie Sie das am geschicktesten bewerkstelligen können. 3.600 Mal das komplette Iterationstableau zu kopieren, erscheint nicht sehr zweckmäßig. Denkbar wäre ein Makro, das alle 3.600 Kombinationen von Cr und Ci in B1 und B2 einträgt und nach jeder Berechnung der Iteration die „Exitzahl" aus D3 in eine Ergebnismatrix kopiert. Doch warum das Rad neu erfinden? Für dieses Problem stellt Excel standardmäßig ein geniales Feature zur Verfügung, das ungerechterweise ein etwas stiefmütterliches Dasein fristet und dem viel zu selten Beachtung geschenkt wird: die MEHRFACHOPERATION (MOP).

Mit diesem Feature erzeugen Sie ganz einfach aus einer Matrix von 60 x 60 Cr/Ci-Kombinationen die resultierende Exitzahl. Bei Mehrfachoperation wird eine Zielgröße festgelegt, in diesem Fall die Exitzahl. Nun können ein bis zwei Eingabeparameter definiert werden, deren Änderungen sich auf das Ergebnis der Zielgröße auswirken. Cr und Ci sind genau die zwei Eingabeparameter, die wir benötigen und die wir in MOP verwenden können. Excel berechnet dann für alle definierten Eingabeparameter im Hintergrund die resultierende Zielgröße aus. Konkret geht das wie folgt vonstatten:

Sie verknüpfen eine Zelle, beispielsweise F3, mit der Exitzahl aus D3:

F3:=D3

Ab G3 erstellen Sie nach rechts das Intervall aller Cr-Werte, die verwendet werden sollen. Am besten 61 Werte zwischen -2 und +1 in 0,05er-Schritten. Ab F4 erstellen Sie abwärts das Intervall aller Ci-Werte zwischen -1,5 und +1,5. Bei 61 x 61 umfasst die gesamte Ergebnismatrix den Bereich F3:BO6, den Sie markieren.

Nun wählen Sie *Daten>Tabelle...*, um den folgenden Dialog zu erhalten.

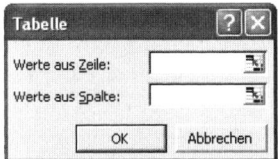

Abbildung 21.8: Dialog zur Einstellung einer Mehrfachoperation

In den Excel-Versionen bis 2000 hieß der Menüpunkt noch *Mehrfachoperation*, das war etwas aussagefähiger. Einzutragen ist:

- *Werte aus Zeile*: *=B1*
- *Werte aus Spalte*: *=B2*

Wenn Sie mit *OK* bestätigen, wird die Ergebnismatrix gefüllt *(Abbildung 21.9)*:

	G4	▾		*fx* {=MEHRFACHOPERATION(B1;B2)}					
	F	G	H	I	J	K	L	M	N
1									
2									
3	3	-2,0	-1,95	-1,90	-1,85	-1,80	-1,75	-1,70	-1,65
4	-1,5	2,0	2,0	2,0	2,0	2,0	2,0	2,0	2,0
5	-1,45	2,0	2,0	2,0	2,0	2,0	2,0	2,0	2,0
6	-1,4	2,0	2,0	2,0	2,0	2,0	2,0	2,0	2,0
7	-1,35	2,0	2,0	2,0	2,0	2,0	2,0	2,0	2,0
8	-1,3	2,0	2,0	2,0	2,0	2,0	2,0	2,0	2,0
9	-1,25	2,0	2,0	2,0	2,0	2,0	2,0	2,0	2,0

Abbildung 21.9: Matrix einer Mehrfachoperation

Excel setzt im Hintergrund alle Werte der dritten Zeile in B1 (Cr) ein und alle Werte der Spalte F in B2 (Ci). Im Schnittpunkt aller Cr/Ci-Kombinationen wird die berechnete „Exitzahl" zurückgegeben. Die Funktion MEHRFACHOPERATION kann nicht manuell eingegeben werden, sie kann nur über das Menü erzeugt werden.

Der Rest ist ein Kinderspiel. Sie markieren den Ergebnisbereich G4:BN63 und erstellen ein Oberflächendiagramm. Sie können entweder die Ansicht von oben wählen, die Werte werden dann alleine durch die Farben unterschieden. Oder Sie wählen eine 3D-Oberfläche *(Abbildung 21.10)*.

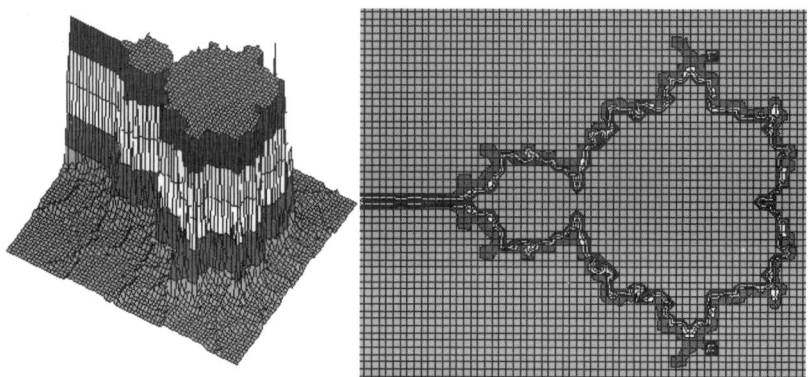

Abbildung 21.10: Apfelmännchen in einem Oberflächendiagramm

Fertig ist das „Apfelmännchen", so wird das Startbild der Mandelbrotmenge bezeichnet, die gleichzeitig ihre bekannteste Figur ist. In Zukunft können Sie in 2 Minuten aus einer nackten Excel-Datei das Apfelmännchen hervorzaubern. Wenn das nicht rekordverdächtig ist!? Damit können Sie auf jeder Party und bei jedem Date Eindruck schinden.

Juliamengen

Zum Abschluss dieses Kapitels noch eine kurze Anekdote über einen tragischen Helden Gaston_Maurice_Julia. Er entdeckte Anfang des 20. Jahrhunderts die nach ihm benannten „Julia-Mengen" und legte damit den Grundstein für die Erforschung von Fraktalen, die Benoit Mandelbrot erst sehr viel später aufgegriffen hat und erst durch diese Steilvorlage die Mandelbrotmenge entdecken konnte.

Tragisch an dieser Entdeckung ist, dass er seine Entdeckung niemals selbst zu Gesicht bekommen hat, denn dazu braucht man Computer, und die hatte er definitiv nicht. Also musste er sich mit einem sehr guten Vorstellungsvermögen begnügen. Der Zusammenhang zwischen Mandelbrotmenge und Julia-Mengen ist schnell erklärt.

Beide Mengen drehen sich um die Formel $Z_n+1=Z_n^2+C$. Bei der Mandelbrotmenge gilt als Startwert der Iteration $Z_0=0+0i$. Cr und Ci sind gleichzeitig Eingabezellen der Mehrfachoperation und Achsen des Diagramms.

Bei den Julia-Mengen wird ein bestimmtes C als Startwert definiert, beispielsweise C = -0,77+0,12i. Die veränderbaren Eingabezellen sind jetzt Zr und Zi. Die Tabelle muss geringfügig angepasst werden:

In B1 steht das C. In B2 steht Zr und in B3 steht Zi. Die Formel für Z_n lautet:

```
B4:=B2&TEXT(B3;"+Standard;-Standard")&"i"
```

Die Iterationsformel lautet:

```
B5:=IMSUMME(IMAPOTENZ(B4;2);$B$1)
```

Die veränderbaren Zellen der Mehrfachoperation sind nun B2 und B3 (statt B1 und B2 bei der Mandelbrotmenge).

Alles Weitere bleibt wie gehabt. *Abbildung 21.11* zeigt die entstehende Julia-Menge.

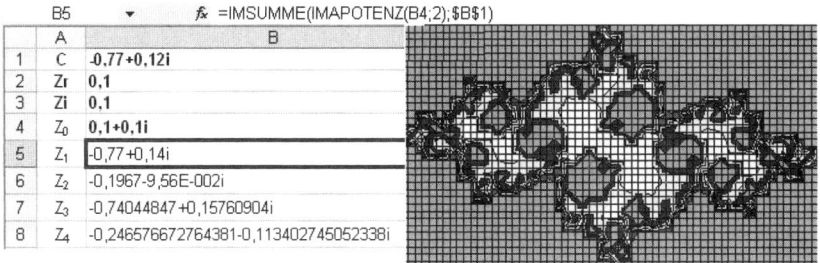

Abbildung 21.11: Iteration einer Julia-Menge und Darstellung in einem Oberflächendiagramm

Es gibt noch einen wichtigen Unterschied zwischen Mandelbrotmenge und Julia-Mengen. Es gibt nur eine Mandelbrotmenge, aber unendlich viele Julia-Mengen (für jedes C eine andere Menge).

In den beschriebenen Beispielen waren für eine Darstellung „nur" 50 x 60 x 60 = 180.000 Berechnungen nötig (50 Iterationsschritte und 60 x 60 Bildpunkte). In Excel ist das Thema damit ziemlich ausgereizt, richtige Fraktal-Programme (z.B. bei *Excel-formeln.de* herunterzuladen) berechnen ohne Probleme Bilder mit 5.000 Iterationen und 1000 x 1000 Pixel, also 5 Milliarden Einzelberechnungen pro Bild. Nur dadurch wird das spektakuläre „Reinzoomen" in die Grenzbereiche der Mengen möglich.

21.3 Sternengenerator und Chaosblüten

Greifen Sie auch gerne nach den Sternen? In Excel führt dieser Griff üblicherweise zur *Zeichnen-Symbolleiste*, die eine Auswahl von Sternen mit 4, 5, 8, 24 oder 32 Zacken zur Verfügung stellt *(Abbildung 21.12)*:

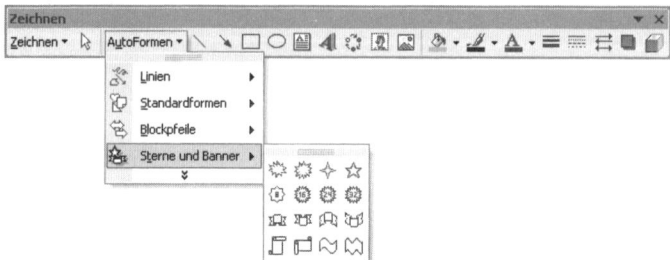

Abbildung 21.12: Auswahl von Sternen in der Zeichnen-Symbolleiste

Toll, oder? Sie sind nicht wirklich begeistert? Wir auch nicht, so etwas wollen Sie Ihren Kindern doch nicht ernsthaft zu Weihnachten präsentieren. Aber glücklicherweise gibt es auch noch Netzdiagramme. Ja, Sie haben richtig gelesen. Jetzt werden Sie endlich erfahren, wofür die gut sind *(Abbildung 21.13)*. Wer weiß das schon?

Abbildung 21.13: Beispiele für mit Netzdiagrammen erzeugte Sterne

Das ist doch eine andere Liga, oder? Und dieser Quantensprung ist gar nicht so schwer zu vollziehen. Ein Netzdiagramm funktioniert grundsätzlich nicht viel anders als ein Liniendiagramm. Beide haben eine Rubrikenachse (x-Achse). Der Unterschied ist, dass die Rubrikenachse beim Liniendiagramm eine Gerade ist und beim Netzdiagramm ein gleichmäßiges Vieleck darstellt, dessen Eckenzahl durch die Anzahl der Elemente, die die Rubrikenachse enthält, bestimmt wird. Das Liniendiagramm besitzt eine Größenachse (y-Achse), das Netzdiagramm hat genau genommen so viele Größenachsen, wie es Ecken aufweist, die alle vom Mittelpunkt des Diagramms bis zur jeweiligen Ecke verlaufen. Die Eigenschaften aller Größenachsen des Netz-diagramms, wie beispielsweise die Skalierung, sind allerdings immer identisch. Nur die obere, senkrechte Größenachse ist beschriftet *(Abbildung 21.14)*.

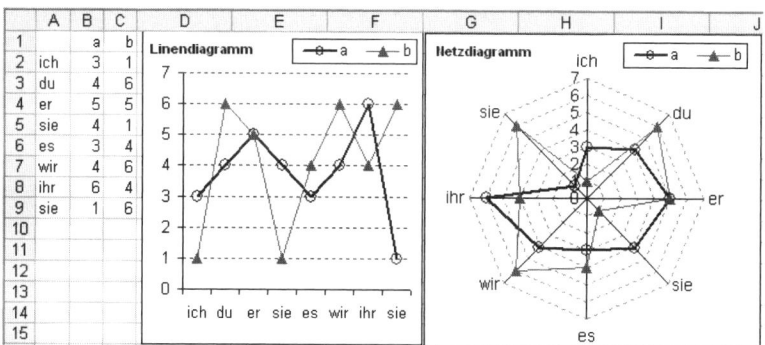

Abbildung 21.14: Vergleich von Liniendiagramm und Netzdiagramm bei gleicher Datenquelle

Dass man mit dem Netzdiagramm gleichmäßige Vielecke konstruieren kann, ist nahe liegend. Eine Datenreihe mit den Werten {6;6;6;6;6;6;6;6} bildet im Netzdiagramm die Form eines Achtecks. Der entscheidende Schritt von Achteck zu Stern ist der, einfach jede zweite Ecke nach innen zu klappen, wodurch ein vierzackiger Stern entsteht. In der Datenreihe muss schlicht der Wert jedes zweiten Datenpunktes ver-ringert werden *(Abbildung 21.15)*:

	A	B	C	D	E	F
1	Achteck	Stern				
2	6	6				
3	6	2				
4	6	6				
5	6	2				
6	6	6				
7	6	2				
8	6	6				
9	6	2				
10						
11						
12						
13						

Abbildung 21.15: Stern und Vieleck in einem Netzdiagramm

Soll der Stern sechs Zacken bekommen, muss die Datenreihe um vier Elemente erweitert werden:

{6;2;6;2;6;2;6;2;6;2;6;2}

Schön wäre doch auch ein Stern, dessen Zacken nicht gleich groß, sondern abwechselnd lang und kurz sind. Die Zahlenfolge eines achtzackigen Sterns mit vier langen und vier kurzen Zacken würde so aussehen:

{6;2;4;2;6;2;4;2;6;2;4;2;6;2;4;2;}

Wenn Sie als Diagrammtyp *Gefülltes Netz* wählen, ein bisschen mit den Fülleffekten spielen und die überflüssigen Diagramm-Elemente ausblenden, können schon richtige Weihnachtsgefühle aufkommen:

Abbildung 21.16: Weihnachtsstern aus einem Netzdiagramm

Allgemein kann festgehalten werden, dass die Form des Sterns aus einer Zahlenfolge resultiert, die aus sich n-mal wiederholenden Teilfolgen besteht. Je öfter sich die Teilfolge wiederholt, desto mehr Zacken hat der Stern, und je länger die Teilfolge ist, desto komplexer ist die Struktur des Sterns. Beim dargestellten vierzackigen Stern wird die Teilfolge {6;2} viermal wiederholt. Beim achtzackigen Stern wird die Teilfolge {6;2;4;2} viermal wiederholt. Je länger die Teilfolge des Sterns ist, desto spektakulärer sieht natürlich der Stern aus. Die Gesamtanzahl der Datenpunkte ergibt sich aus dem Produkt der Teilfolgenlänge und der Wiederholungszahl n.

Um die bisherigen Erkenntnisse bestmöglich auszuschlachten, bestücken wir das Diagramm mit der nötigen Rechenpower. Es wäre ja umständlich, die Teilfolge immer manuell n-mal untereinander zu kopieren und die Datenquelle auf den daraus resultierenden Bereich anzupassen. Viel komfortabler ist es doch, nur einmal die Teilfolge sowie die Wiederholungszahl n einzugeben, und die Datenreihe des Diagramms wird automatisch angepasst. Angenommen, in A2:A6 steht die gewünschte Teilfolge und in B2 steht die Wiederholungszahl n *(Abbildung 21.17)*. Die Gesamtanzahl der Datenpunkte ergibt sich dann aus

B4:=ANZAHL(A:A)*B2 = 30.

	A	B	C	D	E	F	G
1	Teilfolge	n	Zähler	Datenreihe			
2	6	6	A2	6			
3	2	Datenpunkte	A3	2			
4	4	30	A4	4			
5	1		A5	1			
6	3		A6	3			
7			A2	6			
8			A3	2			
9			A4	4			
10			A5	1			
11			A6	3			
12			A2	6			

Abbildung 21.17: Datenquelle der Sterne im Netzdiagramm

Die Formel

`C2:="A"&WENN(ZEILE()-1>$B$4;"";REST(ZEILE()-2;ANZAHL(A:A))+2)`

erzeugt die Spaltenangabe "A" sowie die sich wiederholende Zahlenfolge

{2;3;4;5;6; 2;3;4;5;6; 2;3;4;5;6; 2;3;.....},

die benötigt wird, um n-mal die Teilfolge in A2:A6 zu wiederholen. Die WENN-Abfrage sorgt dafür, dass diese Berechnung beendet wird, sobald die Gesamtzahl der Datenpunkte erreicht wurde. In Spalte D wird mit

`D2: =WENN(C2<>"";INDIREKT(C2);"")`

der Wert der Zelle aus Spalte A zurückgegeben, deren Adresse in C2:C31 steht, also eine der Zellen A2:A6. Kopieren Sie die Spalten C und D großzügig nach unten – ruhig einige hundert Zeilen.

Sobald Sie die Teilfolge in Spalte A oder die Wiederholungszahl n in B2 ändern, wird sich der Datenbereich in Spalte D automatisch ändern. Die Länge der Datenreihe des Diagramms sollte ebenfalls dynamisiert werden. Definieren Sie dazu einen Namen, beispielsweise *Daten*, bezogen auf die Formel

`=BEREICH.VERSCHIEBEN($D$2;0;0;$B$4;1)`

und verwenden Sie diesen Namen als Datenquelle des Sterns. Wenn Sie den Stern anklicken, erscheint in der Bearbeitungsleiste die Funktion

`=DATENREIHE("Stern";;Tabelle1!$D$2:$D$31;1),`

die die Definition der Datenreihe darstellt. Ersetzen Sie den Bezug D$2:D$31 durch den Namen *Daten*. Nun ändert sich die Länge der Datenquelle immer dynamisch mit der in B4 berechneten Gesamtanzahl der Datenpunkte des Sterns.

Jetzt können Sie Ihrer Kreativität freien Lauf lassen und unzählige verschiedene Sterne basteln. Sie können natürlich auch mehrere Datenreihen mit verschiedenen Farben übereinander legen.

Abbildung 21.18: Diverse Sterne aus Netzdiagrammen

Wenn Sie wollen, können Sie die Spalten C und D auch wegrationalisieren, indem Sie die Zahlenfolge direkt in einem Array berechnen, das Sie in den Namen *Daten* packen. Die Arrayformel dafür lautet:

```
=N(INDIREKT("Tabelle1!A"&REST(ZEILE(INDIREKT("Tabelle1!A1:
A"&Tabelle1!$B$4))-1;ANZAHL(Tabelle1!$A:$A))+2))
```

So ein schöner Zufall

Was hat das Ganze eigentlich mit dem Chaos zu tun? Die Sternenproduktion ging doch bisher sehr geordnet zu. Doch genau wie der Zufall – nennen wir ihn einmal den kleinen Bruder des Chaos – im Leben oftmals die schönsten Geschichten schreibt, erzeugt er bei dieser Anwendung auch die schönsten und spektakulärsten Sterne.

Schreiben Sie dazu in Spalte A statt fester Parameter die Formel

```
A2:=Zufallszahl()*4
```

und kopieren Sie die Formel bis A6. Der Faktor *4 ist nur ein Beispiel und kann auch anders aussehen, beispielsweise *ZEILE(), seien Sie experimentierfreudig. Wichtig ist, dass die Zufallszahlen im Spiel sind. Wenn Sie dann noch mehrere Datenreihen übereinander legen, erzeugen Sie mit jeder Neuberechnung einen neuen, überraschenden Stern. Zum Beispiel den in der *Abbildung 21.19*.

Abbildung 21.19: Zufällig erzeugte „Chaos-Blüte"

KAPITEL 22

Für die Zocker

Bevor Sie Ihre ganze Kohle im Spielkasino verzocken, sollten Sie erst mal in Excel Ihre Gewinnchancen mit Würfel- und Kartentricks überprüfen. Für einen gefühls-echten Kasinogenuss, sollten die Würfel und Karten auch wie solche aussehen.

22.1 Würfelbausatz

Wir befassen uns nun mit einem ganz normalen Würfel, dem zeitlosen Spielzeug, das so viel Spaß bereiten kann – auch in Excel. Ob Sie irgendwelche statistischen Experi-mente durchführen oder vielleicht auch mal Kniffel spielen wollen – die schlichte Funktion

ZUFALLSZAHL()

macht es möglich. Den Wurf eines gebräuchlichen Würfels mit den Augen eins bis sechs erzeugt die Formel

=KÜRZEN(ZUFALLSZAHL()*6)+1.

Wenn das Würfelergebnis als nackte Zahl ausgegeben wird, sieht das aber ein biss-chen langweilig aus, deshalb wollen wir jetzt das richtige „Würfelfeeling" produzie-ren. Dazu stellen wir Ihnen zwei Varianten vor.

Variante 1 – der „bedingt formatierte Würfel"

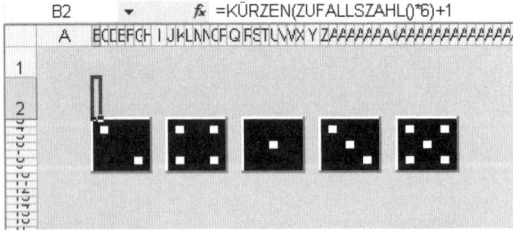

Abbildung 22.1: Fünf Würfel mit der bedingten Formatierung dargestellt

Die Tabelle der *Abbildung 22.1* zeigt einen Wurf mit 5 Würfeln. Jeder Würfel besteht aus einem Tabellenbereich von 7 x 7 Zellen mit schwarzem Hintergrund. Die Zeilen-höhe und Spaltenbreite verkleinern Sie auf jeweils etwa 6 (das entspricht 8 Pixeln). Die weiß angezeigten Würfelaugen werden über die bedingte Formatierung gesteu-ert. Um alle Zahlen des Würfels von 1 bis 6 darstellen zu können, müssen Sie 7 Zellen des Würfels präparieren.

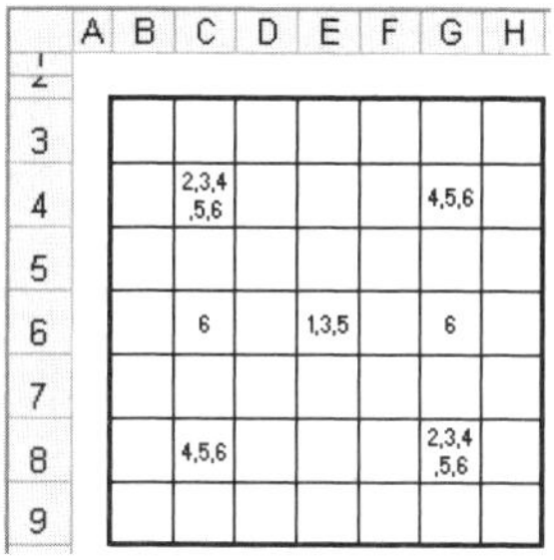

Abbildung 22.2: Schema zur Berechnung der Würfelaugen

Beim ersten Würfel sind dies die Zellen C4, G4, C6, E6, G6, C8 und G8. Die in der *Abbildung 22.2* gezeigten Zahlen geben an, bei welchem Wurf die Zelle ein weißes Würfelauge zeigen soll.

Beispielsweise wird das Auge links oben (C4) bei allen Würfen außer der 1 sichtbar. Das mittlere Auge (E6) wird bei einem Wurf von 1, 3 oder 5 angezeigt, usw.

In der Zelle B2 führen Sie den Wurf durch:

`B2: =KÜRZEN(ZUFALLSZAHL()*6)+1`

Jetzt wird für die potentiellen Augen des Würfels eine *bedingte Formatierung* hinterlegt. Für die sieben potentiellen Augen des Würfels gelten die Formelbedingungen:

- C4: `=ODER(B2=2;B2=3;B2=4;B2=5;B2=6)`
- G4: `=ODER(B2=4;B2=5;B2=6)`
- C6: `=B2=6`
- E6: `=ODER(B2=1;B2=3;B2=5)`
- G6: `=B2=6`
- C8: `=ODER(B2=4;B2=5;B2=6)`
- G8: `=ODER(B2=2;B2=3;B2=4;B2=5;B2=6)`

Diese ODER-Bedingungen können übrigens auch als Arrayformel etwas kürzer dargestellt werden (allerdings nur in Zellen und nicht innerhalb der *bedingten Formatierung*):

`G8: =ODER(B2={2.3.4.5.6})`

Dann wählen Sie *Format>Bedingte Formatierung...* und stellen diese so ein (am Beispiel der Zelle G8), wie es in *Abbildung 22.3* zu sehen ist.

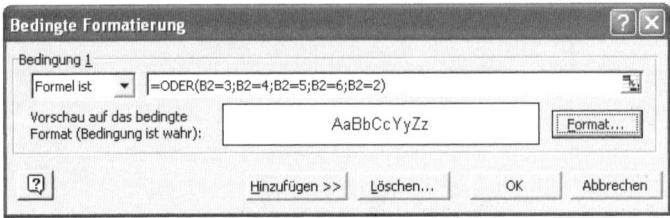

Abbildung 22.3: Bedingte Formatierung der Würfelaugen

Als Format wird weiße Schrift ausgewählt.

Jetzt ist der erste Würfel fertig. Sie können nun den Bereich B2:B9 beliebig oft nach rechts oder unten kopieren, um weitere Würfel zu generieren.

Zum Abschluss können Sie dem Würfel noch einen angedeuteten 3D-Effekt geben. Diesen kleinen Trick können Sie auch gut bei Eingabezellen einsetzen, um einen gewissen Formular-Effekt herzustellen, ohne auf das Textfeld-Steuerelement zugreifen zu müssen. Um einen tief liegenden Eindruck zu vermitteln, umranden Sie Würfel oder Eingabezelle mit einem dunkelgrauen Rahmen links und oben sowie mit einem weißen Rahmen rechts und unten. Einen angehobenen Effekt erreicht man genau andersherum *(Abbildung 22.4)*.

Abbildung 22.4: 3D-Effekt von Zellen über Rahmenformat erzeugen

Übrigens eignet sich Excels Fotokamera ideal dazu, einen oder mehrere Würfel an anderer Stelle der Arbeitsmappe zu verwenden *(Abbildung 22.5)*.

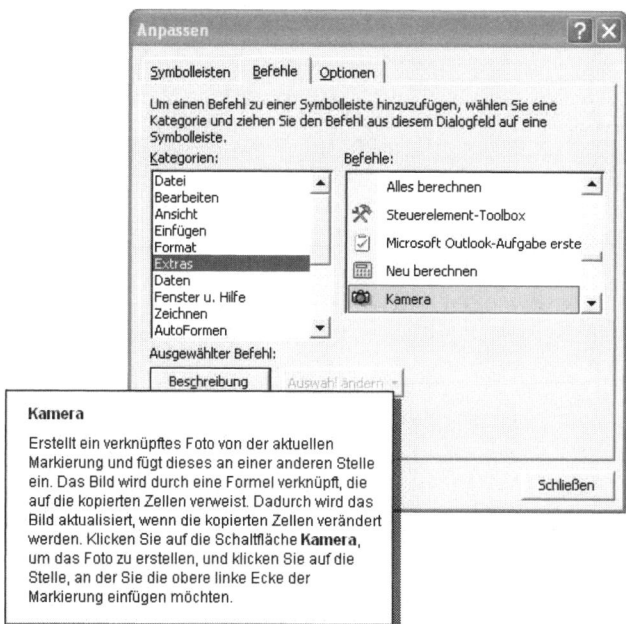

Abbildung 22.5: Kamera zur Verknüpfung von Bildobjekten mit Zellbereichen

Variante 2 – der „matrixkonstante Würfel"

Alternativ kann man einen Würfel auch mit einer 3x3-Matrix erzeugen. Dazu passen Sie die 3 Spaltenbreiten an die Zeilenhöhen an, um ein Quadrat zu erzeugen. Diese 9 Zellen formatieren Sie mit der Schriftart *Webdings*, der Schriftfarbe Weiß und der Hintergrundfarbe Schwarz. In dieser Schriftart dient uns das kleine „n" als Kreis.

Jetzt definieren Sie noch sechs Namen für die sechs verschiedenen Würfelaugen, wobei sich jeder Name auf eine 3x3-Matrixkonstante bezieht, die aus Leerstrings und – an den richtigen Stellen positioniert – kleinen „n" besteht. Jedes „n" steht dabei für ein Würfelauge.

Name	Bezieht sich auf:
Eins	={"".""."";"".n".""";"".""."""}
Zwei	={"n".""."";"".""."";"".""."n"}
Drei	={"n".""."";"".n".""";"".""."n"}
Vier	={"n".""."n";"".""."";"n".""."n"}
Fünf	={"n".""."n";"".n".""";"n".""."n"}
Sechs	={"n".""."n";"n".""."n";"n".""."n"}

Tabelle 22.1: Arrays der Würfelaugen

Den ersten Würfel platzieren Sie im Bereich B3:D5. In B2 wird die Zufallszahl erzeugt mit:

B2: =KÜRZEN(ZUFALLSZAHL()*6)+1

Die Schriftfarbe (B2) passen Sie der Hintergrundfarbe an. Über den Bereich B3:D5 geben Sie jetzt die zusammenhängende Matrixformel

B3:D5: {=WAHL(B2;Eins;Zwei;Drei;Vier;Fünf;Sechs)}

ein. Anschließend kopieren Sie die Spalten B bis D und fügen sie noch viermal nebeneinander ein (mit jeweils einer Leerspalte dazwischen).

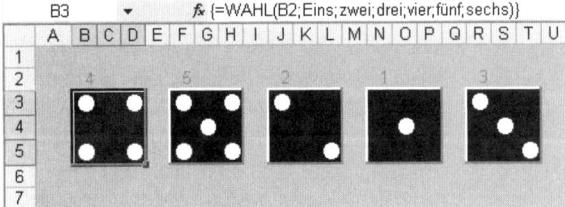

Abbildung 22.6: Fünf Würfel mit der Schriftart Webdings erzeugen

Die fünf Würfel beziehen ihre Zufallszahlen jetzt aus den Zellen B2, F2, J2, N2 und R2.

Nachteil von Namen und partiell absoluten Bezügen

Kehren wir jetzt zu Variante 1 (Würfelerzeugung mit der bedingten Formatierung) zurück. Wer gerne mit Namen arbeitet, könnte gewillt sein, der Zelle B2, in der der

Wurf stattfindet, den Namen *Wurf* oder schlicht *w* zu geben. Er wird dann aber schnell einen der Nachteile von Excel-Namen erkennen. Der Würfel ist dann nicht mehr ohne weiteres kopierbar. Damit sich alle Augen des Würfels auf B2 beziehen können, muss der Bezug im Namen *w* absolut sein: $B$2. Wenn der ganze Würfel nach rechts kopiert wird (ab Spalte J), dürfen sich die Augen des neuen Würfels aber nicht mehr auf $B2 beziehen, sondern auf die relativ versetzte Zelle J2.

Wir haben es hier also mit einem Bezug zu tun, der in einem beschränkten Radius eines Würfels absolut, darüber hinaus aber relativ ist. Falls Sie trotzdem auf Namen nicht verzichten möchten, können Sie den Bezug mit der Funktion BEREICH.VER-SCHIEBEN erweitern.

Definieren Sie den Namen *w* bezogen auf

=BEREICH.VERSCHIEBEN($B$2;;8*GANZZAHL((SPALTE()-2)/8)).

Jede aufrufende Zelle bis zur Spalte I referenziert über *w* die Zelle B2, jede Zelle der Spalten J:Q referenziert J2, dann R2 und so fort. Innerhalb von 8 Spalten sind die Bezüge immer als absolut zu verstehen, darüber hinaus als relativ.

Zufallszahlen und Namen

In bestimmten Anwendungsfällen könnte es auch interessant sein, für einen Würfel-wurf selbst, ohne Zellbezug, einen Namen zu vergeben. Der Name *w* bezieht sich dann direkt auf die Formel

=KÜRZEN(ZUFALLSZAHL()*6)+1.

Wenn Sie *w* nun in Formeln verwenden, müssen Sie aber aufpassen, nicht in eine Falle zu tappen. Bei

=ODER(w=1;w=2;w=3;w=4;w=5;w=6)

wäre jedes *w* ein anderer Wurf (eine andere Zufallszahl) und nicht derselbe. Das heißt, diese Formel könnte FALSCH liefern, obwohl jeder mögliche Wurf berücksich-tigt wurde, z.B.

=ODER(3=1;4=2;5=3;2=4;1=5;1=6)=FALSCH.

Bei der Array-Variante passiert das nicht, denn bei

=ODER(w={1.2.3.4.5.6})

wird nur ein Wurf mit den sechs Zahlen verglichen. Das Ergebnis muss WAHR sein, da der Wurf immer entweder 1, 2, 3, 4, 5 oder 6 ist. An dieser Stelle können wir festhalten, dass ein Array aus Zufallszahlen generell immer die gleiche Zufallszahl reproduziert. Beispielsweise könnte die Formel

`=WENN({1;2;3};ZUFALLSZAHL())`

das Array

`{0,485859711928939;0,485859711928939;0,485859711928939}`

ergeben, jedoch keinesfalls drei unterschiedliche Zufallszahlen. Ein Array aus unterschiedlichen Zufallszahlen zu erzeugen, ist eine bislang noch nicht geknackte Nuss. Wer weiß wie es geht, möge vortreten.

22.2 Ganz schön knifflig

So, jetzt haben wir gesehen, wie man Würfel produzieren kann, jetzt wollen wir sie auch mal anwenden. Wir wollen uns überlegen, wie man beispielsweise fünf Würfel für ein Kniffelspiel auswerten könnte.

Vorab zur Erinnerung das wichtigste aus dem Kniffel-Regelwerk.

22.2.1 Kniffelregeln

- 1er bis 6er: Summe aller 1er/2er/3er/4er/5er/6er

- 3er-Pasch: Summe aller Würfel, wenn mindestens 3 Zahlen identisch sind

- 4er-Pasch: Summe aller Würfel, wenn mindestens 4 Zahlen identisch sind

- Full-House: 25 Punkte, wenn einmal 3 und einmal 2 Zahlen identisch sind

- Kleine Straße: 30 Punkte, wenn mindest 4 Zahlen aufeinander folgen: 1, 2, 3, 4 oder 2, 3, 4, 5 oder 3, 4, 5, 6, wobei die Reihenfolge der Würfe keine Rolle spielt

- Große Straße: 40 Punkte, wenn 5 Zahlen aufeinander folgen: 1, 2, 3, 4, 5 oder 2, 3, 4, 5, 6. Auch hier spielt die Reihenfolge keine Rolle

- Kniffel: 50 Punkte, wenn alle 5 Zahlen identisch sind

- Chance: Summe aller Würfel – ohne Bedingung

In A1:E1 simulieren wir nun die Würfe der fünf Kniffelwürfel *(Abbildung 22.7)*.

A1: `=KÜRZEN(ZUFALLSAZHL()*6)+1` (kopieren bis E1)

Für den Bereich $A$1:$E$1 vergeben wir den Namen *Würfel*. Im Bereich B3:B8 werden die Auswertungen der 1er- bis 6er-Würfe berechnet und in F3 bis F9 die übrigen Auswertungen. Welche Formeln wir dabei benötigen, werden Sie im nächsten Abschnitt sehen.

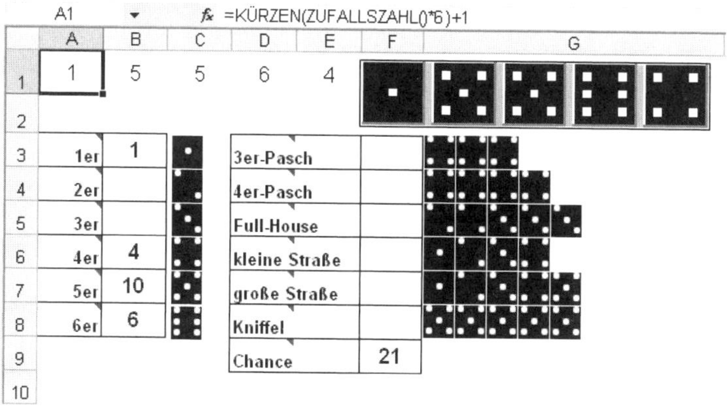

Abbildung 22.7: Auswertung der Würfel nach den Kniffelregeln

Die fünf Würfel über den Zellen F1:G1 sind ein Bildobjekt, das die Würfe in A1:E1 visualisiert. Wie das geht, wurde ja in den vorangegangenen Abschnitten bereits beschrieben (Kamerafunktion). Natürlich können Sie das Objekt auch über die Zellen A1:E1 schieben: Dann sind die „nackten" Würfelaugen nicht mehr zu sehen.

Um zu testen, ob die folgenden Formeln auch funktionieren, bietet es sich an, erst einmal in den Bereich A1:E1 feste Zahlen statt Zufallszahlen zu schreiben. Denn um die Gewissheit zu haben, ob Ihre Kniffelformel richtig rechnet, brauchen Sie natürlich einen Kniffelwurf, und der kommt per Zufallszahl nur alle $6^4 = 1.296$ Versuche vor.

22.2.2 1er bis 6er (und die Chance)

Jetzt kommen wir zu den Formeln. Dabei fragen wir immer die Zellen $A$1:$E$1 über den Namen *Würfel* ab, denn dort steht ja die Anzahl der Würfelaugen (entweder zufällig oder auch per Hand gesteuert). Die 1er bis 6er zu ermitteln, stellt noch kein größeres Problem dar. Dabei zählen wir die jeweilige Zahl in unseren 5 Würfeln und multiplizieren das Ergebnis mit der Zahl, exemplarisch für die 3er: =3*ZÄHLEN-WENN(Würfel;3). Da wir aber sehr schreibfaul sind, vereinheitlichen wir die Formel für die Zahlen 1 bis 6 und besinnen uns dabei wieder auf die Funktion ZEILE bzw. ZEILEN. Also schreiben wir in B3 für die 1er

B3: =ZEILEN($1:1)*ZÄHLENWENN(Würfel;ZEILEN($1:1))

und kopieren die Formel bis Zelle B8 nach unten. Achten Sie dabei auf die absoluten Bezüge.

In die Rubrik „Simpel" fällt natürlich auch die „Chance", denn sie ist an keine Bedingung geknüpft. Es werden einfach nur alle Würfelaugen mit

F9: =SUMME(Würfel)

summiert.

22.2.3   3er- und 4er-Pasch

Es wird aber schon schwieriger, wenn wir jetzt zum 3er-Pasch kommen. Wir müssen dabei herausfinden, ob mindestens 3 unserer 5 Würfel identische Augenzahlen aufweisen. Dabei ist es egal, ob es 3, 4 oder 5 identische Würfel gibt. Denn auch ein Kniffel ist ein 3er-Pasch! Es müssen eben mindestens 3 Gleiche dabei sein. Bei der Problemlösung hilft uns die statistische Funktion MODALWERT, die den häufigsten Wert einer Datengruppe zurückgibt. Wir brauchen zwar nicht den häufigsten Wert, aber es langt ja bereits zu wissen, dass der häufigste Wert (welcher auch immer) öfter als zweimal vorkommt. Also zählen wir den MODALWERT, und wenn dieser mehr als zweimal auftaucht (das Ergebnis also WAHR ist), summieren wir die gesamten Würfelaugen.

F3:=(ZÄHLENWENN(Würfel;MODALWERT(B1:F1))>2)*SUMME(Würfel)

Liegt ein 3er-Pasch vor, dann liefert

(ZÄHLENWENN(Würfel;MODALWERT(Würfel)))>2)

im Ergebnis WAHR. Und =WAHR*SUMME(Würfel) führt uns dann zum gewünschten Ergebnis. Bei FALSCH hingegen bleibt das Ergebnis null, denn =FALSCH*SUMME(Würfel) ist immer null. Falls kein MODALWERT existiert, liefert die Funktion übrigens den Fehlerwert #NV. Die Funktion ZÄHLENWENN kann damit aber prima umgehen und liefert als Ergebnis null.

Mit dieser Überlegung ist der 4er-Pasch auch schnell abgehandelt. Im Gegensatz zum 3er-Pasch müssen wir nur das Vorkommen des Modalwertes auf >3 (statt >2) überprüfen.

F4:=(ZÄHLENWENN(Würfel;MODALWERT(Würfel)))>3)*SUMME(Würfel)

22.2.4 Jetzt wird´s schon kniffeliger: die kleine und die große Straße

Jetzt wird´s aber wirklich kniffelig. Wir kommen zu den Straßen, und zwar zunächst zur kleinen Straße. Hierbei gibt es – wie so oft – verschiedene Lösungsansätze. Wir beschränken uns jetzt auf einen. Dabei wollen wir fürchterliche WENN-Verschachtelungen vermeiden (die irgendwie sicherlich auch zum Ziel führen, jedoch absolut unübersichtlich werden dürften).

Die Überlegung ist eigentlich ganz einfach. Nehmen wir zunächst die Prüfung auf die Zahlen 1, 2, 3 und 4. Kommt jede dieser vier Zahlen bei unseren fünf Würfeln vor, liegt auf jeden Fall eine kleine Straße vor. Dabei vergleichen wir die Zahlen einzeln mit der gleichnamigen Funktion VERGLEICH, indem wir die 4 Zahlen als Suchbegriff in einem Konstantenarray vereinen:

`=VERGLEICH({1.2.3.4};Würfel;0)`

Das Ganze hat aber zunächst einen Haken: Für jede der vier Zahlen, die im Bereich B1:F1 **nicht** vorkommt, liefert die Funktion VERGLEICH den Fehlerwert #NV, und dieser würde – da er absolut dominant ist – das gesamte Ergebnis verhageln. Also brauchen wir eine weitere Funktion, die in der Lage ist, mit derartigen Fehlerwerten umzugehen, sie also schlicht zu ignorieren. Und da kommt die Funktion ANZAHL wie gerufen. Sie zählt Zahlen in einem Bereich und ignoriert Wahrheitswerte, Texte und eben auch Fehlerwerte. Also umranden wir den VERGLEICH mit ANZAHL:

`=ANZAHL(VERGLEICH({1.2.3.4};Würfel;0))`

Angenommen, folgender Wurf liegt vor: 3, 1, 6, 5, 5, dann liefert VERGLEICH ({1.2.3.4};Würfel;0) folgendes Ergebnis: {2.#NV.1.#NV}. Mittels der Funktion ANZAHL wird daraus im Ergebnis 2, denn zwei der vier Zahlen (die 1 und die 3) kommen in unserem Wurf vor. Da aber alle vier Zahlen vorkommen müssen, liegt hier keine kleine Straße vor. Das Ergebnis von =ANZAHL(VERGLEICH({1.2.3.4};Würfel;0)) muss für eine kleine Straße also 4 sein, so dass die gesamte Bedingung lautet:

`=ANZAHL(VERGLEICH({1.2.3.4};Würfel;0))=4`

Was wir mit den Zahlen 1, 2, 3 und 4 machen können, geht natürlich auch mit den Zahlen 2, 3, 4 und 5 sowie 3, 4, 5 und 6, so dass wir die restlichen zwei Prüfungen auch abdecken können:

`=ANZAHL(VERGLEICH({2.3.4.5};Würfel;0))=4`

`=ANZAHL(VERGLEICH({3.4.5.6};Würfel;0))=4`

Da nur eine dieser drei Prüfungen WAHR ergeben muss, bietet es sich an, diese mit der ODER-Funktion zu verbinden und insgesamt mit 30 zu multiplizieren, denn so viele Punkte bekommt man für eine kleine Straße.

F6: `=30*(ODER(ANZAHL(VERGLEICH({1.2.3.4};Würfel;0))=4;ANZAHL(VERGLEICH({2.3.4.5};Würfel;0))=4;ANZAHL(VERGLEICH({3.4.5.6};Würfel;0))=4))`

Für die große Straße dient die gleiche Logik mit dem einzigen Unterschied, dass es nur zwei Bedingungen sind, die geprüft werden müssen: 1, 2, 3, 4 und 5 oder 2, 3, 4, 5 und 6.

`=ANZAHL(VERGLEICH({1.2.3.4.5};Würfel;0))=5`

`=ANZAHL(VERGLEICH({2.3.4.5.6};Würfel;0))=5`

Das muss man jetzt noch mit der ODER-Funktion verbinden und das Ergebnis mit 40 (= Punkte für die große Straße) multiplizieren:

F7: `=40*(ODER(ANZAHL(VERGLEICH({1.2.3.4.5};Würfel;0))=5;ANZAHL(VERGLEICH({2.3.4.5.6};Würfel;0))=5))`

Diesen ganzen Überlegungen zum Trotz gibt es für die große Straße aber noch den Knallfrosch schlechthin:

F7: `=40*(VARIANZ(Würfel)=2,5)` oder

F7: `=40*(VARIANZEN(Würfel)=2)`

22.2.5 Das Full-House

Machen wir weiter mit dem Full-House. Hier müssen wir prüfen, ob eine Zahl 3-mal und eine andere (!) Zahl 2-mal vorkommt. Ist das der Fall, dann gibt es 25 Punkte. Also bedienen wir uns als Grundlage der Funktion ZÄHLENWENN, indem wir alle Würfel zählen:

`{=ZÄHLENWENN(Würfel;Würfel)}`

Sobald ein Full-House vorliegt – und nur dann – wird die Ergebnismatrix aus 3 Dreiern und 2 Zweiern bestehen. Angenommen, dieser Wurf liegt vor: 5, 4, 4, 5, 5. Dann liefert `{=ZÄHLENWENN(Würfel;Würfel)}` die Matrix {3.2.2.3.3}: Die erste 5 kommt 3-mal vor, die 4 kommt 2-mal vor, die nächste 4 wieder 2-mal, die 5 wieder 3-mal und die letzte 5 ebenfalls 3-mal. Also liegt es jetzt nahe, sowohl das Maximum als auch das Minimum aus dieser Matrix auszulesen, mit 3 bzw. 2 zu vergleichen und die Ergebnisse (2 Wahrheitswerte) miteinander zu multiplizieren.

```
F5:{=25*((MAX(ZÄHLENWENN(Würfel;Würfel))=3)*(MIN(ZÄHLENWENN(Würfel;
Würfel))=2))}
```

Alternativ kann man die Zahlen 2 und 3 in der ZÄHLENWENN-Ergebnismatrix vergleichen und daraus die Anzahl ermitteln. Diese wird nur bei einem Full-House 2 ergeben:

```
F5:{=25*(ANZAHL(VERGLEICH({2.3};ZÄHLENWENN(Würfel;Würfel);))=2)}
```

22.2.6 Er darf nicht fehlen: der Kniffel

Jetzt sind wir auch schon fast am Ende. Es gilt noch, den Kniffel zu ermitteln. Die grundsätzliche Überlegung ist denkbar einfach: Alle Würfel müssen mit dem Würfel in A1 übereinstimmen. Dazu verwenden wir die Funktion UND und multiplizieren deren Ergebnis mit 50 (das sind die Punkte für einen Kniffel):

```
F8: {=50*(UND(A1=B1:E1))}
```

Wir verketten alle Werte arrayfrei und gleichen diesen verketteten String mit der 5-mal verketteten Zelle A1 ab:

```
=50*(A1&B1&C1&D1&E1=A1&A1&A1&A1&A1)
```

Auch der „Dirty Trick" aus dem Kapitel 6 *Formelklassiker* lässt sich hier anwenden (Summe der Kehrwerte aller Vorkommen auf 1 prüfen und mit 50 multiplizieren):

```
{=50*(SUMME(1/ZÄHLENWENN(Würfel;Würfel))=1)}
```

Und nicht zuletzt führt auch dieselbe Überlegung wie beim 3er- und 4er-Pasch zum Ziel. Der Modalwert muss eben 5-mal vorkommen:

```
=50*(ZÄHLENWENN(Würfel;MODALWERT(Würfel))=5)
```

Eine weitere Alternative ist:

```
=50*(SUMME((HÄUFIGKEIT(Würfel;Würfel)>0)*1)=1)
```

Alle Formeln führen zum selben Ergebnis.

Prüfen Sie die Formelergebnisse durch Zufallsberechnungen oder aber – speziell für den Viererpasch, die große Straße und den Kniffel – durch manuelle Vorgabe der Zahlen. Und versuchen Sie auch, Formelalternativen zu basteln, denn die hier genannten sind nur exemplarisch. Es gibt viele Wege, die nach Rom führen!

22.2.7 Kommentare mal etwas anders

Zusätzlich sind in den Zellen A3:A8 und D3:D9 Kommentare (in der Abbildung nicht ersichtlich) mit einer Kurzerläuterung hinterlegt. Als Beispiel folgt in *Abbildung 22.8* der Kommentar zum 3er-Pasch.

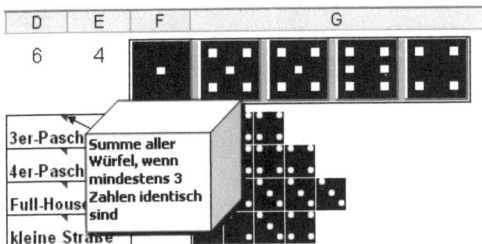

Abbildung 22.8: AutoFormen in Kommentarfelder einbinden (1)

Weil das Standardkommentarfenster doch recht langweilig ist, haben wir es durch einen Würfel ausgetauscht. Dafür erstellt man zunächst den normalen Kommentar, markiert ihn und wählt aus der Symbolleiste *Zeichnen>Zeichnen>Autoform ändern>Standardformen* den Würfel aus. Selbstverständlich lassen sich auch alle anderen Formen zuweisen (Blockpfeile, Flussdiagramme, Sterne und Banner und Legenden). Lassen Sie Ihre Kommentare also in Zukunft leben!

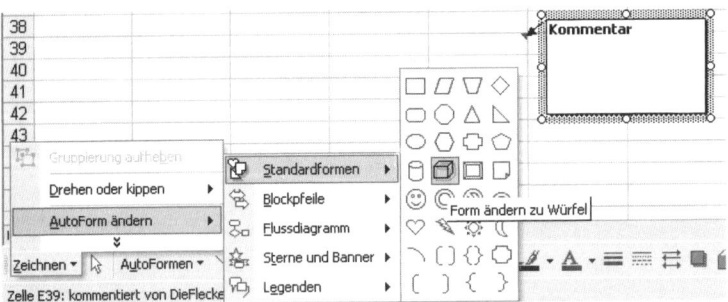

Abbildung 22.9: AutoFormen in Kommentarfelder einbinden (2)

22.3 Kartentricks

Wenn Sie statt zu würfeln lieber Karten spielen, müssen Sie Excel nicht den Rücken kehren. So wie Sie Würfelwürfe simulieren können, geht das im Prinzip genauso mit Spielkarten beispielsweise einem Skatblatt.

Ein Skatblatt besteht bekanntlich aus 32 Karten, das auf drei Spieler zu je 10 Karten ausgeteilt wird (zwei Karten bleiben liegen). Zur Mischung des Skatblattes erzeugen Sie in A2:AF2 32 Zufallszahlen.

`A2:AF2: =ZUFALLSZAHL()`

Den 32 Zufallszahlen werden später die 32 Spielkarten

Ka7; Ka8; Ka9; Ka10; KaD; KaK; KaA; He7; He8; KaB; HeB; PiB; KrB; usw.

zugeordnet.

Dann wählen Sie aus den 32 Zufallszahlen 10 aus:

`A3:=RANG(A2;$A$2:$AF$2)(bis J3 kopieren)`

Dadurch erhalten Sie 10 zufällige Ganzzahlen im Intervall von 1 bis 32 die ein Blatt mit 10 Karten repräsentieren. Um die Karten nun noch zu sortieren, schreiben Sie in

`A4: =KKLEINSTE(3:3;SPALTE())`

und kopieren das Ganze bis J4. In puncto Rechentechnik ist die Sache damit eigentlich schon erledigt. Jetzt können Sie sich noch aus der Schriftart *Symbol* die vier Zeichen zur Anzeige von Kreuz, Karo, Pik und Herz holen, um Ihre Karten optisch etwas aufzupeppen *(Abbildung 22.10)*, heureka!

	A	B	C	D	E
1	Arial	§	‥	©	a
2	Symbol	♣	♦	♥	♠

Abbildung 22.10: *Kreuz, Karo, Herz und Pik mit der Schriftart Symbol darstellen*

Aber irgendwie zieht das die Wurst noch nicht so richtig vom Teller. Wir wollen richtige Karten! Die sind auch gar nicht so schwer zu bekommen, man benötigt nur eines der uralten Windows-Spiele *Hearts* oder *Solitaire,* aus denen man dann die einzelnen Karten ausschneiden und über Paintbrush oder ein anderes Bildverarbeitungsprogramm als Bilddatei abspeichern kann. Ein bisschen Fleißarbeit. Dann können die 32 Bilddateien in A1:AF1 eingefügt werden *(Abbildung 22.11).*

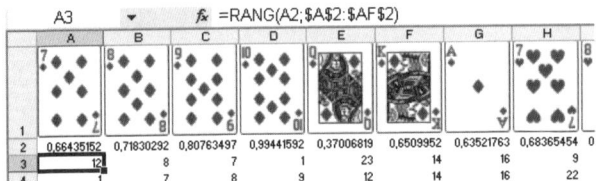

Abbildung 22.11: Skatkarten aufreihen und zufällig auswählen

Jetzt brauchen Sie noch 10 weitere Bildobjekte, um ein Blatt darzustellen, das ein Spieler auf der Hand hält. Und an der Stelle kommt Trick 17:

Definieren Sie 10 Namen von *Karte0–Karte9* die sich jeweils auf eine zufällige Zelle der 32 Zellen in Zeile 1 beziehen *(Abbildung 22.12)*. Welche Zelle das ist, bestimmen die Werte in A4:J4.

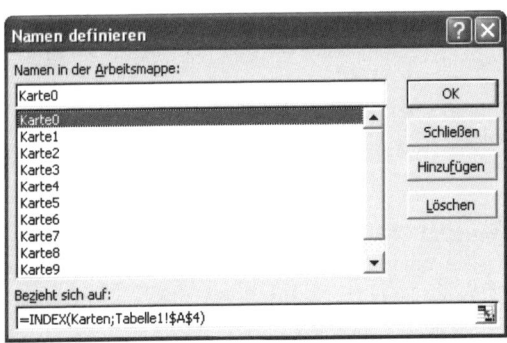

Abbildung 22.12: Namen für Skatblatt mit zehn Karten definieren

Karte1 bezieht sich auf

=INDEX(Tabelle1!$1:$1;Tabelle1!$B$4) usw.

Bis *Karte9*, die bezieht sich auf

=INDEX(Tabelle1!$1:1;Tabelle1!$J$4).

Den 10 Bildobjekten des Blattes eines Spielers können Sie nun die Namen *Karte0–Karte9* zuordnen, indem Sie diese aktivieren und in die Bearbeitungsleiste den Namen der Karte schreiben *(Abbildung 22.13)*.

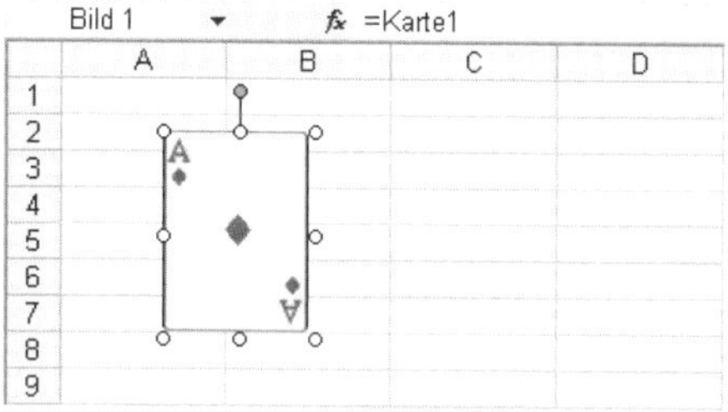

Bild 1 ▼ *fx* =Karte1

Abbildung 22.13: Dem Bildobjekt einen Namen zuordnen

Da im Beispiel in B4 eine 7 steht, greift *Karte 1* auf die siebente Zelle der ersten Zeile (G1) zu, die das Karo As enthält.

Bei jedem Drücken von [F9] wird das Bild nun eine neue, zufällig gezogene Karte anzeigen. Und als herzallerliebstes Bonbon haben Sie sogar noch die Möglichkeit mit Hilfe des grünen Nippels die Karte so zu drehen, dass das Blatt optimal und gefühlsecht in der Hand liegt. Das Endresultat mit 10 Karten zeigt die *Abbildung 22.14*.

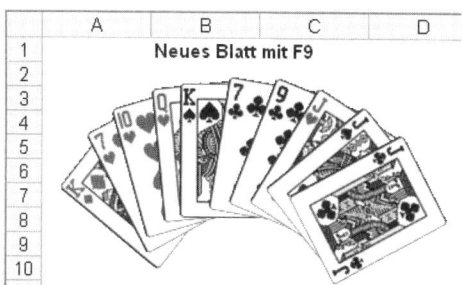

Abbildung 22.14: Zufälliges Skatblatt erzeugen

Gezielte Bildauswahl

Weniger verspielten Spöttern sei gesagt, die dynamische Bildauswahl kann durchaus auch einen ernsthaften Zweck erfüllen. Sie können die Bildauswahl natürlich nicht nur per Zufall treffen, sondern auch gezielt auswählen, beispielsweise über eine Auswahlliste *(Abbildung 22.15)*.

In der Spalte E haben Sie alle möglichen Bilder aufgelistet. In der benachbarten Spalte D steht eine Bezeichnung zu den Bildern. Platzieren Sie ein Kombinationsfeld mit:

- Eingabebereich: =$D$2:$D$5

- Zellverknüpfung: =$E$1

Nun definieren Sie einen Namen *Bildwahl* bezogen auf die Formel

=INDEX(Tabelle1!$E$2:$E$5;Tabelle1!$E$1)

Platzieren Sie ein weiteres Bildobjekt und ordnen Sie ihm den Namen *Bildwahl* zu, indem Sie bei aktiviertem Bildobjekt

=Bildwahl

in die Bearbeitungsleiste schreiben. Et Voilà:

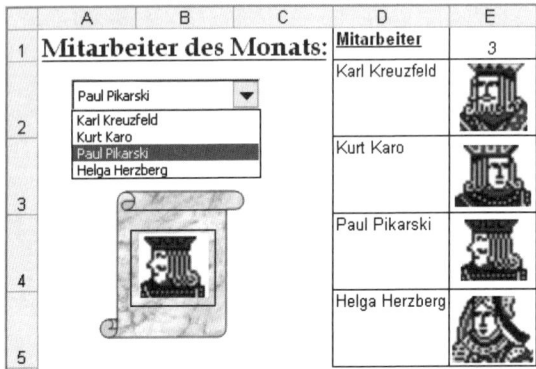

Abbildung 22.15: Bildauswahl Mitarbeiter des Monats

KAPITEL 23

Excel für Schachspieler

Auch für Liebhaber der königlichen 8x8-Matrix hat Excel ein besonderes Gericht im Repertoire, das nun zubereitet werden soll. Sie haben Ihren Gegner mal wieder in Rekordzeit mit dem so genannten „Legal-Matt" (benannt nach einem französischen Schachspieler des 18. Jahrhunderts – auch bekannt als „Seekadettenmatt") in sieben Zügen besiegt:

	A	B	C
1	Zug	w	s
2	1.	e2-e4	e7-e5
3	2.	Sg1-f3	d7-d6
4	3.	Lf1-c4	h7-h6
5	4.	Sb1-c3	Lc8-g4
6	5.	Sf3xe5	Lg4xd1
7	6.	Lc4xf7	Ke8-e7
8	7.	Sc3-d5	

Abbildung 23.1: Notation der Blitzpartie „Seekadettenmatt"

Diese Partie spielte schon im Jahre 1750 der Franzose Legal (Philidors Lehrer) gegen einen Herrn namens St. Brie.

Die Notation dieses Triumphes möchten Sie gerne archivieren, und wenn möglich auch visualisieren. Die Zutaten, die Sie dazu benötigen, sind:

▨ ein gestapeltes Säulendiagramm für das Schachbrett

▨ ein Punkt (XY)-Diagramm für die Figuren

▨ eine Bildlaufleiste der *Steuerelemente-Symbolleiste* für die Zugfolgen

▨ und die passenden Schachfiguren als Bilddatei (von irgendwo aus dem World Wide Web)

23.1   Das Schachbrett

Das gestapelte Säulendiagramm eignet sich dazu, ein Schachbrettmuster zu erzeugen. Erstellen Sie eine Tabelle mit 8 Zeilen und 16 Spalten mit sich abwechselnden Einsen und Nullen *(Abbildung 23.2)*.

	AQ	AR	AS	AT	AU	AV	AW	AX	AY	AZ	BA	BB	BC	BD	BE	BF
1	1	0	1	0	1	0	1	0	1	0	1	0	1	0	1	0
2	0	1	0	1	0	1	0	1	0	1	0	1	0	1	0	1
3	1	0	1	0	1	0	1	0	1	0	1	0	1	0	1	0
4	0	1	0	1	0	1	0	1	0	1	0	1	0	1	0	1
5	1	0	1	0	1	0	1	0	1	0	1	0	1	0	1	0
6	0	1	0	1	0	1	0	1	0	1	0	1	0	1	0	1
7	1	0	1	0	1	0	1	0	1	0	1	0	1	0	1	0
8	0	1	0	1	0	1	0	1	0	1	0	1	0	1	0	1

Abbildung 23.2: Matrix mit sich abwechselnden Einsen und Nullen

Erstellen Sie daraus ein gestapeltes Säulendiagramm mit einer Datenreihe je Spalte und formatieren Sie die Datenreihen so, dass nur noch ein schwarz-weißes Karomuster übrig bleibt *(Abbildung 23.3)*. Die wechselnden Einsen und Nullen können Sie auch mit der Formel

`AQ1 (kopiert bis BF8): =REST(ZEILE()+SPALTE()+1;2)`

erzeugen.

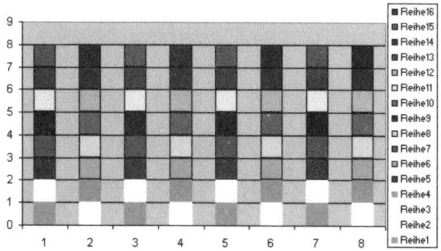

Abbildung 23.3: Gestapeltes Säulendiagramm zum Formatieren des Schachbretts (1)

Nützlich ist bei der Formatierung der Datenreihen die Tastenkombination $\boxed{\text{Strg}}$ + $\boxed{\text{Y}}$. Wenn Sie eine Datenreihe formatiert haben, können Sie mit dieser Tastenkombination eine weitere Datenreihe gleichermaßen einfärben.

Jetzt lassen Sie die Zwischenräume verschwinden, indem Sie über *Datenreihen formatieren>Optionen* die Abstandsbreite auf 0 stellen. Damit es noch authentischer nach einem Schachbrett aussieht, können Sie sogar über *Datenreihen formatieren...>Muster>Fülleffekte* eine Struktur auswählen, z.B. mit einem Marmor-Effekt *(Abbildung 23.4)*.

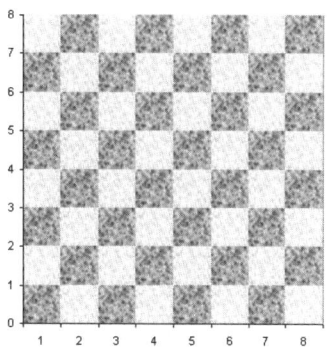

Abbildung 23.4: Gestapeltes Säulendiagramm zum Formatieren des Schachbretts (2)

23.2 Die Figuren

Sie haben nun ein Brett, doch wie können Sie Figuren darauf platzieren? Mit dem flexibelsten aller Diagrammtypen, dem Punkt (XY)-Diagramm. Dieser Diagrammtyp ermöglicht es, Datenpunkte an beliebiger Stelle eines Koordinatensystems (in diesem Fall das Schachbrett) zu positionieren. Jeder Punkt wird dabei durch einen x- und einen y-Wert definiert. Um die 16 weißen Figuren auf dem Brett zu platzieren, erstellen Sie eine Tabelle mit folgenden x/y-Koordinaten *(Abbildung 23.5)*:

	K	L	M	N	O	P	Q	R	S	T	U	V	W	X	Y	Z	AA	AB
1		Figur	Ta1	Sb1	Lc1	Dd1	Ke1	Lf1	Sg1	Th1	Ba2	Bb2	Bc2	Bd2	Be2	Bf2	Bg2	Bh2
2	weiß	x	1	2	3	4	5	6	7	8	1	2	3	4	5	6	7	8
3		y	0,5	0,5	0,5	0,5	0,5	0,5	0,5	0,5	1,5	1,5	1,5	1,5	1,5	1,5	1,5	1,5

Abbildung 23.5: x/y-Koordinaten der weißen Figuren

Fügen Sie eine Datenreihe mit den y-Werten (ohne x-Werte!) aus M3:AB3 in das gestapelte Säulendiagramm ein. Sie können den Bereich M3:AB3 markieren und per Drag & Drop in das Diagramm ziehen, um die zusätzliche Datenreihe zu erzeugen. Die zusätzliche Datenreihe wird zunächst als gestapelte Säulen dargestellt (linke Hälfte der *Abbildung 23.6*).

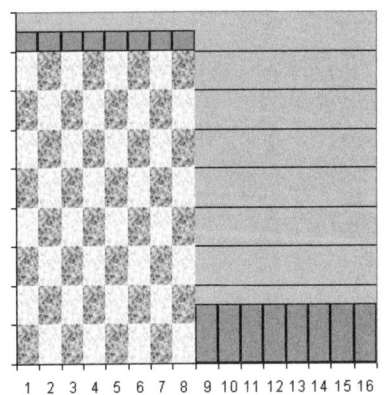 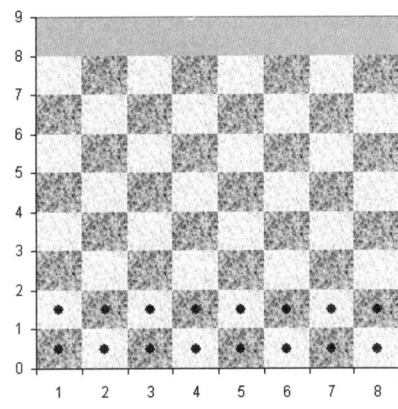

Abbildung 23.6: Datenpunkte der Figuren in das Säulendiagramm einfügen und auf Diagrammtyp Punkt (XY) ändern

Da in Excel mehrere Diagrammtypen kombiniert werden können, kann für die zusätzliche Datenreihe der Diagrammtyp *Punkt (XY)* gewählt werden. Klicken Sie dazu die Datenreihe rechts an und wählen Sie *Diagrammtyp...Punkt (XY)*.

Abschließend müssen Sie für diese Datenreihe über den Kontextmenüpunkt *Datenquelle...* die x-Werte M2:AB2 zuordnen, um die Darstellung in der rechten Hälfte von *Abbildung 23.6* zu erhalten. Wenn Sie die Punkte anklicken, erscheint in der Bearbeitungsleiste die Datenreihendefinition

```
DATENREIHE("Figuren weiß";Tabelle1!$M$2:$AB$2;Tabelle1!$M$3:$AB$3;17).
```

Das Gleiche machen Sie nun für die schwarzen Figuren mit den folgenden Ausgangskoordinaten *(Abbildung 23.7)*.

	K	L	M	N	O	P	Q	R	S	T	U	V	W	X	Y	Z	AA	AB
5		**Figur**	Ta8	Sb8	Lc8	Dd8	Ke8	Lf8	Sg8	Th8	Ba7	Bb7	Bc7	Bd7	Be7	Bf7	Bg7	Bh7
6	schwarz	x	1	2	3	4	5	6	7	8	1	2	3	4	5	6	7	8
7		y	7,5	7,5	7,5	7,5	7,5	7,5	7,5	7,5	6,5	6,5	6,5	6,5	6,5	6,5	6,5	6,5

Abbildung 23.7: x/y-Koordinaten der schwarzen Figuren

Jetzt sind die Datenpunkte platziert. Aber wie können nun Schachfiguren daraus geschnitzt werden? Datenpunkte können zwar unterschiedlich formatiert werden (Raute, Kreis, Quadrat, Dreieck, ...), aber Schachfiguren sind natürlich nicht verfügbar, dass wäre etwas zu viel des Guten. An dieser Stelle bietet Excel eine wirklich pfiffige Möglichkeit. Jeder Datenpunkt kann Träger eines beliebigen Grafikobjekts sein. Probieren Sie dies einmal aus. Erstellen Sie z.B. beliebige AutoFormen aus der *Zeichnen-Symbolleiste*. Dann kopieren Sie diese, markieren einen Datenpunkt eines Punkt (XY)-Diagramms und fügen die Grafik mit ⌐Strg⌐ + ⌐V⌐ ein. Das Ganze können Sie auch mit Bilddateien machen, die Ihre Schachfiguren enthalten. Das Ergebnis könnte dann so wie in *Abbildung 23.8* aussehen.

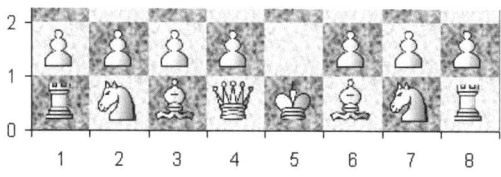

Abbildung 23.8: Datenpunkte im Schachfiguren-Kostüm

23.3 Der Schachzug

Das Brett steht, die Figuren sind aufgestellt. Jetzt können Sie überprüfen, ob die Figuren auch ziehen können. Der erste Zug Ihrer Blitzpartie lautet e2–e4. Ihr e2-Bauer hat in der Startaufstellung die x/y-Koordinaten 5/1,5 (die in den Zellen Y2:Y3 stehen). Sie müssen den y-Wert einfach auf 3,5 erhöhen und Sie werden sehen wie sich Ihr Bauer auf e4 bewegt.

Es sind alle Vorbereitungen zur grafischen Darstellung Ihrer Schachnotation getroffen. Die Figuren sind mobil. Nun muss noch etwas gerechnet werden. Die x/y-Koordinaten Ihrer Figuren müssen von der Zugnotation der Spalten B:C abgeleitet werden.

Die Notation sollte so aufgelistet werden, dass sie möglichst leicht ausgewertet werden kann. Dazu werden erstens die weißen und schwarzen Halbzüge untereinander aufgelistet und zweitens die beiden Felder, die jeder Schachzug angibt, werden auf zwei benachbarte Spalten aufgeteilt. Drittens werden alle Figurenkennzeichnungen S, L, T, D, K eliminiert, da sie für die weitere Berechnung irrelevant sind und stören. Auch das „X", das das Schlagen einer gegnerischen Figur symbolisiert, ist überflüssig und wird für die weitere Berechnung durch den standardmäßigen Bindestrich ersetzt. Denn wenn auf dem Zielfeld eine gegnerische Figur steht, wird sie logischerweise geschlagen, dass muss nicht extra gekennzeichnet werden. Das gewünschte Ergebnis ist in den Spalten H und I der Tabelle in *Abbildung 23.9* zu sehen.

	E	F	G	H	I
1	Halbzug			von	nach
2	1	e2-e4	e2-e4	e2	e4
3	2	e7-e5	e7-e5	e7	e5
4	3	Sg1-f3	g1-f3	g1	f3
5	4	d7-d6	d7-d6	d7	d6
6	5	Lf1-c4	f1-c4	f1	c4
7	6	h7-h6	h7-h6	h7	h6
8	7	Sb1-c3	b1-c3	b1	c3
9	8	Lc8-g4	c8-g4	c8	g4
10	9	Sf3xe5	f3-e5	f3	e5
11	10	Lg4xd1	g4-d1	g4	d1
12	11	Lc4xf7	c4-f7	c4	f7
13	12	Ke8-e7	e8-e7	e8	e7
14	13	Sc3-d5	c3-d5	c3	d5

Abbildung 23.9: Schachnotation transformieren

Um aus der Notation in den zwei Spalten B und C nach dem Reißverschlussprinzip eine einzige zu machen, wird in F2 die Formel

```
F2:=INDEX($B$2:$C$8;AUFRUNDEN(E2/2;0);REST(E2-1;2)+1)
```

geschrieben und herunterkopiert.

Der Term REST(E2-1;2)+1 bewirkt, dass in jeder Formel im Bereich F2:F14 abwechselnd auf Spalte B und C zugegriffen wird. Der Term AUFRUNDEN(E2/2;0) hat den Zweck, den angegebenen Halbzug von Spalte E in einen ganzen Zug umzurechnen, um so auf die richtige Zeile im Bereich B:C zuzugreifen.

Beispielsweise ergibt sich der fünfte Halbzug aus =INDEX($B$2:$C$8;3;2), was die Zelle C4 referenziert.

In Spalte G werden die überflüssigen Symbole eliminiert, dies geschieht mit der Funktion WECHSELN. Für jedes zu löschende Symbol muss diese Funktion weiter verschachtelt werden.

```
G2:=WECHSELN(WECHSELN(WECHSELN(WECHSELN(WECHSELN(WECHSELN(
F2;"S";"");"L";"");"T";"");"D";"");"K";"");"x";"-")
```

In den Spalten H:I werden die Züge aus Spalte G wieder in zwei Spalten aufgeteilt, indem der String am Bindestrich aufgeteilt wird. Das Feld links vom Bindestrich ergibt sich aus

```
H2: =LINKS(G2;FINDEN("-";G2)-1)
```

und das Feld rechts vom Bindestrich aus

```
I2: =TEIL(G2;FINDEN("-";G2)+1;9).
```

Jetzt folgt die Berechnung, mit der die Zugnotationen in die x/y-Koordinaten übertragen werden, die ihrerseits für die Figurenposition im Diagramm verantwortlich sind. Sie benötigen für jede der 32 Figuren eine Spalte (AD:BI), die die Position der entsprechenden Figur nach n Halbzügen (n Zeilen) fortführt. Folgende Abbildung zeigt exemplarisch nur die Spalten der zehn Figuren, die in dieser Blitzpartie bewegt werden. Die restlichen Spalten sind ausgeblendet. Betrachten Sie z.B. den g1-Springer, so kann seine Position mit den Formeln in Spalte L bestimmt werden *(Abbildung 23.10)*.

| AJ2 | ▾ | f_x | =WENN($H2=RECHTS(AJ1;2);$I2;WENN($I2=RECHTS(AJ1;2);NV();RECHTS(AJ1;2))) |

	E	H	I	J	AC	AE	AG	AH	AI	AJ	AV	AX	BF	BG	BI	BJ
1	Halbzug	von	nach		Figur:	Sb1	Dd1	Ke1	Lf1	Sg1	Lc8	Ke8	Be7	Bf7	Bh7	
2	1	e2	e4			b1	d1	e1	f1	g1	c8	e8	e7	f7	h7	
3	2	e7	e5			b1	d1	e1	f1	g1	c8	e8	e5	f7	h7	
4	3	g1	f3			b1	d1	e1	f1	f3	c8	e8	e5	f7	h7	
5	4	d7	d6			b1	d1	e1	f1	f3	c8	e8	e5	f7	h7	
6	5	f1	c4			b1	d1	e1	c4	f3	c8	e8	e5	f7	h7	
7	6	h7	h6			b1	d1	e1	c4	f3	c8	e8	e5	f7	h6	
8	7	b1	c3			c3	d1	e1	c4	f3	c8	e8	e5	f7	h6	
9	8	c8	g4			c3	d1	e1	c4	f3	g4	e8	e5	f7	h6	
10	9	f3	e5			c3	d1	e1	c4	e5	g4	e8	#NV	f7	h6	
11	10	g4	d1			c3	#NV	e1	c4	e5	d1	e8	#NV	f7	h6	
12	11	c4	f7			c3	#NV	e1	f7	e5	d1	e8	#NV	#NV	h6	
13	12	e8	e7			c3	#NV	e1	f7	e5	d1	e7	#NV	#NV	h6	
14	13	c3	d5			d5	#NV	e1	f7	e5	d1	e7	#NV	#NV	h6	
15						d5	#NV	e1	f7	e5	d1	e7	#NV	#NV	h6	

Abbildung 23.10: Figurenposition an Schachnotation koppeln

Die Logik der Formel

AJ2: =WENN($H2=RECHTS(AJ1;2); $I2; WENN($I2=RECHTS(AJ1;2); NV(); RECHTS(AJ1;2)))

ist recht einfach. $H2=RECHTS(AJ1;2) prüft, ob der Springer g1 zieht. Das hängt davon ab, ob er in H2 angesprochen wird. Falls ja, muss die aktuelle Position durch die Zielposition ersetzt werden, die in I2 steht. Ist dies nicht der Fall, wird geprüft, ob in I2 die Zielposition g1 steht. Das würde bedeuten, dass eine andere Figur nach g1 zieht und damit den Springer g1 schlägt:

WENN($I2=RECHTS(AJ1;2);NV();RECHTS(AJ1;2))

Dann würde g1 durch #NV ersetzt. Dies kennzeichnet, dass die Figur geschlagen wurde. Ein Punkt einer Datenreihe wird ausgeblendet, wenn die zugrunde liegende Zelle den Wert NV# enthält. Ist dies nicht der Fall, hat die Figur nicht gezogen und wurde nicht geschlagen. Dann wird einfach die Position des vorherigen Halbzuges übernommen und der *Sonst_Wert* der WENN-Formel RECHTS(AJ1;2) greift.

Beispielsweise wird im 10. Halbzug die weiße Dame geopfert, in AG11 erscheint deshalb ein #NV. Dieses Feld besetzt nun der schwarze c8-Läufer. In AV11 vollzieht dieser seinen Positionswechsel auf das Feld d1.

Das einzig Wesentliche, was jetzt noch fehlt, ist die Überleitung der berechneten Figurenpositionen auf die x/y-Koordinaten die die Datenquelle des Diagramms darstellen *(Abbildung 23.11)*.

S2	▼			f_x =CODE(LINKS(INDEX(AJ2:AJ14;n)))-96													

	K	L	M	N	O	P	Q	R	S	T	U	V	W	X	Y	Z	AA	AB
1		Figur	Ta1	Sb1	Lc1	Dd1	Ke1	Lf1	Sg1	Th1	Ba2	Bb2	Bc2	Bd2	Be2	Bf2	Bg2	Bh2
2	weiß	x	1	2	3	4	5	6	7	8	1	2	3	4	5	6	7	8
3		y	0,5	0,5	0,5	0,5	0,5	0,5	0,5	0,5	1,5	1,5	1,5	1,5	1,5	1,5	1,5	1,5
4																		
5		Figur	Ta8	Sb8	Lc8	Dd8	Ke8	Lf8	Sg8	Th8	Ba7	Bb7	Bc7	Bd7	Be7	Bf7	Bg7	Bh7
6	schwarz	x	1	2	3	4	5	6	7	8	1	2	3	4	5	6	7	8
7		y	7,5	7,5	7,5	7,5	7,5	7,5	7,5	7,5	6,5	6,5	6,5	5,5	4,5	6,5	6,5	5,5

Abbildung 23.11: Position der Figuren nach n Halbzügen

In der Startaufstellung hat der weiße g1-Springer die Koordinaten 7;0,5 (S2:S3). Seine Koordinaten nach n Halbzügen berechnen sich aus:

S2: =CODE(LINKS(INDEX(AJ2:AJ14;n)))-96

S3: =RECHTS(INDEX(AJ2:AJ14;n))-0,5

Die Formel in S2 rechnet die Linienbezeichnung von a–h in die Werte 1–8 um. Die Formel in S3 subtrahiert von der Zeilennummer 0,5. Beispielsweise ergibt sich im 3. Halbzug die Position des g1-Springers von 6;2,5 aus:

= LINKS(INDEX(AJ2:AJ14;3)) referenziert AJ4 und liefert die Position „f3".

S2:=CODE(LINKS("f3")-96=6

S3:=RECHTS("f3")-0,5=2,5

Die Koordinaten der Mattstellung nach 13 Halbzügen zeigt die *Abbildung 23.12*.

	K	L	M	N	O	P	Q	R	S	T	U	V	W	X	Y	Z	AA	AB
1		Figur	Ta1	Sb1	Lc1	Dd1	Ke1	Lf1	Sg1	Th1	Ba2	Bb2	Bc2	Bd2	Be2	Bf2	Bg2	Bh2
2	weiß	x	1	4	3	#NV	5	6	5	8	1	2	3	4	5	6	7	8
3		y	0,5	4,5	0,5	#NV	0,5	6,5	4,5	0,5	1,5	1,5	1,5	1,5	3,5	1,5	1,5	1,5
4																		
5		Figur	Ta8	Sb8	Lc8	Dd8	Ke8	Lf8	Sg8	Th8	Ba7	Bb7	Bc7	Bd7	Be7	Bf7	Bg7	Bh7
6	schwarz	x	1	2	4	4	5	6	7	8	1	2	3	4	#NV	#NV	7	8
7		y	7,5	7,5	0,5	7,5	6,5	7,5	7,5	7,5	6,5	6,5	6,5	5,5	#NV	#NV	6,5	5,5

Abbildung 23.12: Position der Figuren in der Mattstellung der Blitzpartie

Sie haben es geschafft, Sie können Ihre Mattstellung im gestapelte Säulen-/Punkt (XY)-Diagramm bewundern. Aber zuerst wollen wir endlich noch die nummerierte x-Achse durch die Buchstaben A–H ersetzen. Selektieren Sie dazu einfach eine Datenreihe des Schachbretts und schreiben Sie in das Argument der x-Werte ein Array aus den Buchstaben A–H *(Abbildung 23.13)*:

=DATENREIHE(;{"A"."B"."C"."D"."E"."F"."G"."H"};Tabelle1!$AQ$1:$BF$1;15)

439

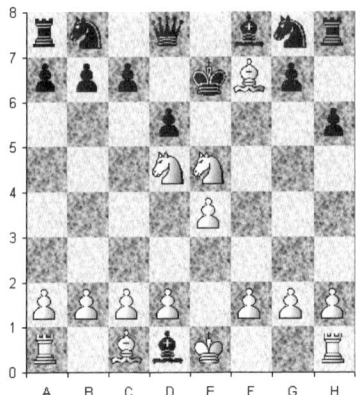

Abbildung 23.13: Mattstellung „Seekadettenmatt"

23.4 Zugfolgen und Spezialitäten

Sie haben eine Zelle mit dem Namen *n* definiert, in die Sie die Nummer des Halbzuges eingeben, für den Sie das Diagramm berechnen möchten. Wenn Sie Ihre Partie
vom ersten bis zum letzten Halbzug genießen wollen, wäre es ja nervig, die Zugnum-
mer immer manuell eingeben zu müssen. Dafür bieten sich die *Bildlaufleisten* der
Steuerelement-Symbolleiste an.

Abbildung 23.14: Steuerelemente-Symbolleiste

Ziehen Sie eine Bildlaufleiste in Ihre Tabelle.

Über das Kontextmenü der Bildlaufleiste gelangen Sie in die Eigenschaften des Steuerelements. Dort definieren Sie die Eigenschaftswerte:

- *LinkedCell:n*
- *Min:1*
- *Max:100*

Wenn Sie nun die Bildlaufleiste betätigen, bewegen sich Ihre Schachfiguren Zug um Zug auf dem Schachbrett.

23.5 Besondere Züge

Der beschriebene Weg behandelt nur Standardzüge, doch auch die Berücksichtigung von Rochaden stellt kein großes Problem da. Die übliche Notation für die kleine Rochade lautet 0-0, für die große Rochade lautet sie 0-0-0. Splittet man diese Notation in den Spalten H und I auf, steht bei der Rochade in Spalte H „0" und in I bei der kleinen Rochade ebenso „0" und bei der großen Rochade „0-0". Sie müssen jetzt nur die Figuren, die bei der Rochade angesprochen werden, um zusätzliche WENN-Abfragen ergänzen. Beispielsweise würde für den schwarzen König die erweiterte Formel in AX2 lauten:

`=WENN(REST(E2;2)=0;WENN(I2="0-0";"c8";WENN(I2="0";"g8";Formel1)); Formel1)`

mit

`Formel1=WENN($H2=RECHTS(AX1;2);$I2;WENN($I2=RECHTS(AX1;2);NV();RECHTS(AX1;2)))`

`REST(E2;2)=0`: prüft, ob Schwarz am Zug ist.

`WENN(I2="0-0";"c8"`: bei großer Rochade zieht der König auf c8.

`WENN(I2="0";"g8"`: bei kleiner Rochade zieht der König auf g8.

Formel1 prüft die zuvor beschriebenen Standardzüge.

Es ist auch möglich, Bauern in Damen (oder andere Figuren) einzutauschen. Zieht ein weißer Bauer auf die achte Reihe, wird sein Wert auf #NV gesetzt, da er vom Brett genommen wird. Für jeden Bauern, wird ein weiterer Datenpunkt in das Diagramm eingefügt, der eine Dame enthält. Solange der Bauer selbst auf dem Brett steht, hat dieser Datenpunkt den Wert #NV und ist somit im Hintergrund verborgen. Erst wenn der Bauer eingetauscht wird, wird der Datenpunkt, der die Dame enthält, sichtbar gemacht. Damit das funktioniert müssen die Formeln zur Bestimmung der Figurenpositionen um einige nicht sehr komplizierte WENN-Bedingungen erweitert werden, die einen Eintauschzug mit der Notation „a2-a1=D" auslesen können.

23.6 Transparenter Grafikhintergrund im Datenpunkt

Wenn Sie ein Grafikobjekt, eine Schachfigur oder irgendein anderes Bild, in einen Datenpunkt einfügen, erscheint dieses möglicherweise quadratisch, weil der Hintergrund des Bildes nicht transparent ist. Wenn Sie das stört, klicken Sie das Bild rechts an – bevor Sie es in den Datenpunkt kopiert haben – und wählen aus dem Kontextmenü den Eintrag *Grafiksymbolleiste anzeigen*.

Abbildung 23.15: Grafik-Symbolleiste

Wenn Sie nun das hervorgehobene Symbol in *Abbildung 23.15* anklicken, erhalten Sie einen Cursor in Form des Symbols. Mit diesem Cursor klicken Sie auf die Farbe des Bildobjekts, die transparent sein soll. Dann erst kopieren Sie das Bildobjekt in den Datenpunkt.

KAPITEL 24

Minesweeper

Wer mit Microsoft aufgewachsen ist, kennt auch die beiden Spiele Minesweeper und Solitaire, die auf keinem unter Windows laufenden PC gefehlt haben. In den Jahren, in denen es noch ein seltener Luxus war, im Internet surfen zu können, waren diese Klassiker vor allem für Azubis oft überlebenswichtig, um den tristen Büroalltag zu überstehen. Im Laufe der Zeit haben aber immer mehr hartherzige Chefs die beliebten Langeweilevertreiber von der Standardinstallation der PCs verbannen lassen. Echt fies! Als Excel-Fan lassen Sie sich das natürlich nicht gefallen. Machen Sie Excel zum größten Minesweeperfeld aller Zeiten.

Das Spiel ist schnell erklärt. In einer Matrix sind zufällig Minen verteilt und versteckt und die Aufgabe besteht darin, alle Zellen der Matrix aufzudecken, bis auf die Zellen, die eine Mine enthalten. Das Spiel ist gewonnen, wenn nur noch die Zellen übrig sind, die Minen enthalten. Zur Ortung der Minen enthält jede aufgedeckte Zelle einen Wert, der die Anzahl Minen wiedergibt, die in den acht Nachbarzellen der aufgedeckten Zelle versteckt sind.

Zur Demonstration fangen wir wieder klein an, mit einem 10 × 10 Zellen großen Minenfeld. Wem das zu brutal ist, kann sich statt Minen auch Fettnäpfchen oder Kuhfladen vorstellen.

24.1 Zufallszahlen ohne Wiederholung

Die erste Hürde, die genommen werden muss, ist es, eine bestimmte Anzahl Minen zufällig auf dem Feld zu verteilen. Immer wenn in Excel etwas zufällig geschehen soll, kommt die Funktion ZUFALLSZAHL() zum Zuge. Wir benötigen 100 Zufallszahlen, genau so viele wie Zellen auf dem Spielfeld enthalten sind, die ja alle mit gleicher Wahrscheinlichkeit eine Mine enthalten können. In der Kombinatorik wird dieser Fall als „Ziehen ohne zurücklegen" (oder „ungeordnete Kombinationen ohne Wiederholung") bezeichnet. Jede der 100 Zellen hat eine Nummer von 1 bis 100 und nun werden n zufällige Zellen „gezogen", die eine Mine enthalten. Ganzzahlige Zufallszahlen ohne doppelt vorkommende („ohne zurücklegen") können mit Hilfe der Funktion RANG erzeugt werden, was wir uns an einem Beispiel mit 10 Zahlen ansehen *(Abbildung 24.1)*:

B1	▾	f_x =RANG(A1;$A$1:$A$10)	
	A	B	C
1	0,70459161031816000	2	
2	0,64143094029226300	5	
3	0,00553193465132118	10	
4	0,54045721062530700	6	
5	0,04159255113726260	9	
6	0,69177171905567800	4	
7	0,10137984581824400	8	
8	0,86279278096992900	1	
9	0,69922890567005500	3	
10	0,33840958561147300	7	

Abbildung 24.1: Ganzzahlige Zufallszahlen ohne Wiederholung

=RANG(A1;$A$1:$A$10) ergibt 2, da in A1 die zweithöchste Zufallszahl der Spalte A steht. Die 10 erscheint dort, wo die kleinste Zufallszahl steht, nämlich die 0,00553193465132118 in A3. Vorraussetzung dafür, dass alle Zahlen von 1 bis 10 in B1:B10 genau einmal vorkommen, ist, dass alle Zufallszahlen unterschiedlich groß sind.

Zufallszahlen liegen zwischen 0 und 1 und haben in der Regel 15 Dezimalstellen. Nur in der Regel – aber nicht immer – und zwar deshalb, weil ca. 10 % der Zufallszahlen 16 Nachkommastellen haben und ca. 1 % sogar 17 Nachkommastellen haben. Das hängt damit zusammen, dass es nicht genau 10 hoch 15 unterschiedliche Zufallszahlen gibt, sondern 2 hoch 52, das sind 10 hoch 15,653559774527 oder anders ausgedrückt 4.503.599.627.370.500 verschiedene Zufallszahlen. Dass dann zwei gezogene Zufallszahlen identisch sind, ist zwar theoretisch möglich, praktisch aber so gut wie ausgeschlossen. Die Wahrscheinlichkeit, dass Sie zweimal hintereinander im Lotto sechs Richtige haben ist größer. Glauben Sie nicht? Die Wahrscheinlichkeit für einen Sechser im Lotto ist 1 zu 13.983.816, denn es gibt rund 13 Mio. Kombinationsmöglichkeiten 6 aus 49 (ohne zurücklegen) zu ziehen. Die Formel

=KOMBINATIONEN(49;6)

offenbart es.

Die Wahrscheinlichkeit, zweimal hintereinander sechs Richtige zu haben, ist 1 zu

=KOMBINATIONEN(49;6)^2= 195.547.109.921.856 = 10 hoch 14,3

und damit 20-mal höher als die Wahrscheinlichkeit, zwei gleiche Zufallszahlen zu ziehen.

Die Wahrscheinlichkeit, dass sich bei 10 Zufallszahlen zwei gleichen, ist dagegen wesentlich höher, nämlich rund 1 zu 10 ^ 14. Bei 100 Zufallszahlen sind es nur noch rund 1 zu 10 hoch 12 (eine Billion).

Noch nicht überzeugt? Wenn Sie so hartnäckig sind, müssen wir noch etwas weiter ausholen. Vielleicht kennen Sie das in der Kombinatorik bekannte Geburtstagsparadoxon. Es stellt die Frage, wie hoch die Wahrscheinlichkeit ist, dass auf einer Party zwei Personen am gleichen Tag Geburtstag haben. Die erstaunliche Antwort ist, dass bei mindestens 23 Partygästen mit größerer Wahrscheinlichkeit zwei Leute am gleichen Tag Geburtstag haben, als dass alle an unterschiedlichen Tagen Geburtstag haben, nämlich genau 50,7 %. Berechnet wird das mit der Formel

$1 - (365/365) \times (364/365) \times (363/365) \times ... \times (343/365) = 50{,}7\ \%$.

In unserer Muttersprache Excel ausgedrückt:

`{=RUNDEN((1-PRODUKT(ZEILE(INDIREKT("365:343"))/365))*100;1)}`

Das Geburtstagsparadoxon lässt sich nun 1:1 auf die Zufallszahlen projizieren. Statt 365 mögliche Tage, an denen man Geburtstag haben kann, gibt es 10 hoch 15,65... mögliche Zufallszahlen und die 100 gezogenen Zufallszahlen sind die 100 Partygäste. Angenommen, dass c die Anzahl möglicher Zufallszahlen ist, nämlich 2^{52}, dann berechnet sich die Wahrscheinlichkeit für zwei gleiche Zufallszahlen bei 100 Ziehungen aus

1 zu $1\ /(\ 1-(c/c) \times ((c-1)/c) \times ((c-2)/c) \times ... \times ((c-99)/c)) = 1$ zu 10 hoch $11{,}95895$.

Das Problem ist, dass Excel in diesem hohen Zahlenbereich nicht mehr genau rechnen kann, für Excel ergibt

`=2^52=2^52-1=WAHR`.

Excel kann zwar Zahlen bis ca. 10^{308} darstellen, aber nur bis zu 15 signifikanten Stellen genau. Trotzdem gibt es zwei Möglichkeiten, Aufgaben mit solch großen Zahlen wie 2^{52} genau zu berechnen, entweder über die VBA Typumwandlungsfunktion CDEC oder einige spezielle Berechnungen, auf die in Kapitel 11 *Zahlensysteme* näher eingegangen wird.

24.2 Minen zufällig verteilen

Jetzt aber endlich zurück zum Thema Minesweeper. Wir schreiben in A1:A100 =ZUFALLSZAHL(). Als Nächstes wird in Spalte B eine Rangfolge dieser 100 Zufallszahlen gebildet.

`B1: =RANG(A1;$A$1:$A$100)` (kopieren bis B100)

Nun stehen in B1:B100 alle Zahlen von 1 bis 100 ungeordnet untereinander.

Als Nächstes definieren wir eine Zelle n, die die Anzahl zu verteilender Minen auf dem Feld vorgibt. In C1 schreiben Sie

```
C1:=WENN(Zeile()>n;0;B1)
```

und kopieren die Formel bis C100. Die Spalte C verfolgt den Zweck aus Spalte B genau n Zufallszahlen aus dem Zahlenbereich herauszupicken, beispielsweise für n = 10

{1;21;98;68;64;47;7;5;86;48}.

	A	B	C	D	E	F	G	H	I	J	K	L	M	N	O	P	Q	R	S	T	U	V	W	X	Y	Z	AA
1	0,999144	1	1		**Minen:**		1	2	3	4	5	6	7	8	9	10		1	0	0	0	1	0	1	0	0	0
2	0,805807	21	21		10		11	12	13	14	15	16	17	18	19	20		0	0	0	0	0	0	0	0	0	0
3	0,045022	98	98				21	22	23	24	25	26	27	28	29	30		1	0	0	0	0	0	0	0	0	0
4	0,370451	68	68				31	32	33	34	35	36	37	38	39	40		0	0	0	0	0	0	0	0	0	0
5	0,410488	64	64				41	42	43	44	45	46	47	48	49	50		0	0	0	0	0	0	1	1	0	0
6	0,614983	47	47				51	52	53	54	55	56	57	58	59	60		0	0	0	0	0	0	0	0	0	0
7	0,955987	7	7				61	62	63	64	65	66	67	68	69	70		0	0	0	1	0	0	0	1	0	0
8	0,964149	5	5				71	72	73	74	75	76	77	78	79	80		0	0	0	0	0	0	0	0	0	0
9	0,122736	86	86				81	82	83	84	85	86	87	88	89	90		0	0	0	0	0	1	0	0	0	0
10	0,605286	48	48				91	92	93	94	95	96	97	98	99	100		0	0	0	0	0	0	0	1	0	0
11	0,724746	31	0																								
12	0,938602	10	0																								
13	0,216765	80	0																								
14	0,057432	95	0																								
15	0,250538	77	0																								
16	0,748002	26	0																								

Abbildung 24.2: Zehn Zellen der 10x10-Matrix zufällig auswählen

Die 100 Zellen des Minenfeldes müssen von 1–100 durchnummeriert werden, damit jede der 10 zufällig gezogenen Nummern einer Zelle zugeordnet werden kann. Sie können die Matrix G1:P10 in *Abbildung 24.2* relativ leicht manuell durchnummerieren, aber wenn Sie es noch bequemer haben wollen, nehmen Sie dazu die Formel:

G1: =10*(ZEILE(1:1)-1)+SPALTE(A:A) (kopieren bis P10)

Die Formellösung ermöglicht später bei Bedarf eine flexiblere Erweiterung der Spielfeldgröße.

In der Matrix R1:AA10 werden letztendlich die Minen verteilt, in R1 steht

R1: =ISTZAHL(VERGLEICH(G1;$C:$C;0))*1 (kopieren bis AA10).

Wenn also G1 (die entsprechende Zelle der benachbarten Matrix G1:P10) in Spalte C gefunden wird, erzeugt die Formel in R1 eine 1, andernfalls eine 0. Jede 1 symbolisiert eine Mine. Sie haben jetzt *n* zufällige Zellen der Matrix in R1:AA10 mit Minen bestückt. Schön und gut doch zum Spielen von Minesweeper haben Sie noch ein elementares Problem zu lösen: Jedes Mal, wenn Sie [F9] drücken, werden die Minen neu verteilt, doch das ergibt keinen Sinn. Wenn die Minen einmal verteilt wurden, dürfen diese sich bis zum Ende des Spiels nicht mehr bewegen.

Jetzt kommt wieder die Excel-Iteration ins Spiel. Sie können mit ihr nicht nur iterative Berechnungen durchführen, Sie können mit ihr auch Zellwerte je nach Bedarf „einfrieren". Genau wie beim Spiel des Lebens definieren Sie eine Zelle namens *Start*. Diese kann den Wert FALSCH bzw. 0 oder den Wert WAHR bzw. 1 annehmen. Nun erweitern Sie die Formel von C1 (dito C2:C100) auf

```
C1:=WENN(Start; WENN(Zeile()>n;0;B1);C1)
```

Dies hat zur Folge, dass in Spalte C nur dann neue Werte berechnet werden, wenn *Start* WAHR ist, ansonsten bleibt der eigene Zellwert erhalten, da sich die Zelle auf sich selbst bezieht. Wenn der Haken der Excel-Iteration unter dem Menüpunkt *Extras>Optionen>Berechnung* gesetzt ist, kommt Excel mit diesem Zirkelbezug klar. Damit wird der Zellwert so lange „eingefroren" bis *Start* wieder den Wert WAHR erhält.

Als Nächstes benötigen Sie eine weitere Matrix (AC2:AL11), in der zum einen die Minen durch ein „X" markiert sind und in der zum anderen die Anzahl Minen in den 8 angrenzenden Zellen zurückgegeben wird *(Abbildung 24.3)*:

	AC2	▼				*fx*		=WENN(R2=1;"X";SUMME(R1;S1;S2;S3;R3;Q3;Q2;Q1))													
	Q	R	S	T	U	V	W	X	Y	Z	AA	AB	AC	AD	AE	AF	AG	AH	AI	AJ	AK	AL
1																						
2	1	0	0	0	1	0	1	0	0	0			X	1	0	1	X	2	X	1	0	0
3	0	0	0	0	0	0	0	0	0	0			2	2	0	1	1	2	1	1	0	0
4	1	0	0	0	0	0	0	0	0	0			X	1	0	0	0	0	0	0	0	0
5	0	0	0	0	0	0	0	0	0	0			1	1	0	0	0	1	2	2	1	0
6	0	0	0	0	0	0	1	1	0	0			0	0	0	0	0	0	X	X	1	0
7	0	0	0	0	0	0	0	0	0	0			0	0	1	1	1	1	3	3	2	0
8	0	0	0	1	0	0	0	1	0	0			0	0	1	X	1	0	1	X	1	0
9	0	0	0	0	0	0	0	0	0	0			0	0	1	1	2	1	2	1	1	0
10	0	0	0	0	0	1	0	0	0	0			0	0	0	0	1	X	2	1	1	0
11	0	0	0	0	0	0	0	1	0	0			0	0	0	0	1	1	2	X	1	0

Abbildung 24.3: Minen auf dem Minenfeld verteilen

Wichtig: Die Matrix von R1:AA10 wurde ausgeschnitten und eine Zeile tiefer wieder eingefügt, damit sich die Formel in AC2 bequem auf die acht Nachbarzellen der Zelle R2 der Vorgängermatrix beziehen und einheitlich auf den Bereich bis AL11 kopieren lässt.

Jetzt wird noch eine weitere Matrix benötigt, die endlich das tatsächliche Spielfeld des Minensuchers darstellt. Überlegen wir uns, welche Eigenschaften das Spielfeld haben muss. Vor allem darf zu Beginn des Spiels die Position der Minen nicht ersichtlich sein. Erst wenn ein Feld ausgewählt (selektiert) wird, kommt eine Mine oder die Anzahl benachbarter Minen dieses Feldes zum Vorschein.

24.3 Rechnen mit der aktiven Zelle

Dazu müsste es erstmal eine Möglichkeit geben, die selektierte Zelle überhaupt zu identifizieren. In VBA kein Problem: *Activecell.Address* gibt die Adresse der aktiven Zelle zurück. Aber in Excel gibt es „offiziell" keine Funktion, die die aktive Zelle ermitteln kann. Wenn man fleißig sucht, findet man aber dennoch eine passende. Die Formel

`=ADRESSE(ZELLE("Zeile";A1);ZELLE("Spalte";A1))`

gibt die Adresse von A1 zurück, also „$A$1". Interessanterweise kann man das Bezugsargument einfach weglassen, die Funktion

`=ADRESSE(ZELLE("Zeile");ZELLE("Spalte"))`

hat dann die Eigenschaft, die Adresse der Zelle zurückzugeben, die bei der letzten Neuberechnung aktiv war. Selektiert man eine Zelle und drückt dann [F9] wird also die aktive Zellenadresse ausgegeben.

Vielleicht kennen Sie die ähnlich aussehende und geläufigere Formel

`=ADRESSE(ZEILE();SPALTE()),`

die die Adresse der Zelle wiedergibt, in der sie selbst steht (die aufrufende Zelle). Dass das nicht zum gleichen Ergebnis führt, zeigt das Beispiel in *Abbildung 24.4*.

	A	B	C	D	E
1	$A$4	=ADRESSE(ZELLE("Zeile");ZELLE("spalte"))			
2	$A$2	=ADRESSE(ZEILE();SPALTE())			
3					
4					
5					

Abbildung 24.4: Unterschied zwischen der aktiven und der aufrufenden Zelle

Jetzt kommt der eigentliche Trick:

Definieren Sie den Namen *Selektion* bezogen auf die Formel

`=ADRESSE(ZELLE("Zeile");ZELLE("Spalte"))=ADRESSE(ZEILE();SPALTE()).`

Um zu demonstrieren, wie sich der Name *Selektion* in einer Tabelle auswirkt, schreiben Sie in alle Zellen eines beliebigen Bereichs =Selektion *(Abbildung 24.5)*.

B2	▼	*fx* =Selektion			
	A	B	C	D	E	F
1	FALSCH	FALSCH	FALSCH	FALSCH	FALSCH	FALSCH
2	FALSCH	WAHR	FALSCH	FALSCH	FALSCH	FALSCH
3	FALSCH	FALSCH	FALSCH	FALSCH	FALSCH	FALSCH
4	FALSCH	FALSCH	FALSCH	FALSCH	FALSCH	FALSCH
5	FALSCH	FALSCH	FALSCH	FALSCH	FALSCH	FALSCH

Abbildung 24.5: Rechnen mit der aktiven Zelle

Wenn Sie nun eine Zelle selektieren und F9 drücken, erscheint nur bei dieser Zelle WAHR. Und genau mit dieser Technik können Sie auf dem Minesweeperfeld eine Zelle auswählen.

Die Matrix des Spielfeldes geht von AN2:AW11. In AN2 steht die Formel

AN2: {=WENN(start;""; WENN(AN2<>""; AN2; WENN(ODER((AM1:AO3=0)*(AM1:AO3<>"")); AC2; WENN(Selektion;AC2;"")))))} (kopieren bis AW11).

Stellen Sie die Startzelle auf 1, um eine neue Startaufstellung des Minenfeldes zu erhalten. Dann stellen Sie sie auf 0, um mit dem Minensuchen zu beginnen. Wählen Sie eine Zelle, beispielsweise AR6, und drücken Sie F9, dann erscheint *die Abbildung 24.6*.

	AB	AC	AD	AE	AF	AG	AH	AI	AJ	AK	AL	AM	AN	AO	AP	AQ	AR	AS	AT	AU	AV	AW	AX	AY
1																								Start:
2		X	1	0	1	X	2	X	1	0	0		1	0	1			1	0	0				0
3		2	2	0	1	1	2	1	1	0	0		2	0	1	1	2	1	1	0	0			
4		X	1	0	0	0	0	0	0	0			1	0	0	0	0	0	0	0	0			
5		1	1	0	0	0	1	2	2	1	0	1	1	0	0	0	1	2	2	1	0			
6		0	0	0	0	0	1	X	X	1	0	0	0	0	0	0	1		1	0				
7		0	0	1	1	1	1	3	3	2	0	0	0	1	1	1	1		2	0				
8		0	0	1	X	1	0	1	X	1	0	0	0	1					1	0				
9		0	0	1	1	2	1	2	1	1	0	0	0	1	1	2			1	0				
10		0	0	0	0	1	X	2	1	1	0	0	0	0	0	1			1	0				
11		0	0	0	0	1	1	2	X	1	0	0	0	0	0	1			1	0				

Abbildung 24.6: Minesweeper – das Spiel beginnt

Um zu verstehen, was da passiert ist, dröseln wir die Formel in AN2 auf:

◼ {=WENN(start;"" solange *Start* auf 1 steht, bleibt das Spielfeld leer.

◼ ; WENN(AN2<>"";AN2sobald in AN2 einmal ein Eintrag erscheint, bleibt er eingefroren, da sich die Zelle auf sich selbst bezieht.

▓ `WENN(ODER((AM1:AO3=0)*(AM1:AO3<>"")));AC2`Wenn eine der acht Nachbarzellen eine 0 enthält, wird die aktive Zelle AN2 „aufgedeckt", d.h., der entsprechende Wert der Matrix AC2:AL11, in diesem Fall AC2, wird übernommen. Denn dort wo eine 0 steht, kann in einer der acht Nachbarn unmöglich eine Mine sein. Damit die Nullzellen nicht alle einzeln mit F9 aufgedeckt werden müssen, geschieht das mit diesem Formelteil automatisch. Es entsteht eine Kettenreaktion, die alle zusammenhängenden Nullen auf einen Schlag aufdeckt. Genau so, wie das beim Original auch der Fall ist.

▓ `;WENN(Selektion;AC2;"")))))}`Dieser Teil enthält das „Aufdecken" der ausgewählten Zelle. Wird bei Zellselektion F9 gedrückt, liefert *Selektion* WAHR und der Wert aus AC2 wird übernommen.

Das Minesweeperfeld ist bereits spielbar. Um dem Original von Microsoft noch etwas näher zu kommen, ergänzen wir die Formeln insoweit, dass das komplette Minenfeld aufgedeckt wird, sobald der Spieler auf eine Mine getreten ist. Bei der jetzigen Formel könnte er trotz gesprengter Mine noch weiterspielen. Den letzten WENN-Ausdruck

`WENN(Selektion;AC2;"")`

ersetzen wir durch

`WENN(Selektion;AC2;WENN(ZÄHLENWENN($AN$2:$AW$11;"X")>0;AC2;"")),`

um den gewünschten Effekt zu erzielen. Sobald ZÄHLENWENN ein „X" findet, werden die Zellen der Vorgängermatrix AC2:AL11 übernommen, das Minenfeld wird also komplett aufgedeckt.

Mit der Formel

`=WENN(UND(ANZAHL(AN2:AW11)=100-n;ZÄHLENWENN(AN2:AW11;"x")=0);"gewonnen";"")`

können Sie noch anzeigen lassen, wenn der Spieler gewonnen hat.

Der Rest ist Feinarbeit. Die Nullen können mit dem Zahlenformat 0;-0;"" ausgeblendet werden. Die Minen können statt mit einem „X" mit schöneren Symbolen angezeigt werden. Beispielsweise wird das M der Schriftart Wingdings durch eine Bombe dargestellt. Die nicht aufgedeckten Felder können über die bedingte Formatierung farblich unterlegt werden.

Das optisch getunte Endergebnis könnte dann beispielsweise wie in *Abbildung 24.7* aussehen.

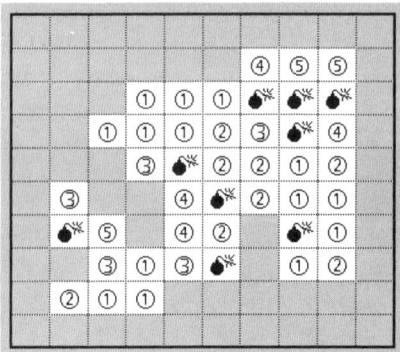

Abbildung 24.7: Ein optisch getuntes Spielfeld

24.4 Die aktive Zelle beeinflusst Diagramme

Wenn Sie genug Minesweeper gespielt haben, können Sie sich überlegen, wie Sie sich das Gezeigte noch anderweitig zu Nutze machen können. Per Formel auf die aktive Zelle zugreifen zu können, ist nämlich auch in anderen Excel-Welten sehr praktisch, beispielsweise bei Diagrammen *(Abbildung 24.8)*.

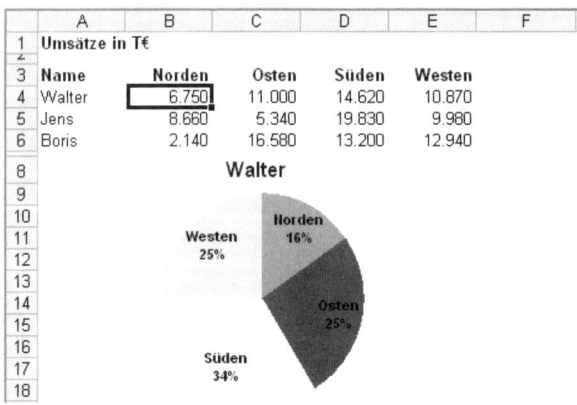

Abbildung 24.8: Ein auf die aktive Zeile reagierendes Kuchendiagramm

Das Kuchendiagramm soll flexibel die Werte einer der drei Datenreihen anzeigen. Dazu selektieren Sie eine Zelle, führen mit [F9] eine Neuberechnung durch und das Diagramm soll die entsprechenden Werte anzeigen.

ZELLE("Zeile") liefert ohne Bezugsangabe die Zeilennummer der aktiven Zelle. Die Spaltenangabe ist auf 1 fixiert, dann kann auch B1 selektiert werden und man erhält immer noch den richtigen Namen aus der Spalte A.

Bekanntlich können Sie für die Datenreihen eines Diagramms Namen definieren. Erstellen Sie also einen Namen *Daten*, dem der Bereich $B$4:$E$4 hinterlegt ist und binden Sie Ihn in das Diagramm ein. Die DATENREIHE-Definition, die Sie bei selektierter Datenreihe in der Bearbeitungsleiste sehen, lautet dann nicht mehr

=DATENREIHE(;Tabelle1!$B$3:$E$3;Tabelle1!$B$4:$E$4;1),

sondern

=DATENREIHE(;Tabelle1!$B$3:$E$3;Mappe1.xls!Daten;1).

Die Überschrift des Diagramms steht in der Zelle C8 mit der Formel

C8: =INDIREKT(ADRESSE(ZELLE("Zeile");1)).

Wenn das geklappt hat, ersetzen Sie im Namensdialog (*Einfügen>Namen>Definieren...*) den Zellbezug des Namens durch die Formel

=INDEX(Tabelle1!$B:$E;ZELLE("Zeile");).

Diese Formel gibt einen Bereich zurück. Von Spalte B:E eine Zeile, und zwar die Zeile, die bei der letzten Neuberechnung aktiv war. Jetzt wird sich Ihr Kuchendiagramm immer an die aktive Zeile anpassen, vorausgesetzt, es findet eine Neuberechnung statt.

Falls Sie eine Zeile unterhalb des Datenbereichs selektieren, kann das Diagramm nach der Neuberechnung nichts mehr anzeigen und der Kuchen verschwindet. Wenn Sie das verhindern wollen, können Sie eine Bedingung ergänzen:

=INDEX(Tabelle1!$B:$E;MIN(ZELLE("Zeile");ANZAHL2(Tabelle1!$A$4:$A$100)+3);)

MIN in Kombination mit ANZAHL2 sorgt hier dafür, dass höchstens die letzte Zeile des Datenbereichs, im Beispiel die Zeile 6, zurückgegeben wird.

Vorsicht: Sobald Sie dem Namen *Daten*, der in das Diagramm eingebunden ist, die Formel mit der aktiven Zelle zuordnen, können Sie die Datenquellbezüge des Diagramms nicht mehr bearbeiten. Denn in dem Moment, in dem Sie das Diagramm bearbeiten, gibt es keine aktive Zelle, da das Diagramm den Fokus erhält. Aus diesem Dilemma kann sich Excel nicht befreien und streikt. Deshalb darf dieser Schritt erst ganz am Schluss erfolgen. Wenn Sie aber nachträglich andere Zellbezüge anpassen müssen, ordnen Sie zuvor dem Namen *Daten* wieder einen fixen Bereich wie $B$4:$E$4 zu.

KAPITEL 25

Ligaplaner

25.1 Spielpaarungen

Alle Jahre wieder – zu Saisonbeginn der Fußballbundesliga bekommt man alle Spielpaarungen und Termine in einem Tableau präsentiert *(Abbildung 25.1)*.

2005 / 2006 Termine	1. FC Kaiserslautern	1. FC Köln	1. FC Nürnberg	Arminia Bielefeld	Bayer Leverkusen.	Bayern München	Bor. Mönchengladbach	Borussia Dortmund	Eintracht Frankfurt	FSV Mainz 05	Hamburger SV	Hannover 96	Hertha BSC Berlin	MSV Duisburg	Schalke 04	VfB Stuttgart	VfL Wolfsburg	Werder Bremen
1. FC Kaiserslautern		08.02.	19.11.	18.02.	29.10.	06.05.	25.03.	15.10.	03.12.	21.09.	01.10.	22.04.	08.04.	13.08.	28.01.	04.03.	17.12.	10.09.
1. FC Köln	27.08.		11.03.	13.05.	25.02.	29.10.	17.09.	11.02.	25.03.	06.08.	03.05.	15.10.	24.09.	22.04.	19.11.	04.02.	08.04.	10.12.
1. FC Nürnberg	15.04.	01.10.		22.10.	10.12.	10.09.	03.05.	26.11.	08.02.	01.04.	28.01.	13.08.	13.05.	04.03.	21.09.	05.11.	18.02.	18.03.
Arminia Bielefeld	17.09.	17.12.	25.03.		11.03.	19.11.	24.09.	25.02.	08.04.	27.08.	13.08.	29.10.	15.10.	06.05.	03.12.	11.02.	22.04.	28.01
Bayer Leverkusen	01.04.	21.09.	06.05.	01.10.		13.08.	15.04.	05.11.	28.01.	18.03.	26.11.	17.12.	03.12.	18.02.	10.09.	22.10.	08.02.	04.03.
Bayern München	10.12.	01.04.	11.02.	15.04.	04.02.		06.08.	13.05.	25.02.	26.11.	04.03.	17.09.	27.08.	22.10.	18.03.	03.05.	01.10.	05.11.
Bor. Mönchengladbach	22.10.	18.02.	03.12.	04.03.	19.11.	28.01.		01.04.	17.12.	01.10.	05.11.	06.05.	22.04.	10.09.	08.02.	18.03.	13.08.	21.09.
Borussia Dortmund	18.03.	10.09.	22.04.	21.09.	08.04.	17.12.	29.10.		06.05.	04.03.	22.10.	03.12.	19.11.	08.02.	13.08.	01.10.	28.01.	18.02.
Eintracht Frankfurt	03.05.	22.10.	27.08.	05.11.	06.08.	21.09.	13.05.	10.12.		15.04.	18.02.	11.02.	04.02.	18.03.	01.10.	26.11.	04.03.	01.04.
FSV Mainz 05	25.02.	28.01.	29.10.	08.02.	15.10.	22.04.	11.03.	24.09.	19.11.		10.09.	08.04.	25.03.	17.12.	06.05.	17.09.	03.12.	13.08.
Hamburger SV	11.03.	03.12.	06.08.	04.02.	22.04.	24.09.	08.04.	25.03.	17.09.	11.02.		27.08.	10.12.	19.11.	29.10.	25.02.	15.10.	13.05.
Hannover 96	26.11.	18.03.	04.02.	01.04.	13.05.	18.02.	10.12.	03.05.	10.09.	05.11.	08.02.		06.08.	01.10.	04.03.	15.04.	21.09.	22.10.
Hertha BSC Berlin	05.11.	04.03.	17.12.	18.03.	03.05.	08.02.	26.11.	15.04.	13.08.	22.10.	06.05.	28.01.		21.09.	18.02.	01.04.	10.09.	01.10.
MSV Duisburg	04.02.	26.11.	24.09.	10.12.	17.09.	25.03.	11.02.	27.08.	15.10.	13.05.	15.04.	11.03.	25.02.		08.04.	06.08.	29.10.	03.05.
Schalke 04	06.08.	15.04.	25.02.	03.05.	11.02.	15.10.	27.08.	04.02.	11.03.	10.12.	01.04.	24.09.	17.09.	05.11.		13.05.	25.03.	26.11.
VfB Stuttgart	24.09.	13.08.	08.04.	10.09.	25.03.	03.12.	15.10.	11.03.	22.04.	18.02.	21.09.	19.11.	29.10.	28.01.	17.12.		06.05.	08.02.
VfL Wolfsburg	13.05.	05.11.	17.09.	26.11.	27.08.	11.03.	04.02.	06.08.	24.09.	03.05.	18.03.	25.02.	11.02.	01.04.	22.10.	10.12.		15.04.
Werder Bremen	11.02.	06.05.	15.10.	06.08.	24.09.	08.04.	25.02.	17.09.	29.10.	04.02.	17.12.	25.03.	11.03.	03.12.	22.04.	27.08.	19.11.	

Abbildung 25.1: Matrix Bundesligaspielplan

Alle Welt spielt derzeit Sudoku, aber die Wenigsten haben sich wahrscheinlich schon einmal Gedanken darüber gemacht, dass in diesem Spielplan ein ähnlich interessantes Zahlenrätsel steckt. Um es ein bisschen leichter zu machen, stellen wir uns eine Liga mit nur 10 Mannschaften vor. Dann haben wir eine 10x10-Matrix. Jede Zelle dieser Matrix beinhaltet den Termin einer Spielpaarung. Bei 10 Mannschaften gibt es zu jedem Termin 5 Spielpaarungen. Dass Spiele eines Spieltages auch an unterschiedlichen Tagen stattfinden können, ignorieren wir zunächst der Einfachheit halber. Es gibt 9 Spieltage in der Hinrunde und 9 Spieltage in der Rückrunde, macht insgesamt $9 \times 2 \times 5 = 90$ Spiele (allgemein sind es bei n Mannschaften immer $(n-1) \times (n/2) \times 2$ Spiele, in der Fußballbundesliga $17 \times 9 \times 2 = 306$). Zur weiteren Vereinfachung sollen in die Zellen statt genauer Termine fortlaufende Nummern vom 1. bis zum 18. Spieltag eingetragen werden.

Ihre Aufgabe ist es nun, in der Tabelle alle Zellen mit den Spieltagen von 1 bis 18 zu füllen. Dabei müssen natürlich einige Bedingungen eingehalten werden:

▓ Jeder Spieltag hat fünf Partien und muss daher in 5 Zellen vorkommen

▓ Jede Mannschaft hat pro Spieltag nur ein Spiel

▓ Zwei Mannschaften begegnen sich nur einmal in der Hinrunde und einmal in der Rückrunde

▓ Und zur Krönung hat jede Mannschaft möglichst immer abwechselnd ein Heimspiel und ein Auswärtsspiel zu absolvieren

Also viel Spaß beim Knobeln.

Mit der Lösung dieses Rätsels ist allerdings nur der erste Baustein unseres Ligaplaners gelegt. Danach werden Sie lernen, wie man die Spieler oder Teams, die in Ihrer Liga mitspielen, zufällig den Zeilen- und Spaltennummern des Spielpaarungstableaus zuordnet.

Danach werden alle Spielpaarungen – chronologisch nach Spieltagen sortiert – untereinander aufgelistet, so dass man die Spielergebnisse jedes einzelnen Spieles daneben eintragen kann. Aus den Spielergebnissen wird dann automatisch die aktuelle Ligatabelle berechnet und angezeigt. Der gesamte Ligaplaner wird so aufgebaut, dass er dynamisch auf eine beliebige Anzahl Teams bzw. Spieler angepasst werden kann.

Haben Sie inzwischen die Knobelaufgabe gelöst? Eine von mehreren möglichen Lösungen sehen Sie in der folgenden *Abbildung 25.2*. In der rechten Matrix sehen Sie die einfache Variante. In der darauf folgenden *Abbildung 25.3* wird das Ergebnis in der Matrix Y1:Al11 noch so umgestellt, dass Heim- und Auswärtsspiele abwechselnd stattfinden.

	1	2	3	4	5	6	7	8	9	10
1	0	0	0	0	0	0	0	0	0	0
2	1	0	0	0	0	0	0	0	0	0
3	1	1	0	0	0	0	0	0	0	0
4	1	1	1	0	0	0	0	0	0	0
5	1	1	1	1	0	0	0	0	0	0
6	1	1	1	1	1	0	0	0	0	0
7	1	1	1	1	1	1	0	0	0	0
8	1	1	1	1	1	1	1	0	0	0
9	1	1	1	1	1	1	1	1	0	0
10	1	1	1	1	1	1	1	1	1	0

	1	2	3	4	5	6	7	8	9	10
1		10	11	12	13	14	15	16	17	18
2	1		12	13	14	15	16	17	18	11
3	2	3		14	15	16	17	18	10	13
4	3	4	5		16	17	18	10	11	15
5	4	5	6	7		18	10	11	12	17
6	5	6	7	8	9		11	12	13	10
7	6	7	8	9	1	2		13	14	12
8	7	8	9	1	2	3	4		15	14
9	8	9	1	2	3	4	5	6		16
10	9	2	4	6	8	1	3	5	7	

Abbildung 25.2: Grundgerüst einer Spielplan-Matrix (1)

Die Tabellen sind so zu lesen, dass beispielsweise Mannschaft 5 am 6. Spieltag ein Heimspiel gegen Mannschaft 3 hat. Die Zahlen links unterhalb der leeren Diagonale können sowohl abwärts also auch nach rechts von 1 bis 9 durchgezählt werden. Nach 9 wird wieder bei 1 begonnen. Die letzte Zeile weicht von dieser Regel ab – dort wird in Zweierschritten gezählt. Das muss so sein, sonst wäre die Tabelle ungültig. Stünde in Zeile 10 und Spalte 2 eine 1, würde Mannschaft 2 am 1. Spieltag auswärts gegen Mannschaft 10 spielen und zuhause gegen Mannschaft 1, und das ist ja schlecht möglich.

Das Zahlendreieck rechts oberhalb der leeren Diagonale enthält die transponierten Werte des Dreiecks links unten plus 10. Denn der 10. Spieltag ist ja der 1. Spieltag in der Rückrunde. Die mittlere Tabelle in *Abildung 25.3* ist zwar theoretisch gültig, aber so hätte Mannschaft 10 in der Hinrunde nur Heimspiele und Mannschaft 1 nur Auswärtsspiele. Deshalb wird in der rechten Tabelle von *Abbildung 25.3* ab Spalte Y jede zweite Zelle mit der entsprechenden Zelle des gegenüberliegenden Zahlendreiecks getauscht, sodass jede Mannschaft in der Hinrunde 4 oder 5 Heimspiele hat.

Die Tabellen können mit Formeln so aufgebaut werden, dass sie sich dynamisch an eine andere Anzahl Teams oder Spieler anpassen.

	A	B	C	D	E	F	G	H	I	J	K	L	M	N	O	P	Q	R	S	T	U	V	W	X	Y	Z	AA	AB	AC	AD	AE	AF	AG	AH	AI
1		1	2	3	4	5	6	7	8	9	10			1	2	3	4	5	6	7	8	9	10			1	2	3	4	5	6	7	8	9	10
2	1	0	0	0	0	0	0	0	0	0	0		1		10	11	12	13	14	15	16	17	18		1		1	11	3	13	5	15	7	17	9
3	2	1	0	0	0	0	0	0	0	0	0		2	1		12	13	14	15	16	17	18	11		2	10		3	13	5	15	7	17	9	11
4	3	1	1	0	0	0	0	0	0	0	0		3	2	3		14	15	16	17	18	10	13		3	2	12		5	15	7	17	9	10	4
5	4	1	1	1	0	0	0	0	0	0	0		4	3	4	5		16	17	18	10	11	15		4	12	4	14		7	17	9	10	2	15
6	5	1	1	1	1	0	0	0	0	0	0		5	4	5	6	7		18	10	11	12	17		5	4	14	6	16		9	10	2	12	8
7	6	1	1	1	1	1	0	0	0	0	0		6	5	6	7	8	9		11	12	13	10		6	14	6	16	8	18		2	12	4	10
8	7	1	1	1	1	1	1	0	0	0	0		7	6	7	8	9	1	2		13	14	12		7	6	16	8	18	1	11		4	14	3
9	8	1	1	1	1	1	1	1	0	0	0		8	7	8	9	1	2	3	4		15	14		8	16	8	18	1	11	3	13		6	14
10	9	1	1	1	1	1	1	1	1	0	0		9	8	9	1	2	3	4	5	6		16		9	8	18	1	11	3	13	5	15		7
11	10	1	1	1	1	1	1	1	1	1	0		10	9	2	4	6	8	1	3	5	7			10	18	2	13	6	17	1	12	5	16	

Abbildung 25.3: Grundgerüst einer Spielplan-Matrix (2)

Die linke Matrix kennzeichnet lediglich das Zahlendreieck links unten mit einer 1.

B2: =WENN(B$1>=$A2;0;1)

Die mittlere Matrix berechnet die Spieltage. *n* ist dabei der Name einer benannten Zelle, die die Anzahl Teams/Spieler enthält.

N2:

=WENN(B2;REST(WENN($M2=n;$M2+N$1*2-4;$M2+N$1-3);n-1)+1;WENN(N$1=$M2;"";INDEX($N$2:$AU$37;N$1;$M2)+n-1))

Der Formelteil mit REST erzeugt das linke, untere Zahlendreieck mit der Sonderbehandlung der letzten Zeile ($M2=n). N$1=$M2;"" erzeugt die leere Mitteldiagonale und INDEX transponiert das linke untere Zahlendreieck.

Die rechte Matrix mischt schließlich Paarungen der Hinrunde mit Paarungen der Rückrunde.

`Z2: =WENN((REST(Z$1+$Y2;2)=1)*1;WENN(N2>n-1;N2-n+1;N2+n-1);N2)`

Die Formeln in B2, N2 und Z2 werden jeweils 10 Zeilen nach unten und rechts kopiert. Wenn Sie *n* erhöhen, vergrößern Sie die drei Matrizen einfach entsprechend, die Formeln sind so ausgelegt, dass das ohne weiteres funktioniert. Deshalb geht die Matrix der INDEX-Funktion auch bis AU37 und nicht nur bis W11.

Teams/Spieler den Nummern zuordnen

Wir gehen weiter davon aus, dass in Ihrer geplanten Liga 10 Spieler gegeneinander antreten. Jetzt müssen Sie die Namen Ihrer teilnehmenden Spieler den Nummern von 1 bis 10 zuordnen. Dafür lassen Sie am besten wieder einmal den Zufall walten. Wie wäre es mit einer kleinen Tennis-Seniorenmeisterschaft *(Abbildung 25.4)*?

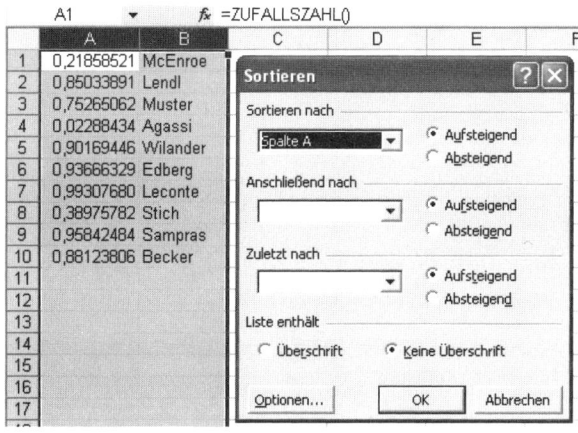

Abbildung 25.4: Spieler durch Sortierung von Zufallszahlen zufällig mischen

Schreiben Sie in A1:A10 Zufallszahlen. In B1:B10 schreiben Sie die Namen der Spieler. Jetzt sortieren Sie einfach Spalte A und B nach Spalte A und schon sind die Spieler in Spalte B zufällig gemischt. Die Nummern der Spieler entsprechen nun der

Zeile, in der sie stehen. Und wundern Sie sich nicht, dass die Zufallszahlen nach dem Sortieren in Spalte A immer noch unsortiert dastehen. Das liegt daran, dass der Sortiervorgang selbst nach getaner Arbeit eine Neuberechnung des Blattes auslöst, und dadurch werden neue Zufallszahlen in Spalte A erzeugt.

Spielpaarungen chronologisch auflisten

Als Nächstes müssen Sie ein wenig kombinatorisch aktiv werden, um alle Spieltage und Paarungen chronologisch untereinander aufzulisten. Die Anzahl Partien von Hin- und Rückrunde berechnen sich (mit n = 10) aus

`=KOMBINATIONEN(n;2)*2=45*2=90`

Das Ergebnis der Funktion KOMBINATIONEN muss deshalb mit zwei multipliziert werden, da in der Kombinatorik die Reihenfolge der Zahlen einer Kombination keine Rolle spielt. 1.2 und 2.1 wird also nur einmal gezählt. In unserer Liga gibt es aber Hin- und Rückrunde. Deshalb müssen doppelt so viele Kombinationen berücksichtigt werden. Der berechneten Gesamtzahl an Paarungen (90) geben wir den Namen *k*.

Zum Auflisten schreiben Sie in:

- D1:1
- E1:2
- D2:

`=WENN(ZEILE(A2)<=k/2;WENN(ZÄHLENWENN(D$1:D1;D1)>=n-D1;D1+1;D1);INDEX(E:E;ZEILE(A2)-k/2))`

Die Formel bewirkt, dass ab der zweiten Hälfte, also ab Zeile 46 (k/2+1), mit Hilfe der INDEX-Funktion die Kombinationen von vorne wiederholt werden mit dem Unterschied, dass Heimmannschaft und Auswärtsmannschaft getauscht werden.

E2: `=WENN(ZEILE(A2)<=k/2;WENN(D2>D1;D2+1;E1+1);INDEX(D:D;ZEILE(A2)-k/2))`

Auch hier werden ab Zeile k/2+1 die Kombinationen in umgekehrter Reihenfolge wiederholt. Bis Zeile 90 kopiert, ergibt dies die Spielpaarungen

1.2;1.3;1.4;1.5;1.6;1.7;1.8;1.9;1.10;2.3;2.4;2.5;2.6;2.7;2.8;2.9;2.10;3.4;3.5;3.6;3.7;3.8;3.9;3.10;4.5;4.6;4.7;4.8;4.9;4.10;5.6;5.7;5.8;5.9;5.10;6.7;6.8;6.9;6.10;7.8;7.9;7.10;8.9;8.10;9.10;

2.1;3.1;4.1;5.1;6.1;7.1;8.1;9.1;10.1;3.2;4.2;5.2;6.2;7.2;8.2;9.2;10.2;4.3;5.3;6.3;7.3;8.3;9.3;10.3;5.4;6.4;7.4;8.4;9.4;10.4;6.5;7.5;8.5;9.5;10.5;7.6;8.6;9.6;10.6;8.7;9.7;10.7;9.8;10.8;10.9.

In Spalte F und G ist es nun ein Klacks, den Nummern die richtigen Spielernamen zuzuordnen.

F1: =INDEX(B:B;D1)

G1:=INDEX(B:B;E1)

Kopieren Sie das jeweils bis Zeile 90.

In Spalte H ermitteln Sie, an welchem Spieltag die Partie stattfindet *(Abbildung 25.5)*.

	A	B	C	D	E	F	G	H
H1		fx	=INDEX(Tab1!$Z$2:$AI$11;D1;E1)					
1	0,92705113	McEnroe		1	2	McEnroe	Lendl	1
2	0,99578546	Lendl		1	3	McEnroe	Muster	11
3	0,24132362	Muster		1	4	McEnroe	Agassi	3
4	0,99609775	Agassi		1	5	McEnroe	Wilander	13
5	0,56501680	Wilander		1	6	McEnroe	Edberg	5
6	0,50560515	Edberg		1	7	McEnroe	Leconte	15
7	0,25061544	Leconte		1	8	McEnroe	Stich	7
8	0,82036297	Stich		1	9	McEnroe	Sampras	17
9	0,88731837	Sampras		1	10	McEnroe	Becker	9
10	0,78044847	Becker		2	3	Lendl	Muster	3

Abbildung 25.5: Spielpaarungen auflisten

Zur Erinnerung: Tab1!$Z$2:$AI$11 ist die 10x10-Matrix, die das Endergebnis unseres Zahlenrätsels mit allen Terminen von Hin- und Rückrunde ist. Die Zelle innerhalb der Matrix, die der Schnittpunkt aus der in Spalte D angegebenen Zeilennummer und der in Spalte E angegebenen Spaltennummer ist, liefert den Spieltag dieser Partie.

Um den fertigen, chronologisch sortierten Spielplan zu erhalten, müssen wir abschließend die Spalten F, G und H nach dem Spieltag, also Spalte H, per Formel aufsteigend sortieren *(Abbildung 25.6)*.

	F	G	H	I	J	K	L	M	N	O	P
1	McEnroe	Lendl	1		Spieltag	Heim	Gast	Punkte		Sätze	
2	McEnroe	Muster	11		1	McEnroe	Lendl	1	0	3	1
3	McEnroe	Agassi	3		1	Sampras	Muster	0	1	0	3
4	McEnroe	Wilander	13		1	Stich	Agassi	0	1	2	3
5	McEnroe	Edberg	5		1	Leconte	Wilander	1	0	3	0
6	McEnroe	Leconte	15		1	Becker	Edberg	1	0	3	2
7	McEnroe	Stich	7		2	Agassi	Sampras	1	0	3	1
8	McEnroe	Sampras	17		2	Wilander	Stich	0	1	2	3
9	McEnroe	Becker	9		2	Edberg	Leconte	0	1	2	3
10	Lendl	Muster	3		2	Muster	McEnroe	1	0	3	1
11	Lendl	Agassi	13		2	Becker	Lendl	1	0	3	0

Abbildung 25.6: Punkte und Sätze je Spieler berechnen

J2: =KÜRZEN((ZEILE()-2)/n*2)+1

listet jeden Spieltag 5-mal auf, da es pro Spieltag n/2 Spiele gibt.

K2: {=INDEX(F:F;KKLEINSTE(WENN($H$1:$H$90=J2;ZEILE($1:$90));
ZÄHLENWENN(J$2:J2;J2)))}

Diese Formel entspricht einem Verweis nach links bei mehrfach vorkommendem Suchkriterium. J2 ist dabei das Suchkriterium. Die Spalte, die durchsucht wird, ist Spalte H. Die Spalte, aus der der Name zurückgegeben werden soll, ist Spalte F. KKLEINSTE in Kombination mit ZÄHLENWENN bestimmt, das wievielte Auftreten des Suchkriteriums berücksichtigt werden soll. Die entsprechende Formel in K3 zielt beispielsweise auf die zweite Zelle der Spalte H, die eine 1 enthält.

Die Zelle L2 enthält die gleiche Formel, nur für den gegnerischen Spieler.

L2: {=INDEX(G:G;KKLEINSTE(WENN($H$1:$H$90=J2;ZEILE($1:$90));
ZÄHLENWENN(J$2:J2;J2)))}

Die Formeln der Spalten J, K und L werden bis Zeile 91 kopiert (90 plus eine wegen des Spaltenkopfs). In den Spalten M bis P werden letztendlich die Spielergebnisse eingetragen. Falls Sie einmal eine ungerade Anzahl Spieler oder Teams haben, dann führen Sie einfach alle Berechnungen auf die nächsthöhere gerade Zahl durch und komplettieren die Liga mit einem Spieler namens „Spielfrei". Das hat logischerweise die Konsequenz, dass zu jedem Spieltag ein richtiger Spieler aussetzen muss.

25.2 Die Ligatabelle

Jetzt kommen wir schon zum wichtigsten Endprodukt unseres Ligaplaners, der Ligatabelle. Es geht jetzt darum, die Spielergebnisse auszuwerten *(Abbildung 25.7)*.

	J	K	L	M	N	O	P	Q	R	S	T	U	V	M	X
1	Spieltag	Heim	Gast		Punkte		Sätze		Spieler	Punkte	Sätze +	Sätze -	Satzdiff.		Sortierung
2	1	McEnroe	Lendl	1	0	3	1		Agassi	2	6	6	0		2,000602
3	1	Sampras	Muster	0	1	0	3		Becker	3	9	4	+5		3,050903
4	1	Stich	Agassi	0	1	2	3		Edberg	1	7	6	+1		1,010704
5	1	Leconte	Wilander	1	0	3	0		Leconte	2	8	5	+3		2,030805
6	1	Becker	Edberg	1	0	3	2		Lendl	1	4	7	-3		0,970406
7	2	Agassi	Sampras	1	0	3	1		McEnroe	2	7	4	+3		2,030707
8	2	Wilander	Stich	0	1	2	3		Muster	2	7	4	+3		2,030708
9	2	Edberg	Leconte	0	1	2	3		Sampras	0	2	9	-7		-0,069791
10	2	Muster	McEnroe	1	0	3	1		Stich	1	5	8	-3		0,970510
11	2	Becker	Lendl	1	0	3	0		Wilander	1	5	7	-2		0,980511
12	3	McEnroe	Agassi	1	0	3	0								
13	3	Lendl	Muster	1	0	3	1								
14	3	Leconte	Becker	0	1	2	3								
15	3	Sampras	Wilander	0	1	1	3								
16	3	Stich	Edberg	0	1	0	3								

Abbildung 25.7: Unsortierte Ligatabelle

Testen der Funktionalität

Falls Sie den Ligaplaner gerade „live" am Rechner nachbauen und keine Lust haben, die Spalten M bis P (Punkte und Sätze) manuell mit Leben zu füllen, um die vollständige Funktionalität zu testen, lassen sich logische Ergebnisse auf die Schnelle wie folgt erzeugen:

In Spalte O (Sätze) werden zunächst Zufallszahlen zwischen 0 und 3 (3 Gewinnsätze) erzeugt.

```
O2: =KÜRZEN(ZUFALLSZAHL()*4)
```

Ist die so ermittelte Zufallszahl kleiner als 3, dann muss Spalte P den fixen Wert 3 erhalten, andernfalls muss eine Zufallszahl zwischen 0 und 2 erzeugt werden.

```
P2: =WENN(O2<3;3;KÜRZEN(ZUFALLSZAHL()*3))
```

Die Punkteverteilung (Spalten M und N) erfolgt nun in Abhängigkeit der Sätze. Dabei prüfen Sie in Spalte M auf O>P (Ergebnis 0 oder 1) und in Spalte N platzieren Sie das Gegenstück in Abhängigkeit von M:

```
M2: =(O2>P2)*1
```

```
N2: =(M2=0)*1
```

M2:P2 wird jetzt noch bis Zeile 91 herunterkopiert und die Testdaten sind komplett.

Jetzt geht es weiter mit Spalte R. In R2 bis R11 schreiben Sie die Namen der Spieler. Die Reihenfolge spielt dabei keine Rolle. In den Spalten S:V summieren Sie die Ergebnisse pro Spieler mit einfachen SUMMEWENN-Formeln:

- ▓ S2: =SUMMEWENN(K:K;R2;M:M)+SUMMEWENN(L:L;R2;N:N)
- ▓ T2: =SUMMEWENN(K:K;R2;O:O)+SUMMEWENN(L:L;R2;P:P)
- ▓ U2: =SUMMEWENN(K:K;R2;P:P)+SUMMEWENN(L:L;R2;O:O)
- ▓ V2: =T2-U2 (zudem mit dem benutzerdefinierten Zahlenformat: *+0;-0;0*)

Das wird dann jeweils bis Zeile 11 kopiert.

Das ist zwar eine nette statistische Auswertung, aber noch keine richtige Ligatabelle, denn die ist ja üblicherweise nicht alphabetisch sortiert, sondern unten stehen die Absteiger und oben Bayern München (ob man will oder nicht). Also müssen wir diese vorläufige Ergebnistabelle noch nach Spielergebnissen sortieren. Dafür hilft uns die trickreiche Formel in X2:X11, die den Sortierschlüsselwert liefert, nach dem die Tabelle sortiert werden soll.

```
X2: =S2+V2/100+T2/10000+ZEILE()/1000000
```

Für die Sortierung sind sowohl die gewonnenen Spiele als auch die Satzdifferenz und die gewonnenen Sätze relevant. Und zwar in dieser Reihenfolge. Da diese drei Kriterien aber nicht gleichwertig sind, müssen sie zur Ermittlung des Sortierschlüsselwertes gewichtet werden. Die Wertigkeit der Satzdifferenzen und gewonnenen Sätze wird durch die Division durch 100 bzw. 10.000 soweit heruntergesetzt, dass sie niemals höher ins Gewicht fallen kann als die gewonnenen Spiele (erzielte Punkte). Falls es eine völlige Parität von erzielten Punkten und Sätzen gibt, müssen die entsprechenden Gegner zur Sortierung trotzdem noch unterscheidbar gemacht werden. Das erreicht man durch die Addition von +ZEILE()/1000000. Das sieht man an den Sortierschlüsselwerten von McEnroe (2,030707) und Muster (2,030708). Beide haben 2 gewonnene Spiele (Punkte), eine Satzdifferenz von +3 (+0,03) und 7 erzielte Sätze (+0,0007). Die Unterscheidung erfolgt durch die Zeile, in der beide stehen (McEnroe +0,000007; Muster + 0,000008).

Die sortierte Ergebnistabelle kann nun erstellt werden *(Abbildung 25.8)*.

AB2   ▾   *fx* =INDEX(R$2:R$11;VERGLEICH($AA2;$X$2:$X$11;0))

	R	S	T	U	V	W	X	Y	Z	AA	AB	AC	AD	AE	AF
1	Spieler	Punkte	Sätze +	Sätze -	Satzdiff.		Sortierung		Platz	Sortierschl.	Spieler	Punkte	Sätze +	Sätze -	Satzdiff.
2	Agassi	2	6	6	0		2,000602		1	3,050903	Becker	3	9	4	5
3	Becker	3	9	4	+5		3,050903		2	2,030805	Leconte	2	8	5	3
4	Edberg	1	7	6	+1		1,010704		3	2,030708	Muster	2	7	4	3
5	Leconte	2	8	5	+3		2,030805		4	2,030707	McEnroe	2	7	4	3
6	Lendl	1	4	7	-3		0,970406		5	2,000602	Agassi	2	6	6	0
7	McEnroe	2	7	4	+3		2,030707		6	1,010704	Edberg	1	7	6	1
8	Muster	2	7	4	+3		2,030708		7	0,980511	Wilander	1	5	7	-2
9	Sampras	0	2	9	-7		-0,069791		8	0,97051	Stich	1	5	8	-3
10	Stich	1	5	8	-3		0,970510		9	0,970406	Lendl	1	4	7	-3
11	Wilander	1	5	7	-2		0,980511		10	-0,069791	Sampras	0	2	9	-7

Abbildung 25.8: Sortierte Ligatabelle

In Spalte Z listen Sie die Platzierung auf. In Spalte AA werden die Sortierschlüsselwerte in die richtige Reihenfolge gebracht.

AA2: =KGRÖSSTE($X$2:$X$11;Z2)(kopieren bis AA11)

Mit einer einzigen kopierten Formel können Sie dann mit Hilfe der Sortierschlüsselwerte die gesamte Ergebnistabelle in die richtige Reihenfolge bringen:

AB2: =INDEX(R$2:R$11;VERGLEICH($AA2;$X$2:$X$11;0))

Diese Formel wird bis AF11 kopiert. Fertig ist die Ligatabelle und damit auch der vollständige Ligaplaner.

Wer genau hinschaut, der wird in der *Abbildung 25.8* feststellen, dass McEnroe Platz 4 belegt, obwohl er punkt- und satzgleich mit Muster ist und somit auch Platz 3 innehat. Schaffen Sie einfach optische Abhilfe mit dem „weißen Adler auf weißem Grund", sprich: der *Bedingten Formatierung*. Markieren Sie Z3:Z11 (Platz 2 bis 10) und weisen Sie folgende Bedingung zu, die die *Punkte*, *Sätze +* und *Sätze –* mit der Vorgängerzeile abgleicht und bei Übereinstimmung dafür sorgt, dass der Platz (hier: 4) unsichtbar wird *(Abbildung 25.9)*.

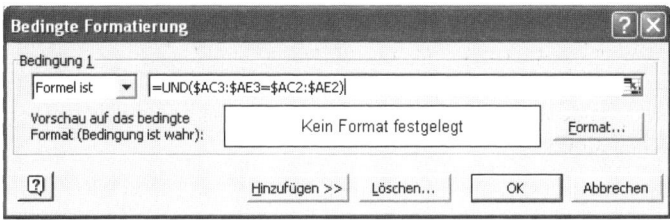

Abbildung 25.9: Bedingte Formatierung – Platzierungsnummer bei gleicher Platzierung nur einmal anzeigen

Selbstverständlich können Sie auch die Ergebnistabelle so aufbauen, dass sie flexibel auf eine andere Anzahl Spieler reagieren kann. Das Prinzip ist eigentlich immer das Gleiche, deshalb wurde hier darauf verzichtet. Wenn Sie Formeln nach unten kopieren, können Sie mit

`=WENN(ZEILE()>n; "";Formel)`

grundsätzlich dafür sorgen, dass eine Berechnung, die nur *n*-mal benötigt wird, über diese Zeile hinaus nichts mehr anzeigt. Zudem müssen gegebenenfalls manche Bereiche dynamisiert werden. Beispielsweise muss die Formel in AA2

`=KGRÖSSTE($X$2:$X$11;Z2)`

auf

`=KGRÖSSTE(BEREICH.VERSCHIEBEN($X$2;;;n);Z2)`

geändert werden, wenn die Formel flexibel auf eine anderes *n* als 10 reagieren können soll.

Chronologische Ligatabelle

In der Basisversion ist der Ligaplaner eigentlich fertig, aber es ist natürlich denkbar, als Bonbon noch andere statistische Auswertungen zu ergänzen.

Angenommen, Ihre Liga wurde zu Ende gespielt und der Sieger wird in der Ergebnistabelle nach 18 Spieltagen angezeigt. Sie möchten jetzt aber nachträglich den Tabellenstand nach einem beliebigen Spieltag abrufen können, beispielsweise, um zu erfahren, wer der Führende nach der Hinrunde war.

Definieren Sie eine Zelle namens *bisTag*, die den letzten Spieltag angibt, der in die zeitlich begrenzte Ligatabelle eingerechnet werden soll. Dann vergeben Sie den Namen *bisZeile*, der sich auf die Berechnung

=VERGLEICH(bisTag;$J:$J;0)+n/2-1

bezieht.

Dann passen Sie die Spaltenangaben aller SUMMEWENN-Formeln im Bereich S2:U11 so an, dass sie auf den Bereich der gewünschten Spieltage eingegrenzt werden. Beispielsweise wird in der Punktesumme in Spalte S die Formel

S2: =SUMMEWENN(K:K;R2;M:M)+SUMMEWENN(L:L;R2;N:N)

durch

S2: =SUMMEWENN(INDIREKT("K1:K"&bisZeile);R2;INDIREKT("M1:M"&bisZeile)) +SUMMEWENN(INDIREKT("L1:L"&bisZeile);R2;INDIREKT("N1:N"&bisZeile))

ersetzt. Für die Berechnung der Sätze in den Spalten T und U gehen Sie analog vor. Um die Hinrundentabelle zu erhalten, setzen Sie *bisTag* auf 9, woraufhin die SUMMEWENN-Formeln ihre Spalten nur bis zur Zeile 46 durchsuchen.

Entwicklung des Lieblingsspielers

Durch diese Dynamik mit INDIREKT können Sie außerdem verfolgen, wie sich ein bestimmter Spieler im Zeitverlauf hinsichtlich des Tabellenplatzes verbessert oder verschlechtert hat.

	Z	AA	AB	AC	AD	AE	AF	AG	AH	AI	AJ
AJ7	▼		*fx* {=MEHRFACHOPERATION(;AI6)}								
1	Platz	Sortierschl.	Spieler	Punkte	Sätze +	Sätze -	Satzdiff.		Spieler:		Becker
2	1	3,050903	Becker	3	9	4	5				
3	2	2,030805	Leconte	2	8	5	3				
4	3	2,030708	Muster	2	7	4	3				Tabellen-
5	4	2,030707	McEnroe	2	7	4	3		Spieltag		platz
6	5	2,000602	Agassi	2	6	6	0			3	1
7	6	1,010704	Edberg	1	7	6	1			1	4
8	7	0,980511	Wilander	1	5	7	-2			2	3
9	8	0,97051	Stich	1	5	8	-3			3	1
10	9	0,970406	Lendl	1	4	7	-3			4	1
11	10	-0,069791	Sampras	0	2	9	-7			5	2
12										6	2
13										7	3
14										8	2
15										9	5
16										10	4

Abbildung 25.10: Mehrfachoperation für die Chronologie des Lieblingsspielers

▓ AJ2: Name des Spielers, den Sie auswerten wollen

▓ AI6: Zelle namens *bisTag*, die den Stand der Ligatabelle bestimmt

▓ AJ6: =VERGLEICH(AJ2;AB2:AB11;0)

ermittelt den Tabellenplatz des ausgewählten Spielers in der aktuell angezeigten Ligatabelle. In AI7:AI24 listen Sie alle Spieltage auf. Dann selektieren Sie den Bereich AI6:AJ24 und wählen *Daten>Tabelle...(Daten>Mehrfachoperation* bis Excel 2000) und führen mit der Eingabe *Werte aus Spalte*:AI6 eine MEHRFACHOPERATION durch.

Jetzt wird von AJ7 bis AJ24 die Tabellenposition des ausgewählten Spielers für alle Spieltage aufgelistet *(Abbildung 25.10)*.

KAPITEL 26

Formulare ohne VBA – wie sonst?

Aus den Zeiten als Excel noch durchweg deutsch sprach und die heute als *Userforms* bekannten Formulare noch als 5.0-Dialog in einem eigenen Dialogblatt erstellt wurden, stammt die noch heute vorhandene Symbolleiste *Formular*.

Abbildung 26.1: Formular-Symbolleiste

Das moderne Gegenstück zu den Formularfeldern sind die Steuerelemente, für die es natürlich auch eine eigene Symbolleiste, die *Steuerelement-Toolbox*, gibt.

Abbildung 26.2: Steuerelemente-Symbolleiste

Wenngleich einige Steuerelemente auf den ersten Blick mit den Formularelementen identisch zu sein scheinen, sind sie doch wesentlich mächtiger als die alten Formularelemente. Allerdings haben auch die Formularelemente noch heute ihre Vorzüge. Der Wesentliche liegt in der viel leichteren Bedienbarkeit, was nicht zuletzt auf die deutlich reduzierten Einstellungsmöglichkeiten zurückzuführen ist. Außerdem haben sich schon unzählige User über die Eigenwilligkeit einiger Steuerelemente geärgert, um anschließend verzweifelt in der so genannten Knowledgebase von Microsoft nach Erklärungen zu suchen (zwar oft, aber leider nicht immer mit zufrieden stellendem Ergebnis). Beispielsweise ist eine Combobox (das 9. Icon von links in der Symbolleiste *Steuerelement-Toolbox*) nicht willens und in der Lage, sich mit einem dynamischen Listenbereich (*ListFillRange*) anzufreunden. Dazu ein kleines Beispiel:

26.1 Dynamische Listenlänge in der Combobox

Wenn der Eingabebereich (*ListFillRange*) immer alle Einträge aus Spalte A umfassen soll, dann definieren wir den dynamischen Namen *Liste* mit Bezug auf:

```
=BEREICH.VERSCHIEBEN(Tabelle1!$A$1;;;ANZAHL2(Tabelle1!$A:$A))
```

Und hinterlegen diesen Namen in den Eigenschaften der Combobox. Beim ersten Versuch ist zunächst nichts Ungewöhnliches festzustellen. Das gewünschte Ergebnis wird erzielt *(Abbildung 26.3)*.

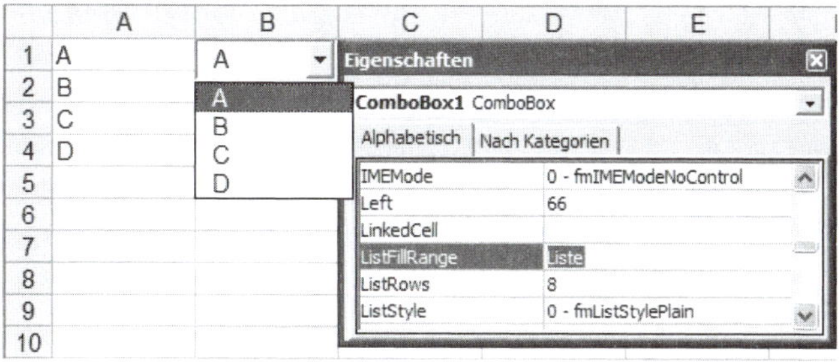

Abbildung 26.3: Dialog Eigenschaften einer ComboBox

Fügen wir der Spalte A jetzt aber weitere Einträge hinzu, dann scheint die Combobox plötzlich in völligem Tiefschlaf zu sein, denn anders lässt sich nicht erklären, warum sie von dieser Erweiterung der Liste nichts mitbekommt *(Abbildung 26.4)*.

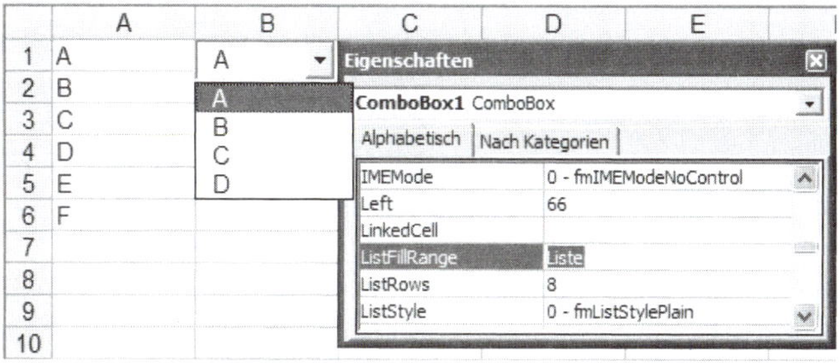

Abbildung 26.4: Die Eigenschaft ListFillRange erkennt keine neuen Einträge in Spalte A

Abhilfe schafft man erst, indem man die *ListFillRange*-Eigenschaft der Combobox erneut mit dem Namen *Liste* versieht (man muss das Eigenschaftsfenster aufrufen und es wirklich noch einmal eintippen!). Fazit: Für derartige Vorhaben völlig unbrauchbar. Dagegen funktioniert dasselbe Vorhaben mit einem Kombinationsfeld aus der Symbolleiste *Formular* einwandfrei.

Obwohl es bei den Steuerelementen noch ein paar andere mehr oder weniger gravierende Ungereimtheiten gibt, wollen wir sie natürlich nicht schlecht reden. Sie sind, wie bereits erwähnt, um ein Vielfaches mächtiger als die Formularelemente, speziell in Verbindung mit VBA, da sie wesentlich mehr Einstellungsmöglichkeiten bieten (z.B. hinsichtlich der bloßen Optik: Schrift- und Hintergrundfarbe, Schriftart- und Schriftgröße etc.) und über Ereignisse wie *KeyDown, KeyPress, MouseMove* usw. verfügen, denen Makros zugeordnet werden können. All das ist bei den Formular-elementen nicht vorhanden. Aber dennoch befassen wir uns in diesem Kapitel hauptsächlich mit den Formularelementen, da sie so schön einfach zu bedienen und absolut zuverlässig sind und sich zudem ausgezeichnet für ein paar schöne Trick-sereien eignen.

26.2 Aufbau eines Fragebogen-Formulars mit Excel-Bordmitteln

Wir gestalten jetzt gemeinsam einen Fragebogen für eine Umfrage. Dieser umfasst 4 Fragen mit jeweils 4 Multiple-Choice-Antwortmöglichkeiten. Zudem können bis zu 13 Personen befragt werden. Für die komplette Steuerung werden nur 4 Options-felder, ein Drehfeld sowie eine Bildlaufleiste benötigt. Unser Endprodukt wird wie in *Abbildung 26.5* aussehen:

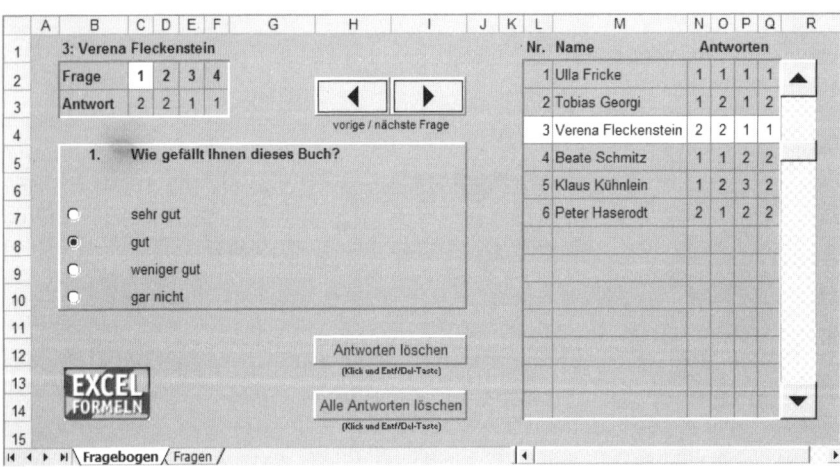

Abbildung 26.5: Erstellung eines Fragebogen-Formulars in einer Excel-Tabelle

Wenngleich der erste Eindruck nicht unbedingt spektakulär wirkt, verbergen sich in diesem Bildausschnitt doch eine ganze Menge Feinheiten, die wir jetzt alle einzeln herausarbeiten werden. Die ganze Umfrage wird hiermit gesteuert. Die einzig manu-ell beschreibbaren Zellen sind *Nr.* und *Name* in den Spalten L und M. Den Rest erle-digen die Steuerelemente, zu denen wir jetzt kommen.

Aus der Formularleiste benötigen wir das *Optionsfeld* (links) und die *Bildlaufleiste* (rechts):

Abbildung 26.6: Optionsfeld und Bildlaufleiste aus der Formular-Symbolleiste

Eigentlich würden wir auch noch das *Drehfeld* (rechts neben der *Bildlaufleiste*) benutzen, allerdings hat es die unveränderliche Eigenschaft, dass es nur mit Oben-/Unten-Pfeilen darstellbar ist. Wir möchten aber eine Links/Rechts-Pfeilkonstellation, und dafür weichen wir auf das *Drehfeld* (= *SpinButton*) aus den Steuerelementen aus, das sich automatisch formatiert: Sobald es höher als breit ist, zeigen die Pfeile nach oben und unten. Ist es breiter als hoch, dann zeigen sie nach links und rechts. Und so möchten wir es haben.

Abbildung 26.7: Drehfeld aus der Steuerelemente-Symbolleiste

Der eigentliche Clou der gesamten Anwendung liegt in der dynamischen Steuerung der *Zellverknüpfung*, also in der Zelle, in der der Wert des Formularfeldes eingetragen wird. Für gewöhnlich ist diese Verknüpfung statisch, also mit einem festen Zellbezug versehen. Allerdings kann man, wie so oft, diese Statik mittels *Namen* umgehen. Und hinter den Namen können sich ja bekanntlich umfangreiche Formeln verbergen.

Exkurs: Kombinationsfeld mit dynamischer Zellverknüpfung

Losgelöst von unserem Fall zeigen wir das Prinzip erst einmal anhand eines Kombinationsfeldes (aus der Formularsymbolleiste) *(Abbildung 26.8)*.

	A	B	C	D
1	A	▼		
2	B	A		
3	C	B		
4	D	C		
5	E	D		
6		E		

Abbildung 26.8: Kombinationsfeld mit dynamischer Zellverknüpfung (1)

Der mit dem Namen *Liste* versehene Bereich A1:A5 ist der Eingabebereich für das Kombinationsfeld.

Jetzt definieren wir noch den Namen *Ziel* mit Bezug auf

=BEREICH.VERSCHIEBEN(Tabelle1!$C$1;ANZAHL2(Tabelle1!$C:$C);)

Oder alternativ auch mit INDEX:

=INDEX(Tabelle1!$C:$C;ANZAHL2(Tabelle1!$C:$C)+1)

Dieser dynamische Bezug ermittelt immer die nächste freie Zelle in Spalte C. Also zunächst C1, dann C2 usw. Die Namen fügen wir jetzt in den Steuerungsbereich (dorthin gelangen wir mit Rechtsklick auf das Kombinationsfeld, *Steuerelement formatieren...*) ein *(Abbildung 26.9)*.

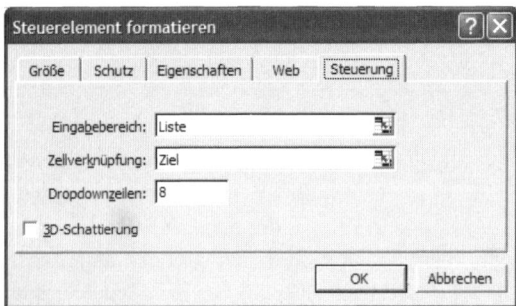

Abbildung 26.9: Einstellung der Steuerung eines Kombinationsfeldes

Jetzt wählen wir zunächst einen Eintrag aus dem *Kombinationsfeld* aus. Durch die Zellverknüpfung mit dem Namen *Ziel* wird zunächst Zelle C1 angesprochen und der Listeneintrag (bzw. der Index des gewählten Eintrags) dort eingetragen, in diesem Fall 2, da wir B ausgewählt haben *(Abbildung 26.10)*.

	A	B	C	D
1	A	▼	2	
2	B	A		
3	C	B		
4	D	C		
5	E	D		
6		E		

Abbildung 26.10: Kombinationsfeld mit dynamischer Zellverknüpfung (2)

Wir wählen erneut einen Eintrag aus – diesmal E – und siehe da: Der Index wird in Spalte C fortgeschrieben. In C2 erscheint die 5 *(Abbildung 26.11)*.

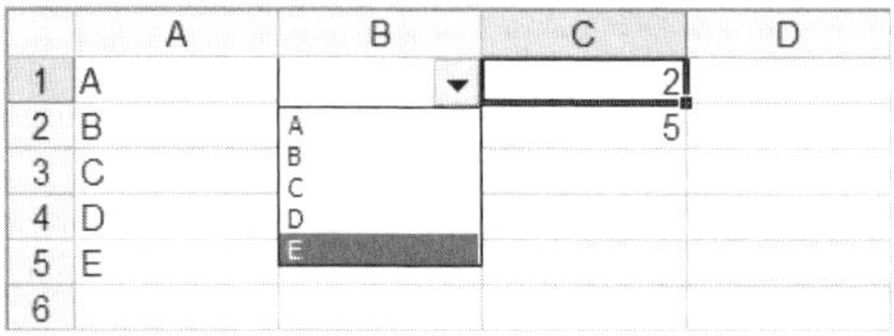

	A	B	C	D
1	A		2	
2	B	A	5	
3	C	B		
4	D	C D		
5	E	E		
6				

Abbildung 26.11: Kombinationsfeld mit dynamischer Zellverknüpfung (3)

Dieses Spiel können Sie jetzt so lange durchspielen, bis Ihnen die Zeilen ausgehen – der dynamischen Zellverknüpfung sei Dank. Dieses Prinzip der dynamischen Zellverknüpfung wird uns bei unserem Fragebogen-Formular im Zusammenhang mit den Optionsfeldern wieder begegnen.

Zurück zum Fragebogen ...

Nach diesem kleinen Exkurs kommen wir zu unserem Fragebogen zurück. Unsere Mappe hat 2 Blätter: *Fragebogen* und *Fragen*. Den Fragebogen haben wir in seinem Endstadium bereits gezeigt. Wir beginnen aber mit dem Blatt Fragen, da es schnell erledigt ist *(Abbildung 26.12)*.

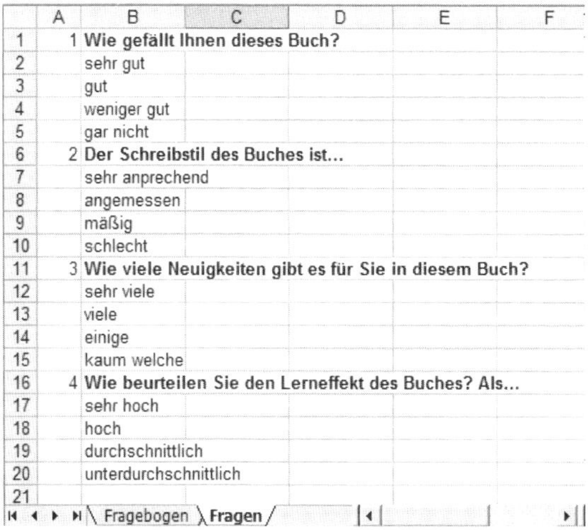

	A	B	C	D	E	F
1	1	**Wie gefällt Ihnen dieses Buch?**				
2		sehr gut				
3		gut				
4		weniger gut				
5		gar nicht				
6	2	**Der Schreibstil des Buches ist...**				
7		sehr anprechend				
8		angemessen				
9		mäßig				
10		schlecht				
11	3	**Wie viele Neuigkeiten gibt es für Sie in diesem Buch?**				
12		sehr viele				
13		viele				
14		einige				
15		kaum welche				
16	4	**Wie beurteilen Sie den Lerneffekt des Buches? Als...**				
17		sehr hoch				
18		hoch				
19		durchschnittlich				
20		unterdurchschnittlich				
21						

Abbildung 26.12: Liste der Fragen und Antworten

Hier liegen nur die Fragen mit ihren 4 Antwortmöglichkeiten. In Spalte A werden die Fragen durchnummeriert, was später noch von Bedeutung sein wird. Der Rest ist selbsterklärend. Auf dieses Blatt greifen wir später mit Formeln aus dem Blatt *Fragebogen* heraus zurück.

Kehren wir also wieder zu unserem Hauptblatt *Fragebogen* zurück.

Zunächst kümmern wir uns um die Formatierung. Der Hintergrund des Bereichs A1:R15 wird mit *Grau-25%* formatiert. Stören Sie sich nicht an den weißen Zellen. Diese entstehen durch bedingte Formatierung. Die Zeilenhöhe haben wir überall auf 18,75 (25 Pixel) festgelegt. Für die Spaltenbreiten gibt es keine Vorgabe. Sie sollten eben nur einigermaßen zweckmäßig dimensioniert werden. Über *Extras>Optionen...>Ansicht* blenden wir die *Gitternetzlinien* aus. Die besondere Zelloptik (3D-Effekt) entsteht durch geschickte Rahmenformatierungen. Die Bereiche B2:F3 sowie L2:Q14 sind wie folgt formatiert: Oben und links mit einem etwas dickeren Rahmen in *Grau-50%*, unten und rechts mit einem gleich dicken, aber weißen Rahmen und in der Mitte mit einer dünneren Rahmenlinie und ebenfalls in *Grau-50%*. Der eingedrückte 3D-Effekt ist erzielt.

Der Bereich mit der Frage und den 4 Antwortmöglichkeiten – B5:I10 – ist umgekehrt formatiert: Rahmen oben und links weiß und unten und rechts grau. Dadurch tritt der hervorgehobene 3D-Effekt ein.

Die Zellen H12:I12 (*Antworten löschen*) sowie H14:I14 (*Alle Antworten löschen*) sind jeweils verbunden und ebenfalls mit hervorgehobenem 3D-Effekt versehen, um vorzugaukeln, sie seien Befehlsschaltflächen. Nachdem wir auch noch die Zellen B2:F2, B3, L1:N1 sowie H4, H13 und H15 manuell mit Leben gefüllt haben, kommen wir nun zu den Steuerelementen. Zunächst ziehen wir an der richtigen Stelle aus der *Steuerelemente-Toolbox* das *Drehfeld* (*SpinButton*) für die Fragenauswahl (*vorige/nächste Frage*) auf. In den Eigenschaften des Drehfeldes stellen wir die *Min*- und *Max*-Eigenschaft auf die Anzahl der vorhandenen Fragen ein, also *Min = 1* und *Max = 4*. Zudem legen wir die Zellverknüpfung (*LinkedCell*) auf eine Zelle namens *FrageNr* fest (diese kann sich irgendwo in der Mappe befinden):

Abbildung 26.13: Eigenschaften des SpinButtons (Drehfeld)

Es ist im Übrigen nicht möglich, die *Min-* und *Max-*Eigenschaften mit Namen zu dynamisieren. Ein derartiger Versuch wird schroff abgewiesen *(Abbildung 26.14)*.

Abbildung 26.14: Fehlermeldung

In Abhängigkeit des *SpinButton*-Wertes wird jetzt die entsprechende Frage ausgewählt. Dazu stellen wir zunächst in Zelle B5 eine Verknüpfung zu der *LinkedCell* her: =FrageNr Zudem erhält B5 das benutzerdefinierte Zahlenformat *0".*"

Im nächsten Schritt holen wir uns in Abhängigkeit der *FrageNr* die zugehörige Frage in das Blatt *(Abbildung 26.15)*. Dies geschieht mit einem ganz simplen SVERWEIS – und zwar mit Bezug auf das Blatt *Fragen* (dessen Aufbau wir bereits beschrieben und abgebildet hatten):

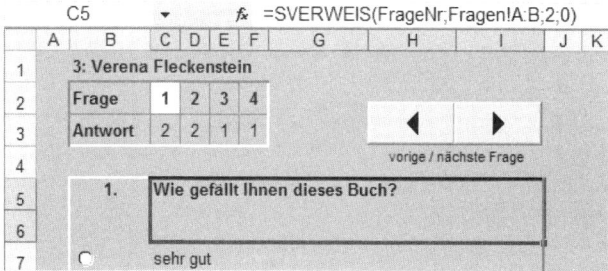

Abbildung 26.15: Fragebogen-Formular – Ausschnitt (1)

Die Zellen C5:I6 haben wir zu einer Zelle verbunden (mit Zeilenumbruch), damit längere Fragen auch noch optisch ansprechend dargestellt werden können. Weiter geht es mit den vier Antwortmöglichkeiten *(Abbildung 26.16)*. Diesmal greifen wir auf die Kombination INDEX und VERGLEICH zurück, da wir in Abhängigkeit von der *FrageNr* jeweils den um eine Zeile versetzten Eintrag erhalten möchten:

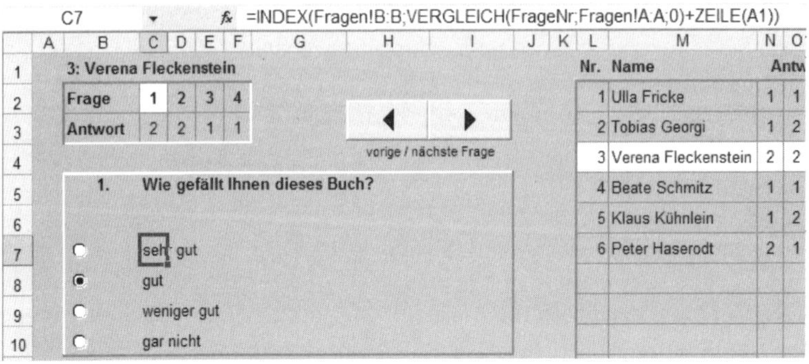

Abbildung 26.16: Fragebogen-Formular – Ausschnitt (2)

Die Verwendung von ZEILE(A1) erspart uns auch hier wieder das manuelle Anpassen des Zeilenversatzes von 1 auf 2, auf 3, auf 4, so dass wir diese Formel einfach bis C10 herunterkopieren können (am besten über *Kopieren* und *Bearbeiten>Inhalte einfügen...>Formeln*, um unsere schöne 3D-Formatierung nicht zu vernichten).

Jetzt begeben wir uns zunächst zum rechten Teil unseres Fragebogens. In diesem Teil werden die Umfrageergebnisse dokumentiert, und zwar für jeden Befragten einzeln. Unser Augenmerk gilt zunächst der *Bildlaufleiste (Abbildung 26.17)*. Diesmal greifen wir auf die *Formular-Symbolleiste* zurück und ziehen an der entsprechenden Stelle die *Bildlaufleiste* auf.

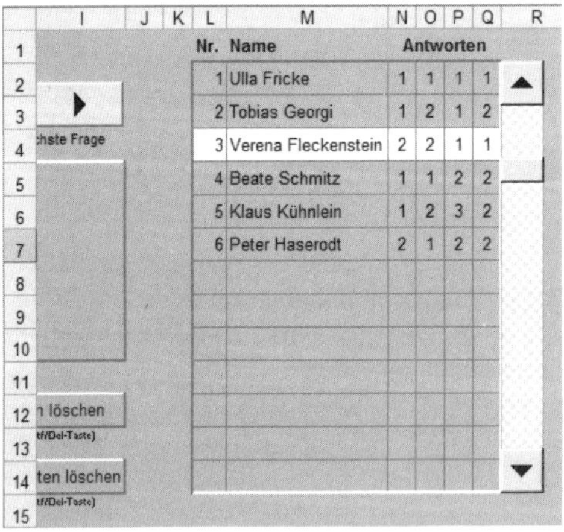

Abbildung 26.17: Fragebogen-Formular – Ausschnitt (3)

Anschließend nehmen wir die notwendigen Einstellungen für die Steuerung vor (Rechtsklick auf die Leiste, *Steuerelement formatieren...*, siehe *Abbildung 26.18*). Da wir unseren Auswertungsbogen zunächst für 13 Personen angelegt haben, stellen wir Minimal- und Maximalwert entsprechend auf 1 bzw. 13 bei einer Schrittweite von 1 ein. Der Zellverknüpfung ordnen wir eine Zelle namens *PersonNr* zu, die sich auch wieder irgendwo in der Mappe tummeln kann.

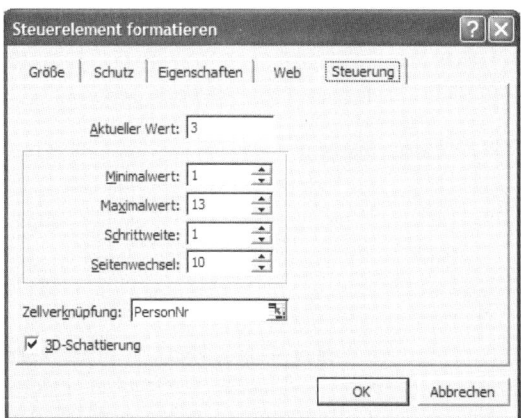

Abbildung 26.18: Einstellungen der Steuerung der Bildlaufleiste

Auch hier lassen sich im Übrigen die Werte nicht durch Namen dynamisieren. Sie müssen statisch vorgegeben werden.

In Abhängigkeit des Wertes der Bildlaufleiste (also der Nummer der aktuellen Person) heben wir mit der bedingten Formatierung den aktuell ausgewählten Namen hervor. Wir markieren dazu den Bereich L2:Q14, beginnend bei L2, und hinterlegen folgende Bedingung *(Abbildung 26.19)*:

Abbildung 26.19: Dialog Bedingte Formatierung – Hervorhebung der aktuellen Person

Unter *Format...>Muster* ist die Hintergrundfarbe Weiß ausgewählt.

Spielen Sie ein wenig an der Bildlaufleiste herum, um die *Bedingte Formatierung* in Aktion zu erleben.

Jetzt gehen wir aber wieder zurück zu unserem Frage-/Antwortbereich und kümmern uns um die 4 Optionsfelder, mit deren Hilfe man die gewünschte Antwort auswählen soll. Dazu ziehen wir aus der Formular-Symbolleiste 4 Optionsfelder auf, entfernen die Beschriftungstexte, schieben sie so klein wie möglich zusammen und platzieren sie mit ein wenig Geschick in den Zellen B7 bis B10. Von den Optionsfeldern sollte außer dem kleinen Auswahlbutton nichts mehr sichtbar sein.

Optionsbuttons mit dynamischer Zellverknüpfung

Jetzt kommen wir zum eigentlichen Höhepunkt des Ganzen, denn ein Klick auf einen Optionsbutton soll das Ergebnis (Antwort 1, 2, 3 oder 4) auch an der richtigen Stelle platzieren. Wird beispielsweise Beate Schmitz die Frage 3 mit Antwort Nr. 2 beantworten, dann soll die Nummer der Antwort (2) auch auf der rechten Seite korrekt bei ihr eingetragen werden (das wäre dann Zelle P5). Die Antwort zu Frage 4 müsste dann in Q5 landen. Wird hingegen Peter Haserodt befragt, dann müssen seine Antworten in den Bereich N7:Q7 eingetragen werden - je nach Frage eben. Oder allgemein gesagt: Mit der hier angewandten Technik wird es ermöglicht, mit vier Optionsbuttons und der Unterstützung von zwei Schiebe- bzw. Drehreglern beliebig viele Zellen zu steuern.

Hier machen wir uns wieder das Prinzip der dynamischen Zellverknüpfung zu Nutze, das wir zu Beginn des Kapitels bereits anhand eines Kombinationsfeldes beschrieben haben. Diesmal definieren wir den Namen *Zielzelle* und beziehen ihn auf:

`=INDEX(Fragebogen!$N$2:$Q$14;PersonNr;FrageNr)`

Wir indizieren also den Bereich N2:Q14 (dort werden ja die 4 Antworten zu jedem Befragten eingetragen). Die notwendige Zahl für den Parameter *[Zeile]* holen wir uns aus der mit der Bildlaufleiste verknüpften Zelle, den Parameter *[Spalte]* füttern wir mit dem Wert der mit dem Drehfeld verknüpften Zelle. Somit haben wir in Abhängigkeit von der ausgewählten Frage und des Befragten die exakten Zielkoordinaten ermittelt.

Jetzt muss der Name *Zielzelle* nur noch in allen 4 Optionsfeldern in den Steuerungseigenschaften als Zellverknüpfung eingetragen werden *(Abbildung 26.20)*.

Und fertig ist unsere dynamische Verknüpfung! Schauen wir jetzt noch schnell im oberen Teil unseres Formulars vorbei *(Abbildung 26.21)*:

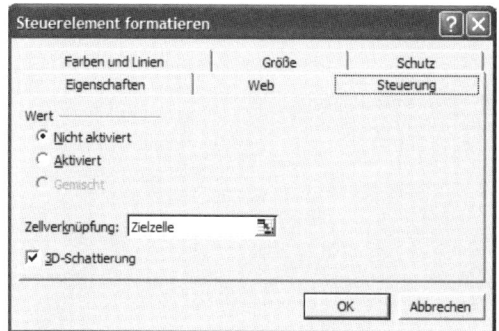

Abbildung 26.20: Einstellungen der Steuerung der Optionsfelder

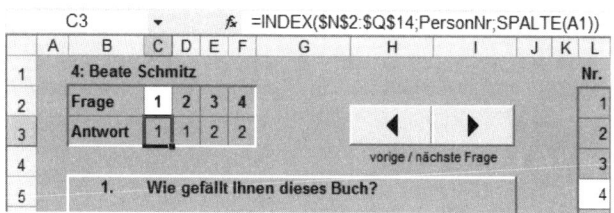

Abbildung 26.21: Fragebogen-Formular – Ausschnitt (4)

Hier werden nochmals separat die Antworten der gerade Befragten Person (hier: Beate Schmitz) angezeigt. Die Formel ist eigentlich identisch mit der Formel für den Namen *Zielzelle*, mit dem einzigen Unterschied, dass wir nicht Bezug auf die mit dem Drehfeld verknüpfte Zelle (*FrageNr*) nehmen müssen. Den Parameter [*Spalte*] ersetzen wir mal wieder durch die Funktion SPALTE(A1) und kopieren anschließend die Formel nach D3, E3 und F3 (auch hier wieder am besten nach dem Kopieren mittels *Bearbeiten>Inhalte einfügen.../Formeln*, um die bestehenden Formatierungen nicht zu zerstören). SPALTE(A1) ist auch hier wieder nur der Platzhalter für die Zahl 1, damit wir die Formel ohne weiteres manuelles Zutun kopieren können. Wir sind eben faul ...

Die Nummer und den Namen der aktuell befragten Person beziehen wir in Zelle B1, ebenfalls in Abhängigkeit von der Bildlaufleiste, mit

=PersonNr&": "&INDEX(M2:M14;PersonNr).

Darüber hinaus haben wir noch die gerade aktuell ausgewählte Frage mit weißem Hintergrund bedingt formatiert (Bereich C2:F2), und zwar auf die denkbar einfachste

Art und Weise, indem wir den Zellwert mit *FrageNr* (Zellverknüpfung des *Drehfeldes*) vergleichen *(Abbildung 26.22)*.

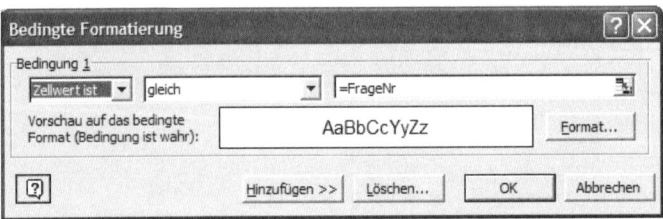

Abbildung 26.22: Dialog Bedingte Formatierung – Hervorhebung der aktuellen Frage

Und zu guter Letzt sind wir Ihnen noch die Formeln für die Zellen H12 (*Antworten löschen*) und H14 (*Alle Antworten löschen*) schuldig. In diesen Zellen kreieren wir einen Hyperlink, der entweder in Abhängigkeit von der mit der Bildlaufleiste verknüpften Zelle die Antworten der entsprechenden Person oder aber direkt den gesamten Antwortbereich markiert, um anschließend mit einem Klick auf die Entf-Taste die Einträge löschen zu können.

H12:

`=HYPERLINK("#"&ADRESSE(PersonNr+1;14)&":"&ADRESSE(PersonNr+1;17);"Antworten löschen")`

H14:

`=HYPERLINK("#N2:Q14";"Alle Antworten löschen")`

Der Funktion HYPERLINK haben wir ein eigenes Kapitel gewidmet (Kapitel 18). Die Einzelheiten zur Funktionsweise erklären wir dort.

Et voilà: Unser Fragebogen ist fertig!

Ab heute ist Schluss mit dem lästigen Herumscrollen in einer Mappe! Tragen Sie die Noten Ihrer Schüler ein, bewerten Sie Ihre eigene CD-Sammlung, starten Sie x-beliebige Umfragen, werden Sie Quizmaster in einem Multiple-Choice-Test und setzen Sie allem noch anschließend die Krone auf, indem Sie die Antworten auswerten, sie zählen, den Mittelwert oder die Summe bilden, oder dem Ganzen sogar noch eine Pivot-Auswertung überstülpen. Ihrer Fantasie sind dabei keine Grenzen gesetzt. Die Grundlage für derartige Auswertungen bildet immer die dynamische Ermittlung einer Zieladresse im geschickten Zusammenspiel mit anderen variablen Werten. Das Rüstzeug dazu haben Sie jetzt auf jeden Fall.

KAPITEL 27

Zeitstempel

Von Zeit zu Zeit kann es notwendig sein, die genauen Zeitpunkte von Eingaben zu protokollieren. Folgende Alternativen stehen Ihnen zur Verfügung, um dies zu tun:

- Funktion JETZT()
- Menüpunkt *Extras>Änderungen nachverfolgen*
- Tastenkombination $\boxed{\text{Strg}}$ + $\boxed{\Diamond}$ + $\boxed{:}$
- Iterativ
- Listbox
- Change-Ereignisprozedur

Die nahe liegende, erste Lösung über die entsprechende Excel-Funktion hat natürlich den elementaren Nachteil, dass sie sich bei jeder Neuberechnung aktualisiert. Um einen bestimmten Zeitpunkt festzuhalten, ist diese Alternative deshalb unbrauchbar.

Über die Tastenkombination ist wenig zu sagen, wenn man diese in einer Zelle anwendet, wird die Uhrzeit im Format hh:mm angezeigt. Diese Lösung ist effektiv und einfach, erfordert aber jedes Mal eine Eingabe per Hand, was mit der Zeit auch nerven kann.

27.1 Änderungen nachverfolgen

Den Menüpunkt *Extras>Änderungen nachverfolgen* können Sie nur verwenden, wenn die Arbeitsmappe freigegeben ist. Arbeitsmappen werden freigegeben, damit sie von mehren Benutzern gleichzeitig editiert werden können. Und da bekanntlich viele Köche den Brei verderben können, ist es in freigegebenen Arbeitsmappen möglich, Änderungen zu protokollieren, damit genau festgehalten werden kann, wer wann wo Bockmist gebaut hat. Um Änderungen nachzuverfolgen, wählen Sie zunächst den Menüpunkt *Extras>Arbeitsmappe freigeben...*und setzen dann im Register *Status* den Haken bei *Bearbeitung von mehreren Benutzern zur selben Zeit zulassen.*

Erst dann können Sie den Menüpunkt *Extras>Änderungen nachverfolgen>Änderungen hervorheben...*wählen, um die in *Abbildung 27.1* gezeigten Einstellungen vorzunehmen:

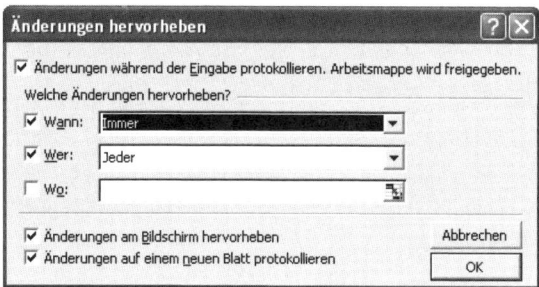

Abbildung 27.1: Dialog Änderungen verfolgen

Wenn Sie daraufhin Änderungen in der Tabelle vornehmen, werden diese mit Angabe der minutengenauen Uhrzeit in Kommentarfeldern und wahlweise zusätzlich in einer Extratabelle protokolliert *(Abbildung 27.2).*

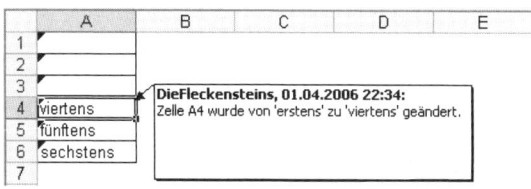

Abbildung 27.2: Änderungen in der Tabelle verfolgen

Dies ist eine komfortable Lösung. Schade ist nur, dass sie nicht unabhängig von der Arbeitsmappenfreigabe funktioniert. Wenn die Arbeitsmappe nicht freigegeben werden soll, scheidet dieser Weg leider aus. Wenn Sie nur die Änderungszeit protokollieren wollen, aber keine Information darüber wünschen, was geändert wurde, ist es auch nicht die optimale Lösung.

27.2 Zeit mit Zirkelbezug „einfrieren"

Wenn man unter dem Menüpunkt *Extras>Optionen...* Register *Berechnung* die *Iteration* aktiviert, dürfen sich Zellen auf sich selbst beziehen, ohne dass Excel Probleme mit den Zirkelbezügen bekommt. Wie der Name schon sagt, können mit dem Feature iterative Berechnungen durchgeführt werden. Nebenbei ist es aber auch möglich, Zellwerte „einzufrieren". Diese Fähigkeit kann auch für das Protokollieren von Zeiten, Tagen oder sonstigen Werten nützlich sein.

Angenommen, Spalte A ist Ihre Eingabespalte für irgendwelche Daten. Schreiben Sie bei aktivierter Iteration in Spalte B

B2: =WENN(A2="";"";WENN(B2="";JETZT();B2))

und kopieren Sie die Formel ausreichend weit nach unten. Solange in Spalte A in einer Zelle kein Eintrag steht, bleibt auch die benachbarte Zelle leer. Sobald eine Eingabe erfolgt, wird in die entsprechende Zelle der Spalte B der aktuelle Zeitpunkt sekundengenau eingetragen. Der Ausdruck

WENN(B2="";JETZT();B2)

sorgt dafür, dass dies nur einmal geschieht, danach bezieht sich die Formel auf sich selbst, was zur Folge hat, dass der erstmalige Zeitpunkt felsenfest in der Zelle verankert bleibt. Es sei denn, es würde der Inhalt der Zelle in A2 gelöscht und die Zelle wieder neu gefüllt. Dann würde B2 auch erst wieder gelöscht und dann mit dem neuen Zeitpunkt wieder gefüllt.

Wenn in Spalte A Werte stehen, die häufig geändert werden können, können Sie mit dieser Methodik auch Höchst- und Tiefstwerte sowie Datum und Uhrzeit deren Erfassung protokollieren *(Abbildung 27.3)*.

	A	B	C	D	E
1	aktueller Wert		Max		Min
2	-5	Max. vom: 27.06.06 11:04:49	1	Min. vom: 27.06.06 11:05:36	-5
3	4	Max. vom: 27.06.06 11:05:06	5	Min. vom: 27.06.06 11:05:27	-2
4	10	Max. vom: 27.06.06 11:05:12	12	Min. vom: 27.06.06 11:05:19	3

Abbildung 27.3: Höchst- und Tiefstwerte protokollieren

In Spalte A erfolgt die Eingabe.

B2:

=WENN(A2="";"";WENN(A2>C2;"Max. vom: "&TEXT(JETZT();"TT.MM.JJ hh:mm:ss");B2))

C2: =WENN(A2="";0;WENN(A2 > C2;A2;C2))

D2:

=WENN(A2="";"";WENN(A2<E2;"Min. vom: "&TEXT(JETZT();"TT.MM.JJ hh:mm:ss");D2))

E2: =WENN(A2="";0;WENN(A2 < E2;A2;WENN(E2=0;"";E2)))

27.3 Listbox

Eine besonders kuriose Alternative zur Generierung eines Zeitstempels bietet die Listbox. Wenn in Spalte A Eingaben gemacht werden, wird in die entsprechenden Zellen von Spalte B und C Datum und Uhrzeit ohne Formeln, wie von Geisterhand, eingetragen. Wer das sieht, muss denken, dass es sich hierbei nur um eine VBA-Ereignisprozedur handeln kann, nahe liegend wäre hier ein Change-Ereignis. Aber wie immer in diesem Buch ist auch hier kein VBA im Spiel. Und so funktioniert es *(Abbildung 27.4)*:

	A	B	C	D	E	F
1	Text	Datum	Uhrzeit		06.04.02	13:18:30
2	erstens	06.04.02	13:18:18			
3	zweitens	06.04.02	13:18:24	Zeitstempel aktivieren=>	13:18:30	
4	drittens	06.04.02	13:18:30	Zeitstempel löschen=>		
5						
6				Datum aktivieren=>	06.04.02	
7				Datum löschen=>		

Abbildung 27.4: Datums- und Zeitstempel mit Listenfeldern erzeugen

Platzieren Sie zwei Listenfelder der *Steuerelemente-Symbolleiste* in der Tabelle, so wie in obiger Abbildung angezeigt. Die obere Listbox ist für die Protokollierung der Uhrzeit und die untere Listbox für die Protokollierung des Datums zuständig.

Die Zeit-Listbox erhält als *ListFillRange* den Bereich F1:F2. Der Datums-Listbox wird die *ListFillRange* E1:E2 zugewiesen (Rechtsklick auf Listbox und *Eigenschaften*). Beide Listen bestehen damit aus zwei Einträgen, zum einen Uhrzeit (F1) oder Datum (E1), zum anderen ein leeres Feld, mit dem Zeit- und Datumsstempel deaktiviert bzw. gelöscht werden können. E1 und F1 enthalten das aktuelle Datum und die aktuelle Uhrzeit.

E1: =TEXT(JETZT();"JJ.MM.TT")

F1: =TEXT(JETZT();"hh:mm:ss")

Nun definieren Sie zwei Namen, den ersten, *ZielUhrzeit*, bezogen auf die Formel

=INDIREKT("Tabelle1!C"&ZELLE("Zeile"))

und den zweiten, *ZielDatum*, bezogen auf die Formel

=INDIREKT("Tabelle1!B"&ZELLE("Zeile")).

Beachten Sie, dass Sie immer den Tabellennamen des Bezugs angeben müssen, wenn Sie INDIREKT in einem Namen verwenden. Wenn sich nachträglich der Tabellenname ändert, muss auch der Bezug in der Formel angepasst werden. Alternativ können Sie BEREICH.VERSCHIEBEN verwenden, dann entfällt dieser Stolperstein. Der Formelbezug für die *ZielUhrzeit* lautet dann:

`=BEREICH.VERSCHIEBEN(Tabelle1!$B$1;ZELLE("Zeile")-1;)`

Wenn Sie eine Eingabe machen, liefern beide Formeln die Zellbezüge aus Spalte B und C, die sich in der gleichen Zeile wie die aktuelle Eingabezelle befindet. Der Bezug passt sich dynamisch an die aktuelle Zeile an.

Die Namen verwenden Sie in der *LinkedCell*-Eigenschaft der Listboxen. Diese Eigenschaft legt die Ausgabezellen der Listboxen fest. Die *LinkedCell* der oberen Listbox erhält den Namen *Zieluhrzeit*. Die *LinkedCell* der unteren Listbox erhält den Namen *ZielDatum* Die Ausgabezellen der Listboxen passen sich nun mit diesem Trick dynamisch an die aktuelle Eingabezelle an und befüllen die rechts oder links benachbarten Zellen in Spalte B und C.

Wenn Sie die Arbeitsmappe schließen und wieder öffnen, sind die Einträge der Listbox nicht aktiviert. Sie müssen dann bei der ersten Eingabe den Zeit- und Datumsstempel einmalig aktivieren. Andererseits können Sie die Protokollierung auch ausschalten bzw. den aktuellen Zeitstempel löschen. Aktivieren Sie dazu den zweiten Eintrag der Listboxen.

Übrigens können Sie diese Technik nicht mit den Listenfeldern der *Formular-Symbolleiste* einsetzen, da diese immer nur eine Positionsnummer weitergeben und keinen anderen Wert oder Text.

Wie wir schon angedeutet haben, können Sie solche Aktionen auch mit VBA-Ereignisprozeduren programmieren. Doch das ist eine andere Geschichte und soll ein andermal erzählt werden.

Es hat sich mal wieder gezeigt, dass Sie in Excel oft die Qual der Wahl haben. Was der beste Weg ist, hängt vom Einzelfall ab und ist manchmal schlicht Geschmackssache.

KAPITEL 28

Der Magnum-Auto-Filter

Excels AutoFilter ist ein enorm hilfreiches und leicht zu bedienendes Feature, mit dem eine Liste mit beliebig vielen Spalten nach beliebig vielen Kriterien gefiltert werden kann.

28.1 Drei Probleme – eine Lösung

Was der AutoFilter kann, dürfte den meisten fortgeschrittenen Excel-Usern bekannt sein und wurde schon oft genug beschrieben. Deshalb konzentrieren wir uns zur Abwechslung einmal darauf, was er nicht kann. Drei Dinge hat er leider nicht drauf, die wir uns von ihm wünschen würden:

1. Innerhalb einer Spalte können nicht mehr als zwei Bedingungen kombiniert werden.

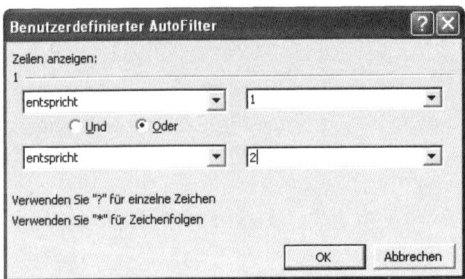

Abbildung 28.1: Dialog Benutzerdefinierter AutoFilter

2. Mehrere Bedingungen, die horizontal kombiniert werden, können nicht als ODER-Bedingung definiert werden, sondern sind stets UND-Bedingungen.

Angenommen Sie haben eine Liste mit Personen mit den Spalten *Hauptberuf* und *Hobby/Nebenberuf*. Der Autofilter ist nicht in der Lage, alle Personen anzuzeigen, die entweder hauptberuflich ODER im Nebenberuf als Gärtner tätig sind.

	A	B	C	D
1	Name	Geburtstag	Beruf	Hobby / Nebenberuf
2	Klaus K.	05.01.1959	Gärtner	Programmierer
3	Beate S.	15.12.1958	Landwirtin	Jägerin
4	Helga G.	16.02.1962	Ärztin	Gärtner
5	Andy D.	07.02.1955	Bäcker	Koch
6	Matthias S.	17.08.1972	Programmierer	Taxifahrer
7	Jürgen B.	31.05.1979	Jäger	---
8	Ignatz S.	31.10.1957	Koch	Barkeeper
9	Bernd B.	19.10.1974	Koch	Gärtner
10	Ulla F.	12.07.1958	Buchhalterin	---
11	Verena F.	21.10.1961	Controllerin	Malerin

Abbildung 28.2: Beispielliste Geburtstage und Berufe von Personen

3. Sie können keine Formelbedingung definieren.

Angenommen Sie haben in einer Spalte Geburtstage und wollen wissen, wer alles in einem bestimmten Monat Geburtstag hat. Das ist leider nicht möglich.

Stopp: Das würde noch gehen, wenn Sie die Spalte mit dem Format MMM formatieren, denn der Autofilter berücksichtigt neben dem Zellwert auch das Zahlenformat. Dabei ist ein Kuriosum festzustellen. Wenn Sie im Dialog der benutzerdefinierten Filtereinstellung den Suchtyp *entspricht* wählen, orientiert sich der Filter am Zahlenformat. Filter *Feb* zeigt alle Einträge aus dem Februar. Suchen Sie so gezielt nach einem Datum, z.B. 07.02.55 – das ja vorhanden ist – wird es nicht gefunden. Beim Suchtyp *ist größer als* und dem Datum 06.02.55 wird der 07.02.55 (und alle größeren Werte) gefunden und angezeigt.

Wird gewünscht, alle Geburtstagskinder des 1.Quartals zu zeigen, muss der Autofilter aber definitiv kapitulieren.

Drei Schwächen – eine Lösung: die berühmt berüchtigte **Hilfsspalte**. Eigentlich benötigen Sie nur eine einzige Spalte, nennen wir Sie *Filter-Spalte*, in die Sie beliebige Formelbedingungen einfügen können. Die Formeln werden so erstellt, dass Ihr Ergebnis nur WAHR oder FALSCH bzw. 0 oder 1 ist. Damit haben Sie alle drei Fliegen mit einer Klappe geschlagen:

1. Mehr als zwei Bedingungen? Kein Problem:

E1:=ODER(C2={"Gärtner";"Bäcker";"Koch"})

	A	B	C	D	E
				Hobby /	
1	**Name** ▼	Geburtstag ▼	Beruf ▼	Nebenberuf ▼	Filter-Spalte ▼
2	Klaus K.	05.01.1959	Gärtner	Programmierer	WAHR
5	Andy D.	07.02.1955	Bäcker	Koch	WAHR
8	Ignatz S.	31.10.1957	Koch	Barkeeper	WAHR
9	Bernd B.	19.10.1974	Koch	Gärtner	WAHR
12					

E2   ▼   fx =ODER(C2={"Gärtner";"Bäcker";"Koch"})

Abbildung 28.3: Filter mit drei ODER-Bedingungen

Wenn Sie zehn oder noch mehr ODER-Bedingungen kombinieren möchten, können Sie die einzelnen Kriterien auch in einem Bereich auflisten:

E1:{=ODER(C2=X1:X10)}

2. Horizontale ODER-Bedingungen? Kein Problem:

E1:=ODER(C2="Gärtner";D2="Gärtner")

	A	B	C	D	E
		E2	▾	*fx* =ODER(C2="Gärtner";D2="Gärtner")	
1	Name ▾	Geburtstag ▾	Beruf ▾	Hobby / Nebenberuf ▾	Filter-Spalte ▾
2	Klaus K.	05.01.1959	Gärtner	Programmierer	WAHR
4	Helga G.	16.02.1962	Ärztin	Gärtner	WAHR
9	Bernd B.	19.10.1974	Koch	Gärtner	WAHR
12					

Abbildung 28.4: Filter mit horizontaler ODER-Bedingung

3. Flexible Formelbedingungen? Kein Problem:

E1:=MONAT(B2)<4 für Geburtstagskinder im ersten Quartal.

	A	B	C	D	E
		E2	▾	*fx* =MONAT(B2)<4	
1	Name ▾	Geburtstag ▾	Beruf ▾	Hobby / Nebenberuf ▾	Filter-Spalte ▾
2	Klaus K.	05.01.1959	Gärtner	Programmierer	WAHR
4	Helga G.	16.02.1962	Ärztin	Gärtner	WAHR
5	Andy D.	07.02.1955	Bäcker	Koch	WAHR
12					

Abbildung 28.5: Filter für Geburtstagskinder des ersten Quartals

28.1.1 AutoFilter versus Spezialfilter

Mit dieser banalen Filter-Spalte läuft der AutoFilter sogar dem Spezialfilter regelrecht den Rang ab:

Eigentlich ist es dem Spezialfilter vorbehalten, Duplikate aus einer Liste zu entfernen. Doch mit der Filter(Hilfs)-Spalte können Sie diese Funktionalität nicht nur genauso gut erledigen, sondern sind dabei sogar noch flexibler als mit dem Spezialfilter *(Abbildung 28.6)*. Um die Spalte C auf Duplikate zu prüfen, schreiben Sie in die zweite Zeile (erste Zeile = Überschrift) der *Filter-Spalte*

E1:=ZÄHLENWENN(C$2:C2;C2)=1.

	A	B	C	D	E
1	Name ▾	Geburtstag ▾	Beruf ▾	Hobby / Nebenberuf ▾	Filter-Spalte ▾
2	Klaus K.	05.01.1959	Gärtner	Programmierer	WAHR
3	Beate S.	15.12.1958	Landwirtin	Jägerin	WAHR
4	Helga G.	16.02.1962	Ärztin	Gärtner	WAHR
5	Andy D.	07.02.1955	Bäcker	Koch	WAHR
6	Matthias S.	17.08.1972	Programmierer	Taxifahrer	WAHR
7	Jürgen B.	31.05.1979	Jäger	---	WAHR
8	Ignatz S.	31.10.1957	Koch	Barkeeper	WAHR
10	Ulla F.	12.07.1958	Buchhalterin	---	WAHR
11	Verena F.	21.10.1961	Controllerin	Malerin	WAHR
12					

Abbildung 28.6: Autofilter ohne Duplikate

Filtern Sie nach WAHR, um alle Duplikate auszublenden. Dann erhalten Sie alle vorkommenden Berufe. Genauso gut können Sie nach FALSCH filtern, um nur die Duplikate anzuzeigen, womit wir den Spezialfilter bereits übertroffen hätten.

Übrigens, wenn Sie angezeigte Datensätze dauerhaft löschen wollen, selektieren Sie den kompletten Datenbereich und wählen *Bearbeiten>Gehe zu…*, den Button *Inhalte..,* und dann die Option *Nur Sichtbare Zellen.*

Für diese nützliche Aktion gibt es auch das folgende Symbol:

Abbildung 28.7: Symbol zur Selektion der sichtbaren Zellen

Wählen Sie dann *Bearbeiten>Zellen löschen…>Ganze Zeile* und schließlich *Daten> Filter>Alle anzeigen.*

Jetzt enthält die Liste nur noch die Datensätze, die zuvor ausgeblendet waren. Andersherum können Sie natürlich auch die sichtbaren Datensätze an eine andere Stelle kopieren. Die Unsichtbaren werden dabei nicht mit kopiert. Die zuvor beschriebene Aktion zum Selektieren der sichtbaren Zellen brauchen Sie in diesem Fall nicht. Das hat dann den gleichen Effekt, als wenn Sie mit dem Spezialfilter eine Liste an eine andere Stelle kopieren.

Statt nur die ersten Vorkommen aller Berufe in Spalte C anzuzeigen, können Sie dies auch mit dem letzten Treffer tun, dann lautet die Formel:

```
E1:=ZÄHLENWENN(C2:C$65536;C2)=1
```

Sie müssen also lediglich den absoluten Bezug vom Beginn der Liste (C2) auf das maximale Ende der Liste (C$65536) verlegen

Ob das nun WENN-UND-ODER-Verschachtelungen sind oder irgendwelche anderen Berechnungen: Der Flexibilität des Filterns mit der Hilfsspalte sind keine Grenzen gesetzt.

28.2 Ausgeblendet

Wie Sie mit Hilfe des AutoFilters Zeilen aus- oder einblenden können, wissen Sie jetzt. Möglicherweise möchten Sie nun mit dieser gefilterten Liste weiterrechnen und dabei ist auch einiges zu beachten.

Die Funktion TEILERGEBNIS ist die einzige Funktion, die überhaupt registriert, ob eine Zeile ausgeblendet ist oder nicht. Wenn Sie mit dem AutoFilter durch Selektion eines Filters Zeilen ausgeblendet haben, ignoriert TEILERGEBNIS diese Zellen.

Bis einschließlich Excel XP galt dies ausschließlich für Zellen, die durch den Auto-Filter ausgeblendet wurden. Wenn Sie Zeilen manuell oder mit Hilfe von Gliede-rungsebenen ausblenden hat das keine Auswirkung auf die Berechnung. In Excel 2003 wurde die Funktion TEILERGEBNIS ein klein wenig erweitert, womit sie zur echten Rarität avancierte! Wenn Sie zu dem Parameter 1-11, den TEILERGEBNIS ver-langt, 100 dazu addieren, werden in der Berechnung alle unsichtbaren Zeilen igno-riert, egal, ob sie durch Filter, Gliederung oder per Hand ausgeblendet wurden.

`=TEILERGEBNIS(109;A:A)`

summiert alle Zellen aus Spalte A, deren Zeile sichtbar ist. Mit

`=SUMME(A:A)- TEILERGEBNIS(109;A:A)`

werden nur die ausgeblendeten Zeilen summiert.

28.2.1 Auswertung mit Bedingungen in gefilterter Liste

Angenommen, Sie haben eine gefilterte Liste und wollen nur die sichtbaren Zeilen unter Berücksichtigung von weiteren Bedingungen summieren, zählen oder sonst wie auswerten. Egal ob Sie dies mit Matrixfunktionen oder auch Datenbankfunktio-nen tun wollen, müssen Sie Ihre Bedingungen mit der Funktion TEILERGEBNIS kom-binieren (Abbildung 28.8).

E2	▼	*fx* =TEILERGEBNIS(2;C3)=1				

	A	B	C	D	E	F	G
1					sichtbar	Monat	Betrag
2	Monat ▼	Produkt ▼	Betrag ▼		WAHR	Mrz	>10
3	Mrz	z	71				
7	Feb	z	38				
14	Jan	z	56			Summe	131
15	Mrz	z	12			Anzahl:	3
18	Mrz	z	48				
21	Feb	z	66				
22	Mrz	z	2				

Abbildung 28.8: DB-Funktionen in gefilterter Liste anwenden

Die Liste ist bereits mit dem Autofilter gefiltert. Das Filterkriterium ist das *z* in Spalte B. Nur die sichtbaren Datensätze sollen weiter analysiert werden. Alle Beträge aus dem Monat März, die größer als 10 sind, sollen summiert oder gezählt werden. Mit Datenbankfunktionen lautet die Lösung:

```
G14: =DBSUMME(A2:C30;C2;E1:G2)
```

```
G15: =DBANZAHL(A2:C30;C2;E1:G2)
```

Das Besondere an diesen eigentlich sehr schlichten Formeln ist das Suchkriterium in E2.

```
E2:=TEILERGEBNIS(2;C3)=1
```

Es sorgt dafür, dass DBSUMME und DBANZAHL nur die sichtbaren Zellen berücksichtigen. Der Parameter 2 ermittelt die Anzahl eines einzelnen Datensatzes und liefert 1, wenn C3 sichtbar ist, und 0, wenn C3 ausgeblendet ist. DBSUMME ist so clever, diese Prüfung, die im Bereich der Suchkriterien steht, auf alle Datensätze anzuwenden. Stattdessen hätten Sie auch die Formel in D3 schreiben und herunterkopieren können. Dann hätte man als Suchkriterium Spalte D auf WAHR geprüft, um den gleichen Effekt zu erhalten. Die Hilfsspalte D kann man sich aber sparen und die Formel direkt in die Suchkriterien einbeziehen.

Wer lieber mit Matrixformeln als mit Datenbankfunktionen arbeitet, kann die Bedingungen ebenfalls mit TEILERGEBNIS verknüpfen. Dann wird die Formel aber komplizierter.

Mit der Formel

```
=SUMMENPRODUKT((A3:A30="Mrz")*(C3:C30>10)*C3:C30)
```

summieren Sie alle Datensätze aus dem März, die größer als 10 sind. SUMMENPRO-DUKT kann aber in dieser Form nicht zwischen sichtbaren und ausgeblendeten Zeilen unterscheiden. Etwas naiv wäre nun die Variante

`=SUMMENPRODUKT((A3:A30="Mrz")*(C3:C30>10)*C3:C30*(TEILERGEBNIS(2;C3:C30)=1)),`

denn dann erhält man nur eine Summe, wenn genau 1 Datensatz sichtbar ist. TEIL-ERGEBNIS liefert dann einmalig WAHR, aber das bringt uns nichts. Die Prüfung muss für jede Zeile einzeln durchgeführt werden (nicht für den Bereich insgesamt) und dazu muss TEILERGEBNIS ziemlich umgebogen werden:

`(TEILERGEBNIS(2;BEREICH.VERSCHIEBEN(C2;ZEILE(1:28);))=1)`

erzeugt ein Array mit Einsen für alle sichtbaren Zellen in C3:C30 und mit Nullen für alle ausgeblendeten Zeilen in diesem Bereich. Multipliziert man diesen Ausdruck mit den übrigen Bedingungen ...

`(A3:A30="Mrz")*(C3:C30>10)*C3:C30`

..., liefert SUMMENPRODUKT die gewünschte Summe der sichtbaren Zeilen: 131.

Die Berechnungen funktionieren auch mit dem Parameter 102 (ab Excel 2003), falls Zeilen durch Gliederungen oder manuell ausgeblendet wurden, und in der Variante mit SUMMENPRODUKT auch für ausgeblendete Spalten.

28.2.2 Spaltenbreite

Ohne VBA haben die User von Excel XP oder einer älteren Version keine Möglichkeit, manuell ausgeblendete Zeilen auf diese Weise zu separieren. Wohl aber, wenn es um Spalten geht. Dafür gibt es die Funktion

`ZELLE("Breite";Bezug).`

Wollen Sie nur alle Spalten summieren, die eingeblendet sind, können Sie sich eine Hilfszeile anlegen, die die Breite aller Spalten ausgibt.

`A1: =ZELLE("Breite";A1)`

Kopieren Sie dies nach rechts. Die Formel

`=SUMMEWENN(1:1;">0";5:5)`

summiert dann alle sichtbaren Zellen der 5. Zeile. Wenn Sie aber eine Spalte aus- oder einblenden, muss danach eine Neuberechnung durchgeführt werden, damit ZELLE("Breite") es mitbekommt.

Nebenbei eignet sich die Funktion ZELLE("Breite";Bezug) auch dazu, Zahlenformate abhängig von der Spaltenbreite variabel zu halten. Wenn eine Spalte für eine Zahl oder ein Datum zu schmal ist, sieht man nur diesen Gartenzaun:

##########

Wenn Sie wollen, dass sich Ihr Datumsformat so elastisch wie eine Stretchhose an Ihre Spaltenbreite anpasst (wie in *Abbildung 28.8*), dann nehmen Sie die Formel:

	A	B	C	D	E
1	28. März 2006	28. März 2006	28. Mrz 2006	28.03.06	28.03.

Abbildung 28.9: Datumsformat „Stretch-Gummi"

=TEXT(JETZT();"TT."&SVERWEIS(ZELLE("Breite";A1);

{0.0;5."MM.";7."MM.JJ";9."MM.JJJJ";11." MMM JJJJ";13." MMMM JJJJ"};2))

Diese Formel pickt sich das passende Datumsformat per SVERWEIS, abhängig von der jeweiligen Spaltenbreite, heraus. Dazu benötigen Sie eine SVERWEIS-gerechte Matrix, die in der ersten Spalte die Spaltenbreiten und in der zweiten Spalte die Formate enthält. Da das Format stets mit "TT." Beginnt, lagern wir den Teil aus der SVERWEIS-Berechnung aus und verketten ihn damit, um Schreibarbeit zu sparen.

ANHANG

Ländercodes für internationale Datumsformate (gültig ab Excel 2002 (XP))

Code	Sprache	Code	Sprache
45a	(Alt)Syrisch	426	Lettisch
436	Afrikaans	427	Litauisch
41c	Albanisch	43€	Malaiisch
45€	Amharisch	44C	Malayalam
401	Arabisch	43A	Maltesisch
42b	Armenisch	458	Manipuri
82C	Aserbaidschanisch (Kyrillisch)	44€	Marathi
42C	Aserbaidschanisch (Lateinisch)	42F	Mazedonisch FYROM
44D	Assamesisch	450	Mongolisch
42d	Baskisch	461	Nepali
445	Bengalisch	413	Niederländisch
416	Brazilian	414	Norwegisch
402	Bulgarisch	814	Norwegisch (Nynorsk)
45C	Cherokee	448	Oriya
804	Chinese (Simpel)	472	Oromo
404	Chinese (Standard)	463	Pashto
406	Dänisch	464	Philippinisch
407	Deutsch	415	Polnisch
C07	Deutsch (Österreich)	816	Portugiesisch
807	Deutsch (Schweiz)	446	Punjabi
465	Dhivehi	418	Rumänisch
466	Edo	419	Russisch
409	Englisch	44F	Sanskrit
C09	Englisch (Australien)	41d	Schwedisch

Code	Sprache	Code	Sprache
809	Englisch (Großbritannien)	C1A	Serbisch (Kyrillisch)
1009	Englisch (Kanada)	81A	Serbisch (Lateinisch)
425	Estnisch	459	Sindhi
438	Faröisch	45B	Singhalesisch
429	Farsi	41B	Slowakisch
40b	Finisch	424	Slowenisch
40c	Französisch	477	Somali
C0C	Französisch (Kanada)	c0a	Spanisch
462	Friesisch	441	Suaheli
467	Fulfulde	428	Tadschikisch
456	Galizisch	45F	Tamazight (Berber/Arabisch)
437	Georgisch	85F	Tamazight (Lateinisch)
408	Griechisch	449	Tamilisch
447	Gujarati	444	Tatarisch
468	Hausa	44a	Telugu
475	Hawaiianisch	41e	Thailändisch
40d	Hebräisch	473	Tigrigna (Äthiopien)
439	Hindi	873	Tigrigna (Eritrea)
469	Ibibio	405	Tschechisch
470	Igbo	41f	Türkisch
421	Indonesisch	442	Turkmenisch
45D	Inuktitut	422	Ukrainisch
40F	Isländisch	40e	Ungarisch
410	Italienisch	420	Urdu
411	Japanisch	843	Usbekisch (Kyrillisch)
43D	Jiddisch	443	Usbekisch (Lateinisch)

Code	Sprache	Code	Sprache
44b	Kannada	42a	Vietnamesisch
471	Kanuri	423	Weißrussisch
43F	Kasachisch	478	Yi
460	Kashmiri (Arabisch)	46A	Yoruba
403	Katalanisch		
440	Kirgisisch		
457	Konkani		
412	Koreanisch		
41a	Kroatisch		
476	Lateinisch		

Stichwortverzeichnis

Endlich hören die Zahlen auf Sie

Von diesem Buch können Sie nur profitieren! Lernen Sie die Excel-Techniken kennen, die Sie brauchen, um Ihre Arbeit zu erledigen. „Tabellen und Diagramme" zeigt Ihnen professionelles Handwerk. Es bietet zahlreiche Beispiele, wie mit Excel-Spezialtechniken und einfachen Makros die besten Tabellen-Modelle für Ihr Business, Ihren Verein oder für private Zwecke entstehen. Konstruieren Sie Ihr ideales Tabellenmodell, rufen Sie von der CD die (Teil-)Lösung ab und setzen Sie dann mit den Ready-To-Use-Diagrammen Ihre Zahlen ins rechte Licht.

Ignatz Schels
ISBN-13: 978-3-8272-4010-0
ISBN-10: 3-8272-4010-7
19.95 EUR [D]

....
Mehr auf www.mut.de

3-2-1 Online!

Online ist man schnell - aber dann gehen die Probleme erst richtig los: Welcher Provider ist der richtige für mich? Was kostet Sicherheit? Wie surfe ich anonym? Welche Hardware ist sinnvoll? Und vieles mehr!

Das Buch von Thomas Joos gibt Antwort auf alle Fragen rund um das Internet und alle damit verwandten Gebiete. Das Besondere: mit speziellem FAQ-Index und CD mit vielen attraktiven Tools.

Thomas Joos
ISBN-13: 978-3-8272-4076-0
ISBN-10: 3-8272-4076-X
39.90 EUR [D]

Sie suchen ein professionelles Handbuch zu wichtigen Programmen
oder Sprachen? Das Kompendium ist Einführung, Arbeitsbuch und Nach-
schlagewerk in einem. Ausführlich und praxisorientiert.
Mehr auf www.mut.de

Gehen Sie Excel auf den Grund!

Hier lesen und lernen Sie Geheimnisse, Tricks, Speziallösungen und wenig bekannte Features von Excel 97 bis 2003.

Excel ist wie eine Schatzkiste voller einfacher und manchmal raffinierter Standard- und Spezialfunktionen und -funktiönchen. Deren Gebrauch versetzt Sie, ob Sie nun Excel gut oder weniger gut kennen, in die Lage, es wirklich auszureizen.

Der Bestseller ist jetzt erweitert um das Zusatzkapitel „Volle Zellenpower", außerdem haben Sie die Möglichkeit, Lösungen downzuloaden.

Bernd Held; Ignatz Schels
ISBN-13: 978-3-8272-4080-0
ISBN-10: 3-8272-4080-8
14.50 EUR [D]

....
Mehr auf www.mut.de

Praktisch und umfassend

Dieses Buch hilft Ihnen im täglichen Kampf mit Zellen und Formeln. Es enthält die lückenlose Beschreibung aller Funktionen und zeigt Ihnen an vielen Beispielen, was professionelles Tabellenlayout ist. Lernen Sie Funktionen zu schreiben, zu kombinieren und gekonnt zu schachteln, und erfahren Sie, wie Profis virtuos und kreativ mit Funktionen umgehen.

Ignatz Schels
ISBN-13: 978-3-8272-6836-8
ISBN-10: 3-8272-6836-2
19.95 EUR [D]

Mehr auf www.mut.de

Statistik verstehen und anwenden

Statistik ist keine Hexerei! Lernen Sie, was es mit statistischen Methoden und Formeln auf sich hat. Dieses Buch zeigt Ihnen, wie Sie statistische Auswertungen mit Excel erstellen und präsentieren. Dabei orientiert sich der Autor an praktischen Beispielen, die Sie für Ihre eigene Arbeit sofort umsetzen können. Großen Wert legt er dabei auf Präsentationen. Auch vor verwendeten Formeln brauchen Sie keine Angst zu haben. In einem kleinen Formelkurs vermittelt Ihnen der Autor leicht verständlich wichtiges Grundwissen. Ein Buch für Praktiker!

Horst-Dieter Radke
ISBN-13: 978-3-8272-6999-9
ISBN-10: 3-8272-6999-7
19.95 EUR [D]

Mehr auf www.mut.de